Enjeux du jeu de mots

# The Dynamics of Wordplay

Edited by
Esme Winter-Froemel

Editorial Board
Dirk Delabastita, Dirk Geeraerts, Raymond W. Gibbs, Alain Rabatel,
Monika Schmitz-Emans and Deirdre Wilson

Volume 2

Enjeux du jeu de mots

Perspectives linguistiques et littéraires

Édité par
Esme Winter-Froemel et Angelika Zirker

DE GRUYTER

Die Tagung und die Publikation dieses Bandes wurden gefördert von der Fritz Thyssen Stiftung für Wissenschaftsförderung, der Deutschen Forschungsgemeinschaft (DFG) und dem Sonderforschungsbereich 833 „Bedeutungskonstitution – Dynamik und Adaptivität sprachlicher Strukturen" der Eberhard Karls Universität Tübingen.

Peter Koch (1951–2014) in memoriam

ISBN 978-3-11-057876-8
e-ISBN (PDF) 978-3-11-040834-8
e-ISBN (EPUB) 978-3-11-040848-5

Library of Congress Cataloging-in-Publication Data
A CIP catalog record for this book has been applied for at the Library of Congress.

Bibliographic information published by the Deutsche Nationalbibliothek
The Deutsche Nationalbibliothek lists this publication in the Deutsche Nationalbibliografie; detailed bibliographic data are available on the Internet at http://dnb.dnb.de.

© 2015 Walter de Gruyter GmbH, Berlin/Boston
This volume is text- and page-identical with the hardback published in 2015.
Printing: CPI books GmbH, Leck

♾ Printed on acid-free paper
Printed in Germany

www.degruyter.com

Table des matières

Esme Winter-Froemel et Angelika Zirker
Jeux de mots, enjeux et interfaces dans l'interaction locuteur-auditeur : réflexions introductives —— 1

I Jeux de mots entre locuteurs et auditeurs

Alain Rabatel
Points de vue en confrontation substitutifs ou cumulatifs dans les contrepèteries (*in absentia*) —— 31

Pauline Beaucé
Les jeux de mots dans le répertoire des théâtres de la Foire à Paris au XVIIIe siècle : de la publicité à la satire —— 65

Patricia Oster
« Ne nous tutoyons plus, je t'en prie ». Jeux de mots et enjeu du langage dans le théâtre de Marivaux —— 81

Laélia Véron
Jeu de mots et double communication dans l'œuvre littéraire : l'exemple de la *Comédie humaine* de Balzac —— 93

II Jeux de mots entre les langues

Julia Genz
« Il wullte bien, mais il ne puffte pas » – de la polyglossie à la polyphonie dans le roman *Der sechste Himmel* (*Feier a Flam*) de Roger Manderscheid —— 115

Federica Di Blasio
***La Disparition* de Georges Perec et les jeux de mots : l'ambiguïté du métatexte et la négociation de la traduction** —— 135

Marc Blancher
De l'auteur de jeux de mots aux jeux de mots d'auteur —— 163

III Jeux de mots et dispositifs sémiotiques

Jean-François Sablayrolles
Néologismes ludiques : études morphologique et énonciativo-pragmatique —— 189

Michelle Lecolle
Jeux de mots et motivation : une approche du sentiment linguistique —— 217

Sylvia Jaki
Détournement phraséologique et jeu de mots : le cas des substitutions lexicales dans la presse écrite —— 245

Marc Blancher
« Ça est un bon mot ! » ou l'humour (icono-)textuel *à la Goscinny* —— 273

Appendice

Liste des contributions et résumés —— 293

Informations sur les contributeurs —— 303

Index —— 313

Esme Winter-Froemel et Angelika Zirker
Jeux de mots, enjeux et interfaces dans l'interaction locuteur-auditeur : réflexions introductives

Résumé : Partant de l'omniprésence et de la grande diversité des jeux de mots dans la communication quotidienne et dans les textes littéraires, cette contribution vise à présenter deux axes de réflexion qui permettent d'approfondir son analyse dans une perspective interdisciplinaire. Premièrement, la fonction métalinguistique / métadiscursive permet d'envisager la façon dont les jeux de mots sont employés et interprétés dans des situations de communication particulières, opérant une réflexion sur le code linguistique (ou les codes linguistiques, dans le cas de jeux de mots plurilingues) et / ou sur l'acte de communication. Deuxièmement, nous nous interrogerons sur les différents enjeux du jeu de mots : enjeux linguistiques, cognitifs, sociaux,... Les analyses font ressortir la complexité du phénomène, qui est un véritable phénomène d'interface, et le potentiel d'approches pluridimensionnelles combinant diverses perspectives, pour arriver non seulement à une meilleure compréhension du jeu de mots à partir de son emploi dans l'interaction locuteur-auditeur, mais aussi d'envisager certains aspects fondamentaux du langage et de la communication en général.

Mots clés : approche interdisciplinaire, auto-référentialité, communication quotidienne, connivence, enjeux, fonction métalinguistique, fonction poétique, interaction locuteur-auditeur, interfaces, Roman Jakobson

1 Introduction

Les jeux de mots représentent un véritable phénomène d'interface qui s'observe dans la communication quotidienne aussi bien que dans les textes littéraires, faisant ainsi part d'une série de différentes traditions discursives. Les jeux de mots peuvent avoir des fonctions très variées ; ils peuvent s'utiliser pour contourner verbalement certains tabous, ils peuvent être amusants et distrayants, ou encore influencer la manière dont on perçoit le caractère du locuteur. En même temps, les jeux de mots ont été analysés dans différentes approches et disciplines. Par exemple, la linguistique s'est intéressée aux relations sémantiques entre les unités lexicales sur lesquelles on joue et, plus généralement, à la motivation ou transparence linguistique mise en avant dans les jeux de mots, aussi bien qu'à l'usage pragmatique des jeux de mots dans la communication. Les études littéraires ont analysé l'autoréférentialité des jeux de mots, par exemple dans la littérature du *nonsense*, et l'emploi de jeux de mots chez des auteurs particuliers. L'approche interdisciplinaire aux jeux de mots proposée ici vise à combiner ces différentes perspectives et traditions de recherche et à réunir les méthodes et les outils d'analyse des deux disciplines. En effet, l'inclusion de différents types de textes, genres littéraires et contextes d'usage peut offrir une vision plus large des fonctions et effets des jeux de mots. Plus particulièrement, dans une telle entreprise, les études littéraires nous fournissent un corpus de phénomènes hautement sophistiqués, tandis que la linguistique met à notre disposition des critères de description et d'analyse qui nous permettent de raffiner les outils d'analyse, d'arriver à des analyses plus précises et à une systématisation plus nuancée des formes et des fonctions des jeux de mots. Les différentes approches aussi bien que les matériaux analysés se complètent mutuellement dans la mesure où la dimension esthétique des jeux de mots dans la communication quotidienne est mise en avant et où l'analyse linguistique de jeux de mots littéraires s'avère fructueuse.

Les deux premiers volumes de la série *The Dynamics of Wordplay* sont issus d'un projet de recherche interdisciplinaire sur « Les jeux de mots dans l'interaction locuteur-auditeur » (cf. Winter-Froemel & Zirker 2010, 2015) et basés sur un colloque qui a eu lieu à l'Université de Tübingen en 2013 (« Wordplay and Metalinguistic Reflection – New Interdisciplinary Perspectives / Les jeux de mots et la réflexion métalinguistique – nouvelles perspectives interdisciplinaires », 7–9 mars 2013). Le colloque visait à encourager un dialogue interdisciplinaire en réunissant des collègues de différents domaines de recherche et de différentes langues ; en même temps, nous voulions créer un dialogue réunissant des perspectives scientifiques d'une part, et des perspectives « pratiques » d'auteurs, réalisateurs, comédiens, etc. qui se servent de jeux de mots dans leur vie professionnelle, d'autre part. De ce fait, le programme du colloque incluait également des interventions de Christian Hirdes (comique-chansonnier-poète), Marc Blancher (auteur), Valia Sakkou (Media Director), Sam Lesser (acteur) et Phillip Breen (réalisateur).

Les langues utilisées dans le colloque étaient le français et l'anglais, ce qui a mené à la publication bilingue ci-présente. Les volumes témoignent du fait que lors du colloque, les limites linguistiques et disciplinaires ont été souvent franchies, ce qui se reflète également dans les nombreuses références aux autres contributions dans les deux volumes. Par conséquent, les deux volumes représentent en réalité un projet commun, et nous invitons le lecteur à les approcher en tant que tel. Une version anglaise de cette introduction peut être consultée dans le premier volume de *The Dynamics of Wordplay*, et les chapitres annexes des deux volumes mettent à la disposition du lecteur les résumés et toutes les informations sur les contributeurs dans les deux langues, afin de souligner et de renforcer les liens étroits entre les deux volumes.

Cet article propose quelques réflexions sur le potentiel d'une approche interdisciplinaire aux jeux de mots, et nous focaliserons deux aspects principaux : premièrement, nous développerons une conception du jeu de mots en tant que phénomène métalinguistique / métadiscursif (cf. la thématique du colloque dont la majorité des contributions incluses dans ces volumes sont issues). Deuxièmement, nous présenterons une approche communicative, qui met en avant la dimension de l'interaction locuteur-auditeur (voir Winter-Froemel et Zirker 2015) et qui permet d'envisager divers types d'enjeux dans des réalisations concrètes de jeux de mots. Cela implique que la définition du jeu de mots proposée ici n'est pas uniquement fondée sur des critères formels, mais sur une approche plus large qui conçoit les jeux de mots comme un phénomène dynamique et hétéroclite, ancré dans des situations de communication concrètes.

2 L'omniprésence des jeux de mots dans le langage quotidien et la littérature – et leur fugacité

Les jeux de mots relèvent de notre expérience linguistique quotidienne. Ils peuvent apparaître dans la communication spontanée en tête-à-tête (1), dans des messages twitter (2), dans les paysages linguistiques urbains, par exemple sur des enseignes publicitaires ou des posters, dans des slogans publicitaires et des noms de marques (3), dans des blagues (4), des comptines (5) ou enfin dans le langage littéraires (6). Dans ces différents contextes (et bien d'autres encore, bien sûr), nous pouvons trouver une large gamme d'utilisation d'un langage ludique que nous pouvons qualifier de manière intuitive de jeux de mots, même si elles peuvent différer considérablement quant à leurs aspects formels et fonctionnels.

(1) all. *Schittebön. – Schankedön.* (jeu de mots sur l'all. *Bitteschön.* 'Voilà pour vous' – *Dankeschön.* 'Merci.')

(2) i dont remember much about my dream with zayn but i remember he pushed me into an elevator and things escalated quickly (message sur twitter par « a loves baby bean », 22 octobre 2014, 11:39)

[je ne me souviens pas bien de mon rêve avec zayn mais je me rappelle qu'il m'a poussé dans un ascenseur et c'est là que les choses ont vite monté / ont vite échappé à mon contrôle]

(3) all. *haargenau* (nom d'un salon de coiffure jouant sur l'all. *haargenau* 'pile poil' et *Haar* 'cheveu')

(4) Deux poules discutent :
– Comment vas-tu ma cocotte ?
– Pas très bien. Je crois que je couve quelque chose !

(5) En passant dans un petit bois,
Où le coucou chantait,
Où le coucou chantait.
Dans son joli chant il disait :
« Coucou, coucou,
Coucou, coucou. »
Et moi je croyais qu'il disait :
« Coupe-lui le cou !
Coupe-lui le cou ! »
Et moi de m'en cour', cour', cour'
Et moi de m'en courir.
[…]

(6) SAMPSON. Gregory, on my word, we'll not carry coals.
GREGORY. No, for then we should be colliers.
SAMPSON. I mean, and we be in choler, we'll draw.
GREGORY. Ay, while you live, draw your neck out of collar.

(Shakespeare [1597] 2012: 1.1.4)

[SAMSON. Grégoire, sur ma parole, nous ne supporterons pas leurs brocards.
GREGOIRE. Non, nous ne sommes pas gens à porter le brocart.
SAMSON. Je veux dire que, s'ils nous mettent en colère, nous allongeons le couteau.
GREGOIRE. Oui, mais prends garde qu'on ne t'allonge le cou tôt ou tard.]

(*Roméo et Juliette*, I,1,4)

Le jeu de mots en (1) est basé sur une permutation de deux sons dans chaque mot ([b] et [ʃ], et [d] et [ʃ], respectivement), résultant dans des formes inédites qui peuvent nous faire rire si nous reconnaissons la déviation formelle et si nous arrivons à inverser la permutation et à « retraduire » les mots. Dans l'exemple (2), par contre, le jeu de mots se base sur deux sens conventionnels du verbe anglais *escalate* – 'monter' et 'dégénérer, échapper au contrôle' –, dont le dernier suggère une interprétation sexuelle, de sorte que le jeu de mots renvoie à un tabou. En (3), nous trouvons également un jeu de mots basé sur l'expression lexicalisée allemande *haargenau* et sur le sens conventionnel littéral de l'un des éléments du mot composé, à savoir l'all. *Haar* 'cheveu'. Dans ce cas, toutefois, le jeu de mots est beaucoup plus innocent, et l'effet principal du jeu de mots est le fait de remotiver le mot composé en insistant sur ce qui serait son sens littéral (cf. le fr.[fam.] *pile poil*). En (4) nous observons également un jeu de mots sur la polysémie du français *couver* 'couver (un œuf)' et 'couver (une maladie)', et l'exemple (5) raconte un malentendu comique du chant du coucou dans un sens bien plus menaçant (*coupe-lui le cou* ; la chanson continue avec une série d'autres malentendus de sons extra-linguistiques au sens d'énoncés menaçants). Pour une analyse du jeu de mots complexe en (6), voir ci-dessous.

Tous les exemples que nous venons de commenter requièrent un effort additionnel d'interprétation, qui consiste à réfléchir sur les différents sens des mots ou sur certaines manipulations formelles. En même temps, toutefois, malgré le fait que les jeux de mots sautent aux yeux ou à l'oreille, ceux-ci représentent également un phénomène assez éphémère. D'une part, comme nous l'avons vu avec l'enseigne publicitaire en (3), les jeux de mots sont souvent utilisés pour attirer l'attention de l'auditeur ou du lecteur et pour augmenter la mémorisation du message (publicitaire) ; d'autre part, le but ultime du message publicitaire est tout autre, et l'auteur de la campagne publicitaire n'a pas l'intention de nous faire mémoriser le jeu de mots lui-même, mais le nom du salon de coiffure (ou le nom d'un magasin, d'un produit, etc.) ainsi que le message publicitaire. De même, dans des contextes sociaux dans lesquels on se raconte des blagues (cf. l'exemple (4)), on peut souvent observer que les interlocuteurs déplorent leur mémoire défective en matière de bonnes blagues entendues à une autre occasion. Dans de telles situations, la communication n'a pas, en soi, pour dessein la transmission du jeu de mots lui-même, mais le jeu de mots est un moyen pour le locuteur (et l'auditeur) de se présenter comme disposant de la compétence linguistique requise pour réaliser et comprendre le jeu de mots, grâce au fait d'être plein d'esprit et en mesure d'affronter le duel social sous-jacent qui se joue – et une fois que ce message a été transmis avec succès, le jeu de mots lui-même perd son importance (sauf si on essaie de le mémoriser afin de pouvoir le réutiliser plus tard dans un contexte différent d'échange de blagues, avec un auditoire différent).

Du fait de cette grande hétérogénéité des jeux de mots, il nous semble intéressant de nous arrêter un peu sur le fonctionnement communicatif du jeu de mots qui, comme nous le verrons par la suite, nous permet d'envisager certains aspects et enjeux très généraux du langage et de la communication, et d'explorer des ponts interdisciplinaires possibles entre la linguistique, les études littéraires, ainsi que d'autres disciplines.[1] Quelles nouvelles perspectives s'ouvrent si nous adoptons une conception large du jeu de mots incluant des contextes d'usage et des perspectives d'analyse très différents ? Et quels sont les apports possibles des différentes disciplines et des études antérieures sur les jeux de mots en voie d'une conception plus compréhensive de ce phénomène dans toute sa complexité et sa variété ?

3 Perspectives interdisciplinaires sur les jeux de mots dans l'interaction locuteur-auditeur

Bien des travaux linguistiques antérieurs ont abordé les différents types de jeux de mots à partir d'analyses formelles, lesquelles visent à proposer une classification compréhensive (voir par exemple Guiraud 1976 ; Vittoz Canuto 1983 ; pour une vue d'ensemble, voir également Winter-Froemel 2009). D'autres travaux ont en revanche étudié l'emploi des jeux de mots chez différents auteurs (p. ex. Kemmner 1972) ou dans des contextes particuliers, p. ex. la publicité (voir p. ex. Vittoz Canuto 1983 ; Grunig 1990 ; Tanaka 1992, 1999), les journaux (voir p. ex. Carstensen 1971 ; Hausmann 1974), les nouveaux médias (Chovanec & Ermida 2012), ou encore dans certains éléments au sein des textes, p. ex. dans les titres d'articles de presse (voir p. ex. Dittgen 1989). Une attention particulière a également été accordée à des types de textes spécifiques qui font souvent usage de jeux de mots (p. ex. les blagues, cf. Ulrich 1977), et on s'est aussi intéressé aux défis que pose la traduction des jeux de mots, et plus particulièrement des jeux de mots multilingues (voir Grassegger 1985 ; Heibert 1993 ; Rauch 1982 ; Paton, Powell et Wagg 1996 ; Ulrich 1997 ; Delabastita 1997 ; Schröter 2010 ; Valero-Garcés 2010 ; Stefanowitsch 2001 ; Kharkhurin 2012).

En outre, nous pouvons également citer la tradition importante des recherches sur l'humour (Raskin 1985 ; Attardo et Raskin 1991 ; Attardo 1994 ; Goatly 2012 ; voir également Preisendanz et Warning 1976 ; Hesbois 1986) qui est étroitement liée au domaine de recherche sur les jeux de mots, mais adopte une perspective considérablement plus large, incluant différentes formes de l'humour non linguistique et focalisant d'autres aspects d'analyse, p. ex. la dimension psychologique et / ou anthropologique des jeux de mots (voir par

---

[1] La collection de blagues linguistiques fournie par Koch, Krefeld et Oesterreicher (1997), avec leurs commentaires linguistiques, a été une première source d'inspiration pour nos réflexions sur la thématique des jeux de mots.

exemple les travaux de Sigmund Freud 1905, Henri Bergson [1940] 1993, Johan Huizinga 1938, Helmuth Plessner [1941] 1950 et G. B. Milner 1972).

Finalement, les jeux de mots ont également été analysés dans le contexte de la motivation linguistique (Gauger 1971, 1976 ; Käge 1980 ; Rettig 1981 ; Cuyckens, Dirven et Panther 2003 ; Partington 2009 ; voir également Gibbs et Colston 2012 sur le langage figuratif) et à partir de perspectives de la linguistique cognitive (Veale 2009).

Dans le domaine de la littérature (et des études littéraires), le jeu de mots a été étudié en tant que catégorie reliée à de plus grands contextes interprétatifs et à certains auteurs, genres et époques. Les recherches se sont concentrées par exemple sur la fonction du jeu de mots dans les calembours (voir Coller 1988 ; Delabastita 2001), dans les devinettes littéraires (cf. Cook 2006) et dans la poésie moderne (voir Cook 1998), ou ont analysé les jeux de mots en tant qu'expression d'esprit, afin de tirer des conclusions concernant la valeur de leur degré de véracité (cf. Mahood 1957). En outre, le jeu de mots est vu comme une clé à la découverte du langage en tant que moyen herméneutique, comme l'illustre par exemple la poésie métaphysique au XVIIe siècle, dans laquelle le jeu de mots peut donner accès à des connaissances religieuses (voir Bauer à paraître ; Schmitz-Emans 1997). Cela renvoie directement à la dimension métalinguistique du jeu de mots (voir Schmitz-Emans 1997, en particulier p. 49–105 ; Delabastita 2001, 2006), que nous analyserons plus en détail ci-dessous.

En outre, dans les textes littéraires, les jeux de mots peuvent également être employés comme procédure de caractérisation, et très souvent avec une intention comique. Dans *Le Conte de deux cités* (*Tale of Two Cities*) de Charles Dickens, nous lisons à propos d'un des personnages :

(7) Mr Cruncher himself always spoke of the year of our Lord as Anna Dominoes : apparently under the impression that the Christian era dated from the invention of a popular game, by a lady who had bestowed her name upon it. (Dickens [1859] 2003 : II.1, 57)

L'exemple a un effet comique : « Anna Dominoes » est un jeu de mots basé sur une mauvaise interprétation de l'expression *anno Domini* (pour le malentendu comique en tant que manifestation particulière d'ambiguïté, voir également Winter-Froemel & Zirker 2010) : le personnage ne connaissant pas du tout le latin a réinterprété l'expression (de manière ludique) et l'a située dans un contexte qui lui est familier, à savoir le jeu de dominos. Le jeu de mots représente donc un jeu de mots plurilingue qui combine des éléments latins et anglais.

Ainsi, les jeux de mots peuvent remettre en question de manière ludique le fonctionnement du langage et explorer ses limites de manière créative. Mais le jeu de mots n'a pas nécessairement une finalité comique ; il peut également être subversif et avoir une fonction poétique, particulièrement si on pense à Huizinga qui situe la poésie dans le domaine du jeu (cf. Huizinga [1938] 1987 : 33). Cette relation étroite entre langage poétique et jeu renvoie à la conception de la poésie en tant que jeu (voir Zirker 2010 : 200).

Les exemples étudiés jusqu'à présent ont fait ressortir l'ubiquité du jeu de mots autant dans le langage quotidien que dans les textes littéraires ; essayons maintenant d'analyser le potentiel d'une approche interdisciplinaire des jeux de mots. Un premier exemple pouvant illustrer de tels liens interdisciplinaires potentiels est le slogan publicitaire de la marque commerciale Twinings :

(8) Twinings – L'amour avec un grand thé.

Ce slogan TV fait allusion à l'expression *l'amour avec un grand A*, et remplace la lettre initiale du mot *amour* par la séquence phonique [te]. Au niveau de la graphie, cette séquence est désambiguïsée par la transcription thé qui renvoie immédiatement au cadre conceptuel ou au scénario de BOIRE UNE TASSE DE THE. Au niveau phonique, par contre, [te] évoque une interprétation additionnelle au sens de 'la lettre T', c'est-à-dire l'initiale du mot *thé* aussi bien que de l'entreprise Twinings ; ce dernier mot représente un nom propre et s'écrit par conséquent justement avec un grand T. Comme l'exemple (3) que nous avons cité plus haut, ce jeu de mots s'explique par une stratégie communicative du locuteur : le jeu de mots vise à attirer l'attention de l'auditeur et à accentuer certains aspects de la forme et du contenu du message lui-même. Ce faisant, le jeu de mots vise à ce que l'auditeur mémorise le slogan et le nom de la marque Twinings et soit plus disposé à acheter les produits de cette entreprise (voir également Tanaka 1992 pour les jeux de mots dans la publicité). En même temps, le jeu de mots peut s'expliquer par une volonté du locuteur[2] de se présenter de manière positive, comme étant créatif et plein d'esprit. Ainsi, les jeux de mots représentent un emploi esthétique du langage, qui est condensé afin d'avoir un certain effet esthétique (mais bien sûr, la finalité commerciale s'y superpose ici). La stratégie à laquelle le locuteur a recours – le jeu sur l'homophonie (*thé* / *t*), l'allusion à l'expression *l'amour avec un grand A*, ainsi que la déviation surprenante obtenue par l'échange d'un seul son – rappelle des

---

2 Nous employons ici les termes de locuteur et d'auditeur dans un sens très général pour inclure toutes sortes de situations et d'instances communicatives. Dans l'exemple cité, le « locuteur » peut s'interpréter comme étant l'entreprise Twinings, qui a publié la campagne publicitaire (ou mieux, les responsables), mais aussi, selon les besoins concrets de l'analyse, comme l'agence de publicité (ou encore mieux, les employés de cette agence qui ont conçu le slogan).

manipulations du langage dans des textes littéraires (voir par exemple « Once below a time » de Dylan Thomas jouant sur l'expression *once upon a time* 'il était une fois' ; Thomas 2000).

Si nous revenons aux textes littéraires, nous pouvons noter que le drame est un des genres où l'interaction locuteur-auditeur est mise le plus nettement en relief. *Roméo et Juliette* de Shakespeare commence par un échange entre deux personnages se basant sur un jeu de mots :

(6) SAMPSON. Gregory, on my word, we'll not carry coals.
    GREGORY. No, for then we should be colliers.
    SAMPSON. I mean, and we be in choler, we'll draw.
    GREGORY. Ay, while you live, draw your neck out of collar.
    (Shakespeare 2012: 1.1.4)[3]

Sampson commence le dialogue par le refus de « carry coals », ce qui est une expression proverbiale signifiant à peu près 'permettre de nous faire insulter' (« allow ourselves to be insulted » ; Shakespeare 2012: 124n1). Gregory réagit immédiatement à cet énoncé en disant qu'ils ne sont pas des « colliers », c'est-à-dire littéralement des 'porteurs de charbon'. Ici, le jeu repose donc d'abord sur le sens figuratif et le sens littéraire des mots *coal* et *collier*. La réplique aigre de Sampson qu'ils pourraient « be in choler » poursuit le jeu paronymique, mais introduit encore une autre signification, complètement différente : *choler* se réfère à leur fureur (voir Shakespeare 2012 : 124n1). Ensuite, Gregory reprend à nouveau le jeu verbal en y ajoutant l'élément « collar », qui est homophone de « choler » et se réfère à une corde ; le « draw your neck out of collar » de Gregory signifie donc 'échapper à la corde de la potence' (« keep clear of the hangman's noose » ; Shakespeare 2012 : 124n4) : « Gregory cautions Samson against committing a capital offence by drawing his weapon too eagerly » ; c'est-à-dire, Gregory avertit Sampson de ne pas commettre une offense capitale en tirant son épée.

Grosso modo, le sens du dialogue entre ces deux personnages est plutôt sérieux : ils parlent d'un travail pénible, de la colère, d'empêcher qu'ils soient pendus. Mais ils le font sur la base d'un jeu de mots paronymique qui invite les spectateurs ou le lecteur à le déchiffrer. L'effet sur les spectateurs (ou le lecteur) est donc, du moins dans une certaine mesure, comique : le jeu de mots sert de soulagement comique dans une pièce de théâtre qui a déjà été identifiée comme étant une tragédie dans le prologue précédent. Ainsi, les personnages sur scène communiquent entre eux, mais en même temps, l'auteur de la pièce de théâtre

---

[3] Pour une traduction française, voir ci-dessous.

communique aussi avec les spectateurs en leur dévoilant l'atmosphère générale de ce drame, mais aussi en leur donnant des détails sur les deux personnages avec lesquels la pièce commence : la tragédie sera entremêlée de scènes avec soulagement comique, et il vaut mieux ne pas prendre trop au sérieux les deux personnages sur scène, Gregory et Sampson.

Dans la traduction française, cette scène est présentée de la manière suivante :

(6) Traduction française:
SAMSON. Grégoire, sur ma parole, nous ne supporterons pas leurs brocards.
GRÉGOIRE. Non, nous ne sommes pas gens à porter le brocart.
SAMSON. Je veux dire que, s'ils nous mettent en colère, nous allongeons le couteau.
GRÉGOIRE. Oui, mais prends garde qu'on ne t'allonge le cou tôt ou tard.
(*Roméo et Juliette*, I,1,4)

On retrouve ici les jeux de mots, mais dans les deux premières lignes la mention de personnes indigentes (les mineurs) est remplacée par son contraire : une image de richesse (le brocart). Samson dit qu'ils ne vont pas supporter les railleries des domestiques de la famille Montague, et Grégoire répond avec un jeu de mots reposant sur l'homophonie de *brocards* 'railleries' et *brocart* 'étoffe précieuse'. En outre, nous pouvons également relever un jeu de mots paronymique sur les verbes *supporter* et *porter*, et un jeu sur *allonger le couteau* / *allonger le cou tôt* (à nouveau, un jeu homonymique). Ainsi, l'exemple illustre bien le potentiel d'une approche interdisciplinaire des jeux de mots qui peut réunir par exemple des catégories linguistiques d'analyse, comme l'homophonie ou la paronymie, d'une part, et des textes d'une grande complexité, d'autre part.

Pour conclure, les jeux de mots expriment une réflexion métalinguistique et nous invitent à y participer, attirant l'attention de l'auditeur ou du lecteur à la fois sur le message et sur le langage. En effet, les jeux de mots fonctionnent souvent comme des énigmes à résoudre qui, pour être résolues, requièrent une réflexion sur la signification des unités linguistiques et leurs ambiguïtés de la part de l'auditeur, aussi bien qu'une réflexion sur les structures de la langue qui sont manipulées de manière ludique (pour des perspectives linguistiques, littéraires et rhétoriques sur l'ambiguïté, voir également Fuchs 1996 ; Bauer, Knape, Koch and Winkler 2010 ; Winter-Froemel 2013 ; Winter-Froemel et Zirker 2015).

Cette caractéristique permet ainsi d'identifier un premier champ d'études interdisciplinaires : comme le montreront les contributions du premier volume de *The Dynamics of Wordplay*, la linguistique et les études littéraires peuvent se compléter mutuellement pour aboutir à une meilleure compréhension de la dimension métalinguistique et métadiscursive des jeux de mots.

Un deuxième aspect où une approche interdisciplinaire s'avère fructueuse se réfère aux différents types d'enjeux touchés par les jeux de mots (voir le volume ci-présent) : l'emploi de jeux de mots dans la communication quotidienne et dans les textes littéraires est influencé par les connaissances du locuteur et de l'auditeur, par leurs intentions communicatives et, de manière plus générale, par le contexte et la situation. Ainsi, outre les aspects purement formels des jeux de mots, il convient de prendre également en compte la réalisation concrète des jeux de mots dans l'interaction entre locuteur(s) et auditeur(s). Dans les prochaines parties, nous essaierons d'étudier plus en détail ces deux axes de réflexion interdisciplinaire et d'exposer quelques pistes d'analyse à partir des contributions des deux volumes.

4 La dimension métalinguistique des jeux de mots

Comme nous venons de le voir, la composante métalinguistique peut être considérée comme un aspect fondamental du jeu de mots. Toutefois, cet aspect n'a été mis en avant que très rarement de manière explicite (voir par exemple Koch, Krefeld et Oesterreicher 1997 ; Miorița Ulrich 1997). Le terme de 'métalinguistique' renvoie immédiatement à l'approche proposée par Jakobson (1960), dans laquelle la fonction métalinguistique représente une des six fonctions fondamentales des messages linguistiques. Plus particulièrement, il s'agit de la fonction qui, selon Jakobson, est liée au code, s'opposant ainsi aux autres fonctions du modèle, parmi lesquelles figurent la fonction référentielle liée au contexte et la fonction poétique liée au message lui-même. Malgré une série de critiques qui ont été formulées à l'égard de la conception jakobsonienne[4], son

---

4 Bon nombre de ces critiques se concentrent sur la fonction poétique, son rôle particulier au sein du modèle jakobsonien, et la conception de la littérature et du langage littéraire ou poétique qui en résulte. Nous ne pouvons pas approfondir cet aspect ici, mais en ce qui concerne la fonction métalinguistique, il faut noter que sa définition et sa nécessité ont été remises en question de manière fondamentale : le code linguistique peut être considéré comme un référent particulier, ou bien, un élément spécifique du contexte de la communication, de sorte que la fonction métalinguistique de Jakobson pourrait également être conçue comme un sous-type de la fonction référentielle (voir Coseriu 2007 : 76–92 et la contribution de Kabatek, in *The Dynamics of Wordplay* 1 ; cf. également d'autres modèles sémiotiques comme celui de Karl Bühler qui ne formule que trois fonctions fondamentales du signe linguistique, à savoir la fonction expressive, appellative et référentielle [all. *Ausdrucks-*, *Appell-*, *Darstellungsfunktion*] ; Bühler 1934).

approche représente toujours une référence de base pour la linguistique aussi bien que pour les études littéraires, et nous avons donc choisi de le prendre comme point de départ heuristique à la fois pour le colloque et pour les deux volumes de la collection *The Dynamics of Wordplay*, afin d'explorer cette dimension particulière des jeux de mots. Toutefois, ce faisant, nous n'assumons pas que la fonction des jeux de mots soit limitée à cette dimension métalinguistique. En effet, dans bien des cas, les jeux de mots oscillent entre une fonction métalinguistique et poétique dominante, et pour certains jeux de mots, d'autres aspects encore ont une importance primordiale (par exemple la fonction conative ou appellative pour les jeux de mots dans des messages publicitaires, voir les exemples qui ont été analysés plus haut).

La composante métalinguistique du jeu de mots peut être exploitée de manière explicite dans une série d'usages bien divers, mais il peut y avoir également des références très subtiles aux enjeux métalinguistiques du jeu de mots. Souvent, l'établissement de relations inattendues entre différentes unités linguistiques a un effet comique (p. ex. dans les slogans publicitaires « Have a break, have a kit-kat » 'Faites une pause / Rompez [la barre chocolatée kit-kat], et mangez un kit-kat', avec ambiguïté du mot angl. *break*, et « Il n'y a que Maille qui m'aille ») et le jeu de mots sert souvent à témoigner de l'esprit du locuteur. Dans la communication littéraire, il pourrait également être l'un des indicateurs d'une double communication, par exemple sur les niveaux intradiégétique et extradiégétique (communication entre l'auteur et le lecteur / les spectateurs) ; un nom suggestif comme Mrs. Malaprop dans *Les Rivaux* de Sheridan est ainsi adressé aux spectateurs en tant que métacommentaire sur ce personnage et sur son usage du langage (angl. *malapropism* 'mot estropié, confusion de mots produisant un effet comique involontaire'). Dans ces cas, le jeu de mots contrecarre la mimesis et, par conséquent, l'illusion (voir Warning 1976).

Un autre aspect très proche de cette orientation métalinguistique est l'orientation métadiscursive, qui est exploitée dans d'autres jeux de mots : dans le discours, dans l'interaction locuteur-auditeur, le jeu de mots peut souvent être interprété comme une expression de certaines intentions communicatives du locuteur et comme une invitation à la réflexion métalinguistique adressée au destinataire de l'énoncé. Le jeu de mots nous fait réfléchir sur la langue et sur la communication, et fait ainsi ressortir des caractéristiques du langage littéraire dans la communication quotidienne de même qu'il nous donne la possibilité d'analyser des textes littéraires dans une perspective linguistique.

Dans la première partie de *The Dynamics of Wordplay* 1, les contributeurs se concentrent sur l'emploi du jeu de mots chez certains auteurs et dans des contextes historiques particuliers. La contribution de Martina Bross « ‹Equivocation will undo us› ? Les jeux de mots et l'ambiguïté dans les deux premières lignes de Hamlet » (« ‹Equivocation will undo us› ? Wordplay and Ambiguity in Hamlet's First and Second Line ») est dédiée à l'importance du jeu de mots dans *Hamlet* de Shakespeare et surtout au zèle du protagoniste à jouer avec les mots. Elle analyse deux exemples de jeux de mots dans les deux premiers vers énoncés par le personnage d'Hamlet : les deux vers « A little more than kin, and lesse then kind » et « Not so much my Lord, I am too much in the sonne » contiennent des ambiguïtés en apparence bien connues, mais dans le second vers, le calembour est bien plus problématique qu'on ne le dit souvent. Bross montre comme l'ambiguïté sert de base pour le jeu de mots dans *Hamlet*, mais en distinguant de manière systématique entre les niveaux de communication interne et externe. Utilisés comme des instruments métalinguistiques et métadiscursifs, l'ambiguïté et le jeu de mots contribuent à la caractérisation des personnages et nous aident à reconnaître les relations entre les personnages, mais ils s'adressent également aux spectateurs qui, dans ce cas, n'ont jamais la permission complète de désambiguïser les vers d'Hamlet.

Patricia Oster (« ‹Ne nous tutoyons plus, je t'en prie›. Jeux de mots et enjeu du langage dans le théâtre de Marivaux » ; dans ce volume) développe une approche en partie similaire dans son étude de l'aspect métalinguistique des néologismes et de leurs dimensions ludiques dans le théâtre de Marivaux. Dans les pièces de théâtre de cet auteur, les jeux de mots innovateurs sont souvent liés à l'ambiguïté et impliquent ainsi une réflexion métalinguistique, mais illustrent aussi la dimension inconsciente de la production et de la perception du jeu de mots.

Dans sa contribution sur « Le jeu de mots en tant que passe-temps courtois et pratique sociale : Shakespeare et Lewis Carroll » (« Wordplay as Courtly Pastime and Social Practice : Shakespeare and Lewis Carroll »), Thomas Kullmann se concentre sur une des comédies de Shakespeare, *Beaucoup de bruit pour rien*, et relie le jeu de mots en tant que pratique communicative aux livres *Alice* de Lewis Carroll (publiés en 1865 et en 1872). Prenant comme point de départ les maximes de Grice, il considère le jeu de mots non pas comme une violation de ces maximes, mais plutôt comme des éléments fonctionnels à l'égard de la communication et de l'interaction sociale. Alors que les personnages principaux de la comédie shakespearienne utilisent les jeux de mots pour montrer leur supériorité verbale et courtoise, et créent par conséquent une atmosphère humoristique et ludique, les jeux de mots dans les livres *Alice* de Lewis Carroll sont un défi pour l'héroïne autant que pour le lecteur. Mais même dans ce contexte, le jeu de mots est intégré dans d'autres pratiques sociales, et Alice, au cours de ses aventures, apprend à utiliser les jeux de mots et à y réagir ; par conséquent, elle développe un certain degré de « courtoisie ». Kullmann considère donc le jeu de mots comme un indicateur de conscience métalinguistique permettant à l'individu d'agir de manière adéquate dans certains contextes sociaux et communicatifs.

Maik Goth se dédie au drame anglais pour analyser « Le *Double entendre* dans la comédie de la restauration et du début du XVIIIe siècle » (« *Double Entendre* in Restoration and Eighteenth-Century Comedy »). Analysant le *double entendre* à l'intersection du texte dramatique, de la représentation de la pièce et de la critique contemporaine, il propose une nouvelle conception de cette catégorie : selon l'approche développée ici, celle-ci est caractérisée par le fait qu'elle prend comme point de départ la situation spécifique de la communication et le double appel des énoncés dans les textes dramatiques, qui s'adressent à la fois aux autres personnages sur scène et au public. Goth base son analyse sur une taxonomie qui prend en compte une grande diversité de structures et l'interaction des différentes significations dans le *double entendre*. Cette taxonomie est ensuite appliquée à l'interprétation de The Country Wife (1675 ; *La Provinciale*) de Wycherley et de The Funeral (1701 / 1702 ; *Funérailles ou Chagrin à la mode*), ce qui permet de juxtaposer le jeu sur les capacités sexuelles et intellectuelles d'une part, et des variantes pudiques d'autre part, et de montrer que le jeu de mots peut relier différentes modalités du comique entre eux.[5]

Contrairement aux contributions précédentes, qui se sont concentrées sur les effets comiques des jeux de mots, Sheelagh Russell Brown les approche dans le sens du *serio ludere*, comme « Le travail sérieux du jeu » (« The Serious Work of Play ») des « Dark Sonnets » (« sonnets sombres ») de Gerard Manley Hopkins. Alors que l'usage du jeu de mots de Hopkins a été étudié extensivement dans la plupart de sa poésie et de sa philosophie des mots, les prétendus « sonnets sombres » sont plus difficiles à étudier à cet égard : les six poèmes sans titre (composés en 1885 et en 1886) expriment un sentiment d'isolation, et de ce fait, résistent à une lecture se concentrant sur l'enjouement linguistique. En effet, dans ces poèmes, Hopkins utilise plutôt le jeu de mots afin d'être capable d' « énoncer » le paysage de son esprit : le jeu de mots devient un moyen de prendre ses distances face au langage normal et, par conséquent, le jeu de mots reflète le sentiment d'éloignement qu'il éprouvait dans sa propre vie.

Vincent Renner se tourne vers les techniques linguistiques du jeu de mots et « L'amalgamation lexicale comme jeu de mots » (« Lexical Blending as Wordplay »), c'est-à-dire les mécanismes de la formation des mots. Renner se sert d'une diversité de langues afin de montrer que le processus formatif d'amalgamation lui-même peut être regardé comme une forme de jeu de mots et offre une

---

5 Voir également la contribution de Pauline Beaucé (dans ce volume), qui réfléchit sur différentes fonctions du jeu de mots dans les théâtres de la Foire à Paris dans le XVIIIe siècle.

vue d'ensemble de certains traits qui augmentent l'enjouement verbal dans ce processus. La contribution de Jean-François Sablayrolles (dans ce volume) s'enchaîne directement avec cette thématique et l'élargit par son analyse du jeu de mots dans le contexte plus général de la néologie, où il s'interroge sur les matrices lexicogéniques spécifiques et leurs fonctions communicatives et pragmatiques respectives. En outre, la contribution de Michelle Lecolle (également dans ce volume) présente une réflexion approfondie sur certains procédés formels et leurs relations envers le domaine de la motivation linguistique.

La contribution de Pierre Arnaud, François Maniez et Vincent Renner « Jeux de mots et occurrences non canoniques de proverbes : investigation de corpus et étude de la perception de l'humour et de l'ingéniosité par les lecteurs » (« Non-Canonical Proverbial Occurrences and Wordplay : A Corpus Investigation and an Enquiry into Readers' Perception of Humour and Cleverness ») présente une investigation de 303 occurrences de six proverbes anglais.[6] Arnaud, Maniez et Renner ont analysé et classifié les occurrences non canoniques, ce qui leur permet de constater que la plupart de ces occurrences représentent des adaptations contextuelles, alors que seulement peu d'entre elles peuvent s'analyser comme étant des jeux de mots. Sur la base d'un questionnaire, les auteurs montrent que la simple adaptation contextuelle de proverbes ne crée pas de jeu de mots, mais que ce dernier requiert une complexité sémantique qui se combine avec l'humour.

La complexité sémantique et l'humour sont également repris dans l'article de Sebastian Knospe sur « Un modèle cognitif pour les calembours bilingues » (« A Cognitive Model for Bilingual Puns »), dans lequel il présente des exemples de jeux de mots bilingues (allemand / anglais) dans des textes journalistiques allemands. La contribution analyse d'une part la structure linguistique des calembours bilingues et d'autre part les mécanismes cognitifs de leur emploi et interprétation dans leurs contextes d'usage respectifs. Les lecteurs doivent faire des efforts cognitifs afin de déchiffrer le sens de ces calembours ; en même temps, les calembours bilingues permettent d'obtenir certains effets discursifs particuliers.

Dans une entrevue avec Angelika Zirker, Ian Duhig, poète contemporain britannique, réfléchit sur ses vues à l'égard des jeux de mots dans la poésie et sur la possibilité d'exprimer davantage dans des textes poétiques que dans d'autres textes, tout en utilisant moins de mots. À son avis, le jeu de mots est l'un des moyens les plus importants d'intensifier le langage littéraire. Ses réflexions sont principalement illustrées à l'aide de *Tristram Shandy* de

---

6 Voir aussi la contribution de Sylvia Jaki (ce volume) sur le détournement phraséologique.

Laurence Sterne aussi bien que par ses propres poèmes. Cette contribution témoigne d'un aspect particulier de nos réflexions antérieures sur la thématique du jeu de mots, qui a fortement influencé l'organisation du colloque : lors de ce dernier, nous avons voulu non seulement franchir des frontières disciplinaires, mais également initier un dialogue avec des experts du jeu de mots travaillant dans différents domaines, incluant des auteurs littéraires, des comédiens, des réalisateurs, etc.

La dernière partie du premier volume de *The Dynamics of Wordplay* est dédiée aux thèmes des genres textuels et de la méta-réflexion. Johannes Kabatek, dans sa contribution sur « Jeux de mots et traditions discursives » (« Wordplay and Discourse Traditions ») analyse les jeux de mots à partir de la capacité universelle des êtres humains à jouer avec les paroles, et à partir de la notion de traditions discursives. Il souligne l'importance d'une distinction nette entre différents niveaux d'analyse impliqués dans l'étude des jeux de mots, et il montre que les jeux de mots ne sont pas seulement conditionnés par les langues particulières, mais également par d'autres traditions culturelles.

La contribution de Svea Schauffler, « Les jeux de mots dans les films soustitrés – Une étude des réactions du public » (« Wordplay in Subtitled Films – An Audience Study ») se situe dans le domaine des études de traduction (audio-visuelle). Schauffler présente une étude expérimentale des réactions du public face à deux stratégies différentes pour sous-titrer des jeux de mots anglais en allemand ; elle base ses réflexions sur le court métrage *Wallace and Gromit in a Matter of Loaf and Death*. Les versions sous-titrées étaient présentées aux spectateurs dans deux représentations différentes ; une version mettait la priorité sur le transfert de l'humour, l'autre suivait le dialogue original. Les réactions des spectateurs à l'égard des deux versions ont été documentées par des questionnaires, qui permettent de constater que la traduction fonctionnelle est reçue de manière plus positive que la traduction orientée sur l'équivalence formelle. En outre, les analyses statistiques permettent d'observer une interaction avec d'autres facteurs tels que les connaissances en anglais pour les réactions face à la traduction plus littérale.

Dans sa contribution « Jeux de surfaces et de profondeurs : Transitions entre la bidimensionnalité et la tridimensionnalité à la lumière des jeux de mots et calembours » (« Plays Around Surfaces and Depths : Transitions Between Two- and Three-Dimensionality Reflected by Wordplays and Puns »), Monika Schmitz-Emans se réfère une fois de plus aux livres *Alice* de Lewis Carroll, pour analyser les préconditions du jeu de mots tel qu'il est développé par leur auteur, le mathématicien Dodgson. Elle considère les concepts empruntés aux mathématiciens comme la scène sur laquelle les mots sont capables de jouer des jeux et des rôles, et elle relie les livres *Alice* aux écritures mathématiques de leur auteur, comme *Euclid and His Modern Rivals* (1879 ; *Euclide et ses rivaux modernes*). Les objets bi- ou tridimensionnels autant que les surfaces et les profondeurs se transforment en espaces sémantiques, les concepts liés aux notions de surface et de profondeur se transforment en moyens de réflexion sur la langue.

Matthias Bauer se penche sur « Les jeux de mots secrets et ce qu'ils pourraient nous dire » (« Secret Wordplay and What It May Tell Us »). Abordant les jeux de mots à partir de leur contexte communicatif, il définit les « jeux de mots secrets » comme un sous-type de jeux de mots restant inaperçus pendant un certain temps et / ou par une partie des auditeurs. Alors que les jeux de mots ouverts enfreignent plusieurs maximes dépendant du principe de coopération, il n'en serait pas ainsi pour les jeux de mots secrets. De plus, les jeux de mots sont considérés comme étant un phénomène scalaire pouvant s'analyser selon quatre paramètres se référant à leur structure linguistique, leur intégration dans le contexte, ainsi que leurs fonctions communicatives et sociales. Les jeux de mots secrets permettent également d'aborder la relation entre connaissance de mots et connaissance du monde dans l'interprétation de textes littéraires.

5 Les jeux de mots et leurs enjeux – Jeux sur différents niveaux langagiers et communicatifs

Comme nous l'avons vu dans la partie précédente, une fonction importante du jeu de mots est celle d'orienter le locuteur et l'auditeur sur le langage et / ou le message et l'évènement discursif lui-même. Ce dernier aspect nous renvoie directement à une autre dimension d'analyse qui sera exploré dans ce volume, à savoir, la relation entre les jeux de mots et le contexte de la communication concrète dans laquelle ils sont employés. En effet, il paraît important de ne pas seulement analyser les caractéristiques formelles du jeu de mots, mais également les diverses manières dont il est employé dans des situations de communication différentes, dans lesquelles il fonctionne en tant que pratique sociale (comme le souligne de manière explicite la contribution de Thomas Kullmann, in *The Dynamics of Wordplay* 1).

Les jeux de mots ne reposent pas seulement sur certaines règles concernant des caractéristiques formelles, mais également sur ce que l'on peut considérer comme des usages légitimes dans des situations communicatives particulières. Cet aspect fonctionnel introduit une dynamique, dans laquelle le jeu de mots interagit avec une large gamme de facteurs contextuels, qui se réfèrent aux partenaires de l'échange communicatif, leurs rôles sociaux, leurs connaissances, etc.

Dans un premier sens, les jeux de mots peuvent avoir une fonction sociale dans la mesure où ils peuvent opérer une séparation entre différents groupes d'auditeurs, par exemple entre des auditeurs qui apprécient un certain usage ludique du langage et d'autres qui ne le font pas, ou, à un niveau encore plus fondamental, entre les auditeurs qui comprennent (c'est-à-dire, arrivent à décoder avec succès) le jeu de mots, et ceux qui échouent.

La contribution d'Alain Rabatel, « Points de vue en confrontation substitutifs ou cumulatifs dans les contrepèteries (*in absentia*) », fait ressortir plusieurs de ces aspects à partir d'une analyse d'un type de jeux de mots qui est particulier au français, à savoir les contrepèteries. Sur un niveau purement formel, celles-ci sont caractérisées par une permutation de lettres ou de sons, ce qui est également caractéristique pour la tradition allemande du *Schüttelreim* et pour la tradition anglaise des *spoonerisms* ; cependant, on note d'ultérieures restrictions pour la tradition française. Aujourd'hui, les contrepèteries dans la très grande majorité des cas, ne sont pas explicites, c'est-à-dire qu'il s'agit de jeux de mots *in absentia*, dans lesquels la deuxième interprétation reste cachée, et cette interprétation cachée est fortement liée à un tabou (en grande majorité des tabous sexuels). Cette caractéristique additionnelle entraîne une orchestration complexe de différents points de vue dans les contrepèteries qui se superposent ou se contredisent. En outre, de manière générale on peut affirmer que les contrepèteries représentent un type de jeux de mots relativement difficile à décoder, et l'interprétation réussie d'une contrepèterie entraînera une forte gratification (au niveau de l'auditeur individuel) et une forte connivence (au niveau de l'interaction sociale). En passant, il semble intéressant de noter ici que de tels énoncés qui visent à créer une connivence avec certains auditeurs impliquent (de manière explicite ou implicite) non seulement une stratégie d'inclusion et de constitution de groupes sociaux, mais également une exclusion (du moins potentielle) d'autres groupes.

De telles constellations sociales complexes sont également présentées dans la contribution de Maik Goth (*The Dynamics of Wordplay* 1). Bien que ses analyses concernent une stratégie linguistique bien différente à un niveau formel, le jeu du *double entendre* opère également un double jeu d'inclusion / exclusion basé sur le décodage réussi ou l'incapacité d'accéder aux messages additionnels cachés ; ces messages additionnels secret sont encore très souvent liés à des tabous sexuels.

Dans d'autres cas, on fait ressortir les fonctions interactionnelles du jeu de mots de manière même plus explicite. La contribution de Pauline Beaucé, « Les jeux de mots dans le répertoire des théâtres de la Foire à Paris au XVIIIe siècle :

de la publicité à la satire » offre des perspectives intéressantes à cet égard à partir d'analyses de l'emploi de jeux de mots dans les théâtres de la Foire, où les jeux de mots peuvent être utilisés pour parodier d'autres institutions théâtrales et pour se moquer de mesures administratives visant à restreindre la liberté et le succès de ces manifestations théâtrales jouissant d'un grand succès. En même temps, les analyses révèlent des motifs commerciaux qui sont également à la base de l'emploi des jeux de mots, qui ont également une fonction publicitaire, visant à attirer le public. A nouveau, nous constatons ici un jeu social complexe, dans lequel les jeux de mots ne s'adressent pas seulement au public en salle, mais aussi aux autres institutions de théâtre qui ont ici le rôle du tiers exclu.

En outre, on note dans les textes littéraires une multiplication systématique de niveaux de la communication. En effet, si nous analysons les jeux de mots dans des textes dramatiques, il faut prendre en considération non seulement leur emploi dans la communication entre les personnages et les acteurs sur scène, mais également avec le public, qui représente un groupe supplémentaire d'auditeurs. Cet aspect est également mis en avant dans la contribution de Patricia Oster, « ‹Ne nous tutoyons plus, je t'en prie›. Jeux de mots et enjeu du langage dans le théâtre de Marivaux ». Comme le montre Patricia Oster, le théâtre marivaudien se sert de la situation communicative dramatique pour manipuler le langage et le mettre en scène lui-même, faisant ainsi réfléchir le public à la composante consciente et inconsciente qui entre en jeu dans la communication.

A ces réflexions s'enchaînent directement les analyses des textes narratifs de Balzac proposées par Laélia Véron dans « Jeu de mots et double communication dans l'œuvre littéraire : l'exemple de la *Comédie humaine* de Balzac ». La multiplication des niveaux de la communciation – la superposition des niveaux intradiégétique et extradiégétique – s'avère également fondamentale ici, et à nouveau, les exemples étudiés par Véron montrent que les jeux de mots peuvent être employés sur les deux niveaux pour remplir diverses fonctions pragmatiques et interactionnelles telles que la critique sociale. En outre, Véron insiste sur l'importance de distinguer différents groupes de lecteurs dans une perspective historique, ce qui devient fondamental si nous étudions les jeux de mots dans la communication quotidienne et dans les textes littéraires d'époques antérieures. Suite à des processus de changement linguistique, nous ne disposons pas nécessairement des connaissances linguistiques et culturelles requises pour décoder les jeux de mots d'époques antérieures.

Cela nous mène à un autre aspect qui concerne les fonctions sociales des jeux de mots et l'inclusion / exclusion de groupes d'auditeurs : les différents types de connaissances qu'un emploi particulier de jeu de mots requiert. Nous avons déjà vu que cette dimension est pertinente pour comprendre comment fonctionnent les contrepèteries étudiées par Alain Rabatel et les cas de *double entendre* analysés par Maik Goth ; on peut également citer ici les calembours bilingues étudiés par Sebastian Knospe (*The Dynamics of Wordplay* 1) et les énoncés plurilingues dans l'œuvre de Manderscheid (voir la contribution de Julia Genz, dans ce volume), qui requièrent un certain niveau de compétence dans les différents codes linguistiques impliqués.

En même temps, nous avons déjà pu constater que certains emplois de jeux de mots ne s'adressent pas forcément à un groupe homogène d'auditeurs / de lecteurs, comme l'illustre également le cas d'*Astérix* (voir la contribution de Marc Blancher sur l'humour icono-textuel dans les textes de Goscinny). En effet, c'est précisément par le fait que ces ouvrages peuvent être lus et appréciés sur différents niveaux qu'on arrive à expliquer leur énorme succès : les jeux de mots sophistiqués et les allusions « savantes » qui requièrent des connaissances historiques et linguistiques extensives augmenteront la gratification de certains groupes de lecteurs, mais ne mèneront pas à une exclusion d'autres, car il reste suffisamment d'autres jeux de mots pouvant être décodés de manière plus directe et facile.

L'importance d'un certain niveau de compétences linguistiques est également reprise dans l'autre contribution de Marc Blancher, « De l'auteur de jeux de mots aux jeux de mots d'auteur », dans laquelle il présente des exemples pris dans les romans policiers d'apprentissage dans la perspective pratique de l'auteur. Se font noter ici de manière incontournable les défis posés par les connaissances limitées des lecteurs qui sont encore en train d'apprendre la langue et qui ne disposent pas du même arrière-fond de connaissances culturelles que les lecteurs de l'Hexagone. Ainsi, cette contribution fournit des informations sur certaines contraintes pragmatiques qui conditionnent l'emploi du jeu de mots dans des genres textuels et des situations de communication spécifiques.

Les textes de l'auteur luxembourgeois Roger Manderscheid font également ressortir la dimension interlinguistique de jeux de mots dans des contextes particuliers de communication fortement marqués par une interaction de différentes langues. Dans sa contribution « ‹Il wullte bien, mais il ne puffte pas› – de la polyglossie à la polyphonie dans le roman *Der sechste Himmel* (*Feier a Flam*) de Roger Manderscheid », Julia Genz s'intéresse aux relations entre le multilinguisme et les jeux de mots dans ce contexte spécifique. À l'aide du concept fergusonien de la diglossie et de la conception linguistique de la polyphonie proposée par Ducrot, elle analyse les fonctions du jeu de mots à l'intérieur du roman et son rôle pour la formation de l'identité du narrateur.

Le fait que les jeux de mots jouent sur certains éléments et structures de langues particulières implique également que leur traduction représente un défi. À cet égard, le roman perecquien *La Disparition* peut se considérer comme un cas assez extrême, comme l'affirme Federica Di Blasio dans sa contribution « *La Disparition* de Georges Perec et les jeux de mots : l'ambiguïté du métatexte et la négociation de la traduction ». D'un côté, au niveau de la forme, le défi posé par la traduction de ce texte fondé sur la technique du lipogramme dépend des structures de la langue cible et, plus précisément, de la fréquence relative de la voyelle la plus fréquente. D'un autre côté, Di Blasio montre que le lipogramme a également une fonction thématique dans le texte source, ce qui crée des restrictions supplémentaires pour la traduction, mais ouvre également certaines voies pour créer des traductions de jeux de mots analogues d'un point de vue fonctionnel dans différentes langues cible.

Les enjeux des jeux de mots peuvent également s'analyser dans une perspective sémiotique. Une question fondamentale pouvant être étudiée dans ce contexte est celle des relations entre jeu de mots et innovation linguistique. La contribution de Jean-François Sablayrolles « Néologismes ludiques : études morphologique et énonciativo-pragmatique » montre que les jeux de mots sont basés sur des techniques qui peuvent également s'observer dans d'autres types de néologismes / d'innovations lexicales, mais que les jeux de mots recourent en grande partie à des techniques extra-grammaticales, tandis que des techniques « régulières » telles que la suffixation et la composition, qui sont centrales pour l'innovation lexicale, s'observent plus rarement. En outre, Sablayrolles étudie les différentes fonctions que les jeux de mots peuvent remplir et explore l'évolution diachronique des néologismes ludiques qui peuvent soit devenir conventionnels soit tomber dans l'oubli.

La contribution de Michelle Lecolle, « Jeux de mots et motivation : une approche du sentiment linguistique », focalise un aspect particulier de la manipulation du langage effectué par les jeux de mots, à savoir la compétence linguistique (la connaissance du système de la langue, dont les locuteurs ne sont pas nécessairement conscients), et, de manière plus spécifique, la motivation des unités linguistiques avec lesquelles on joue. Comme le montrent les exemples discutés, la motivation et la remotivation des unités linguistiques peuvent être considérées comme une fonction fondamentale de bien des jeux de mots, et ici, nous nous rapprochons à nouveau d'autres types d'innovation linguistique qui ne sont plus ludiques, mais impliquent des processus similaires de (re-)motivation, par exemple les étymologies populaires et les erreurs d'apprenants de la langue.

Dans la contribution de Sylvia Jaki, « Détournement phraséologique et jeu de mots : le cas des substitutions lexicales dans la presse écrite », c'est une catégorie morphologique particulière qui est mise au centre des analyses, à savoir les phraséologies. Celles-ci sont étudiées dans la presse écrite, et les analyses se concentrent sur le cas particulier de phraséologies avec substitution lexicale, dans lesquelles un élément est remplacé par un autre lexème. Ici se pose à nouveau la question de la définition des jeux de mots et de leur délimitation d'autres types d'emplois non ludiques. Jaki défend l'idée que les détournements de phraséologies ne doivent pas automatiquement être considérés comme des jeux de mots au sens étroit du terme, et elle propose de distinguer entre les vrais jeux de mots d'une part et des emplois ludiques du langage d'autre part.

Finalement, les jeux de mots ne concernent pas seulement le niveau des langues particulières, dans la mesure où d'autres systèmes sémiotiques peuvent également y être impliqués. Cet aspect est étudié dans la dernière contribution de ce volume, « ‹Ça est un bon mot !› ou l'humour (icono-)textuel à la Goscinny », dans laquelle Marc Blancher examine l'interaction des jeux de mots avec les images dans la bande dessinée *Astérix*. Les exemples étudiés montrent que la « qualité » des jeux de mots est augmentée s'ils sont reflétés par les images, ce qui implique que tout le potentiel sémiotique offert par la bande dessinée est exploité. En même temps, l'interaction entre le niveau du texte et le niveau graphique offre une large gamme de possibilités pour créer des jeux de mots sophistiqués reposant sur des allusions intertextuelles et intermédiales, qui requièrent souvent un effort augmenté pour être décodés.[7]

Ces possibilités de jouer avec différents systèmes sémiotiques accessibles dans des situations de communication particulières nous renvoient au point de départ de nos réflexions sur la dimension métalinguistique et métadiscursive du jeu de mots et confirment encore une fois la complexité et le caractère hétéroclite de ces manifestations de l'usage langagier témoignant d'une maîtrise linguistique et esthétique exhaustive.

6 Remarques finales et remerciements

Nous remercions cordialement la fondation Fritz Thyssen (*Fritz Thyssen Stiftung*), la *Deutsche Forschungsgemeinschaft* (DFG), le Centre de Recherche (SFB) 833 « Bedeutungskonstitution » (Tübingen) et l'Université de Tübingen pour le soutien financier qu'ils nous ont accordé pour la préparation du

---

[7] Voir aussi la contribution de Svea Schauffler (in *The Dynamics of Wordplay* 1) qui étudie également l'interaction de différents systèmes sémiotiques, cette fois-ci dans le contexte du sous-titrage. À un niveau plus théorique, Monika Schmitz-Emans (in *The Dynamics of Wordplay* 1) fait ressortir les manières dont les jeux de mots de Lewis Carroll reflètent « l'évènement sémiotique » (le discours) en tant que tel.

colloque et la publication des actes du colloque. De plus, nous remercions très cordialement Eva Rettner, Beate Starke et Reinhild Steinberg pour leur aide pratique ainsi que tous les étudiants et étudiantes qui nous ont assistés avant et pendant le colloque (Julie Anhorn, Assata Frauhammer, Kathrin Luzius, Nora Menzel, Lena Moltenbrey, Tanita Salerno), et particulièrement Nathan Houstin, qui était impliqué dans l'organisation dès le début. Sans leur aide, le colloque n'aurait pas eu lieu dans sa forme finale. De même, nous voudrions remercier les participant(e)s au colloque pour leur disposition à s'engager dans ce projet multilingue. Ils se sont montrés très ouverts à une approche à l'analyse du jeu de mots non seulement multilingue, mais aussi interdisciplinaire, et peut-être même transdisciplinaire, de sorte que se sont développées des discussions très fécondes tout au long des trois journées du colloque.

Chaque texte a été commenté par plusieurs relecteurs de la linguistique et des études littéraires. En tant qu'organisatrices du colloque et éditrices des volumes ci-présents, nous avons encouragé les contributeurs et contributrices à commenter leurs exemples en vue d'un ensemble de lecteurs hétérogène ayant des connaissances variables de la langue. De même, pour augmenter l'accessibilité interdisciplinaire des contributions, nous avons invité les contributeurs et contributrices à rendre explicites certains présupposés et certaines notions théoriques qui peuvent parfois paraître évidents au sein de la communauté de la discipline, mais le sont beaucoup moins en dehors d'elle.

Dans la sélection des conférences, nous avons eu le soutien d'un comité scientifique qui nous a aidées à choisir entre environ quatre-vingt propositions de communication soumises. Nous sommes reconnaissantes à Heidi Aschenberg (Tübingen), Matthias Bauer (Tübingen), Hans-Martin Gauger (Fribourg-en-Brisgau), Johannes Kabatek (Zurich), Peter Koch† (Tübingen), Burkhard Niederhoff (Bochum), Margit Peterfy (Mayence), Britta Stolterfoht (Tübingen) et Richard Waltereit (Newcastle upon Tyne) pour leur aide.

Ils ont également eu la gentillesse de nous assister dans la relecture des articles soumis pour la publication des actes, avec encore d'autres relecteurs et relectrices – Dennis Sobolev (Haifa University), Eline Zenner (KU Leuven) et des membres du réseau scientifique « La dynamique du jeu de mots », Georgia Christinidis (Rostock), Barbara Frank-Job (Bielefeld), Bettina Full (Bochum), Bettina Kluge (Hildesheim), Alexander Onysko (Venise) et Verena Thaler (Mannheim) – ainsi qu'avec le comité scientifique, qui a accompagné la publication des deux volumes de manière très efficace et secourable.

Finalement, nous remercions très cordialement les personnes suivantes, qui nous ont assistées pendant la préparation des deux volumes ci-présents : Véronique Featherston-Lardeux, Sophia Fünfgeld, Mirjam Haas, Birgit Imade, Anne Klein, Daniela Küster, Nora Menzel, Carlotta Posth, et Timo Stösser.

L'équipe éditoriale à De Gruyter – Ulrike Krauß, Daniel Gietz, Olena Gainulina, et Christine Henschel – nous a soutenues dès le début et jusqu'à la parution des volumes.

Enfin, nous aimerions remercier tout particulièrement Matthias Bauer et Peter Koch de leur aide indéfectible sur toutes les questions concernant les jeux de mots, l'ambiguïté et l'interaction locuteur-auditeur. Nous nous souviendrons toujours de Peter Koch pour l'inspiration académique qu'il nous a transmise. Il a étroitement accompagné nos recherches et nos activités et il nous a encouragées de toutes les manières possibles, faisant ainsi avancer nos réflexions dans un domaine qui permet d'envisager des questions fondamentales de la théorie linguistique et des études littéraires tout en étant accessible et attrayant pour un large public. Nous dédicaçons les deux volumes ci-présents à sa mémoire.

7 Références bibliographiques

Attardo, Salvatore. 1994. *Linguistic Theories of Humor*. New York : Mouton.
Attardo, Salvatore. 2006. Cognitive linguistics and humor. *Humor* 19(3). 341–362.
Attardo, Salvatore & Victor Raskin. 1991. Script theory revis(it)ed : joke similarity and joke representation model. *Humor* 4(3–4). 293–347.
Bauer, Matthias. À paraître. *Mystical Linguistics : George Herbert, Richard Crashaw & Henry Vaughan*. Münster : LIT.
Bauer, Matthias, Joachim Knape, Peter Koch & Susanne Winkler. 2010. Dimensionen der Ambiguität. *Zeitschrift für Literaturwissenschaft und Linguistik* 158. 7–75.
Bergson, Henri. [1940]1993. *Le rire. Essai sur la signification du comique*, 10e éd. Paris : Quadrige & Presses Universitaires de France.
Bühler, Karl. 1934. *Sprachtheorie. Die Darstellungsfunktion der Sprache*. Jena : Gustav Fischer.
Carstensen, Broder. 1971. *Spiegel-Wörter. Spiegel-Worte. Zur Sprache eines deutschen Nachrichtenmagazins*. München : Hueber.
Chovanec, Jan & Isabel Ermida (éds.). 2012. *Language and Humour in the Media*. Newcastle upon Tyne : Cambridge Scholars Publishing.
Cook, Eleanor. 1998. *Against Coercion : Games Poets Play*. Stanford : Stanford University Press.
Cook, Eleanor. 2006. *Enigmas and Riddles in Literature*. Cambridge : Cambridge University Press.
Coseriu, Eugenio. [1980] 2007. *Textlinguistik. Eine Einführung*, 4e éd. Tübingen : Narr.
Culler, Jonathan (éd). 1988. *On Puns : The Foundation of Letters*. Oxford : Oxford University Press.
Cuyckens, Hubert, Thomas Berg, René Dirven & Klaus-Uwe Panther (éds.). 2003. *Motivation in Language. Studies in honor of Günter Radden*. Amsterdam : Benjamins.
Delabastita, Dirk (éd.).1997. *Traductio : Essays on Punning and Translation*. Namur : Presses Universitaires de Namur.

Delabastita, Dirk. 2001. Aspects of Interlingual Ambiguity : Polyglott Punning. In Paul Bogaards, Johan Rooryck & Paul J. Smith (éds.) : *Quitte ou Double Sens*, 45–64. Amsterdam : Rodopi.
Delabastita, Dirk. 2005. Cross-Language Comedy in Shakespeare. *Humor* 18(2). 161-184.
Dickens, Charles. [1859] 2003. *A Tale of Two Cities*. Ed. Richard Maxwell. London : Penguin.
Dittgen, Andrea Maria. 1989. *Regeln für Abweichungen. Funktionale sprachspielerische Abweichungen in Zeitungsüberschriften, Werbeschlagzeilen, Werbeslogans, Wandsprüchen und Titeln*. Frankfurt a. M. : Lang.
Freud, Sigmund. 1905. *Der Witz und seine Beziehung zum Unbewussten*. In Gesammelte Werke, vol. 6. Frankfurt a. M. : Fischer.
Fuchs, Catherine. 1996. *Les ambiguïtés du français*. Paris : Ophrys.
Gauger, Hans-Martin. 1971. *Durchsichtige Wörter. Zur Theorie der Wortbildung*. Heidelberg : Winter.
Gauger, Hans-Martin. 1976. *Sprachbewußtsein und Sprachwissenschaft*. München : Piper.
Gibbs, Raymond W. & Herbert L. Colston. 2012. *Interpreting Figurative Meaning*. Cambridge : Cambridge University Press.
Goatly, Andrew. 2012. *Meaning and Humour. Key Topics in Semantics and Pragmatics*. Cambridge : Cambridge University Press.
Grassegger, Hans. 1985. *Sprachspiel und Übersetzung. Eine Studie anhand der Comic-Serie Asterix*. Tübingen : Stauffenburg.
Grunig, Blanche-Noëlle. 1990. *Les mots de la publicité : L'architecture du slogan*. Paris : Presse du CNRS.
Guiraud, Pierre. 1976. *Les jeux de mots*. Paris : Presses Universitaires de France.
Hausmann, Franz Josef. 1974. *Studien zu einer Linguistik des Wortspiels. Das Wortspiel im « Canard enchaîné »*. Tübingen : Niemeyer.
Heibert, Frank. 1993. *Das Wortspiel als Stilmittel und seine Übersetzung am Beispiel von sieben Übersetzungen des « Ulysses » von James Joyce*. Tübingen : Narr.
Hesbois, Laure. 1986. *Les jeux de langage*. Ottawa : Éditions de l'Université d'Ottawa.
Huizinga, Johan. [1938] 1987. *Homo ludens : Proeve eener bepaling van het spel-element der cultuur*, 3e éd. [Homo Ludens : Versuch einer Bestimmung des Spielelementes der Kultur]. Basel : Akad. Verl. Anst. Pantheon.
Jakobson, Roman. 1960. Linguistics and Poetics. In Thomas A. Sebeok (éd.), *Style in Language*, 350-377. New York : Wiley.
Käge, Otmar. 1980. *Motivation. Probleme des persuasiven Sprachgebrauchs, der Metapher und des Wortspiels*. (Dissertation, Johannes Gutenberg Universität Mainz, 1980). Göppingen : Kümmerle.
Kemmner, Ernst. 1972. *Sprachspiel und Stiltechnik in Raymond Queneaus Romanen*. (Dissertation, Universität Tübingen). Tübingen : TBL.
Kharkhurin, Anatoliy Vladimirovich. 2012. *Multilingualism and Creativity*. Bristol : Multilingual Matters.
Koch, Peter, Thomas Krefeld & Wulf Oesterreicher. 1997. *Neues aus Sankt Eiermark. Das kleine Buch der Sprachwitze*. München : Beck.
Mahood, Molly M. 1957. *Shakespeare's Wordplay*. London : Methuen.
Milner, G. B. 1972. Homo Ridens. Towards a Semiotic Theory of Humour and Laughter. *Semiotica* 5(1). 1–30.
Partington, Alan. 2009. A linguistic account of wordplay : the lexical grammar of punning. *Journal of Pragmatics* 41. 1794–1809.

Paton, George E. C., Chris Powell & Stephen Wagg. 1996. *The Social Faces of Humour. Practices and Issues*. Aldershot : Ashgate.
Plessner, Helmuth. [1941] 1950. *Lachen und Weinen. Eine Untersuchung der Grenzen menschlichen Verhaltens*. München : Lehnen.
Preisendanz, Wolfgang & Rainer Warning (éds.). 1976. *Das Komische*. München : Fink.
Raskin, Victor. 1985. *Semantic Mechanisms of Humor*. Dordrecht : D. Reidel.
Rauch, Bruno. 1982. *Sprachliche Spiele – spielerische Sprache. Sammlung, Erklärung und Vergleich der Wortspiele in vier ausgewählten Romanen von Raymond Queneau und in den entsprechenden Übersetzungen von Eugen Helmlé* (Dissertation, Universität Zürich).
Rettig, Wolfgang. 1981. *Sprachliche Motivation. Zeichenrelationen von Lautform und Bedeutung am Beispiel französischer Lexikoneinheiten*. Frankfurt a. M. & Bern : Lang.
Schmitz-Emans, Monika. 1997. *Die Sprache der modernen Dichtung*. München : Wilhelm Fink.
Schröter, Thorsten. 2010. Language-play, Translation and Quality – with Examples from Dubbing and Subtitling. In Delia Chiaro (éd.) : *Translation, Humour and The Media*, 138-152. London, New York : Continuum.
Shakespeare, William. [1597] 2012. *Romeo and Juliet*. Éd. René Weis. London : Methuen.
Stefanowitsch, Anatol. 2001. Nice to *miet* you : Bilingual puns and the status of English in Germany. *Intercultural Communication Studies* 11(4). 67–84.
Tanaka, Keiko. 1992. The Pun in Advertising. A Pragmatic Approach. *Lingua* 87(1–2). 91–102.
Tanaka, Keiko. 1999. *Advertising language : a pragmatic approach to advertisements in Britain and Japan*. London : Routledge.
Thomas, Dylan. 2000. Once Below a Time. In *The Dylan Thomas Omnibus : Under Milk Wood, Poems, Stories and Broadcasts*, 94–96. London : Orion.
Ulrich, Winfried. 1977. Semantische Turbulenzen. Welche Kommunikationsformen kennzeichnen den Witz ? *Deutsche Sprache* 5. 313–334.
Ulrich, Miorița. 1997. *Die Sprache als Sache : Primärsprache, Metaprache, Übersetzung. Untersuchungen zum Übersetzen und zur Übersetzbarkeit anhand von deutschen, englischen und vor allem romanischen Materialien*. Tübingen : Narr.
Valero-Garcés, Carmen. 2010. *Dimensions of Humor : Explorations in Linguistics, Literature, Cultural Studies and Translation*. Valencia : Universitat de València.
Veale, Tony. 2009. Hiding in Plain Sight : Figure-Ground Reversals in Humour. In Geert Brône & Jeroen Vandaele (éds.), *Cognitive Poetics : Goals, Gains and Gaps*, 279–288. Berlin : Mouton de Gruyter.
Vittoz Canuto, Marie-B. 1983. *Si vous avez votre jeu de mots à dire. Analyse de jeux de mots dans la presse et dans la publicité*. Paris : A.-G. Nizet.
Warning, Rainer. 1976. Elemente einer Pragmasemiotik der Komödie. In Wolfgang Preisendanz & Rainer Warning (éds.), *Das Komische*, 279–333. München : Fink.
Winter-Froemel, Esme. 2009. Wortspiel. In Gert Ueding (éd.), *Historisches Wörterbuch der Rhetorik*. Vol. 9, 1429–1443. Tübingen : Niemeyer.
Winter-Froemel, Esme. 2013. Ambiguität im Sprachgebrauch und im Sprachwandel : Parameter der Analyse diskurs- und systembezogener Fakten. *Zeitschrift für französische Sprache und Literatur* 123(2). 130–170.
Winter-Froemel, Esme & Angelika Zirker. 2010. Ambiguität in der Sprecher-Hörer-Interaktion. Linguistische und literaturwissenschaftliche Perspektiven. *Zeitschrift für Literaturwissenschaft und Linguistik* 158. 76–97.

Winter-Froemel, Esme & Angelika Zirker. 2015. Ambiguity in Speaker-Hearer Interaction : A Parameter-Based Model of Analysis. In Susanne Winkler (éd.), *Ambiguity : Language and Communication*, 283–339. Berlin & New York : de Gruyter.

Zirker, Angelika. 2010. *Der Pilger als Kind : Spiel, Sprache und Erlösung in Lewis Carrolls* Alice-Büchern. Münster : LIT.

I **Jeux de mots entre locuteurs et auditeurs**

Alain Rabatel
Points de vue en confrontation substitutifs ou cumulatifs dans les contrepèteries (*in absentia*)

Résumé : Cet article analyse les contrepèteries, sortes de jeu de mots qui reposent sur des permutations de phonèmes donnant naissance à un énoncé jouant avec les tabous, selon une visée carnavalisante. Il met l'accent sur les contrepèteries *in absentia*, plus fréquentes que celles *in praesentia*. L'article présente d'abord son cadre théorique énonciatif, à partir de la distinction entre locuteur et énonciateur source des points de vue, dont la multiplicité pose la question de leur prise en charge en contexte ludique. L'article étudie ensuite la structure des contrepèteries, avec les permutations ou déplacements de phonèmes (ou de segments de phonèmes), selon leur position ou leurs combinaisons. Le décodage des mécanismes associatifs présuppose la compréhension de nombreuses équivalences phoniques, rythmiques, syntaxiques, qui s'appuient sur une conscience métalinguistique en action, au service de la fonction poétique et du rire, notamment à travers la connivence autour de la carnavalisation des valeurs et du jeu avec les stéréotypes et / ou les signifiants. Enfin, l'article analyse les relations énonciatives entre points de vue en confrontation, dans le cadre d'une énonciation non sérieuse. La dynamique contrapétique actualise la contrepèterie (PDV2), selon deux grands types de relation, tant en production qu'en réception. Dans la logique substitutive, l'énoncé originel (PDV1) est sémantiquement inconsistant ou incongru, et fonctionne comme un simple prétexte au PDV implicite, PDV2, qui se substitue à PDV1. Dans la logique cumulative, PDV1, sémantiquement consistant, approprié à la situation, n'est pas rejeté, même si divers indices incitent à une deuxième lecture : PDV2 manipule alors l'énoncé initial en un sens jugé plus pertinent, et s'ajoute à PDV1, tout en prenant le pas sur lui.

Mots clés : carnavalisation, connivence, contrepèteries *in absentia* / *in praesentia*, contrepèteries substitutives ou cumulatives, déplacement, disjonction locuteur / énonciateur, implicite, métalangage, permutation, point de vue, prise en charge énonciative, secret

1 Introduction

Mon objectif est d'éclairer quelques aspects énonciatifs, sémantiques et pragmatiques concernant un jeu de mots (JDM) complexe, la contrepèterie (ou contrepet), en privilégiant ses formes les plus retorses, *in absentia*.[1] La contrepèterie relève du jeu libre, le *play*, et c'est une première difficulté dans la mesure où les règles du *game*[2] sont souvent bien utiles pour pouvoir... jouer, c'est-à-dire, entre autres activités, repérer et interpréter le JDM dans son co(n)texte. De plus, la contrepèterie ne s'appuie pas sur l'homonymie ou la polysémie, fréquentes dans les JDM, elle repose sur des transformations (Delabastita 1993) de nature très variable – et, en cela, malaisément repérables et / ou prédictibles –, qui restent le plus souvent à l'état virtuel, *in absentia*, à la différence de la célèbre contrepèterie *in praesentia* de Rabelais, « il n'y a qu'un antistrophe entre femme folle à la messe et molle à la fesse ». La contrepèterie n'étant généralement pas réalisée, elle n'est pas davantage nommée ou commentée[3], ce qui est conforme à l'idée que ce genre de JDM relève d'un *private joke*. Toutes ces caractéristiques expliquent qu'on puisse s'interroger pour savoir si une contrepèterie qui n'est pas repérée par le destinataire peut malgré tout être considérée comme une figure. Il est certain qu'en ce cas, la contrepèterie n'est pas partagée, mais elle existe, fût-ce en puissance, pour son auteur – et pour d'autres lecteurs éventuels –, à la condition que l'auteur ait voulu faire une contrepèterie[4] – et en cela, il en va de la contrepèterie comme de bien d'autres JDM.

Je définis provisoirement[5] la contrepèterie comme un JDM reposant sur une permutation de phonèmes (à la différence d'une altération phonique par

---

[1] La distinction *in absentia*, *in praesentia*, proche de la distinction entre JDM horizontaux et verticaux introduite par Hausmann (1974), renvoie à la question de savoir si les deux interprétations apparaissent dans l'énoncé (JDM *in praesentia* ou horizontaux) ou non (JDM *in absentia* ou verticaux).
[2] Voir Winnicott (1975).
[3] À la différence de ce que fait Rabelais, voir ci-dessous José Arthur dans l'exemple (16).
[4] Il n'en irait pas de même si le locuteur n'a pas l'intention de contrepéter et que c'est le destinataire qui décèle une interprétation contrapétique, voire qui la réalise, comme dans l'exemple (30) sur lequel je conclurai : en ce cas, si la contrepèterie est réalisée, il y a bien contrepèterie du point de vue du destinataire, et le locuteur peut toujours réfuter avoir voulu la faire entendre...
[5] Il s'agit là d'une définition qui fait relativement consensus. Je reviendrai sur cette définition en conclusion à la lumière des autres caractéristiques que je dégagerai chemin faisant.

déplacement dans le calembour[6]), produisant un sens nouveau (à la différence de la métathèse[7]) et qui n'est en principe pas réalisé.[8] Ainsi, en (1),

(1) Le *d*uc est fort mi*n*able (Martin 2005b : 161)

le résultat de la permutation du [d] et du [n], qui aboutit à la contrepèterie *in absentia* /L'eunuque est formidable/[9], reste à la charge du destinataire. C'est ce qui explique que les contrepèteries ne soient pas toujours repérées, sauf si le locuteur envoie des signaux verbaux ou para-verbaux. C'est encore plus vrai à l'écrit, car les éléments devant être permutés ou déplacés ne sont pas signalés, à la différence de ce que je fais ici. Bref, la contrepèterie est une figure complexe parce que c'est une figure du secret – sauf si elle apparaît dans des genres ou des rubriques où elle est attendue (et donc cherchée), comme on le verra plus loin, dans l'exemple (4), ou si elle est *in praesentia*.

Dans une première partie je présenterai le cadre théorique de mon analyse énonciative, sémantique et pragmatique de la contrepèterie. J'analyserai ensuite les mécanismes des contrepèteries et leur relation à l'activité ludique avant de dégager diverses logiques régissant ces points de vue en confrontation,

---

6 Par exemple comme quand Rabelais dit que Frère Jean des Entommeures préfère le « service d*u* vin » au « service *d*ivin ».
7 Altération d'un mot par déplacement de lettre / d'un phonème (Dupriez 1980 : 289), comme dans « Le président *e*d la république » à la place du « président *d*e la république ».
8 Cette définition s'efforce de distinguer entre contrepèterie, calembour, à-peu-près (voir Rabatel 2011a, 2011b). D'autres sont possibles, selon l'importance accordée au jeu des graphèmes et / ou des phonèmes, à leur disposition, à l'homophonie ou à la paronymie, etc. L'hybridité fréquente des JDM ajoute aux flottements. Le *Dictionnaire des termes littéraires* n'est pas très éloigné de la définition que je propose pour la contrepèterie, mais pas pour celle du calembour (Van Gorp *et alii* 2005 : 80 et 118), JDM sous lequel on range les jeux sur les sons (par homonymie ou paronymie) ou sur les sens (polysémie, synonymie, antonymie, sens propre et figuré, motivation des noms propres), ou sur les allusions (Henry 2003 : 27-28). Au demeurant, le calembour, souvent *in praesentia*, peut aussi être *in absentia* (Henry 2003 : 288-289) : en ce cas, il n'y a même pas une permutation, il n'y a qu'un jeu avec l'homophonie, l'homonymie ou avec des allusions (« longtemps je me suis mouché de bonheur » [allusion au célèbre incipit de *Du côté de chez Swann*, le tome 1 d'*À la recherche du temps perdu*, de Proust, « Longtemps, je me suis couché de bonne heure »], ibid. : 27). Voir Jaubert (2011a).
9 Pour faciliter le repérage, les analystes signalent par des italiques les permutations / déplacements à opérer. D'autres, plus rares, à l'instar de Finard (2002), les traduisent en clair, au risque de nuire au plaisir de la découverte et aussi au risque de l'atteinte de la face positive de celui qui traduit, à en croire Gagnière pour qui, « traduite, elle n'est plus qu'une phrase grossière parmi d'autres » (*apud* Martin 2005a : 34). À l'intention des lecteurs étrangers, je donnerai ces « traductions » entre barres obliques, assorties des équivalents en langue ordinaire des termes argotiques.

selon des relations substitutives ou cumulatives qui éclairent les questions de prise en charge (PEC) et d'interprétation des contrepèteries, relevant d'une énonciation ludique qui, comme les énonciations feintes, est non sérieuse. En somme, l'objectif est d'arriver à une approche relativement complète et articulée des contrepèteries, qui rende compte à la fois de leur structure et de leurs enjeux énonciatifs.

2 Cadre théorique

2.1 Locuteur, énonciateur, point de vue

Dans le cadre d'une conception de l'énonciation co-extensive à la référenciation[10], je distingue deux instances, le locuteur et l'énonciateur (Rabatel 2012a).[11] Le locuteur est l'instance qui profère un énoncé, dans ses dimensions matérielles, phonétiques ou scripturales. L'énonciateur correspond à une position (énonciative) qu'adopte le locuteur, dans son discours, pour envisager les faits, les notions, sous tel ou tel point de vue (PDV). L'énonciateur est l'instance à partir de laquelle les contenus propositionnels (CP) sont agencés dans une prédication[12], de façon à indiquer, en sus de la référenciation aux états du monde, le PDV du sujet sur le monde, la langue. C'est en quoi les choix de référenciation et d'organisation de la prédication n'ont pas qu'une valeur référentielle objective, ils ont une dimension subjective et argumentative qui oriente l'interprétation du CP. En contexte monologal, le locuteur peut émettre un seul PDV, et en ce cas l'énoncé est monologique. Toutefois, compte tenu de

---

10 C'est-à-dire que je considère que la présence de l'énonciateur n'est pas seulement marquée par les traces de sa personne mais qu'elle se lit aussi à travers ses choix (subjectifs) pour évoquer les objets du discours.
11 La majuscule, suivie du chiffre 1, code le locuteur / énonciateur primaire, dont le rôle domine les locuteurs / énonciateurs seconds (l2 / e2). La barre oblique indique le syncrétisme de L1 et de E1 ou de l2 et de e2. On code e2 seul, en l'absence d'acte de parole (Rabatel 2012a : 28).
12 Un PDV correspond le plus souvent à une prédication. Mais l'empan peut varier : d'une part, il peut englober plusieurs prédications ayant le même thème ou la même orientation argumentative, comme dans l'exemple (4) *infra* : le macro-PDV1 équivaut à une prédication que l'on peut résumer par un titre, « L'Angleterre fête le jubilé d'Elisabeth II », et s'oppose au macro-PDV2 : « Les Anglais ne pensent qu'au sexe ». D'autre part, un PDV peut se limiter à une lexie à laquelle la mémoire discursive associe des PDV (à l'instar du mot « racaille », durant les « années Sarkozy », qui est perçu comme l'emblème des discours racistes antimusulmans).

l'importance du préconstruit, du dialogisme de l'interdiscours, compte tenu aussi de la complexité du réel, qui invite à envisager les référents de divers points de vue, le locuteur émet souvent plusieurs points de vue différents, et en ce cas l'énoncé est dialogique[13] – ce qui pose la question de la prise en charge des énoncés et de la hiérarchisation des PDV, j'y reviendrai en 2.3.

L'interprétation la plus économique des contrepèteries monologales dialogiques, en (1) et (2), est que le PDV1 (c'est-à-dire le PDV explicite) a pour auteur le locuteur L1, et est aussi pris en charge par l'énonciateur E1, tandis que le PDV2 (c'est-à-dire de l'énoncé obtenu par permutation, qui n'existe qu'à l'état implicite tant qu'il n'est pas actualisé) est attribué à un énonciateur second (e2) non locuteur. Cet énonciateur représenterait un PDV « autre », une altérité que E1 partagerait, car PDV2 est sans doute le véritable PDV visé par L1/E1, sans doute plus que PDV1. Ce qui revient à dire que L1/E1, après avoir pris en charge PDV1 et délégué PDV2 à e2, ferait entendre sa préférence pour PDV2, via un certain nombre d'indices, tout en s'appuyant sur une prise en charge par défaut, en vertu d'une convention qui repose sur le fait que PDV2, en permutant les sons, fait apparaître le sens véritable caché de l'énoncé initial, dans une relation de nature oppositive ou, a minima, contrastive, indiquant que le deuxième énoncé est plus pertinent que le premier : et dès lors, L1/E1 marquerait son accord (tacite) avec e2 et prendrait en charge également PDV2.[14]

(2) *Ainsi le **d**uc serait **p**einé* (Martin 2005b : 161)
 = /Ainsi l'eunuque serait pédé/

Ces PDV sont parfois représentés schématiquement entre crochets [Duc – être minable] = PDV1 de (1) et [Duc – être peiné] = PDV1 de (2). Cette réduction des PDV à des CP abstraits du *dictum*[15], avec le thème et son prédicat, à l'infinitif,

---

[13] De même, on peut envisager des situations dialogales monologiques (plusieurs locuteurs sont d'accord sur un PDV) ou dialogiques (plusieurs PDV sont en débat). Je ne traiterai pas de cette dernière situation, sauf dans le dernier exemple.

[14] Je pose le mécanisme dans sa généralité ; je complèterai la description de la PEC en 2.3 et aborderai dans la quatrième partie les conséquences que cela entraine selon les deux grands types de relations sémantiques entre PDV1 et PDV2, avec les contrepèteries cumulatives et substitutives.

[15] « La phrase est la forme la plus simple possible de la communication d'une pensée. Penser, c'est réagir à une représentation en la constatant, en l'appréciant ou en la désirant. [...] La phrase explicite comprend donc deux parties : l'une est le corrélatif du procès qui constitue la représentation (p. ex. la pluie, une guérison), nous l'appellerons, à l'exemple des logiciens, le dictum. L'autre contient la pièce maîtresse de la phrase, celle sans laquelle il n'y aurait pas de pensée, à savoir l'expression de la modalité, corrélative à l'opération du sujet pensant. La modalité a pour expression logique et analytique un verbe modal (p. ex. croire, se réjouir,

laisse échapper beaucoup d'informations sur le point de vue de l'énonciateur : car une prédication ne fait pas que dénoter le référent, elle donne aussi des informations sur la façon dont l'énonciateur le conçoit, ce qui est important pour la saisie des enjeux communicationnels. Ainsi, en (1), le jugement négatif, renforcé par l'adverbe, repose sur une antithèse qui prend le contrepied des représentations associées à la noblesse (belle allure, etc.) : la dynamique contrapétique joue implicitement sur les mêmes mécanismes, avec renforcement intensif qui fait allusion à un pénis (/formidable/) jouant avec la croyance erronée selon laquelle les eunuques seraient victimes de pénectomie (ou ablation de la verge) alors que dans la castration, seuls les testicules sont enlevés. C'est ainsi que le PDV1, explicite et dépréciatif, appelle un PDV2 exprimant un jugement de valeur laudatif. En (2), PDV1 dénote un duc peiné, tandis que PDV2 évoque un eunuque pédé : là encore, il s'agit de montrer que les exérèses plus ou moins sévères censées enrayer toute velléité sexuelle envers les femmes sont sans effet, voire stupides, puisque l'eunuque n'aime pas les femmes. La lecture contrapétique, en (1) et en (2) joue ironiquement avec la doxa. Il y a plus. Dans les deux exemples, il ne s'agit pas simplement de dégager des PDV sur tel objet discursif, un duc, un eunuque, il s'agit de mettre en scène (énonciativement), deux visions du monde, avec deux énonciateurs prototypiques, voire stéréotypés, qui ne correspondent pas forcément à l'énonciateur primaire, mais à un jeu de ce dernier (autorisant toutes les interrogations possibles sur la relation entre l'énonciateur primaire et la position qu'il feint d'adopter) : ainsi, E1 et e2, dans les JDM, correspondent à des positions énonciatives que le locuteur s'amuse à mettre en scène, avant de préciser celle(s) qu'il prend éventuellement en charge. En (1) et davantage en (2), vu la référenciation, l'énonciateur de PDV1 est un observateur mondain, celui de PDV2 est un amateur de curiosités sexuelles et peut-être un pourfendeur des hypocrisies sociales. Bref, prendre en compte le PDV donne de la substance à la problématique de l'éthos, tout en la complexifiant : d'une part, E1 est en consonance avec la doxa. D'autre part e2 la bouscule, donnant lieu à deux interprétations antagonistes : soit le contrepéteur iconoclaste est idéalisé, soit il est diabolisé comme un obsédé ordurier.

Mais comment être sûr que c'est ce que pense vraiment le locuteur de la contrepèterie ? Peut-on raisonner sur des créations verbales qui ne sont pas des énoncés attestés, sur des jeux purement gratuits, pour lesquels des analyses sérieuses semblent frôler le contresens ? La nature ludique et construite des

---

souhaiter), et son sujet modal ; tous deux constituent le modus, complémentaire du dictum. » (Bally 1965 : 35–36).

exemples n'invalide pas le processus interprétatif décrit ci-dessus. Certes, bien des contrepèteries accordent une très grande importance au signifiant, au point de *sembler* minorer le signifié. Il y a néanmoins un jeu mi-gratuit mi-sérieux qui consiste à se moquer de ce qui est en principe admiré. Cette carnavalisation ne fonctionne jamais aussi bien que lorsqu'elle repose sur une connivence avec l'interprète qui comprend qu'il faut décoder, où il faut décoder et ce qu'il faut comprendre sous les mots. Cette dimension ludique-là est tout à fait sérieuse, parce que si on ne joue pas sérieusement, il n'y a pas de plaisir du jeu. Elle existe aussi bien dans ces exemples fabriqués que dans un exemple attesté et authentique tel que (4), pour autant qu'on puisse considérer les exemples du *Canard enchaîné* comme des exemples « authentiques » : car l'auteur de (4), le physicien Joël Martin, qui tient la rubrique « Sur l'album de comtesse », depuis 1984[16], est aussi l'auteur des deux ouvrages spécialisés sur les contrepèteries dont j'ai extrait (1) et (2) ! Partant de là, il y a bien un jeu de PDV, que joue L1/E1, selon deux logiques sur lesquelles je reviendrai en 3, pour dire explicitement (dans les contrepèteries *in praesentia*) ou implicitement (dans les contrepèteries *in absentia*) ce que sont les relations (cumulatives ou substitutives) entre PDV1 et PDV2, tout en faisant éventuellement entendre quel PDV il partage. Certes, on peut regretter la complexité et la sophistication des mécanismes énonciatifs ainsi conçus. « Toute théorie est grise, mais vert florissant est l'arbre de la vie », disait Goethe. L'analyse théorique reste cependant insurpassable pour rendre compte en les dépliant des fulgurances de la pensée. Car enfin, le rire n'existerait pas s'il ne choisissait pas un PDV contre l'autre. Il faut donc bien reconstruire ces deux PDV, fût-ce abstraitement, et les hiérarchiser.

La distinction des énonciateurs primaires et seconds présente plusieurs avantages : elle évite de cantonner la problématique du PDV à la subjectivité du *je* ou de croire que seuls les énoncés comprenant des subjectivèmes[17] pourraient indiquer un PDV, comme si les façons jugées plus objectives de dire échappaient à la problématique du PDV ; elle permet aussi d'envisager que les subjectivèmes ne soient pas tous rapportés à L1/E1, mais aussi à des énonciateurs seconds à partir desquels les objets du discours sont référés, ces énonciateurs seconds s'apparentant au sujet modal (Bally), comme Ducrot 1989 le faisait remarquer : de fait, les énonciateurs seconds sont comparables à des centres de perspective, dont on peut reconstruire le PDV, y compris en l'absence

---

16 Il succéda à Luc Etienne, mathématicien et oulipien, qui est également l'auteur d'ouvrages compilant des contrepèteries fabriquées, dans des énoncés brefs, ou des contrepèteries disséminées dans des textes, comme en (4).
17 Ou marques de subjectivité. Voir Kerbrat-Orecchioni (1980).

de tout acte de locution, à travers le mode de donation des référents.[18] Ces outils concernent au premier chef les tropes, mais ils concernent en réalité l'ensemble de la dynamique figurale.

2.2   Figures et PDV en confrontation

La contrepèterie est un JDM, c'est aussi une *figure*. Comme Bonhomme, je conçois la figure (qu'il s'agisse d'une figure réduite à une unité linguistique ou élargie aux unités linguistiques en discours) comme « une forme discursive marquée, libre et mesurable qui renforce le rendement des énoncés » (Bonhomme 1998 : 7). Ce marquage, souvent analysé comme « écart », ne s'entend pas ici comme expression qui se substitue à une norme, mais comme

> une actualisation inattendue [d'un point de vue sur tel objet de discours] au regard d'une signification intersubjectivement stable, et dans l'appropriation toute personnelle de cette signification, qui la rend plus ou moins étrange, selon que la figure est plus ou moins conventionnelle. (Détrie 2000 : 9)[19]

Je me situe dans le cadre d'une sémantique référentielle qui ne durcit pas la distinction entre sens littéral et sens figuré, dans la mesure où le mode de donation de la référence, avec ses visées énonciativo-pragmatiques, signifie que les mots ne décrivent pas le monde réel, mais expriment les expériences et les représentations des locuteurs / énonciateurs, et donc des PDV. La notion de PDV en confrontation ne signifie pas nécessairement une opposition violente de PDV contradictoires, elle renvoie, dans le cadre d'une énonciation problématisante (Rabatel 2008a ; Jaubert 2011b : 153–157), à une suite de PDV susceptibles

---

18 Toutefois, le rapprochement avec le sujet modal esquissé par Ducrot (1989) ne doit pas faire conclure que e2 ne serait présent que dans le *modus* : e2 est partout, dans les choix de dénomination, de qualification et de structuration du *dictum* (Ducrot 1993).

19 La notion d'actualisation « permet de passer des potentialités de la langue à la réalité d'un discours » (Bres 2001 : 14). Elle est proche de la notion benvenistienne d'énonciation, et, en amont, de la conception saussurienne du passage de ce qui est virtuel dans la langue à ce qui est actualisé dans la parole. Toutefois, elle est ici étendue à une forme d'actualisation qui concerne l'interprétation. Sur cette extension de l'actualisation, on se reportera à J.-M. Barbéris (2001). D'aucuns trouveront cette extension fâcheuse. Je la trouve pertinente en ce qu'elle insiste sur la continuité du phénomène de l'actualisation, depuis la signification (virtuelle, actuelle) jusqu'au sens et à l'interprétation, pour des énoncés et des textes complexes dont la saisie repose aussi sur la part active, attentionnelle, des interlocuteurs ou des lecteurs, notamment sur leurs hypothèses et sur les parcours interprétatifs qu'elles entrainent, en appui sur la sélection de certaines marques.

d'indiquer des facettes complémentaires d'un objet, ou des jugements différents (complémentaires ou opposés) sur un même objet, comme le montre la contrepèterie[20] de (3).

(3) *Le fiancé expose son vœu : un joli **nid*** (Etienne 1987 : 176)
   = /expose son nœud (argot verge) : un joli vit (verge)/

PDV1 affirme le souhait d'un bonheur doxal (un foyer, une petite femme). PDV2 renvoie à la fascination narcissique du mâle pour l'instrument du plaisir (et de sa puissance ?), avec ce fantasme masculin d'avoir un gros sexe. Plaider pour des PDV en confrontation revient à refuser de considérer que PDV1 ne serait qu'un prétexte au véritable texte que serait PDV2. Au contraire, la confrontation d'un PDV manifesté (PDV1) et d'un PDV potentiel (PDV2) donne son intérêt à l'ensemble du processus figural, invitant à articuler les *deux* PDV : le bonheur, c'est plus qu'un nid, c'est l'entente sexuelle entre deux êtres – et réciproquement. Cette confrontation de PDV distincts, sérieux ou ludiques, difficilement compatibles entre eux, en (1) et (2), ou au contraire plus aisément combinables, comme en (3), pose la question centrale du rapport à la vérité de ces énoncés, et donc celle de leur prise en charge.

2.3   Prise en charge et prise en compte

La notion de prise en charge correspond à la façon dont l'énonciateur s'engage sur la vérité d'un CP, en s'appuyant sur la vérité extralinguistique ou en la rapportant à un autre garant, JE / TU-vérité, ON-vérité, « fantôme de la vérité »[21] des énoncés sans énonciateur apparent (Culioli 1980 : 184 ; Berrendonner 1981 : 59–60). Cette vérité linguistique, avec ses assertions exprimant des vérités universelles ou des vérités plus restreintes (Desclés 2009 : 41 ; Rabatel 2009 : 78–79) ne se marque pas nécessairement dans le *modus*[22] (« *oui, franchement, l'eunuque est formidable* »), puisque la référenciation du *dictum*, à travers sa

---

20 Cette contrepèterie se double d'un à-peu-près dans la mesure où le [d] final de « nid » n'est pas prononcé à la différence du [t] de « vit » : [ni] *vs* [vit].
21 Berrendonner nomme ainsi des vérités rapportées au locuteur (JE-vérité), à l'interlocuteur (TU-vérité), à la doxa (ON-vérité) ; quant au « fantôme de la vérité » (Ø-vérité), il s'agit d'une vérité qui se fait passer pour une vérité absolue, dont la source, innommée, serait « un avatar de la personne d'univers » (Berrendonner 1981 : 60).
22 Le *modus* a été défini *supra*, note 15, au moment de l'introduction de la notion de *dictum*, dont elle est solidaire.

forme assertive, à travers son évaluation subjective[23], suffit à garantir la vérité du jugement de l'énonciateur sur l'eunuque (d'autant plus que beaucoup de prédications ne comportent pas de *modus* explicite). Mais la PEC ne se limite pas à la conformité supposée de l'énoncé avec la vérité extralinguistique, elle s'appuie aussi sur l'adhésion à des valeurs, intersubjectives, évaluatives, axiologiques (Rabatel 2009), comme cela est net dans les trois premiers exemples. À la différence de Culioli, Berrendonner ou Ducrot (1980), pour qui l'instance de PEC est le locuteur primaire (L1), je considère que c'est l'énonciateur – primaire (E1) ou secondaire (e2) – qui est la source de la prise en charge (effective pour E1, supposée pour e2) car une large part de la vérité du CP passe par les choix de référenciation censés traduire le PDV de la source énonciative. Ainsi, par exemple, en (1) et (2), le PDV étant directement exprimé par L1/E1, la PEC est celle de l'énonciateur primaire – du moins est-ce l'hypothèse la plus probable, si l'on traite ces énoncés comme des énoncés sérieux –, tandis qu'en (3), la PEC est celle de l'énonciateur second le fiancé : en effet, les évaluatifs, la valeur modale désidérative sont censément attribués par L1/E1 à cette instance seconde (e2), sans que L1/E1 partage lui-même ce désir – et cette interprétation ne change pas, que l'on interprète l'énoncé en un sens sérieux ou ludique, avec une assertion feinte. Dans ce contexte dialogique, E1 se positionne par rapport aux PDV qu'il attribue à des locuteurs / énonciateurs seconds, en manifestant explicitement son accord ou son désaccord (plus ou moins fortement) ou en restant dans une attitude de « neutralité », bref, en se bornant à une prise en compte qui reste en-deçà de la PEC (Roulet 1981 : 19 ; Rabatel 2009, 2012a, 2012b).

Or ces notions, opérationnelles pour des énoncés sérieux, sont difficiles à mettre en œuvre avec des contrepèteries telles que (1) et (2), car les jeux de mots y paraissent gratuits, ou, du moins, survalorisent le signifiant au point de sembler minorer le signifié. C'est pourquoi on dira qu'en (1) et (2), les PDV explicites sont pris en compte, mais pas pris en charge, car (1) comme (2) ne cherchent à pas à dire une vérité sur un quelconque duc. On peut même se demander si le PDV2 (/eunuque formidable ou pédé/) est pris en charge, puisqu'il n'est pas explicite. Le serait-il, il est légitime de se demander si le but du locuteur n'est pas davantage de jouer avec les mots, les sons. Bref, même PDV2 correspond mal à la notion de prise en charge d'un PDV, au plan de la vérité. Ce qui est pris en charge, tout au plus, c'est l'activité de jeu, voire, si l'on veut donner un sens malgré tout positif à l'activité ludique, un jeu avec les

---

[23] Cela montre au passage que la PEC ne repose pas que sur des critères épistémiques mais intègre des valeurs.

stéréotypes. Mais on sent que la prise en charge est de nature métadiscursive, plus que de nature linguistique. Cela dit, l'hypothèse d'une PEC métadiscursive dépend, outre des genres de discours, de considérations extralinguistiques, notamment sur la connaissance réelle ou fantasmée du sujet parlant, lesquelles peuvent jouer à décharge (hypothèse contestataire) ou à charge (hypothèse inverse d'un obsédé primaire).

Toutefois, toutes les contrepèteries ne fonctionnent pas comme (1) et (2). Et dans ce cas, la question de la prise en charge fait sens, même si c'est d'une façon complexe. C'était le cas en (3), et ça l'est également dans l'exemple (4), paru dans la rubrique « Sur l'album de la comtesse » du *Canard enchaîné* après le jubilé de la Reine Élisabeth. Je cite l'original en numérotant les prédications et en donnant une « traduction » :

(4) « *1 Sortant de la messe avec affabilité, 2 Philipp plonge dans la foule avec amabilité, Élisabeth !* » *3 La reine aux mille chapeaux rêvant de tennis 4 laisse un vieux vélo pour une belle barge. 5 Des fans de crickets remplis de trac 6 lissent leurs battes, 7 des bricks passent 8 et des marins s'affaissent en lâchant leur boutre.* (*Le Canard enchaîné*, 6 juin 2012)
= /1 « Sortant de la fesse avec amabilité,
2 Philipp plonge dans la moule avec affabilité, Élisabeth ! »
3 La reine aux mille châteaux rêvant de pénis
4 Baise un vieux salop pour une belle verge[24]
5 Des fans de craquettes remplies de triques
6 lassent leur bite (salent / tassent leur bite)
7 des braques pissent
8 et des marins s'abaissent en lâchant leur foutre/

Ici, la suite des prédications appartient à ce que Martin (2005b : 158) nomme « des textes cohérents sur un sujet choisi ». Les prédications peuvent être considérées comme prises en charge par l'énonciateur, du moins celles qui correspondent à l'évocation factuelle de l'événement, une cérémonie très british, voire stéréotypée : cérémonie religieuse, salutations, politesse, bateaux, cricket, châteaux, tennis, tout cela a bien existé dans la réalité – ou aurait pu exister, en raison de caractère probable lié à la typicité de ces faits. Partant de là, le jeu de l'énonciateur consiste à faire entendre un PDV2 tout aussi stéréotypé, sur la sexualité, selon lequel la reine, son mari, et finalement tout le public seraient obsédés par le sexe. Dira-t-on que PDV2 est pris en charge ? En première analyse, non, car les faits prédiqués dans PDV2 n'ont aucune espèce

---

24 Permutation meilleure que : « laisse un vieux vélo pour une belle barge / laisse un vieux ballot pour une belle verge ». Martin (2005b : 130) cite d'autres exemples d'énoncés qui appellent deux « traductions » possibles (« Ces caveaux sentent le thym » = « ces cathos sentent le vin », « ces catins sentent le veau »).

de réalité extralinguistique relativement au jubilé. En deuxième analyse, néanmoins, PDV2 est bien pris en charge, et sans doute davantage que PDV1, quoique cette prise en charge ne soit pas explicite, parce que les faits sont interprétés comme des fantasmes, qui ont leur régime de vérité particulier. Le paradoxe de cette prise en charge d'un énoncé feint, non actualisé dans l'énoncé original, se retrouve dans les énoncés ironiques. L'auditeur qui décèle l'intention ironique et qui l'attribue au locuteur comprend que c'est le PDV2, implicite, qui est le vrai PDV de l'auteur.[25] Mais ce calcul interprétatif reste à la charge de l'interlocuteur, le locuteur / énonciateur de l'énoncé ironique (L1 / E1) peut toujours rétorquer qu'il n'a jamais rien dit de tel. La prise en charge énonciative, dans le cadre d'une énonciation problématisante, ne repose pas seulement sur une interprétation externe au texte, elle s'appuie sur des phénomènes énonciatifs internes aux énoncés en lien avec la consistance sémantique des énoncés et leur appropriété à la situation, qui les fait juger pertinents ou non, auquel cas le destinataire recherche un sens plus pertinent, compte tenu de la situation ou de ses informations sur le producteur du JDM.[26]

3 Le jeu des mots dans la structure des contrepèteries

Difficile de proposer une définition incontestable de la contrepèterie en raison des chevauchements des figures et des procédés – voir *supra* note 20. Tout au plus peut-on considérer la permutation comme le noyau dur de la définition des

---

[25] Un des relecteurs, qui ne remet pas en cause l'analyse que je propose de l'ironie, considère que ce jeu est différent dans les contrepèteries, en l'occurrence dans l'exemple (4), parce que dans l'ironie, PDV2 est « clairement pris en charge ». Je ne distinguerais pas si nettement la PEC dans l'ironie de celle dans la contrepèterie, parce que les phénomènes de PEC, pour réels qu'ils soient, par exemple pour le producteur de l'énoncé, ne sont pas toujours repérés par les destinataires... De plus, il est certain qu'il y a là un jeu avec un énoncé apparemment innocent, à propos duquel la quasi totalité des gens ne repéreraient pas les contrepèteries, si on ne les signalait, ne serait-ce que par leur apparition dans une rubrique dédiée qui incite à chercher ce que l'on n'avait pas l'idée de chercher... Mais, comme je l'ai dit plus haut, ce jeu qui procède de la carnavalisation, qui vise à créer une connivence entre le producteur de la contrepèterie et ses destinataires, ne peut fonctionner que si l'interprète reconstruit et partage les intentions du producteur. Bref, dans tous les cas, la PEC est réelle, du moins quand le JDM est reconnu, qu'il s'agisse d'une ironie ou d'une contrepèterie ou d'un calembour...
[26] Ces conclusions ont bien sûr une portée factuelle, relativement aux exemples, mais elles ont aussi une portée générale : voir Rabatel (2012b : 73).

contrepèteries, tandis que le déplacement, les relations anagrammatiques ou paronymiques tirent la contrepèterie vers des figures proches.

3.1 Les opérations structurantes des contrepèteries

La contrepèterie est parfois définie comme une

> sorte d'anagramme constitué par une permutation de lettres qui altère le sens en conservant la consonance. C'est faire une antistrophe que de dire à un ivrogne ruiné :
> « Vous avez vendu votre terre
> Pour avoir trop tendu votre verre. » (*Grand Larousse, apud* Etienne 1987 : 258)[27]

Or les contrepets ne sont pas tous anagrammatiques (car ils portent sur des phonèmes plus que sur des graphèmes) et les anagrammes ne sont pas tous des contrepets. À preuve, l'exemple cité illustre l'antistrophe mais pas l'anagramme *stricto sensu*[28]. Si la définition de la contrepèterie proposée par Etienne repose sur un critère trop étroit, celle de Martin présente le défaut inverse, dans la mesure où elle met en avant la paronymie :

> Glisser d'un paronyme à un autre fait naître très souvent une contrepèterie. L'exploration de ces *arborescences paronymiques* est d'une fécondité contrepétogène inouïe. Un exemple : glissons de *colin* à l'un de ses paronymes : *copain*. Ce glissement engendre la contrepèterie bien connue : « Salut les copains ! », *alias* : « ça pue, les colins ! » (Martin 2005a : 8)

---

27 L'antistrophe est ici un synonyme vieilli de contrepèterie.
28 Evidemment, si on adopte une conception large de l'anagramme, la caractéristique des contrepèteries selon Etienne devient plus accueillante. Elle est évoquée par Starobinski – voire Saussure – lorsqu'il distingue l'anagramme (forme parfaite) de l'anaphonie (forme imparfaite). Néanmoins, Starobinski met en garde : « il n'est pas question de solliciter tous les phonèmes constitutifs d'un vers : pareille reconstruction phonétique ne serait qu'une variété de contrepèterie. À l'écoute d'un ou de deux vers saturniens, Ferdinand de Saussure entend s'élever, de proche en proche, les phonèmes principaux d'un nom propre, séparés les uns des autres par des éléments phoniques indifférents » (Starobinski 2005 : 28). On est loin d'une conception large de l'anagramme, qui, de ce fait, peut difficilement être rapproché de la contrepèterie. De plus, l'anagramme n'est pas une figure de mot, mais du discours tout entier (Bravo 2011 : 21), sans être toujours un phénomène conscient (même si c'est plutôt l'hypothèse de Saussure) : il renvoie plutôt à une tentative de décryptage (à la lumière d'un principe organisateur caché) reposant sur une lecture flottante, participative, élisant un point de vue sur le texte dans son entier (Bravo 2011 : 198–202). Or ces caractéristiques cadrent mal avec la contrepèterie, que l'on conçoit plus aisément que l'anagramme comme un phénomène intentionnel, et qui s'exerce sur des empans bien plus restreints que les anagrammes.

Le critère de la paronymie est intéressant car il porte sur des signifiants phoniques approchants (et pas seulement des lettres), mais il est trop large dans la mesure où la paronymie se retrouve dans beaucoup de JDM qui ne sont pas des contrepèteries, par exemple dans la paronomase *traduttore traditore*. Il faut donc tenter de mettre de l'ordre en distinguant d'une part la nature des segments affectés (un phonème, plusieurs, une syllabe phonique) et d'autre part, les opérations de permutation et de déplacement – opérations dont on verra qu'elles ne sont pas du même niveau, dans la mesure où le déplacement élargit le champ de la contrepèterie, la rendant par là-même moins reconnaissable. Pour des raisons de clarté, c'est l'ordre d'exposition inverse que j'adopterai, en présentant d'abord les deux opérations, qui me permettront de faire ensuite un bilan sur la nature des segments mis à contribution dans les contrepèteries.

3.1.1 Permutations

Molinié oppose la contrepèterie à l'à-peu-près suivant le nombre de phonèmes déplacés, un dans l'à-peu-près, deux dans la contrepèterie (Molinié 1992 : 241). Martin, décrivant les mécanismes de création de contrepets, met l'accent sur des permutations de phonèmes (consonantique, vocalique ou syllabique), à l'initiale, à la finale ou à l'intérieur du mot.

> Le contrepet est un art sonore. Une contrepèterie est faite pour être dite avant d'être lue. Le son prime sur l'orthographe qui n'a plus qu'un rôle secondaire et peut changer lors du transport des sons décalés. (Martin 2005b : 97)

Il existe toute une batterie de permutations possibles, comme le montrent ci-dessous les contrepèteries que j'emprunte à Martin (2005b), en hommage à sa bien nommée *Bible du contrepet*. Je donne le texte initial de la contrepèterie (PDV1), ajoutant entre deux slash la contrepèterie attendue (mais non réalisée) qui correspond à PDV2. Le lecteur verra vite qu'une des raisons de la non réalisation de la contrepèterie tient à son caractère sexuel et au tabou qui concerne le sexe, mais aussi au jeu avec le tabou (ainsi que Peter Koch l'a remarqué lors du colloque). Suivant Martin, dont je reproduis ci-après la modélisation, je symbolise les consonnes selon leur place, avec P pour les consonnes en première place qui permutent (*f*olle de la *m*esse) et I les consonnes à l'intérieur du mot :

(5) PP *folle de la messe.*
  = /molle de la fesse/

(6) PI *berge du ravin*.
    = /verge du rabbin/

(7) IP *gélatine panée*.
    = /j'ai la pine (argot verge) tannée/

(8) II *l'élite des sabots*. (Martin 2005b : 99)[29]
    = /les bites (argot verge) des salauds/

Ce modèle peut se complexifier avec des permutations de consonnes simples – y compris les consonnes doubles rendant un son simple (= s) – et les consonnes doubles formant deux phonèmes (= d), selon les termes de Martin, ou, selon la perspective phonémique adoptée *supra*, avec des permutations d'un phonème ou de deux phonèmes consonantiques. Mais pour ne pas compliquer les choses, je reviendrai en conclusion sur ma logique phonétique, et je reproduis ci-après le classement de Martin, qui est significatif de la façon dont la plupart des spécialistes des contrepèteries non linguistes abordent le sujet, en privilégiant la notion de lettre (alors même que Martin insiste sur l'importance du son), qui est au cœur du modèle des exemples (5) à (8) et qui est successivement reproduit dans les séries (9a) à (9d), (10a) à (10d), (11a) à (11d), (12a) à (12d) en combinant les critères de la place, de la nature et du nombre des lettres :

(9) a. PsPs *Ce libraire pèse les bédés*.
        = /baise (fait l'amour avec) les pédés/

    b. PsIs *Un long poker*
        = /un con polaire/

    c. IsPs *L'infirmier a piqué une nonne*.
        = /piné (couché avec) une conne/

    d. IsIs *Les Maures raffolent des dattes*. (Martin 2005b : 100–103)
        = /les mottes (argot, mont de Vénus, pubis) raffolent des dards (argot verge)/

(10) a. PsPd *Le vieux chercheur d'or chique en triant*.
        = /Trique (argot bander) en chiant/

---

[29] Certaines de ces contrepèteries se retrouvent sur l'internet, notamment le site www.contrepetrie.fr (dernière consultation le 22 novembre 2014). Je préfère citer l'ouvrage de Martin (2005b), car c'est de loin le répertoire le plus riche. Certaines contrepèteries ont des auteurs connus (voir Rabelais, Hugo), mais, comme les calembours, et davantage qu'eux, ce sont des JDM qui ne cessent de circuler sans qu'on ait besoin de connaître leur auteur. Ce qui compte, c'est le jeu, pas le joueur, surtout quand le jeu est grivois.

b. PsId *Le ton de sa femme est confiant.*
      = /le fion (argot cul) de sa femme est content/

   c. IsPd *La notairesse évalue la résidence des stars.*
      = /la résistance des dards/

   d. IsId *Cette Belgique, quel entrain !* (Martin 2005b : 100–103)
      = /cette belle trique (argot verge en érection), quel engin (argot verge)/

(11) a. PdPs *Quelles brutes paillardes.*
      = /Quelles putes braillardes/

   b. PdIs *Ta prêtresse est émouvante.*
      = /ta maîtresse est éprouvante/

   c. IdPs *Ces biologistes se livrent à la prospection de beaucoup de germes.*
      = /projection de beaucoup de sperme/

   d. IdIs *L'astuce de la vénale.* (Martin 2005b : 101–103)
      = /l'anus de la vestale/

(12) a. PdPd *Trop de flics !*
      = /flop (argot échec) de triques (trouble de l'érection)/[30]

   b. PdId *La comtesse apprécie le franglais.*
      = /gland (métonymie verge) frais/

   c. IdPd *Le psychanalyste entra dans le flou.*
      = /enfla dans le trou/

   d. IdId *Le maire de Lourdes hésite entre cierges et hosties.* (Martin 2005b : 101–104)
      = /siestes et orgies/

Ces mécanismes se répètent avec des phonèmes vocaliques et avec des syllabes phoniques : « on dirait que ce *syndic* attire les cat*as* » = /On dirait que ce sadique attire les catins/. Qui plus est, les permutations entrainent parfois un redécoupage des mots, car PDV2 requiert souvent (mais pas toujours !) l'usage de mots sexuels sur lesquels portent des tabous, qui peuvent être contournés par la dynamique contrapétique ((11d), (12b)) et / ou par l'emploi d'un terme argotique ((10a), (10b)), de métaphores ((10c)), d'expression à comprendre en un sens figuré sexuel ((9d), (12c)). Tous ces jeux avec la variation linguistique,

---

[30] L'exemple est discutable car « flop » se prononce normalement avec [p] et o ouvert [ɔ]. Une solution plus acceptable serait de remplacer « flop » par « flot ».

les niveaux et registres peuvent s'avérer un obstacle pour qui n'est pas familier de ce genre de vocabulaire. De plus, la transformation s'obtient parfois en remodelant les mots et donc en bousculant les limites des mots initiaux, comme en (12b) où un mot-valise se transforme en deux mots qui n'ont rien à voir avec les segments de mots qui entraient dans la formation du mot valise initial. Bref, la contrepèterie joue avec des formes signifiantes très variées, ce qui complique son décodage, d'autant plus qu'elles peuvent mises en jeu par le producteur et par celui qui l'interprète ; par le producteur, mais non par l'interprète ; ou encore par l'interprète, mais non par le producteur, si ce dernier n'a pas l'intention de faire une contrepèterie.

3.1.2 Déplacements

Dans son ouvrage de (2005b), Martin, après avoir illustré la diversité des permutations de phonèmes vocaliques, consonantiques ou de syllabes, indique que certaines contrepèteries reposent aussi sur des déplacements sans permutations. Ces déplacements concernent (à l'instar des permutations), un graphème et un phonème vocalique (13), consonantique (14), une syllabe phonique (15) :

(13) *Le prêtre montrait sa Vierge derrière le panneau.* (Martin 2005b : 113)
    déplacement de la semi-voyelle [j] = /Le prêtre montrait sa verge derrière le piano/

(14) *Cette petite hutte est pliante.* (Martin 2005b : 113)
    déplacement du phonème [p] = /Cette petite pute est liante/

(15) *Chaud et incandescent.* (Martin 2005b : 114)
    déplacement de la syllabe [kã] = /Choquant et indécent/

Ces déplacements rapprochent la contrepèterie d'autres figures, le calembour, l'isolexisme[31], la métathèse[32] ou l'antimétathèse[33], etc. Mais la différence fondamentale reste la fréquence des contrepèteries *in absentia* et le contenu sémantique du contenu actualisé, qui évoque souvent des grivoiseries, ce qui n'est pas le cas dans toutes les métathèses (Dupriez 1980 : 289).

---

31 Retour d'un lexème dans les limites de la phrase, mais sous des conditions différentes (variations dérivationnelles, morphologiques, syntaxiques (Dupriez 1980 : 266).
32 Voir *supra* note 7.
33 Antimétathèse : rapprochement de deux mots qui ne diffèrent que par l'ordre de succession de quelques lettres / phonèmes (Dupriez 1980 : 54–55). Ainsi définie, l'antimétathèse est proche de la paronomase.

L'examen des phonèmes mis à contribution dans les deux opérations analysées en 3.1 permet de compléter la définition initiale de la contrepèterie qui, en introduction, évoquait, sans plus de précision, une « permutation de phonèmes ». La situation la plus courante concerne la permutation de deux phonèmes différents, permutation qui peut se répéter plusieurs fois. Ce classement peut être affiné, si l'on distingue les relations entre phonèmes vocaliques et consonantiques. D'autres permutations concernent plusieurs phonèmes consonantiques, voire des syllabes phoniques, qui peuvent prendre la place d'un autre groupe de même nature ou non. Le déplacement – qui n'est pas l'opération centrale de la contrepèterie – concerne également un ou plusieurs phonèmes, voire une syllabe phonique. La multiplicité des combinaisons est encore accrue par le critère de la place des phonèmes, avec des permutations de la première (ou deuxième) syllabe d'un premier mot vers la première (ou deuxième) syllabe d'un deuxième mot, par exemple. Mais bien d'autres combinaisons plus complexes sont possibles, comme on le verra plus loin, ce qui explique que le bilan complet soit reporté en conclusion. Tout au plus peut-on d'ores et déjà souligner que la diversité des emplacements et des combinaisons possibles explique qu'une contrepèterie *in absentia* soit difficile à actualiser.

3.2   Les dimensions métalinguistiques des jeux *avec* ou *sur* les mots dans les contrepèteries

La fonction métalinguistique semble a priori peu mise à contribution dans les contrepèteries, vu l'absence de vocabulaire métalinguistique – excepté dans l'analyse linguistique des contrepèteries, mais ce n'est pas ce point qui nous intéresse. Éventuellement, le producteur d'une contrepèterie peut faire quelques emplois métalinguistiques ou utiliser un vocabulaire métalinguistique simplifié, relevant de ce que Culioli (1990 : 141) nomme l'épilinguistique.[34] C'est ce que fait l'auteur de la contrepèterie ci-dessous, qui emploie un mot du métalangage rhétorique en nommant la figure qu'il encode dans sa contrepèterie *in absentia*, pour que les destinataires partent à sa recherche :

(16)   « *Je voudrais terminer par une contrepèterie. La Ch*i*ne se soulève à la vue des Nipp*o*ns.* »
         (José Arthur, France Inter, 5 août 2008)

---

34   Voir, dans ce volume, la contribution de Michelle Lecolle.

Ce terme vise à orienter le sens, comme d'autres boucles méta-réflexives ou gloses (Jakobson 1963 : 217–218 ; Culioli 1999 : 74 ; Neveu 2004 : 120 ; Authier-Revuz 1995).

Indépendamment de ces mentions ou commentaires, l'activation du processus de production ou d'interprétation d'une contrepèterie *in absentia* requiert des calculs sur les éléments qui doivent faire l'objet de permutations ou de déplacements, en appui sur des équivalences, à l'instar de celles qui permettent de projeter « le principe d'équivalence de l'axe de la sélection sur l'axe de la combinaison » (Jakobson 1963 : 220). Jakobson cite ainsi un certain nombre d'équivalences, la frontière de mot (ou son absence), la pause syntaxique (ou son absence), les accents de mot, etc., le tout « étant converti en unité de mesure » (Jakobson 1963 : 220). Or de tels phénomènes de *conscience métalinguistique en action* sont à l'œuvre dans les contrepèteries, avec des permutations d'éléments de même nature, un phonème vocalique (ou consonantique) avec un autre phonème vocalique (ou consonantique), une syllabe phonique avec une autre. Ces permutations rendent possible une activité de création (et de récréation) au service de nouveaux syntagmes et de prédications carnavalisantes. En d'autres termes, les dimensions métalinguistique et poétique sont ici proches ; ce qui les distingue « diamétralement », c'est leur hiérarchisation et leur visée : « dans le métalangage, la séquence est utilisée pour construire une équation, tandis qu'en poésie c'est l'équation qui fait la séquence » (Jakobson 1963 : 221). C'est pourquoi l'épi- ou le métalinguistique sont au service de la fonction poétique jakobsonienne[35], en permettant de nouveaux appariements inattendus au plan poétique – et au plan du rire aussi.

3.3 Contrepèterie et rire

Comme tant d'autres *puns* (Attardo 1994) la contrepèterie est associée à une manière ludique et libertaire de jouer avec les mots, les structures, la doxa, construisant une vision décalée, transformée ou métamorphosée du monde, qui s'oppose aux normes et aux conventions. Le lien entre contrepèterie et rire ou sourire repose sur le fait que la contrepèterie est un mot d'esprit. Mais la relation entre mot d'esprit en général et rire (Bergson 1900 ; Freud [1905] 1930)

---

35 Hypothèse conforme au fait que selon Jakobson la fonction poétique est la résultante des autres fonctions, réorientées vers d'autres fins. C'est ce qui dit aussi Henry, à propos des jeux sur et avec les mots, qui exploitent le jeu avec les référents au service du jeu poétique avec les mots (leurs signifiés et leurs signifiants), témoignant ainsi de la subordination de la fonction référentielle à la fonction poétique (Henry 2003 : 31–32).

laisse intacte la question de la nature du rire, rire franc, rire gras, rire pincé, sourire, etc., question qui dépend des thèmes abordés et de la plus ou moins grande sophistication des rapports entre signifiants et signifiés.

Plusieurs facteurs morphologiques relativisent le lien entre un jeu, très technique, et le rire. Premier facteur, la difficulté du repérage des phonèmes ou graphèmes et de l'endroit où permuter. Deuxième facteur, l'augmentation des contrepèteries, jusqu'à quatre jeux de phonèmes permutant dans une seule phrase (Martin 2005b : 150-151). Troisième facteur, l'existence, à côté des permutations classiques de phonèmes, de permutations plus complexes, dites « circulaires », avec phonèmes consonantiques ou vocaliques :

(17) *Ce jeune homme **d**anse comme un **b**allot.* (Martin 2005b : 111-112)
    = /bande comme un salaud/ : permutation 123 → 321[36]

(18) *Cette **b**utte a l'air **p**étrifié.* (Martin 2005b : 113)
    = /Cette bite a l'air putréfié/ : permutation 123 → 312

Quatrième facteur, les permutations ou déplacements non seulement d'un mot sur l'autre, mais encore à l'intérieur d'un mot (pousser / souper, pâtisserie / tapisserie), phénomène (proche des paronomases) qui peut être encore plus complexe si la contrepèterie interne est circulaire (charpentier / partant chier) (Martin 2005b : 115). Cinquième facteur, la nécessité de recomposer autrement les mots en fonction du réaménagement phonétique, en scindant un des termes ou en regroupant deux termes isolés en un seul (Martin parle respectivement de « cassure » et de « soudure ») :

(19) *Voici un a**b**ominable h**é**rétique.*
    = /voici un abbé minable érotique/ (Martin 2005b : 120)

(20) *La **c**rosse **t**ue.*
    = /l'atroce cul/ (Martin 2005b : 120)

Sixième facteur la liaison, qui doit parfois être prise en compte pour la transformation contrapétique :

(21) *Ce vieux Jules n'a pas bien ouï.* (Martin 2005b : 122)

---

[36] C'est-à-dire que le premier phonème de l'énoncé initial [d] apparaît en troisième position dans l'énoncé qui réalise la contrepèterie, que le deuxième phonème [s] reste en deuxième position, tandis que le troisième phonème [b] prend la première place.

En (21), on a besoin de la liaison (au demeurant peu naturelle) de « bien (n)ouï », voire de considérer que le [n] fait partie du mot (fantaisiste) « noui », pour permettre la permutation des phonèmes à l'initiale [ʒ] et [n] et obtenir /Ce vieux nul n'a pas bien joui/.

Il faut distinguer les raisons qui rendent difficile l'actualisation d'une contrepèterie de celles qui, en amont, compliquent le diagnostic d'un énoncé appelant la transformation contrapétique. Cette distinction est surtout pertinente pour des contrepets qui figurent dans des énoncés si consistants et si appropriés, d'un point de vue sémantique (voir *infra* (25) à (29)), qu'on n'est pas tenté de leur chercher une autre signification en jouant avec les mots. En outre, comme dans l'à-peu-près (Rabatel 2011b), il semble qu'une variation est souvent jugée peu pertinente du point de vue figural si, malgré l'effort morpho-phonétique, le gain sémantique est faible. Ainsi, les contrepets A et B de (22) paraîtront sans doute meilleurs que C dans ce texte de « L'album de la comtesse » (*Le Canard enchaîné*) écrit après la suppression du service national :

(22) A *L'armée n'aura plus de **cons**crits mais uniquement des **pros**. B Bidasse ne trainera plus ses valoches dans la **b**ase et ne se fera plus **t**ondre dans les **c**amps. C Fini le **pép**é **j**uteux à la **b**otte an**t**ique.* (Martin 2005b : 81)
 = /A L'armée n'aura plus de proscrits mais uniquement des cons. B Bidasse ne trainera plus ses baloches[37] dans la vase et ne se fera plus / tendre dans les cons. C Fini le jupé[38] péteux à la bitte en toc/

Néanmoins, selon Martin et Etienne, l'argument du sens est faible parce qu'il révèle une insensibilité à la dimension phonique des mots (Etienne 1987 : 130, 135). L'analyse n'est pas sans profondeur, car c'est bien le jeu avec les sonorités qui peut provoquer des rencontres inattendues, comme dans la production involontaire de figures paronymiques, notamment dans les lapsus. Carrière a de solides raisons de souligner qu'écrire des calembours ou d'autres jeux de mots est

> un exercice salutaire, car la liberté de la langue précède souvent la liberté de l'esprit. En coupant, en torturant, en assemblant des mots que rien n'appelait à s'unir, on découvre un rire nouveau. (*apud* Gagnière 1997 : 86)

Toutefois, le primat des mécanismes phonétiques ne peut totalement ignorer la primauté de la dimension sémantique (sur cette articulation du primat et de la primauté, que j'emprunte à Comte-Sponville 1988, je renvoie à Rabatel 2008c :

---

37 Sens figuré : ses testicules.
38 Allusion à l'ancien premier ministre de Jacques Chirac, Alain Juppé.

346–347). C'est en vertu de ce critère sémantique que les lapsus sont jugés révélateurs d'un sens caché particulièrement pertinent. Si, comme le rappelait Bonhomme, une figure augmente le rendement des énoncés, alors on ne peut évacuer l'importance du sens. Ainsi de ces contrepèteries :

(23) *Ne laissez pas tomber votre Pline*
Pendant le potage. (Etienne 1987 : 178)

(24) *Défense aux dames patronnesses*
*De **qu**êter sur un **pl**iant.* (Etienne 1987 : 176)
= /de péter sur un client/

Certes, la contrepèterie de (23) repose sur un à-peu-près phonétique, en imposant une élision forcée (*plotage* / *pelotage*), mais on sent que la phrase manifeste n'a été forgée que pour la transformation contrapétique. En (24), la phrase initiale (PDV 1) est insipide, il s'ensuit que la contrepèterie est forcée, faite pour la phrase transformée.

Cela dit, tous les arguments précédents peuvent être contre-argumentés par la thèse selon laquelle l'effort ne fait que mieux ressortir la détente, qui suscite le rire comme Freud l'a montré dans son analyse des mots d'esprit. Mais encore une fois, il semble que l'effort et la détente font qu'on apprécie davantage une trouvaille coûteuse à analyser, mais qui s'avère très intéressante. On touche là aux interprétations de nature substitutive ou cumulative mises en œuvre par les contrepèteries.

4 La dynamique contrapétique, quand les sons jouent avec les points de vue en confrontation : contrepèteries cumulatives et substitutives

Cette dynamique n'échappe pas aux jugements de valeur : il y a des contrepèteries attendues, d'autres innovantes, des contrepèteries affligeantes, d'autres amusantes ou fines. Ces jugements sont certes personnels, mais ils sont également rationalisables, en fonction des relations entre le jeu des sonorités et des significations qu'autorise la contrepèterie.

4.1 Les facettes d'une réalité complexe dans les contrepèteries cumulatives

Dans les contrepets substantiels, comme en (3), (4) et *infra*, le PDV1, normatif, manifesté est mis à distance, alors même qu'il n'y a pas de marque de rejet – puisque que les énoncés paraissent appropriés à la situation, consistants –, et PDV2, transgressif, implicité, doit être compris comme étant plus pertinent, plus approprié que PDV1. Autrement dit, PDV1 < PDV2. Pour autant, il serait abusif de comprendre que PDV1 serait l'objet d'un refus de prise en charge, d'une réfutation. Il est au minimum pris en compte, et il peut très bien être pris en charge par L1/E1, comme en (25), un peu comme un mouvement concessif est pris en charge, dans un cadre de pertinence réel mais limité. Dans cet exemple, en effet, la PEC de PDV1 n'est pas abolie, mais relativisée au profit de PDV2 transgressif :

(25) *A Adèle*
   Que Sainte-Beuve t'abrite ! (Etienne 1987 : 180)[39]

L'auteur de la contrepèterie, Hugo, vraisemblablement, qui fut un grand pourvoyeur de contrepets et qui est le locuteur le plus plausible, vu sa situation de mari trompé, exprime un PDV1 qu'il prend en charge, à savoir une injonction à Adèle de quitter le foyer conjugal et à être entretenue par le nouvel amant. Mais (25) sous-entend un autre PDV, qui dénote la part importante de la vie sexuelle chez Hugo et fait entendre ironiquement un doute fielleux sur les capacités de son rival, qui ne serait pas aussi performant que ça, insinuant que la sainte-bite (de Sainte-Beuve) n'abreuvera pas Adèle autant qu'elle l'espère – ce qui laisse entendre de surcroît un PDV misogyne envers l'appétit sexuel des femmes volages et goulues. Bref, PDV2 est une sorte de version sophistiquée de l'injonction à aller se faire foutre..., injonction qui est plus fortement prise en charge que PDV1, parce que l'on imagine que la rage qui l'accompagne est plus forte que la conclusion tirée dans PDV1. Que (25) s'interprète selon une lecture factuelle ou selon une lecture générique (avec des stéréotypes de genre), dans les deux cas, PDV2 > PDV1 (voir *infra* les incrémentations possibles de connecteurs *d'accord, certes, peut-être que* devant PDV1 et *et, mais... aussi* dans PDV2) :

---

[39] Adèle Foucher, qui avait épousé Victor Hugo en 1822, a en effet une liaison avec Sainte-Beuve, en 1830.

Lecture factuelle : [Sainte-Beuve doit désormais s'occuper de toi, puisque c'est ton amant (PDV1) et / ou [Sainte-Beuve doit te satisfaire sexuellement (mais il n'y arrivera pas…) (PDV2)]

Lecture générique : [aimer une femme, c'est s'occuper de son confort matériel (PDV1)] et / ou [aimer une femme c'est la satisfaire sexuellement (PDV2)].

Il en va de même avec

(26) *Claudel, voilà une **chose** qui me fait bien **prier** !*

La contrepèterie est signalée par le caractère étonnant du terme « chose » pour caractériser une œuvre d'art. PDV2 renverse le jugement initial sur la force religieuse de l'œuvre, réduite à une « prose » « chiante ». Là encore, les deux jugements renvoient à des énonciateurs bien identifiés, ceux qui apprécient la dimension religieuse, ceux qui la détestent, l'énonciateur premier ironique partageant ce dernier PDV sans annuler le PDV doxique. Mais dans certains cas, nulle dissonance dans la formulation, comme (27), « d'une cohérence convenable » (Martin 2005b : 158), au plan isotopique :

(27) *Pendant que la patronne **flaire** sa **pâte**, le cuisinier, lui, fait **cramer** les **quiches**.*
 = /pendant que la patronne flatte sa paire[40], le cuisinier, lui, fait craquer ses miches/

Les PDV1 et 2 se cumulent, sont tous deux pris en charge, et le plaisir est d'autant plus vif que les deux contrepèteries pourraient ne pas être repérées, tant l'énoncé, plausible au plan sémantique, ne comporte pas de terme vraiment dissonant – sauf à qui a les oreilles exercées à certains termes contrepétogènes[41], un peu comme un adepte des mots croisés a l'esprit préparé à déjouer les pièges de la formulation. Ces jeux de sonorités produisent des PDV consistants dans les deux cas (PDV1 et PDV2), et c'est un des critères objectifs qui fait qu'on les apprécie. Mais encore faut-il que ce jeu ne porte pas que sur des stéréotypes. En ce sens, (27) est plus faible que (26), qui présente l'avantage

---

[40] « *Sa* paire » = la paire de couilles *du cuisinier*.
[41] Il est certain que, compte tenu de la fréquence de termes argotiques désignant le sexe et la sexualité dans les contrepèteries, des termes qui peuvent les évoquer au prix d'une facile permutation, tel que « nouilles » ou « fouilles », par exemple (qui évoquent facilement couilles), sont plus facilement contrepétogènes que des termes tels que « marchand » ou « éléphant », d'une part parce que ces derniers termes n'ont guère de rapport phonétique avec « couilles », en l'occurrence, ou avec d'autres termes du vocabulaire de la sexualité, d'autre part parce que un terme tel qu'« éléphant » a un nombre de syllabes supérieur à la plupart des termes de ce domaine. Voir aussi Martin (2005a : 8–10).

de se moquer d'un auteur panthéonisé mais aussi de l'admiration commune pour des œuvres pies, et (25) est peut-être plus riche encore par sa lecture complexe d'une crise du couple. Quant à (28) ou (29), ce sont de vraies réussites, parce que les deux PDV, manifeste et implicite, se répondent, dans le cadre d'un jeu qui n'est pas purement gratuit, jetant un regard amusé et pertinent sur des choses de l'esprit :

(28) *Lacan détaillait des **ex**traits du **ç**a.*
= /des attraits du sexe/

(29) *Le stoïcien observe les **p**assions d'un œil **ul**céré.*
= /les pulsions d'un œil acéré/ (Martin 2005b : 840 et 841)

Dans le cadre d'une énonciation problématisante, tantôt l'énonciateur premier se met à la place des autres, par hétéro-dialogisme, tantôt il change de position lui-même, par auto-dialogisme, en envisageant les choses sous deux PDV complémentaires ou opposés. La contrepèterie peut se borner à un bon mot spirituel ((27), (28)) ou au contraire évoquer des vérités plus profondes : ainsi, en (29), les passions ne sont certes pas que des pulsions, mais il est intéressant de les envisager comme telles, et tout aussi stimulant de déceler, derrière la réprobation, une attention aiguisée potentiellement disjointe du regard moralisateur.

4.2 L'interprétation substitutive ou cumulative des contrepèteries

Ainsi le contrepet joue-t-il avec les mots (sonorités, lexies désarticulées et recomposées, défigements, etc.), les référents, les doxas, les normes, les autorités, avec les interlocuteurs ou les destinataires. Et c'est aussi un jeu avec l'explicite et avec l'implicite, avec ce qui est approprié ou non, avec son propre éthos, sa réputation. Le paradoxe des contrepèteries est de dire des choses plus profondes que ce que les énoncés semblent dire. *La dynamique contrapétique se présente comme un surcroît de sens (PDV2) qui vient complexifier PDV1.* Un premier ensemble de contrepèteries traditionnelles reposent sur un PDV1 manifeste vide de sens ou incongru, qui est un simple prétexte au PDV implicite : dans ce cas, PDV2 se substitue à PDV1, qui est là comme pour le plaisir de la chute, pour celui de la permutation contrapétique (voir (1) et (2) et la plupart des exemples de la troisième partie). Un deuxième ensemble repose sur une relation cumulative entre PDV1 et PDV2 : que PDV1 présente un contenu sémantique plutôt banal ou informatif à l'instar de (4) ou qu'il évoque des individus connus emblématiques ((25), (26), (28)) ou encore des vérités doxiques ((3), (29)) ou des situations stéréotypées (27), dans tous les cas, PDV1 est consistant, approprié à la situation, il n'y a pas lieu de le rejeter, même si sa structure rythmique ou si certains indices phonatoires ou mimo-gestuels incitent à une deuxième lecture qui triture l'énoncé initial. Ces deux dynamiques peuvent être objectivées (et étayées) par l'emploi des connecteurs. Les contrepèteries cumulatives, si on les réalise, acceptent des connecteurs tels que *et (aussi)* :

(3') *Le fiancé expose son vœu : un joli nid*
      et le fiancé expose son nœud : un joli vit.

L'hypothèse selon laquelle PDV2 est plus important que PDV1 peut être marquée par le fait que PDV1 peut être précédé par *d'accord, certes, peut-être que*, qui expriment une prise en charge forte (*d'accord*), éventuellement circonscrite, comme dans la concession (*certes, peut-être que*), tandis que PDV2 peut être précédé de *mais... aussi* (cf. le *et* de (3')).

(3'') **D'accord, Certes, Peut-être que** *le fiancé expose son vœu : un joli nid*
       Mais *le fiancé expose* **aussi** *son nœud : un joli vit.*

De telles incrémentations s'expliquent par le fait que PDV1 et PDV2 portent sur le même référent, ou peuvent être résumés par un méta-PDV (en l'occurrence les recettes du bonheur). Elles seraient difficilement possibles avec la structure substitutive :

(1') *Le duc est fort minable*
      ?et l'eunuque est formidable.

(1'') *?**D'accord**, ?**Certes**, ?**Peut-être que** Le duc est fort minable*
       *?**mais** L'eunuque est formidable ?**aussi**.*

J'accompagne les connecteurs d'un point d'interrogation. Les énoncés ne sont pas à proprement parler agrammaticaux, mais ils sont dénués de pertinence (surtout hors contexte), dans la mesure où il ne s'agit plus du même référent et où il est difficile de dégager un méta-PDV commun aux deux PDV. Autrement dit, (1) ne présente pas deux PDV sur un même objet, mais deux objets du discours dont on[42] ne perçoit pas le lien, ni, par contrecoup, l'intérêt de faire un contrepet, sauf à le faire « gratuitement ». Les connecteurs qui cherchent à éta-

---

[42] « On » : d'un point de vue doxique. Ce point de vue a de la peine à fonctionner en (1), à la différence de (3).

blir une cohérence sont forcés, puisque PDV1 et 2 sont sans cohérence. C'est pourquoi les connecteurs possibles sont ceux qui expriment le mieux l'idée d'une substitution : *en fait, en réalité*, tandis que PDV1 peut être assorti d'une modalité interrogative (impossible dans les contrepèteries cumulatives), puisqu'il n'est pas pris en charge, mais seulement pris en compte (CQFD[43]) :

(1''') *Le duc est-il fort minable ?*
 En réalité, en fait *l'eunuque est formidable.*

Et c'est aussi la raison pour laquelle le PDV1 des contrepèteries substitutives ne peut pas être nié, car cette négation serait une forme de prise en charge a minima de l'existence présupposée du duc, ce qui est discutable vu la probabilité que PDV1 ne soit qu'un prétexte à la transformation contrapétique. Selon que les contrepèteries précédentes sont compatibles ou non avec ces incrémentations, elles relèvent de la dynamique substitutive ou cumulative.

Dans la *lecture substitutive*, la contrepèterie est d'emblée repérée par une sorte d'inappropriété, d'insanité ou de stupidité apparentes que le locuteur peut éventuellement renforcer par des mimiques ou prononcer d'un ton neutre, comptant sur le décalage entre l'énoncé, la réalité et / ou sa réputation, en sorte que l'auditeur se dit : « mais ce n'est pas possible que ce soit si bête, ça doit vouloir dire autre chose ». En ce cas, PDV1 n'est que pris en compte, mais pas pris en charge ; tandis que PDV2 implicite, lorsqu'il est actualisé, fait l'objet de la véritable prise en charge, mais c'est une prise en charge effective par le destinataire interprète, qui impute au locuteur de la contrepèterie une prise en charge hypothétique que L1/E1 peut toujours récuser.

Dans la *lecture cumulative*, PDV1 est pris en charge, il est considéré comme vrai, pertinent, mais moins toutefois que PDV2 qui est plus fortement pris en charge parce qu'il révèle un sens caché qui peut échapper au commun des mortels. PDV1 et PDV2 sont donc co-orientés selon un ordre de pertinence croissant. Toutefois, la lecture cumulative repose sur une dynamique complexe : à la différence de la lecture substitutive qui repose sur le critère de la faible pertinence de PDV1, PDV1 cumulatif est approprié. Si le locuteur veut que les destinataires repèrent son intention de contrepèterie, il lui faut le faire entendre, phonétiquement, graphiquement ou par un commentaire métalinguistique, voire par une autre figure. Autrement dit, dans la lecture cumulative, les marques prosodiques, mimo-gestuelles ou les commentaires ne renforcent pas une incongruité, ils signalent des lieux textuels qui peuvent faire l'objet de

---

43 Ce Qu'il Fallait Démontrer, *i. e. Quod erat demonstrandum.*

permutation / déplacement pour produire un énoncé encore plus pertinent que PDV1, mais en appui sur lui.

J'évoquais plus haut l'hypothèse d'un lien entre ces logiques substitutive ou cumulative et le rire. Il est sans doute bien prématuré de répondre avec certitude, mais peut-être la logique substitutive s'accommode-t-elle d'un rire franc (aussi franc que le jeu est superficiel ou stéréotypé) et la logique cumulative d'un sourire (certes léger, mais appréciant la profondeur du mot d'esprit).

Ce serait un autre travail que d'étudier des contrepèteries en contexte dialogal. Mais autre travail ne signifie pas forcément hypothèses différentes, comme le montre l'exemple suivant. Alors que j'habitais en Lorraine et que j'indiquai ma nouvelle adresse à un de mes amis, « 6, rue de la Paix », ce dernier, oulipien, expert ès contrepèteries, m'avait répondu ce que je transcris ainsi :

(30) *Ah oui, 6 pue de la raie.*

Son *joke* rabaissait la prétention sociale associée à cette adresse (rue de la Paix, c'est une des plus belles adresses du Monopoly) en rappelant à qui l'oubliait (moi, à ce qu'il lui avait sans doute semblé) que, « au plus eslevé trône du monde, si ne sommes assis que sur notre cul » (Montaigne, *Les Essais*, « De l'expérience »). La contrepèterie actualisée (PDV2) reformulait une adresse postale (PDV1) par une permutation et une ellipse désobligeantes (= puer (de la raie) du cul). Compte tenu de ce que je savais de mon ami, j'ai interprété le mauvais goût de PDV2 en un sens implicite (socio-philosophique), moquant les prétentions sociales snobs. Par rapport aux exemples antérieurs, toutefois, le premier locuteur (L1) prend en charge PDV1 et l'interlocuteur prend en charge PDV2. Mais c'est L1 (moi, en l'occurrence) qui ai interprété PDV2 en un sens qui dépasse l'esprit potache qui cadrait mal avec ce que je savais de L2. La prise en charge intègre des paramètres co(n)textuels (Rabatel 2013) fondamentaux. Car, de même qu'on peut rire de tout, mais pas avec n'importe qui, on peut faire de tout bois contrepèterie, mais pas davantage avec n'importe qui.

En définitive, l'approche énonciative des PDV en confrontation, alliée à l'interrogation sur la prise en charge des JDM dans les contrepèteries, apporte des éclairages intéressants pour analyser non seulement des jeux avec les sons et avec les signifiés, mais encore des jeux énonciatifs avec des PDV, des jeux avec diverses images de soi, des jeux qui cumulent ou substituent des représentations sémantiques, complexifient les référents, reposent sur une connivence retorse, jouant sur les tabous et leur infraction, et, ce faisant, déjouant bien des assignations à résidence.

5 Conclusion

Je conclurai en rassemblant l'essentiel des caractéristiques des contrepèteries dégagées au cours de cette investigation.

On peut définir le genre de la contrepèterie comme une figure reposant essentiellement sur la permutation et accessoirement le déplacement de sons, de façon à obtenir un nouvel énoncé avec une signification nouvelle. Dans la plupart des cas, la contrepèterie est non réalisée, *in absentia* (ou verticale) : au destinataire, à l'interprète de reformuler l'énoncé en réalisant une performance contrapétique. Les exemples de contrepèterie *in praesentia* (ou horizontale) sont beaucoup plus rares que les précédents et ils sont aussi plus anciens, au point qu'on peut se demander si le passage de la contrepèterie *in praesentia* à la contrepèterie *in absentia* n'indiquerait pas, outre la force des tabous, une tendance générale de nos sociétés à être moins tolérante avec les mots de la sexualité (tolérance à géométrie variable qui expliquerait qu'on s'accommode des images de la sexualité plus que des mots qui la disent directement, voire crûment). Cette évolution expliquerait que d'autres figures *in praesentia* restent plus vivaces, par exemple les antimétaboles[44] (Rabatel 2008b) ou les antanaclases[45], peut-être parce qu'elles ne portent pas toutes, loin de là, sur des tabous. On retrouve cette différence dans d'autres langues. En allemand, le *Schüttelreim* (comme le virelangue en français) présente des sons approchants difficiles à prononcer, qui sont nécessairement *in praesentia* (« Es klapperten die Klapperschlangen, bis ihre Klappern schlapper klangen » = /Les serpents à sonnettes claquetaient jusqu'à ce que leurs sonnettes claquètent avec plus de fatigue/ ou encore « Du bist / Buddhist » = /tu es bouddhiste/). Cela tient bien sûr à la nécessité du jeu avec les isolexismes et la paronomase, mais cela peut s'expliquer aussi, en allemand comme en français (« les chaussettes de l'archiduchesse sont-elles sèches ou archi-sèches ? ») par l'absence de restriction sur les contenus, notamment les tabous.[46] Sur ce point, le concept de tradition

---

44 « Outre le bonheur d'avoir du talent, il possède encore le talent d'avoir du bonheur », disait Hector Berlioz de Meyerbeer (Testu 2014 : 105).
45 Exemple d'antanaclase (rapprochement de deux mêmes homonymes de sens différent) : « Armand, qui pour six vers m'a offert six cents livres [= monnaie] / que ne puis-je à ce prix vendre tous mes livres [= codex] » (Colletet, *apud* Dupriez 1980 : 348).
46 Au demeurant, si la question sémantique est centrale dans les antimétaboles, où il s'agit de renverser l'ordre des mots pour aboutir à une prédication qui renverse l'ordre de la première prédication, elle est anecdotique dans le virelangue, guidé par la proximité phonétique.

discursive parait utilement rendre compte des évolutions et des spécificités de certaines traditions discursives selon les socio-cultures.[47]

Au plan structurel, l'opération, centrale, de permutation de phonèmes est variée :

A : la situation la plus simple concerne la permutation de deux phonèmes différents, comme en (1), (2). Cette opération se répète lorsque les énoncés présentent deux ou trois paires de phonèmes qui permutent deux à deux ((4), (22C), (27)). Deux cas de figure émergent :

    Ai)   un phonème consonantique permute avec un autre phonème consonantique ((5)) ;
    Aii)   un phonème vocalique permute avec un autre phonème vocalique ((19)) ;

B : une situation plus complexe concerne la permutation de plusieurs phonèmes, selon plusieurs cas de figure :

    Bi)   un phonème consonantique permute avec deux phonèmes consonantiques, ou diphone (ne formant pas une syllabe en l'absence de phonème vocalique) ((26))[48] ;
    Bii)   deux diphones consonantiques peuvent permuter entre eux ((12a), (12b), (12c), (12d)) ;
    Biii)   un phonème vocalique permute avec une syllabe phonique (phonème vocalique + phonème consonantique) comme en (29) ;
    Biv)   une syllabe phonique (phonème vocalique + phonème consonantique) permute avec un phonème vocalique ((28)) ;
    Bv)   une syllabe phonique permute avec une autre : ((22A : phonème consonantique + phonème vocalique) ; (25) : phonème vocalique + phonème consonantique)).

La diversité de ces combinaisons donne la mesure de la complexité du repérage de la figure dans le cas des contrepèteries *in absentia*. Ce dernier peut être compensé par une structure rythmique favorisant leur actualisation, avec des mots

---

47 Voir l'article de Johannes Kabatek in *The Dynamics of Wordplay* 1.
48 Et sans doute ne peut-on pas écarter l'existence de contrepèteries avec des triphones, des quadriphones : comme dit Genette, cela étant structurellement possible, avis aux amateurs d'écritures à contraintes !

courts, d'une ou deux syllabes ((9c)) ou par le fait que les phonèmes à permuter occupent la même position dans les deux mots, à l'initiale ((9a), (20)), ou à l'intérieur du mot, en étant le plus souvent à l'initiale de la syllabe ((8)). Mais cet indice est fragile, dès que les permutations apparaissent dans des mots de trois ou quatre syllabes, comme en (10c), où la permutation concerne un monosyllabe et un mot de quatre syllabes, ou en (19), avec des mots de trois et quatre syllabes. La multiplicité des emplacements des phonèmes qui permutent complique également l'actualisation : ainsi, en (9b) et en (11b), le phonème du premier mot, dans la première syllabe, permute un phonème de la deuxième syllabe du deuxième mot ; on observe l'ordre inverse en (9c), et l'on pourrait citer bien d'autres combinaisons possibles dès que les mots comptent plus de deux syllabes, sans compter le jeu avec les frontières de mots, les liaisons, les déplacements en rafale, vers l'amont et l'aval ((17), (18)), ou encore les permutations à l'intérieur d'un même mot ((12b)). De même, les structures syntaxiques simples (SN + SV réduit au verbe et au COD), éventuellement répétées, comme en (27) peuvent faciliter le repérage des lieux de la contrepèterie, même si ce rôle est contrebalancé par les phénomènes précédents ou par l'insertion des contrepèteries non pas dans une phrase isolée, mais dans un texte, à l'instar de (4) ou (22).

Au plan sémantico-pragmatique, la contrepèterie touche au secret. D'une part parce que, au plan sémantique, la contrepèterie concerne des tabous, d'autre part parce que, au plan formel, le tabou est à découvrir, à réaliser, parfois mentalement. Le paradoxe est que le secret doit malgré tout être découvert, et cela oblige le producteur de la contrepèterie (volontaire) à envoyer des signaux discrets pour que l'interprète procède à une interprétation de la contrepèterie *in absentia*.

Au plan discursif, il découle des complexités structurelles et de sa nature du secret que, pour pouvoir être repérée, goûtée, la contrepèterie doit être signalée, même si les signaux doivent rester relativement discrets. Ces signaux sont de nature diverse, et peuvent se compléter :

i) caractère étonnant du sens de l'énoncé, qui invite à rechercher un sens plus acceptable ((23), (24)) ;

ii) indices lexicaux, e. g. inappropriété de certains termes, telles « chose », pour parler d'un écrivain, en (26) ; caractère contrepétogène, à l'instar de « nonne », en (9c), « vierge », en (13) ; ce phénomène renvoie d'une part à des routines pour les habitués du contrepet (un peu comme pour les cruciverbistes professionnels qui déjouent les pièges des définitions dans les mots croisés) et, d'autre part, à des mécanismes associatifs plus généraux (Jakobson 1980 :

279 ; Bravo 2011 : 29) ; les associations fonctionnent à partir de l'énoncé source comme de l'énoncé contrapétique à actualiser, éventuellement en puisant dans un stock de termes « favoris », e.g. des termes argotiques, de nature figurale (mottes, dard, etc.) ou non ;
iii) indices prosodiques : pauses, accent d'intensité sur les mots ou phonèmes à permuter ;
iv) indices phonétiques, rythmiques précédents (voir *supra*), en dépit de leur faible prédictibilité ;
v) indices syntaxiques, tel l'emploi inattendu d'un verbe en construction absolue ((10a)) ;
vi) indices graphiques, à l'instar des italiques, utilisés dans cet article ;
vii) commentaires métalinguistiques, annonce que l'on va faire une contrepèterie, à charge pour l'auditeur ou le lecteur de la trouver (voir Etienne 1987 ou (16)) ;
viii) indices posturo-mimogestuels indiquant une connivence : regards appuyés, adressés, clin d'œil, sourire, buste tourné vers le destinataire complice ;
ix) indices génériques ou situationnels, comme le fait de paraître dans une rubrique dédiée aux contrepèteries ((22)) ou de se produire dans des situations ludiques ou qui portent à la carnavalisation, comme le discours d'une autorité ou le récit de commémorations officielles ((4)), ces deux indices pouvant se cumuler ((4)). En définitive, dès que les énoncés paraissent bizarres, à un titre ou à un autre, inappropriés à la situation, ou sitôt que certains indices font entendre que l'énoncé doit faire l'objet d'une manipulation ludique, la dynamique contrapétique se met en branle.

Les indices ci-dessus enclenchent également les mécanismes de la prise en charge des énoncés, au plan énonciatif, en indiquant si PDV1 doit être pris en charge, comme PDV2, mais moins fortement que lui (contrepèterie cumulative), ou au contraire si PDV1 ne doit être que pris en compte, tandis que seul PDV2 fait l'objet de la véritable prise en charge (contrepèterie substitutive). Certes, de tels indices sont moins nets que les marques habituelles de l'accord, mais ils sont pertinents dans le cadre d'une énonciation ludique, tout particulièrement dans les contrepèteries *in absentia*. Selon la conception de l'énonciation problématisante défendue ici, comme jeu de PDV en confrontation, le destinataire recherche un sens plus pertinent – compte tenu de la situation ou de ses informations sur le producteur de la contrepèterie –, tout en s'interrogeant sur le fait de savoir si PDV2 annule PDV1, ravalé au rang de prétexte (contrepèterie substitutive), ou si PDV2 offre un PDV complémentaire et plus pertinent que PDV1, sans pour autant le réfuter (contrepèterie cumulative). Une telle démarche est patente dans les contrepèteries *in praesentia*, elle fonctionne aussi dans les contrepèteries *in absentia*, quoiqu'elle repose sur le paradoxe propre aux énonciations figurales feintes, comme dans l'ironie, selon lequel le sens implicite est le véritable sens pris en charge par le producteur et aussi par l'interprète, d'où la force de la connivence lorsque ce genre de figure atteint son but.

6 Références bibliographiques

Attardo, Salvatore. 1994. *Linguistic Theories of Humor*. Berlin : Mouton de Gruyter.
Authier-Revuz, Jacqueline. 1995. *Ces mots qui ne vont pas de soi*. Paris : Larousse.
Bally, Charles. [1932] 1965. *Linguistique générale et linguistique française*. 4ᵉ éd. Berne : A. Francke AG Verlag.
Barbéris, Jeanne-Marie. 2001. Texte / textualité. In Catherine Détrie, Paul Siblot & Bertrand Verine (éds.), *Termes et concepts pour l'analyse du discours*, 349–356. Paris : Champion.
Bergson, Henri. 1900. *Le rire*. Paris : Alcan.
Berrendonner, Alain. 1981. Eléments de pragmatique linguistique. Paris : Éditions de Minuit.
Bonhomme, Marc. 1998. *Les figures clés du discours*. Paris : Éditions du Seuil.
Bravo, Federico. 2011. *Anagrammes. Sur une hypothèse de Ferdinand de Saussure*. Limoges : Lambert-Lucas.
Bres, Jacques. 2001. Actualisation. In Catherine Détrie, Paul Siblot & Bertrand Verine (éds.), *Termes et concepts pour l'analyse du discours*, 14–18. Paris : Honoré Champion.
Comte-Sponville, André. 1988. *Le mythe d'Icare. Traité du désespoir et de la béatitude,* tome 1. Paris : Presses Universitaires de France.
Culioli, Antoine. 1980. Valeurs aspectuelles et opérations énonciatives : l'aoristique. *Recherches linguistiques* 5, 182–193.
Culioli, Antoine. 1990. *Pour une linguistique de l'énonciation*, T. 1, *Opérations et représentations*. Paris : Ophrys.
Culioli, Antoine. 1999. *Pour une linguistique de l'énonciation*, T. 2, *Formalisations et opérations de repérage*. Paris : Ophrys.
Delabastita, Dirk. 1993. *There's a Double Tongue: An Investigation into the Translation of Shakespeare's Wordplay*. Amsterdam: Rodopi.
Desclés, Jean-Pierre. 2009. Prise en charge, engagement et désengagement. *Langue française* 162. 29–53.
Détrie, Catherine (éd.). 2000. *Sens figuré et figuration du monde* (Cahiers de praxématique 35).
Ducrot, Oswald. 1980. *Les mots du discours*. Paris : Éditions de Minuit.
Ducrot, Oswald. 1989. *Logique, structure, énonciation*. Paris : Éditions de Minuit.
Ducrot, Oswald. 1993. A quoi sert le concept de modalité ? In Norbert Dittmar & Astrid Reich (éds.), *Modalité et acquisition des Langues,* 111–129. Berlin : Walter de Gruyter.
Dupriez, Bernard. [1977] 1980. *Gradus*. Paris : 10/18.
Etienne, Luc. [1957] 1987. *L'art du contrepet*. Paris : Compagnie Jean-Jacques Pauvert.
Finard, Armelle. 2002. *La contrepèterie pour tous*. Paris : Plon.
Freud, Sigmund. [1905] 1930. *Le mot d'esprit et ses rapports avec l'inconscient*. Trad. M. Bonaparte. Paris : Gallimard.

Gagnière, Claude. [1989, 1994] 1997. *Pour tout l'or des mots*. [*Au bonheur des mots* [1989]. *Des mots et merveilles* [1994]]. Paris : Laffont.
Hausmann, Franz Joseph. 1974. *Studien zu einer Linguistik des Wortspiels. Das Wortspiel im « Canard enchaîné »*. Tübingen : Niemeyer.
Henry, Jacqueline. 2003. *La traduction des jeux de mots*. Paris : Presses de la Sorbonne nouvelle.
Jakobson, Roman. 1963. *Essais de linguistique générale*. Paris : Éditions du Seuil.
Jakobson, Roman. 1980. *La charpente phonique du langage*. Paris : Éditions de Minuit.
Jaubert, Anna. 2011a. Le calembour ou la pragmatique du trait /facile/. *Le français moderne* 79(1). 33–43.
Jaubert, Anna. 2011b. La litote est-elle un contre-euphémisme ? In André Horak (éd.), *La litote. Hommage à Marc Bonhomme*, 145–158. Berne : Peter Lang.
Kerbrat-Orecchioni, Catherine. 1980. *L'énonciation. De la subjectivité dans le langage*. Paris : Armand Colin.
Martin, Joël. 2005a. *La contrepèterie*. Paris : Presses Universitaires de France.
Martin, Joël. 2005b. *La Bible du contrepet*. Paris : Laffont, Bouquins.
Molinié, Georges. 1992. *Dictionnaire de rhétorique*. Paris : Le Livre de Poche.
Neveu, Franck. 2004. *Dictionnaire des sciences du langage*. Paris : Armand Colin.
Rabatel, Alain. 2005. La part de l'énonciateur dans la construction interactionnelle des points de vue. *Marges linguistiques* 9. 115–136.
Rabatel, Alain. 2008a. Figures et points de vue en confrontation. *Langue française* 160. 3–19.
Rabatel, Alain. 2008b. Points de vue en confrontation dans les antimétaboles PLUS et MOINS. *Langue française* 160. 20–35.
Rabatel, Alain. 2008c. *Homo narrans. Pour une analyse énonciative et interactionnelle du récit*. T. 1. *Les points de vue et la logique de la narration*. T. 2. *Dialogisme et polyphonie dans le récit*. Limoges : Lambert-Lucas.
Rabatel, Alain. 2009. Prise en charge et imputation, ou la prise en charge à responsabilité limitée. *Langue française* 162. 71–87.
Rabatel, Alain. 2011a. Pour une analyse pragma-énonciative des figures de l'à-peu-près. *Le français moderne* 79(1). 1–9.
Rabatel, Alain. 2011b. Figures d'à-peu-près et nom propre. *Le français moderne* 79(1). 22–33.
Rabatel, Alain. 2012a. Positions, positionnements et postures de l'énonciateur. *Travaux neuchâtelois de linguistique* 56. 23–42.
Rabatel, Alain. 2012b. Ironie et sur-énonciation. *Vox Romanica* 71. 42–76.
Rabatel, Alain. 2013. Le rôle du dialogisme et des paramètres textuels dans la notion de prise en charge. In Françoise Sullet-Nylander, Hugues Engel & Gunnel Engwall (éds.), *La linguistique dans tous les sens*, 105–123. Stockholm : Vitterhetsakademien.
Roulet, Eddy. 1981. Échanges, interventions et actes de langage dans la structure de la conversation. *Études de linguistique appliquée* 44. 7–39.
Starobinski, Jean. [1971] 2005. *Les mots sous les mots. Les anagrammes de Ferdinand de Saussure*. Paris : Gallimard. 2e Édition fac-similé Limoges : Lambert-Lucas.
Testu, François-Xavier. 2014. *Le Bouquin des méchancetés et autres traits d'esprit*. Paris : Robert Laffont, Bouquins.
Van Gorp, Hendrik, Dirk Delabastita, Lieven D'Hulst, Rita Ghesquiere, Rainier Grutman & Georges Legros. 2005. *Dictionnaire des termes littéraires*. Paris : Champion Classiques.
Winnicott, Donald. [1971] 1975. *Jeu et réalité : l'espace potentiel*. Paris : Gallimard.
www.contrepetrie.fr (dernière consultation le 22 novembre 2014).

Pauline Beaucé
Les jeux de mots dans le répertoire des théâtres de la Foire à Paris au XVIIIe siècle : de la publicité à la satire

Résumé : Cet article essaiera de montrer comment les jeux de mots n'intéressent pas seulement le littéraire et le linguiste mais aussi l'historien du théâtre car leur étude dépasse l'analyse de la langue. En prenant pour objet le répertoire des théâtres forains de Paris, il s'agira d'observer comment le travail sur les jeux de mots fait se rencontrer deux façons d'aborder le théâtre : le travail sur les textes et l'histoire des représentations. Écrire pour la Foire au début du XVIIIe siècle, c'est s'inscrire dans un contexte de guerre généralisée des théâtres. Les jeux de mots, qui font partie intégrante de l'attirail du théâtre comique, vont permettre de dire ce qu'on pense tout bas et de créer une connivence avec un public au fait des querelles intestines. Les jeux de mots supposent un savoir partagé par l'ensemble de la salle et informent l'historien du théâtre du socle mémoriel sur lequel fonctionne l'aspect ludique du spectacle forain. Quel que soit le genre représenté, on retrouvera trois fonctions principales du jeu de mots : fonction satirique (auteurs, institutions), fonction critique (des œuvres à travers la parodie) et une fonction publicitaire. Parmi les nouvelles formes de spectacles que l'on trouve dans les Foires, certaines retiennent plus l'attention : cet article traitera d'abord les pièces par monologue et en jargon avant d'observer la forme que prennent les jeux de mots dans les pièces contenant des airs chantés sur des vaudevilles. Enfin, les parodies dramatiques, notamment leur titre, offriront un champ d'exploration fécond de l'usage des jeux de mots.

Mots clés : histoire du théâtre, parodie, publicité, satire, syllepse, théâtre comique, théâtres de la Foire, vaudeville, XVIIIe siècle

1 Introduction

Au XVIIIe siècle, le terme « jeu de mot(s) » est peu utilisé dans les dictionnaires ; on lui préfère l'expression « jeux de paroles » qui renvoie aux « allusions, [aux] équivoques, [aux] pointes, qui ne consistent que dans les mots, sans aucune subtilité pour le sens » (Furetière 1690). Le jeu avec les mots est alors identifié comme une pratique orale plutôt qu'écrite qui s'épanouirait mieux hors du champ littéraire. Du Marsais dans son traité *Des Tropes ou des différents sens dans lesquels on peut prendre un même mot dans une même langue* peine à définir le jeu de mots : il s'agit d'allusions qui jouent sur le double sens des mots et rappellent en cela ce qu'il nomme la syllepse oratoire. Mais le jeu de mots inclut aussi la paronomase qu'il définit comme « des mots dont la signification est différente et dont le son est presque le même » (Du Marsais 1757 : 247 ; voir p. 162 pour le lien entre jeux de mots et paronomase / allusion et p. 151 sur la syllepse). Dans son article consacré aux jeux de mots dans l'*Encyclopédie* de Diderot et d'Alembert, Jaucourt ne cherche pas à définir la pratique, il s'intéresse beaucoup plus à sa portée morale et esthétique :

> Les *jeux de mots*, quand ils sont spirituels, se placent à merveille dans les cris de guerre, les devises et les symboles. Ils peuvent encore avoir lieu, lorsqu'ils sont délicats, dans la conversation, les lettres, les épigrammes, les madrigaux, les impromptus, et autres petites pièces de ce genre. [...] Mais on ne permet jamais les *jeux de mots* dans le sublime, dans les ouvrages graves et sérieux [...] Il est certain que ce mauvais goût a paru et s'est éclipsé à plusieurs reprises dans les divers pays. [...] Cependant je n'appréhende pas sitôt le retour des *jeux de mots* grossiers ; nous sommes encore assez délicats pour les renvoyer, je ne dirai point aux gens de robe [aux magistrats], comme on le prétend à la cour, mais aux spectacles des farceurs, ou aux artisans qui sont les plaisants de leur voisinage. (Diderot et d'Alembert [1751–1772], Article « Jeu de mots »)

Le jeu de mots est donc affaire de mauvais goût, de facilité d'esprit contrairement à tous les jeux d'esprit comme l'anagramme, le bout-rimé, l'acrostiche, etc. Pratiquer le jeu de mots, c'est être du côté de l'oralité, de la farce et ne pas avoir de prétentions littéraires. Il n'est pas étonnant alors d'en trouver un grand nombre dans le répertoire des théâtres de la Foire de Paris au XVIIIe siècle, spectacles qui n'ont cessé d'être dénigrés pour leur grossièreté et leur soi-disant absence de qualité esthétique. Jaucourt a d'ailleurs en tête les théâtres forains lorsqu'il renvoie aux « spectacles des farceurs ». Pourtant, les jeux de mots que l'on trouve dans les pièces composées pour les théâtres de la Foire ne relèvent pas uniquement de la frivolité et du rire facile, ils sont des leviers critiques, publicitaires et satiriques de choix qui se fondent dans la variété des formes dramatiques employées. Cet article essaiera de montrer comment les jeux de mots n'intéressent pas seulement le littéraire et le linguiste mais aussi l'historien du théâtre car leur étude dépasse l'analyse de la langue. S'intéresser aux jeux de mots fait se rencontrer deux façons d'aborder le théâtre : le travail sur les textes et l'histoire des représentations.

Il faut avant tout replacer le répertoire forain dans son contexte historique afin d'expliquer la pluralité des fonctions des jeux de mots mais aussi d'en retrouver le sel. En effet, les théâtres de la Foire et leur répertoire spectaculaire se développent à une époque où le système théâtral français fonctionne sous un régime de monopole fortement centralisateur. Certaines institutions officielles possèdent le privilège royal exclusif de jouer telle ou telle forme de spectacle. Seule la Comédie-Française, créée en 1680, peut donner des tragédies et des comédies, seule l'Académie royale de musique (c'est-à-dire l'Opéra), créée en 1669, peut donner des représentations en musique. Or, en marge des institutions privilégiées, des théâtres se développent notamment dans les Foires parisiennes qui se tiennent deux fois par an pendant environ un mois. La Foire Saint-Germain se déroule du 3 février au dimanche des Rameaux (mars ou avril), et la Foire Saint-Laurent se déroule en été (juillet–septembre). Ces grands rassemblements commerciaux existent depuis le Moyen Âge et se présentent comme de petites villes avec des rues, des endroits pour faire stationner les carrosses ou les chaises à porteurs. C'est à tort qu'une image exclusivement populaire des Foires s'est développée.[1] Les commerçants côtoient non seulement montreurs d'animaux et charlatans qui manient l'art de se mettre en scène, mais aussi des professionnels de la scène vivante comme des dramaturges, des musiciens, des danseurs de corde. Un univers de spectacles s'offre alors à tous les visiteurs : si certaines animations relèvent plus de la saynète de bonimenteurs ou de l'attraction, d'autres, parce qu'elles mettent en scène une intrigue fictionnelle dans des lieux destinés à les accueillir sont à ranger dans la catégorie des spectacles théâtraux. L'un des premiers s'intitule *Les Forces de l'Amour et de la Magie* (1678), il s'agit d'un intermède pastoral comique qui permettait d'encadrer des numéros d'acrobatie. Tandis que la Comédie-Française, en mal de public, espère récupérer celui de la Comédie-Italienne (fermée en 1697 par Louis XIV), c'est vers la Foire que se tournent les amateurs de théâtre comique où ils vont retrouver Arlequin, Pierrot, le Docteur... Cette nouvelle configuration culturelle suscite de violentes réactions qui vont prendre la forme d'une guerre des théâtres. Jalouse du succès des Forains, la Comédie-Française fait valoir son privilège royal et intente de nombreux procès ayant pour objectif d'éradiquer toute création théâtrale de ces nouveaux concurrents ; elle est accompagnée dans sa lutte par l'Académie royale de musique, dont la position vis-à-vis des théâtres forains sera plus stratégique qu'uniquement agressive. En effet, dès 1708, une permission tacite est octroyée aux directeurs de théâtres forains par l'Opéra : résultat, certains spectacles emploient la danse, le chant, les décorations et la musique. Se développent alors des pièces mixtes où la parole alterne avec le chant sur des vaudevilles, ces airs connus de tous

---

[1] Dans son article « Inconnaissance de la Foire », Nathalie Rizzoni énumère les différents clichés associés aux théâtres de la Foire et plus particulièrement à l'Opéra-Comique (Rizzoni 2010 ; voir également Beaucé 2015).

sur lesquels les dramaturges écrivent de nouvelles paroles. De ces permissions naît en 1714-1715 l'Opéra-Comique, nom donné au théâtre de tout entrepreneur en mesure de payer la redevance élevée demandée par l'Opéra. Peu de temps après, le Théâtre-Italien de Paris rouvre ses portes (1716) et participe à ces querelles entre théâtres en redevenant un concurrent de choix des spectacles de la Foire et notamment de l'Opéra-Comique.

Dans l'ensemble des contraintes imposées aux acteurs forains par la Comédie-Française, plusieurs sont directement liées au langage : parmi les plus spectaculaires, il y a la défense d'employer des dialogues et même de la parole. Dans ce contexte, la langue est pour les Forains un enjeu politique et artistique de premier ordre. Ces contraintes vont façonner le répertoire dramatique et favoriser l'émergence de genres variés ; lorsqu'on leur interdit le dialogue, ils donnent des pièces par monologue ; privés du droit de parler, ils donnent des pantomimes, ou des pièces en jargon. Ils vont même jusqu'à contourner l'ensemble de ces défenses en décidant de chanter. Mais l'emploi de musique n'est pas gratuit et, nous l'avons dit précédemment, l'Académie royale de musique oblige les directeurs qui utilisent du chant à payer un lourd salaire. On parle alors du privilège de l'Opéra-Comique. La présence au sein de chaque Foire d'un théâtre privilégié (ayant le droit de donner des pièces chantées et parlées) créé des tensions au sein même des spectacles forains.

Écrire pour la Foire au début du XVIIIe siècle, c'est s'inscrire dans un contexte de guerre généralisée des théâtres. Les jeux de mots, qui font partie intégrante de l'attirail du répertoire comique, vont permettre de dire ce qu'on pense tout bas et de créer une connivence avec un public au fait des querelles intestines. Les jeux de mots supposent un savoir partagé par l'ensemble de la salle et informent l'historien du théâtre du socle mémoriel sur lequel fonctionne l'aspect ludique du spectacle forain. Quel que soit le genre représenté, on retrouvera trois fonctions principales du jeu de mots : fonction satirique (auteurs, institutions), fonction critique (des œuvres à travers la parodie) et une fonction publicitaire. Parmi les nouvelles formes de spectacles, certaines retiennent plus l'attention : nous aborderons d'abord les pièces par monologue et en jargon avant d'observer la forme que prennent les jeux de mots dans les pièces contenant des airs chantés sur des vaudevilles. Enfin, les parodies dramatiques, notamment leur titre, offriront un champ d'exploration fécond de l'usage des jeux de mots puisque leur esthétique subversive constitue un cadre attendu de cette pratique.

2 Usage du jeu de mots quand la parole est limitée...

Les pièces par monologue et les pièces en jargon données à la Foire ont pour origine une interdiction édictée en 1706 :

> défenses sont faites à tous sauteurs et danseurs de corde de représenter aucune comédie, ni même aucun colloque ; pareilles défenses leur sont faites de proférer aucune parole qui soit contraire à la pureté des mœurs, à peine de démolition de leur théâtre et de punition corporelle. (Campardon 1877, t. II, p. 256)

Les Forains proposent alors des pièces permettant de contourner l'interdiction : des comédies par monologue (un seul personnage parle) qui le plus souvent deviennent des pièces par faux monologue. En effet, on trouve des pièces dans lesquelles les personnages parlent seuls sur la scène à tour de rôle... Mieux encore, si un seul personnage parle français, les autres parlent en jargon ou alors s'expriment par le recours à la pantomime et même à la musique. En effet, les musiques employées dans ces pièces renvoient souvent à un texte, qu'il s'agisse des paroles traditionnellement chantées sur la musique d'un vaudeville (air populaire) ou des vers chantés sur un air d'opéra à succès. Voyons une série d'exemples. Après la Foire Saint-Laurent 1718, qui a eu beaucoup de succès, tous les spectacles forains sont interdits. En 1720, quelques auteurs osent présenter des pièces mais de peur qu'on leur fasse un procès, ils préfèrent donner des pièces par monologue et en jargon. Ainsi, Alain René Le Sage et Jacques-Philippe d'Orneval créent *L'Ombre de la Foire*, un prologue par monologue dans lequel Arlequin se désespère que la Foire soit fermée ; soudain le fantôme muet de la Foire apparaît et l'invite à pêcher dans le lac. Alors qu'Arlequin croit qu'il va pêcher des poissons pour ensuite aller les vendre, il s'aperçoit que les poissons qu'il attrape sont en fait les acteurs de sa troupe que deux méchantes magiciennes ont ainsi transformés (derrière ces magiciennes, il faut reconnaître la Comédie-Française et la Comédie-Italienne, les rivales de toujours). Lorsqu'Arlequin s'exclame « Voici un marsouin. *Bondi signor Doctor*, tu ne parles pas non plus, toi, Docteur poissonifié » (*L'Ombre de la Foire*, p. 235), *marsouin* est employé ici au sens propre et au sens figuré. Ce terme désigne autant un « grand poisson de mer fort gras, qu'on appelle aussi pourceau de mer » qu'« ironiquement un homme gros et chargé de graisse » (Furetière 1690). Or, le type du Docteur dans la *commedia dell'arte* correspond bien à ces caractéristiques : personnage de pédant souvent libidineux. Comme l'explique Luigi Riccoboni, « pour ce qui regarde l'art d'un acteur, il n'est pas difficile de jouer ce rôle car il ne fait presque rien sur le théâtre, son caractère ne l'engage ni à avoir les grâces du corps, ni les vivacités de l'esprit » (Riccoboni 1730–1731 : 313). Ce jeu sur le double sens des noms de poissons se poursuit tout au long de la pêche d'Arlequin. Le zanni s'écrie plus loin « J'ai attrapé une barbue » ; ce faisant, il renvoie au poisson plat mais aussi à une personne barbue, en l'occurrence à l'acteur Scaramouche et à sa barbichette qui se présente devant les spectateurs. La syllepse peut avoir une connotation plus critique, c'est le cas à la scène VIII, quand Arlequin s'écrie « Ah, ventrebleu, en voilà deux tout d'un coup ! Ce sont, ma foi, deux brochets de bonne taille, ils ont plus de deux pieds entre tête et queue ». Comme le note Jeanne-Marie Hostiou dans son édition de la pièce,

> avec l'apparition des Comédies Française et Italienne sous la forme de deux brochets, la métaphore filée se charge d'une force critique incisive : le brochet est « un poisson d'eau douce, long et fort goulu et qui mange les autres. La dent du brochet est fort venimeuse » (Furetière). (*L'Ombre de la Foire*, notice de Jeanne-Marie Hostiou, éd. cit., p. 219)

Cette pièce, qui est le prologue à une longue comédie par monologue et en jargon, se termine par une sorte d'adresse au public qui sert de justification :

> ARLEQUIN
> Mais il faut que [cette pièce] soit digne des acteurs, c'est-à-dire à la muette et qu'il n'y ait que moi qui n'ai pas été métamorphosé en poisson, qui aie à parler ; car si ceux-ci s'avisaient de me répondre, nous aurions à Paris de terrible cuisiniers pour voisins, qui nous mettraient bien vite au court-bouillon.
> PIERROT, *lui donnant un papier*
> Bary bary barae.
> ARLEQUIN
> Oui-dà. Il n'y aura pas de mal quand nos poissons baragouineront tant soit peu, cela ne s'appelle pas parler. Voici dont la pièce par où nous commencerons. *Il lit. L'Île du Gougou*, pièce en monologue [...]
> (*L'Ombre de la Foire*, sc. XI)

Ainsi dans *L'Ombre de la Foire*, les jeux de mots ont une fonction explicative et satirique, ils permettent de filer la métaphore aquatique (chaque poisson renvoie à un acteur) et de contrer ainsi la monotonie imposée d'une pièce à personnage unique (les poissons qui selon toute vraisemblance ne devraient pas parler, parlent et qui plus est en jargon, donnant l'illusion de communiquer avec Arlequin). La syllepse lexicale devient alors le mode privilégié d'expression.

La satire peut être encore plus personnelle et plus cinglante. Lors de la Foire Saint-Germain 1722, aucun directeur de théâtre n'obtient le privilège de l'Opéra-Comique car la redevance est trop élevée. D'un côté, les deux grands auteurs de la Foire, Le Sage et Fuzelier, ont l'idée de composer des opéras-comiques qui seraient interprétés par des marionnettes dont le fameux Polichinelle. Ils concurrencent ainsi le directeur de troupe Francisque qui faute de pouvoir donner des comédies à plusieurs personnages ou des opéras-comiques est obligé de donner des pièces par monologue. Alexis Piron écrit pour lui deux pièces par monologue dont *Arlequin Deucalion* qui connaîtra un grand succès ; il en profite pour éreinter ses deux concurrents à coup de jeux de mots. Un premier est formé sur une paronomase. Alors qu'Arlequin découvre des pistolets et manifeste son dégoût pour les armes, il s'écrie : « Allez-vous-en à tous les diables, d'où vous venez ; et que d'ici à la fin des temps on n'entende plus parler de pistolets, de fusils, ni de Fuzilier » (III, 3). Piron joue sur l'homophonie entre un fusilier, un soldat qui porte le fusil, et Fuzelier, le dramaturge à succès. L'autre concurrent de Piron va aussi être évoqué par jeu de mots ; à côté d'Arlequin, seul acteur parlant, Piron fait intervenir la marionnette Polichinelle : « Pourquoi le fou, de temps en temps, ne dirait-il pas de bonnes choses, puisque Le Sage, de temps en temps, en dit de si mauvaises ? ». Ce second jeu de mots est fondé sur le nom propre Le Sage qui a aussi un sens en tant que nom commun.

Les pièces par monologue et / ou en jargon sont des inventions géniales pour contrer l'interdiction mais elles n'en restent pas moins des formes contraignantes. Les jeux de mots trouvent là leur puissance décuplée car ils se développent dans un schéma de communication biaisé entre l'émetteur (acteur), l'interlocuteur sur scène qui n'est pas doué de parole et le récepteur extérieur qu'est le public, au courant des interdits et des tensions, curieux d'observer l'inventivité renouvelée des auteurs forains. Les jeux de mots précédemment cités sont moins remarquables par leur inventivité que par leur usage satirique dans un contexte querelleur. Cela dit, les dramaturges forains vont faire preuve d'une grande inventivité dans les jeux de mots proposés à partir du moment où ils vont les insérer dans des airs chantés.

3 Jeux de mots et airs chantés

Si Le Sage est moqué par Piron en 1722, il est encensé dans d'autres pièces. L'auteur anonyme d'une pièce intitulée *Critique* se vante d'écrire pour le même théâtre que Le Sage.[2] En effet, ce dramaturge, avant de venir à la Foire, donnait des pièces à la Comédie-Française comme *Turcaret* en 1709. Quelle meilleure

---

[2] Sur cette pièce et les débuts de Le Sage à la Foire, voir l'article de Françoise Rubellin « Le Sage à la Foire en septembre 1712 : *Les Petits-Maîtres* » (Rubellin 2012).

manière de faire de la publicité aux théâtres forains que de crier haut et fort qu'on possède l'un des auteurs en vue. L'intrigue de la pièce est la suivante : la muse du théâtre forain est au désespoir car un bateau comportant ses auteurs a fait naufrage après avoir été malmené par le vent et les tempêtes. Nul besoin d'être un fin exégète pour comprendre que l'auteur fait ici référence aux multiples interdictions édictées à l'encontre les forains. Le dieu Momus vient consoler la Muse du théâtre forain en lui promettant Le Sage dans un couplet chanté sur l'air « Des Fraises »[3] :

> AIR *Des fraises*
> Vous pourrez sur vos jaloux
> Remporter l'avantage
> Vos auteurs étaient des fous
> Mais j'ai réservé pour vous
> Le Sage, Le Sage, Le Sage.

On retrouve le jeu sur l'homophonie entre *sage* et le nom de famille de l'auteur. Ce quatrain est chanté sur l'air « Des fraises », dont la forme métrique basée sur la répétition du dernier terme trois fois renforce la fonction publicitaire. Les spectateurs connaissaient ces airs et ne manquaient sûrement pas une occasion de reprendre en chœur les paroles.

Le répertoire forain tire sa spécificité de l'emploi des vaudevilles, ces airs connus de tous sur lesquels on écrit de nouvelles paroles. Les vaudevilles ne sont pas uniquement un support du chant, ils permettent un grand nombre de jeux de langage et fonctionnent sur la reconnaissance par le public d'une

---

[3] Pour entendre cet air, rendez-vous sur le site theaville.org, base de données des vaudevilles (ANR POIESIS, Centre d'études des théâtres de la Foire et de la Comédie-Italienne) d'où est tirée la partition copiée ci-dessous (source de la partition : *Parodies du nouveau Théâtre-Italien* [1738] 1970, t. II).

musique préexistante. La plus grande innovation des Forains, celle qui aura une répercussion sur l'art dramatique européen reste l'invention de l'opéra-comique, autrement dit d'une pièce comique en forme parlée et chantée. L'opéra-comique tel que nous le connaissons aujourd'hui est composé sur une musique originale, or, au début du XVIIIe siècle, l'opéra-comique est chanté sur des vaudevilles. Un bon exemple de promotion et de publicité est la définition que Pierrot donne du théâtre de l'Opéra-Comique dans le prologue *Les Dieux à la Foire* de Louis Fuzelier créé en 1724 à l'Opéra-Comique de la Foire Saint-Germain : « L'Opéra-Comique n'est pas une troupe, c'est l'Académie foraine de musique ». Le jeu de mots fonctionne ici sur l'imitation de la suite syntaxique et surtout sur la substitution inattendue de l'adjectif « royale ». Ces deux derniers exemples (Le Sage et l'air *Des Fraises* et l'Académie foraine) sont de l'ordre du slogan publicitaire. Fuzelier, et dans une certaine mesure l'auteur anonyme de *La Critique*, utilisent ce que Marie Vittoz Canuto appelle dans son ouvrage sur les jeux de mots dans la presse et la publicité, « des jeux de mots basés sur les données culturelles latentes dans la mémoire des récepteurs » (Vittoz Canuto 1983 : 97) en exploitant la forme et parfois la polysémie d'expressions lexicalisées tout comme le fonctionnement d'un air fameux.

Hormis l'air « Des fraises » de nombreux vaudevilles par leur forme métrique et musicale servent à merveille les jeux de mots. L'un d'entre eux, fondé sur la dislocation d'un mot, s'intitule « Quand la mer rouge apparut ». Il s'agit d'une chanson à boire populaire sur un thème biblique dont voici des paroles connues :[4]

> Quand la mer rouge apparut
> À la troupe noire
> Pharaon, tout de bon, crut
> Qu'il en fallait boire.
> Mais Moïse sachant bien
> Que ce n'était pas du vin.
> Il la pas, pas, pas,
> Il la sa, sa, sa,
> Il la pas, il la sa,
> Il la passa toute
> Sans en boire goutte.

Ce vaudeville peut donner lieu à des jeux de mots assez cocasses selon le mot qui est segmenté comme par exemple, s'il s'agit du mot pilote comme dans un

---

4 Pour entendre l'air et visualiser sa partition : theaville.org.

couplet de l'opéra-comique *Achmet et Almanzine* (d'Orneval, Le Sage et Fuzelier 1728) :

> De la veuve d'un pêcheur,
> Fringante et badine,
> Ayant amorcé le cœur,
> Par ma bonne mine,
> Et de plus, pris le turban,
> Chez elle depuis un an,
> Je suis le pi, pi,
> Je suis le lo, lo,
> Le pi, pi, le lo, lo,
> Je suis le pilote
> De sa galiote.

Un tel air est ainsi souvent utilisé dans une optique de comique scatologique et grivois.

En 1732, dans *La Jalousie avec sujet*, parodie de l'opéra *Isis* de Lully et Quinault, Louis Fuzelier emploie ce vaudeville de manière complexe : ce n'est plus la répétition de la syllabe qui fait sens en créant un nouveau mot (ci-dessus « pipi » à partir de « pilote ») mais la syllabe en elle-même. Ce procédé génial entraîne la mise en place d'un calembour c'est-à-dire un jeu de mots fondé sur l'homophonie et parfois l'hétérographie. Il n'est pas gratuit et sert l'intrigue de la pièce en portant un sens parodique. La nymphe Io est aimée de Jupiter mais, en butte à la jalousie de son épouse Junon, elle est transportée en Égypte où elle espère que Jupiter va venir la sauver. Elle entonne ainsi ce couplet sur l'air « Quand la mer rouge apparut » (II, 8) :

> Dis, viens-tu me secourir ?
> Es-tu fa, fa, fa ?
> Es-tu vo, vo, vo ?
> Es-tu ra, ra, ra ?
> Es-tu fat ? Es-tu veau ? Es-tu rat ?
> Es-tu favorable
> Au sort qui m'accable ?

La dislocation du substantif « favorable » entraîne la création du mot « fat » qui signifie un niais qui se croit irrésistible aux femmes, celle du mot « veau » et du mot « rat ». Ils font référence explicitement à l'intrigue : Jupiter est le fat dont parle Io, et Fuzelier, en introduisant le mot veau à cet endroit de l'intrigue, rappelle le sort d'Io dans la mythologie. En effet, Jupiter change la nymphe en vache pour éviter que Junon, la femme jalouse, ne la tue.

Une autre manière d'utiliser le potentiel des vaudevilles pour l'expression de jeux de mots réside dans le jeu intertextuel. En effet, comme chaque air renvoie à des paroles préexistantes connues de tous, les auteurs peuvent construire des jeux de mots par tuilage de sens ou en jouant sur l'attente du public. Un des airs les plus usités dans le théâtre comique du XVIIIe siècle est intitulé « Ne m'entendez-vous pas ». Il se construit sur cinq vers de six syllabes, le dernier et cinquième vers étant souvent « Ne m'entendez-vous pas ? ». Les auteurs peuvent alors jouer
- sur la polysémie du verbe entendre : comprendre, ouïr ou avoir connaissance et pratique d'une chose ;
- sur l'opposition entre la question (vers final) et une affirmation.

Dans un opéra-comique intitulé *Le Sénat Calotin* (1731), Denis Carolet exploite ce potentiel ludique de l'air « Ne m'entendez-vous pas ? » dans une optique satirique.[5] Sa pièce sera d'ailleurs interdite par la police comme l'indique la page de titre du manuscrit : « cette pièce devait être représentée à la foire Saint-Germain 1731 mais elle fut rejetée à la police » (Ms. BnF, fr. 9315, f° 115). Carolet se moque ouvertement du jeu de deux actrices de la Comédie-Française, mademoiselle Dangeville et mademoiselle de Seine, en les mettant en scène. Elles se présentent devant la Folie personnifiée pour savoir laquelle des deux est la meilleure actrice. La Folie répond à la première « Vous, gesticulez moins et n'allez plus le trot » et à l'autre « Vous, tenez-vous plus droite et parlez un peu haut ». Plus loin la Folie dit à mademoiselle de Seine sur l'air « Ne m'entendez-vous pas » :

> Vous avez de beaux bras
> De vos yeux pleins de charmes
> Coulent de belles larmes
> Mais vous parlez trop bas
> On [ne] vous entend pas.
>
> (*Le Sénat Calotin*, sc. VIII).

Le dernier vers du vaudeville d'origine est détourné dans un but satirique. En effet, mademoiselle de Seine (plus connue sous son nom d'épouse, madame Quinault-Dufresne) était connue pour avoir peu de voix : « Son maintien respirait la noblesse ; il ne lui manquait que plus de force dans l'organe pour être absolument au niveau des premiers rôles » (Lemazurier 1810 : 337).

---

5 L'édition de cette pièce est consultable et téléchargeable sur cethefi.org (rubrique documents téléchargeables).

C'est dans cette même pièce qu'on trouve une caractéristique plus complexe de l'emploi des vaudevilles pour les jeux de mots n'ayant plus directement de lien avec la métrique du chant ou l'intertextualité propre à cette pratique mais bien plus au contexte d'insertion de ces airs. En effet, dans l'opéra-comique le chant sur les vaudevilles précède ou suit la prose : ces enchaînements ont leur importance puisqu'ils peuvent conditionner le sens de la réplique. Par exemple, conditionnent le sens à la scène VII, La Folie en parlant au nom du Sénat Calotin annonce au représentant de la Comédie-Française, M. Passepartout, que

> Tout ce que nous pouvons faire pour ces Messieurs, c'est de les laisser jouir du *privilège exclusif*
> AIR : [non indiqué]
> D'inspirer *régulièrement*
> La pitié, l'ennui et la tristesse,
> De faire bailler décemment
> Et d'endormir avec noblesse.
>
> (*Le Sénat Calotin*, sc. VII, Ms. Bnf, fr. 9315, f°s 118 r° et v°)

Le sens du syntagme « privilège exclusif » évolue en fonction du contexte : lorsqu'il est prononcé dans la partie en prose, il désigne le privilège royal, c'est-à-dire le droit légal venant du roi qui a été octroyé aux Comédiens Français en 1680. Le passage au chant entraîne un décalage dans le sens : le terme de privilège devient alors synonyme de distinction, une distinction en l'occurrence négative. La satire va plus loin car l'adverbe « régulièrement » renvoie autant à la fréquence qu'à la règle. Or, le théâtre qui suit des règles est bien la Comédie-Française : pensons à la fameuse règle des trois unités, à celle de la bienséance et plus généralement à l'ensemble de la poétique des tragédies et des comédies qui y sont représentées. Dans l'exemple précédemment cité, ce n'est pas le détournement du sens qui fait le jeu de mots mais bien le détournement en un certain contexte : la règle ne souligne plus le respect d'une poétique ou d'une esthétique, elle est liée à l'ennui et à l'endormissement...

4 La titrologie parodique : terrain de prédilection des jeux de langage

Le contexte de développement des théâtres forains a non seulement contribué à l'émergence de formes théâtrales en marge des créations de la Comédie-Française ou de l'Opéra mais aussi au perfectionnement du genre parodique. Entre la fermeture du Théâtre-Italien en 1697 et sa réouverture en 1716, les spectacles forains sont les seuls à développer un répertoire parodique aussi varié : comédie, tragédie, opéra (de la tragédie en musique à la pastorale en passant par le ballet), aucun genre représenté sur les théâtres concurrents n'est oublié. Critique, satire, publicité et comique font partie de l'attirail des parodies dramatiques qui sur les théâtres forains prennent une large palette de forme : monologue, pantomime, opéra-comique, etc. Ce genre, qui gagne rapidement d'autres scènes parisiennes (Théâtre-Italien, théâtres des boulevards, théâtres privés), fournit un terrain de recherche privilégié pour les jeux de mots. Dans le prologue de *Colombine Nitétis*, parodie pour les marionnettes de la tragédie *Nitétis* de Antoine Danchet, créée à la foire Saint-Germain 1722, Alexis Piron fait dire à Pierrot, qui répond à l'inquiétude du Docteur de faire représenter *Nitétis* aux marionnettes : « Oui, Docteur, on l'y joue ; non pas tout à fait mot pour mot ; mais dans son vrai sens au moins » (*Colombine Nitétis*, prologue, sc. I). Piron édicte là une des règles de la parodie dramatique : on y retrouve l'intrigue originale et ses caractéristiques mais le sens de l'œuvre, d'une réplique, d'une phrase, et souvent d'un mot sera détourné, décalé au profit du comique, de la critique voire de la satire.

Il ne s'agira ici que d'observer quelques exemples de la titrologie des parodies dramatiques ; le premier seuil de ces pièces est un lieu propice aux expérimentations les plus loufoques. On pourrait multiplier les exemples tant le répertoire des parodies théâtrales au XVIIIe siècle est important : il existe plus de deux cent cinquante parodies d'opéra et sûrement plus d'une centaine de parodies de tragédies.[6] Lorsqu'on se situe dans le cadre parodique, le titre a une fonction de séduction et de publicité d'autant plus grande qu'il génère une attente chez le spectateur. Une première technique utilisée par les parodistes consiste en la combinaison du titre original de l'œuvre ciblée avec le nom d'un personnage issu du répertoire du théâtre sur lequel est donnée la parodie. Ainsi, l'opéra *Persée* de Philippe Quinault et Jean-Baptiste Lully devient *Polichinelle Persée* aux théâtres de marionnettes de la Foire sous la plume de Denis Carolet ; à la Comédie-Italienne, Fuzelier donne un *Arlequin Persée*. D'autres parodistes proposent des titres fondés sur le pastiche et qui fonctionnent sur la reconnaissance d'une forme identifiable : l'une d'entre elles est construite sur le modèle prénom + provenance ou plus généralement prénom + lieu. Le remplacement du toponyme noble et lointain par un lieu parisien ou inventé est un des moyens les plus efficaces de dégrader comiquement la cible. Ainsi pour deux fameux opéras français de Gluck *Iphigénie en Aulide* (1774) et *Iphigénie en*

---

6 Pour une étude des parodies dramatiques d'opéra voir Beaucé (2013) ; pour une étude sur les parodies de tragédies, voir Degauque (2007).

Tauride (1779), les titres de certaines de leurs parodies reprennent le modèle et rivalisent d'inventivité. On trouve *Iphise aux Boulevard* (anonyme, 1779), *Eugénie en Ogrerie* (anonyme, 1779), *Orgie en Floride* (anonyme, 1779)... Ce titre relève d'un jeu encore plus complexe puisqu'ici le lieu géographique « Tauride » n'est pas seulement transposé en un lieu exotique « Floride » à partir de la forme du mot ; il est aussi réactivé dans son sens adjectival (« torride ») et par là figuré (forte chaleur / excès / orgie). Il peut s'agir de jeux de langage plus inventifs encore : Denis Carolet parodie par exemple une comédie de Le Grand intitulée *Le Galant coureur ou l'Ouvrage d'un moment* sous le titre *La Course galante ou l'Ouvrage d'une minute* (1720). Au chiasme (« galant coureur » / « course galante »), s'ajoute un parallélisme et une anaphore (« L'Ouvrage d'un ») ; la force parodique de ce titre tient en la fonction de commentaire du titre parodique : *Le Galant coureur* est un ouvrage de peu de qualité, fait en une minute.

D'autres auteurs font le choix de traiter le titre, qui est souvent un nom propre, comme une suite syllabique ce qui permet ensuite de construire un jeu de mots sur l'antonymie ou la paronomase. Par exemple, l'opéra *Daphnis et Alcimadure* (Mondonville, 1753) devient la parodie *Alcimatendre* (1775) ou *L'Écossaise*, comédie de Voltaire devient *L'Écosseuse* (Pannard et Anseaume, 1760) (Degauque 2008). Ces distorsions peuvent aller jusqu'à l'anagramme, c'est le cas d'une parodie de *Tarare* (Beaumarchais et Salieri, 1787) qui s'intitule *Errata* (1787). Ces différents exemples de l'inventivité de la titrologie parodique montrent bien comment les auteurs jouent sur un savoir commun, partagé avec le public : si les spectateurs qui vont voir les parodies n'ont pas toujours vu la pièce ciblée, ils en connaissent au moins le titre ! En effet, si les personnes qui allaient à l'Opéra allaient dans les théâtres forains, l'inverse était plus compliqué, les places à l'Académie royale de musique dépassant de très loin le budget d'ouvriers spécialisés voire de marchands qui cotoyaient volontiers les théâtres forains au début du XVIIIe siècle.[7]

Chez Molière, Regnard et d'autres dramaturges comiques d'Ancien Régime, le jeu de mots sert la satire de mœurs ou la recherche du vrai et des sentiments du cœur. On sait à quel point Marivaux est passé maître dans l'art de ces jeux de langages.[8] Chez les auteurs forains, il est en plus un outil critique, satirique et publicitaire de choix. En plus de soutenir le comique, les jeux de mots délivrent aux spectateurs les clés de compréhension du spectacle et multiplient les pieds de nez aux institutions théâtrales qui n'ont de cesse de brimer les Forains. L'étude de ce phénomène dans le répertoire particulier des spectacles de Foire

---

7 Sur ces questions voir Lagrave (1972) et Jeff Ravel (2002).
8 Ouvrage de référence sur le marivaudage, Deloffre (1955).

révèle la malléabilité d'un procédé comique aux formes d'expression : monologue, jargon, airs-vaudevilles, parodie. Ce qui est le plus remarquable dans cette pratique des jeux de mots est la place centrale prise par le spectateur sans cesse sollicité par les nombreuses syllepses et autres jeux intertextuels qui lui sont proposés. L'analyse des jeux de mots permet de retrouver le fonctionnement ludique du spectacle forain et d'apprécier à quel point les dramaturges réussissent à créer de nouveaux rapports avec le public. Les jeux de mots permettent à ces artistes perçus comme à la marge de promouvoir leur pratique, d'obtenir l'adhésion du public et parfois de contourner la censure.

5 Références bibliographiques

Avant 1900

Campardon, Emile. 1877. *Les Spectacles de la Foire... Documents inédits recueillis aux archives nationales*. Paris : Berger-Levrault.
Colombine Nitétis. In Rigoley de Juvigny (éd.), *Œuvres de Piron*, 63–122. Paris : Lambert, 1776.
Du Marsais. 1757. *Des Tropes ou des différents sens dans lesquels on peut prendre un même mot dans une langue. Ouvrage utile pour l'intelligence des auteurs, et qui peut servir d'introduction à la rhétorique et à la logique*. Paris : David.
Diderot et d'Alembert. [1751–1772]. Jeu de mots. In Diderot et d'Alembert, *Encyclopédie ou Dictionnaire raisonné des sciences, des arts et des métiers* de Diderot et d'Alembert. Version numérique, The ARTFL Project, Université de Chicago, http://portail.atilf.fr/encyclopedie/ (dernière consultation le 7 juillet 2015).
Furetière, Antoine. 1690. *Dictionnaire universel*. La Haye : A. et R. Leers.
L'Ombre de la Foire, ms. BnF, fr. 9314, édité par Jeanne-Marie Hostiou. In Françoise Rubellin (éd.), *Théâtre de la Foire. Anthologie de pièces inédites 1712–1736*, 219–241. Montpellier : Espaces 34, 2005.
Lemazurier, Pierre-David. 1810. *Galerie historique des acteurs du théâtre français depuis 1600 jusqu'à nos jours*. Paris : Chaumerot.
Parodies du nouveau Théâtre-Italien. Paris : Briasson, 1738, rééd. Genève : Slatkine, 1970.
Riccoboni, Luigi. 1730–1731. *Histoire du théâtre italien*. Paris : Cailleau.

Après 1900

Beaucé, Pauline. 2013. *Parodies d'opéra au siècle des Lumières : évolution d'un genre comique* (coll. Le Spectaculaire Théâtre). Rennes : Presses universitaires de Rennes.
Beaucé, Pauline. 2015. Pour une réévaluation des formes mineures dans l'historiographie du théâtre des Lumières : le cas forain. *Horizons / Théâtre. Revue d'études théâtrales*°5. 75–89.
Degauque, Isabelle. 2007. *Les Tragédies de Voltaire au miroir de leurs parodies dramatiques : d'Œdipe (1718) à Tancrède (1760)*. Paris : Champion.

Degauque, Isabelle. 2008. Un cas singulier : la parodie dramatique d'une comédie. Étude de *L'Écosseuse* de Pannard et Anseaume prenant pour cible *L'Écossaise* de Voltaire. *Œuvres et critiques*, n° spécial « Le théâtre de Voltaire », dir. Russell Goulbourne. 63–84.

Deloffre, Frédéric. 1955. *Une préciosité nouvelle : Marivaux et le marivaudage. Etude de langue et de style*. Paris : Les Belles Lettres.

Lagrave, Henri. 1972. *Le Théâtre et le public à Paris de 1715 à 1750*. Paris : Klincksieck.

Ravel, Jeff. 2002. Le théâtre et ses publics : pratiques et représentations du parterre à Paris au XVIIIe siècle. *Revue d'Histoire moderne et contemporaine* 49(3), 2002 / 3. 89–118.

Rizzoni, Nathalie. 2010. Inconnaissances de la foire. In Agnès Terrier & Alexandre Dratwicki (éds.), *L'Invention des genres lyriques français et leur redécouverte au XIXe siècle*, 119–151. Lyon : Symétrie.

Rubellin, Françoise. 2012. Le Sage à la Foire en septembre 1712 : *Les Petits-Maîtres*. In Christelle Bayer-Porte (éd.), *(Re)lire Lesage* (coll. « Lire le dix-huitième siècle »), 41–48. Saint-Étienne : Publications de l'Université de Saint-Étienne.

theaville.org (dernière consultation le 28 juillet 2015).

Vittoz Canuto, Marie-B. 1983. *Si vous avez votre jeu de mots à dire : analyse de jeux de mots dans la presse et dans la publicité*. Paris : Nizet.

Patricia Oster
« Ne nous tutoyons plus, je t'en prie ». Jeux de mots et enjeu du langage dans le théâtre de Marivaux

Résumé : Marivaux était un créateur de langage et un inventeur de néologismes. Ses comédies sont fondées sur le double sens des mots et l'équivoque des propos. Ses pièces donnent lieu à une réflexion profonde sur la langue et les enjeux de la communication entre conscience et inconscience. Le langage y constitue un écran qui prend la fonction d'un travestissement. Marivaux démontre, bien avant Freud, que l'inconscient joue avec les mots. L'ambiguïté de ce jeu de surprises et de hasards est accompagnée d'une confrontation entre langage verbal et non-verbal. Sémiotique du corps et sémiotique du langage s'opposent dans un dialogue équivoque et ludique pour lequel les contemporains ont trouvé l'expression « marivaudage ». En 2004 le film *L'Esquive* d'Abdellatif Kechiche donne lieu à un jeu de travestissements linguistiques entre marivaudage et tchatche qui tout en jouant sur les mots font preuve d'une réflexion métalinguistique approfondie à leur tour.

Mots clés : allusion, censure, dimension métalinguistique, double sens, écho, équivoque, inconscient, *lapsus linguae*, la tchatche, *lessingisieren*, marivaudage, réflexion métalinguistique, répétition, sous-entendu, travestissement, verlan

1 Introduction

Marivaux était un créateur de langage et un inventeur de mots nouveaux. « Tomber amoureux » – son néologisme le plus connu – évoque déjà la situation ambiguë d'une surprise dans le double sens du mot : est-ce qu'on 'tombe' dans un piège ou dans un plaisir inattendu ? Les comédies de Marivaux sont fondées sur le double sens des mots et l'équivoque des propos. L'auteur a même suscité un jeu de mots avec son nom propre : ses contemporains ont inventé le verbe « marivauder » et le substantif « marivaudage » (cf. Deloffre 1955) pour caractériser un jeu de mots subtil où les interlocuteurs pèsent chaque mot – comme si l'on voulait, précise Voltaire non sans méchanceté, « peser des œufs de mouche dans des balances en toile d'araignée ».[1] L'auteur allemand Lessing, qui a été très influencé par Marivaux, a eu d'ailleurs droit au même procédé, puisque les contemporains ont inventé le verbe « Lessingisieren » pour caractériser les dialogues dans son théâtre (cf. Oster 1992 : 244–265). Marivaux et Lessing montrent donc bien que le théâtre fournit un espace où l'enjeu du langage trouve un lieu idéal. Car il se prête particulièrement bien à mettre en scène des dialogues où les interlocuteurs affrontent l'autre à travers le langage. C'est pour cette raison que les pièces de Marivaux possèdent une dimension métalinguistique, elles donnent lieu à une réflexion profonde sur la langue et les enjeux de la communication entre conscience et inconscience. Bien avant Freud, Marivaux découvre la dimension inconsciente du langage. Et ce n'est pas par hasard s'il choisit – comme Freud d'ailleurs – le champ de la pulsion amoureuse pour explorer les enjeux de la condensation, de la substitution, du déplacement, de la représentation par le contresens, par le contraire ou par la représentation indirecte au cœur du langage. Le langage prend la fonction d'un travestissement et appelle, par conséquent, une interprétation. Les interlocuteurs s'interprètent à tour de rôle en réfléchissant à l'emploi des mots et s'invitent mutuellement à participer à la réflexion. Cette réflexion métalinguistique au niveau du dialogue est doublée et même souvent triplée par la présence d'un public sur scène – et dans la salle –, qui se trouve dans la situation privilégiée d'observateur non concerné par les troubles linguistiques des amoureux – mais qui est amené à son tour à réinterpréter l'interaction discursive. Karim Haouadeg pense que dans le théâtre de Marivaux « on éprouve la qualité d'un être comme un scientifique éprouve, par divers procédés, la résistance d'un matériau. [...] La substance, corrosive et dangereuse, par laquelle on met l'autre à l'épreuve, c'est le langage » (Haouadeg 2011 : 366).

2 Dimension métalinguistique et *lapsus linguae*

C'est dans la reprise en écho, dans la référence à la parole de l'autre que la dimension métalinguistique du discours théâtral marivaudien sera étudiée en premier lieu. Pour Jean-Maxence Granier « Les enjeux amoureux [...] sont servis par cette forme qui d'abord bivocale (les mots de l'autre dans ma parole à moi) met en scène une réappropriation par la dimension métadiscursive » (Granier 2003 : 229). Ainsi dans la pièce *Arlequin poli par l'amour*, un jeu sémantique sur

---
[1] Cité par exemple par Mourey et Vray (2003 : 144).

les significations des mots a lieu quand Arlequin demande à la fille dont il est tombé amoureux : « Êtes-vous bien aise de me voir ? » (XI ; Marivaux 1980a : 98). Elle répond « assez » et il réplique : « Assez ! Ce n'est pas assez ». Mécontent de la réponse qui – à ses yeux – semble manquer d'enthousiasme, il reprend le terme « assez » en dédoublant cette reprise par une allusion qui en modifie la signification. Pour la jeune fille qui s'exprime avec retenue, le mot « assez » lui permet de déclarer son amour sous le voile du langage. Car « assez » peut aussi bien exprimer la joie de voir Arlequin dans le sens de « beaucoup » qu'il peut signifier qu'elle ne se réjouit que passablement de sa présence. Marivaux semble insister ici sur la répétition en soulignant l'acte de parole dans la didascalie : « Arlequin en répétant ce mot ». Arlequin, quant à lui, relève le double sens du mot dans son interprétation en insistant sur la connotation négative. Il reprend donc d'abord le mot de Sylvia dans sa propre parole en changeant la connotation. Mais il approfondit encore le jeu de mots dans la deuxième reprise en l'employant maintenant dans le sens de « pas suffisant ». Les sous-entendus et allusions de Silvia ne lui suffisent donc pas. En obligeant Sylvia à sortir de sa réserve linguistique, Arlequin donne lieu à une réflexion métalinguistique et invite l'interlocuteur et le spectateur à participer à une telle réflexion. Dans la pièce *Le Dénouement imprévu*, on assiste à un dialogue entre une fille et son père, dont les effets d'écho possèdent une dimension ironique et polémique :

M. ARGANTE
Que faites-vous là, Mademoiselle ?
MADEMOISELLE ARGANTE
Rien.
M. ARGANTE
Rien ? Belle occupation !
MADEMOISELLE ARGANTE
Je vous défie pourtant de critiquer rien.
(*Le Dénouement imprévu*, VII ; Marivaux 1980b : 493)

En niant toute occupation, la fille semble d'abord se refuser à l'enquête de son père. Pour répondre au refus de sa fille rebelle, le père répète sa réponse « rien » d'une manière ironique, en montrant ainsi qu'il n'est pas dupe de la situation. Marivaux se sert ici du jeu des mots pour montrer aux spectateurs que la fille a beaucoup plus d'esprit que le père. Non seulement elle poursuit son propre stratagème sans en informer son père, mais elle triomphe également au niveau du discours. Elle prend sa revanche en reprenant à son tour sa propre parole répétée par son père tout en laissant entendre un autre sens sous le mot employé par lui. Dans la mesure où elle cache ses occupations à son père, celui-ci n'a plus d'autre issue que de la critiquer « de ne rien faire », alors qu'il aimerait beaucoup plus la critiquer pour ce qu'elle fait sans l'en informer. Dans sa dernière réplique « je vous défie pourtant de critiquer rien », elle joue avec le double sens du mot. Le voile d'un discours tout à fait innocent dans lequel elle lui défend de critiquer son emploi du pronom indéfini « rien » couvre le discours d'un refus de toute critique de sa conduite de la part de son père. Marivaux part littéralement d'un « rien » pour caractériser le conflit entre père et fille qui prend toute son envergure au niveau du discours.

Les échos et répétitions de mots à l'intérieur du dialogue peuvent aussi mettre en relief les contenus implicites voire inconscients des interlocuteurs. Dans *Le Jeu de l'amour et du hasard*, Silvia change d'habits avec sa soubrette pour pouvoir observer son futur mari à sa guise, lequel doit se présenter dans la maison de son père. Comme il a eu la même idée, Dorante et Silvia sont pris à leur propre piège. Ils se rencontrent déguisés en valets et tombent amoureux. Dans la scène 9 du deuxième acte, Silvia cherche déjà à prendre ses distances. Ainsi elle demande au prétendu valet Dorante de ne plus la tutoyer. Cette demande est dominée par la raison, elle ne peut pas se permettre de tomber amoureuse d'un homme qui porte le nom de « Bourguignon ». Mais Marivaux cherche à montrer que l'inconscient est capable de déjouer les barrières de sa censure interne, pour faire émerger les désirs inconscients :

DORANTE
Lisette, quelque éloignement que tu aies pour moi, je suis forcé de te parler, je crois que j'ai à me plaindre de toi.
SILVIA
Bourguignon, ne nous tutoyons plus, je t'en prie.
DORANTE
Comme tu voudras.
SILVIA
Tu n'en fais pourtant rien.
DORANTE
Ni toi non plus, tu me dis je t'en prie.
SILVIA
C'est que cela m'est échappé.
(*Le Jeu de l'amour et du hasard*, II,9 ; Marivaux 1980c : 822)

Au lieu de mettre en scène uniquement le « lapsus linguae », le *Freudsche Versprecher* – avant la lettre – de Silvia, Marivaux fait ressortir le côté réflexif de ce jeu avec les mots, en soulignant la réaction de Dorante qui interprète immédiatement le lapsus de Silvia en le transposant dans le langage conscient : « Comme tu voudras ». En répétant la phrase de Silvia « ne nous tutoyons plus, je t'en prie », il invite la jeune femme à réfléchir à son acte de langage et ainsi à faire face à ses désirs cachés. Le spectateur qui est au courant de l'intrigue de la pièce sait que dans le cas de Silvia « le cœur a des raisons que la raison ne connaît point » pour citer une des célèbres *Pensées* du grand moraliste Pascal (*Pensées* IV, 277 ; Pascal 1960 : 146). La communication au sein du dialogue sur scène donne lieu à une sous-conversation entre l'auteur et le spectateur, car il n'y a que ce dernier qui puisse comprendre la signification profonde de ce jeu de langage qui échappe aux deux amoureux.

Dans le dialogue qui suit, on peut observer encore un autre jeu de mots qui porte essentiellement sur la relation entre signifié dénotatif et signifié connotatif. Car Silvia continue de cacher ses sentiments refoulés en tissant un voile de connotations. Au lieu de dire qu'elle préfère le maître au valet et qu'elle regretterait le départ de Bourguignon, elle demande : « Est-ce que ton maître s'en va ? Il n'y aurait pas grande perte ». (*Le Jeu de l'amour et du hasard*, II,9 ; Marivaux 1980c : 822). Dorante perçoit et interprète la connotation de son discours travesti, mais il veut l'obliger à ne plus déguiser ses sentiments, à transformer la connotation en dénotation. Il fait donc semblant de ne pas avoir compris le compliment caché : « Ni à moi non plus, n'est-ce pas vrai ? J'achève ta pensée ». Mais son stratagème ne réussit pas, au contraire, Silvia s'échappe de nouveau : « Je l'achèverais bien moi-même si j'en avais envie : mais je ne songe pas à toi. » Silvia ne songe qu'à Dorante mais la négation déguise son désir. Il s'agit bien d'une négation freudienne avant la lettre. Pour Freud la « Verneinung », la négation, est « une manière de prendre connaissance du refoulé, à vrai dire déjà une annulation [*Aufhebung*] du refoulement, mais évidemment pas une acceptation du refoulé. On voit comment la fonction intellectuelle se sépare ici du processus affectif. À l'aide de la négation, une seule des conséquences du processus de refoulement est annulée ; celle dont le contenu de représentation n'atteint pas la conscience. Il en résulte une sorte d'acceptation intellectuelle du refoulé avec maintien de l'essentiel quant au refoulement » (Freud [⁴1968 / 1925] 2015). C'est exactement le cas de Silvia qui se rapproche de plus en plus d'un aveu de son amour par une suite de négations presque jubilatoires qui semblent atteindre la conscience avant d'être à nouveau censurés : « [...] je ne te veux ni bien ni mal, je ne te hais, ni ne t'aime, ni ne t'aimerai, à moins que l'esprit ne me tourne » (*Le Jeu de l'amour et du hasard*, II,9 ; Marivaux 1980c : 822). Michel Deguy a ainsi caractérisé le jeu avec les mots dans le théâtre de Marivaux :

> Prendre – aux mots ; reprendre, méprendre, surprendre, comprendre, dépendre, apprendre. Et il y ceux que personne n'a pu comprendre dans l'instant et qui cheminent comme un oracle. L'autre est ce qu'il a dit va dire, aurait dit (selon d'autres), aura à dire. Le mot, je tâche de ne pas m'y faire prendre, ni reprendre ; je m'y glisse et m'y dérobe ;

> m'y risque, m'y donne, m'y soustrais ; fuis ; en voici d'autres, je vole, j'y suis volé, je n'ai pas voulu dire cela, ce n'était pas encore moi… maintenant c'est ma parole ; puis-je être à ce que j'ai dit ? (Deguy 1981 : 212)

Les personnages de Marivaux sont toujours partagés entre leurs désirs et la raison qui ne leur permet pas de suivre leurs pulsions. Et le langage porte les traces de cette duplicité. Il y a pourtant une pièce de Marivaux, une de ses dernières, où il met en scène des adolescents qui ne connaissent pas de censure intérieure. Ils naissent à l'amour et au langage au moment de leur apparition sur scène. Pour régler une ancienne dispute sur l'origine de l'infidélité (est-elle masculine ou féminine ?), quatre jeunes enfants sont isolés du monde jusqu'à leur adolescence et n'ont de contact qu'avec leur tuteur. La comédie de Marivaux raconte l'histoire de leur rencontre après cette retraite forcée, met en lumière la découverte de l'autre et tente ainsi de résoudre la question posée à l'origine, sous le regard d'un homme et d'une femme qui les surveillent. Dans cette pièce, les jeux de mots se prêtent particulièrement bien à une réflexion métalinguistique. Les spectateurs dans la salle sont doublés par les spectateurs sur scène qui observent les premiers discours de leurs cobayes et la toute première rencontre entre la femme et l'homme. Car Marivaux met en scène l'éveil au langage qui va de pair avec la naissance à l'amour. L'acte de nomination est au centre de la scène. Comme Églé a vécu loin du monde, elle découvre le paysage et s'étonne à la vue d'un ruisseau qu'elle ne peut pas nommer. Elle a donc recours à un registre métaphorique, elle invente des métaphores à partir de ses connaissances : « Qu'est-ce que c'est que cette eau que je vois et qui roule à terre ? » (*La Dispute*, III ; Marivaux 1981 : 605). Dans un deuxième temps, elle se découvre elle-même. Marivaux semble mettre en scène le 'stade du miroir' dans la découverte du ruisseau. Au moment où Églé se reconnaît dans son reflet, elle découvre sa propre beauté. C'est son tuteur Carise qui donne son identité à Églé par le biais d'un chiasme : « […] elle paraît aussi étonnée de moi que je le suis d'elle. » Carise : « […] c'est vous que vous y voyez… » (*La Dispute*, III ; Marivaux 1981 : 605). On note qu'Églé, lorsqu'elle apprend qu'il s'agit d'elle dans le reflet, a recours au pronom « cela » (et non « je ») ; le pronom « je » apparaît plus loin dans la scène. La découverte de l'autre qui passe également par le langage donne lieu à des jeux de mots autour de la morphologie des adjectifs. Comme Églé ignore l'existence des hommes, elle n'a pas appris que l'adjectif qualificatif varie en fonction du genre. Elle ne connait que le féminin de l'adjectif. C'est pour cette raison qu'elle trouve Azor aussi *belle* qu'elle-même et lui demande s'il est content*e* (*La Dispute*, IV ; Marivaux 1981 : 607). Le jeu de mots permet de réfléchir sur la fonction du langage à l'origine du monde et à l'origine du genre.

J'ai mis en scène cette pièce à Tübingen ainsi qu'à Sarrebruck avec ma troupe de théâtre universitaire Le Pont où j'ai eu l'idée de faire jouer la jeune femme Églé par deux étudiantes pour visualiser la complexité des personnages de Marivaux qui sont presque doublés à l'intérieur, partagés entre désir et refus, entre parole et silence, entre plaisir et peur :

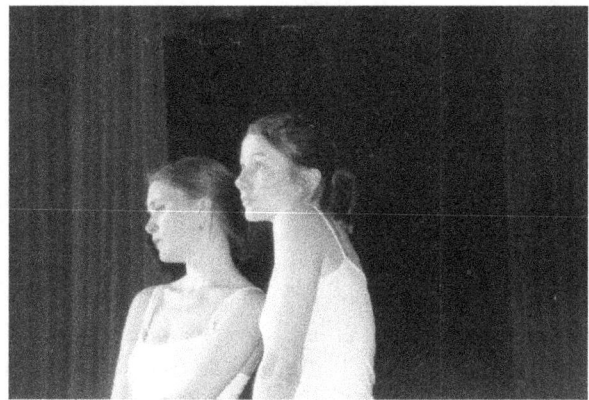

Fig. 1 : Camille Chevalier et Mélanie Foulonneau dans *La Dispute* (Le Pont) 2004 (© P. Oster)

Fig. 2 : Camille Chevalier et Mélanie Foulonneau dans *La Dispute* (Le Pont) 2004 (© P. Oster)

3 Le verlan un marivaudage moderne ?

Les enjeux du langage dans le théâtre de Marivaux permettent aussi de poursuivre le rôle des jeux de mots dans différents genres et à différentes époques. Le film *L'Esquive* d'Abdellativ Kechiche,[2] qui a remporté quatre Césars en 2005, est non seulement inspiré par le théâtre de Marivaux, mais il transpose également le jeu du langage dans un contexte moderne (Henri 2003). Le titre est tiré d'une réplique d'Arlequin dans le *Jeu de l'amour et du hasard* : Arlequin qui a changé de rôle avec son maître se sert d'un discours disproportionné pour être à la hauteur de ce rôle inhabituel. Dans une phrase hautement enchevêtrée, il dit à Lisette, qu'il prend pour une grande dame qu'il essaie de séduire : « car j'ai trop pâti d'avoir manqué de votre présence, et j'ai cru que vous esquiviez la mienne » (*Le Jeu de l'amour et du hasard*, III,6 ; Marivaux 1980 : 837). Le langage d'Arlequin est déterminé par son rôle, il se sert du langage des maîtres comme s'il portait un vêtement précieux et trop grand. Le verbe « esquiver » au subjonctif est ici un signe du conflit qui se déroule à l'intérieur du langage : la tension entre la simplicité naturelle d'Arlequin et le discours sophistiqué qu'il se sent obligé d'utiliser. Et c'est exactement ce conflit que le film *L'Esquive* a visé, car la représentation du *Jeu de l'amour et du hasard* dans un spectacle de fin de trimestre en banlieue parisienne confronte le langage dont les jeunes se servent naturellement tous les jours – la tchatche – au langage précieux du dix-huitième siècle. Mais ils ne s'y refusent pas. Au contraire. Le professeur qui met en scène la pièce de Marivaux y voit un moyen de les faire sortir de leur classe sociale et de leur milieu : « Sors de toi, amuse-toi, libère-toi ! » va-t-elle conseiller au garçon qui joue le rôle d'Arlequin. C'est surtout une jeune élève, Lydia, qui réussit, pour un court moment, à sortir d'elle-même et à se libérer grâce à la pièce et grâce au langage de Marivaux. Et ce n'est pas par hasard si les serviteurs dans les rôles des maîtres sont au centre de l'intérêt de *L'Esquive*. L'histoire reprend en partie l'intrigue de Marivaux où Arlequin et Lisette changent de rôle avec leurs maîtres et adoptent leur langage. C'est aussi le cas pour les adolescents Lydia et Krimo qui prennent respectivement le rôle de Lisette et d'Arlequin dans la répétition de la comédie de Marivaux. Lydia se fait coudre une longue robe rose dans le style enjoué du XVIIIe siècle avec laquelle elle se promène, à la surprise de ses copines, dans le quartier des HLM. Elles trouvent son comportement honteux : « Mais l'hachouma, t'es folle, devant tout le monde ! » Elles se servent du mot « la honte » en arabe ce qui permet au réali-

---

[2] Abdellativ Kechiche, *L'Esquive*, sorti en 2004.

sateur de mettre en relief le système de code d'honneur rigide qui règne dans le quartier. Mais Lydia répond : « Je m'en fous, moi, des gens. Je me sens mieux dans le personnage ». Le nouveau rôle, le « personnage », semble l'enlever à la triste réalité de son quotidien. Elle change de peau grâce à cette belle robe qu'elle porte tout le temps et elle change de langage sans grande difficulté. Il semble même qu'elle se réjouit de pouvoir se servir d'un langage raffiné qui permet de parler des sentiments d'une manière délicate et enjoué. Son partenaire, Krimo, n'arrive pas à rentrer dans son nouveau rôle. Il est amoureux de Lydia, c'est la seule raison pour laquelle il a accepté de jouer le rôle d'Arlequin, le rôle de son amant, mais il n'est pas à la hauteur de la situation. Comme dans la pièce de Marivaux, le comique consiste en un *lapsus linguae* dans lequel il tombe lorsqu'il cherche en vain à s'approprier les répliques de la scène VI du troisième acte. Dans la pièce de Marivaux, Arlequin essaie d'imiter le discours des maîtres en s'approchant de sa bien-aimée. Ainsi il gonfle son discours par des expressions exagérées comme « ma reine », « chère âme » et « élixir de mon cœur » pour impressionner Lisette qu'il prend pour une grande dame. En même temps, cette scène est cruciale, car les pulsions et les dérobades entre les deux amants y atteignent leur paroxysme :

> ARLEQUIN
> Enfin, ma Reine, je vous vois et je ne vous quitte plus, car j'ai trop pâti d'avoir manqué de votre présence, et j'ai cru que vous esquiviez la mienne.
> LISETTE
> Il faut vous avouer, Monsieur, qu'il en était quelque chose.
> ARLEQUIN
> Comment donc, ma chère âme, élixir de mon cœur, avez-vous entrepris la fin de ma vie ?
> LISETTE
> Non, mon cher, la durée m'en est trop précieuse.
> ARLEQUIN
> Ah, que ces paroles me fortifient !
> LISETTE
> Et vous ne devez point douter de ma tendresse.
> ARLEQUIN
> Je voudrais bien pouvoir baiser ces petits mots-là, et les cueillir sur votre bouche avec la mienne.
> LISETTE
> Mais vous me pressiez [...].
> (*Le Jeu de l'amour et du hasard*, III,6 ; Marivaux 1980c : 837)

Si le discours appris par cœur apparaît déjà comme étant assez compliqué pour Krimo, il échoue lorsqu'il s'agit d'un langage métaphorique qui laisse en même temps percer le désir sensuel d'Arlequin qui veut baiser les petits mots tendres de Lisette et les cueillir sur sa bouche avec la sienne. Krimo ne peut pas parler de ses sentiments, il n'a jamais avoué son amour à Lydia. Au lieu de se servir du discours de Marivaux pour la séduire, il paraît empêtré dans la subtilité de son langage. Quand Lisette / Lydia rassure Arlequin dans *Le Jeu de l'amour et du hasard* : « Et vous ne devez point douter de ma tendresse », ce dernier répond plein de galanterie exagérée : « Je voudrais bien pouvoir baiser ces petits mots-là, et les cueillir sur votre bouche avec la mienne ». Krimo n'arrive pas à retenir son texte. Il se trompe et crée un chiasme : « Je voudrais bien pouvoir baiser ces petits mots-là et les cueillir sur ma bouche avec la tienne ». Ce n'est pas par hasard si Kechiche a choisi cette réplique d'Arlequin pour la répétition du couple. C'est de la bouche que sortent les mots – mais c'est aussi la bouche qui donne et reçoit des baisers. Baisers et paroles, langage et désirs se lient dans le film ainsi que dans le théâtre de Marivaux. Mais Krimo ne comprend pas les subtilités de Marivaux et il ne comprend pas le sens figuré – lorsque Lydia le corrige en expliquant que ce n'est pas sa bouche à lui qui accueille les baisers, mais que c'est lui qui doit cueillir les baisers sur sa bouche, il transforme les mots en acte et embrasse Lydia. Sous le charme de Lydia qui a enrichi son rôle par un jeu séduisant avec un éventail, il ne résiste plus, mais il la fait basculer maladroitement, ce qui provoque l'esquive de Lydia.

Le film met en scène l'opposition entre l'univers linguistique du XVIIIe siècle difficile à aborder pour certains élèves et en particulier pour Krimo et un marivaudage moderne qui est aussi difficile à aborder pour le public au cinéma. Lors de sa présentation en 2004, le film a surpris les spectateurs par un langage qu'ils découvraient. On distribuait même un lexique à l'entrée du cinéma pour rendre conscient de ce décalage entre le français et la tchatche. Ilaria Vitali a montré que le rôle central accordé au langage est réfléchi et démultiplié dans le film de Kechiche :

> À première vue, le badinage amoureux et les tournures recherchées du *Jeu de l'amour et du hasard* s'opposent au langage pratiqué par le groupe d'adolescents, mais à bien y regarder, cette « parlure » urbaine qui travestit la « langue légitime », pourrait être vue d'une certaine manière comme une sorte de nouveau marivaudage. On ne pèse plus « des œufs de mouche dans des balances en toile d'araignée », mais on kiffe une meuf, au besoin on la serre, trop, trop bien, mortel, grave. Le langage est répétitif et surtout décalé. On appelle « mon frère » son ami(e). La langue est composite et inventif comme le montre le verlan : Quand la Sylvia du film, Lydia, parle avec ses amies elle utilise des mots comme « chanmé » pour méchant, « le noiche » pour le chinois ou « guedin » pour dingue. (Vitali 2009 : 13)

Du point de vue sociolinguistique, *L'Esquive* constitue, comme le remarque Illaria Vitali, « un exemple parfait de tous les phénomènes qui se produisent dans ce qu'il convient d'appeler le français contemporain des cités » (Vitali

2009 : 13). Il s'agit d'un sociolecte constitué d'un mélange d'argot, de verlan et d'emprunts aux langues tsiganes, africaines et surtout à l'arabe (cf. J.-P. Goudailler 1997). Parmi les phénomènes d'ordre syntaxique, elle nomme, par exemple, la transposition, le changement de classe lexicale des mots, l'utilisation d'un adjectif à la place d'un adverbe, par exemple l'adjectif « grave » employé dans le sens adverbial de « beaucoup », « vraiment » (Vitali 2009 : 11). La robe de Lydia est « grave belle », Krimo « kiffe grave » Lydia. Plusieurs autres procédés sont mis en place comme les troncations qui permettent aux locuteurs d'accélérer la communication, l'aphérèse où l'on emploie des mots « 'blème » pour « problème », « zic » pour « musique » et « zon » pour « prison ». Souvent, les mots tronqués sont redoublés (« africain » devient ainsi « caincain », après un passage par « cain » ; « zon » devient « zonzon »).

Kechiche juxtapose deux espaces théâtralisés, l'univers de la cité et celui de Marivaux. Comme dans le théâtre de Marivaux, le film accentue le rôle de la réflexion du langage à l'aide de spectateurs. Lydia et Krimo sont presque en permanence sous le regard de leurs copains et copines de classe qui, comme chez Marivaux, s'allient plus ou moins volontairement pour provoquer les quiproquos. Et c'est un univers de la parole comme celui de Marivaux :

> Tout le monde parle, un peu à tort et à travers. Le film tente de saisir cela, ce débordement sonore, cette frénésie de vocabulaire qui fait l'ordinaire des conversations adolescentes, en se plaçant au milieu des échanges. Il y a, c'est entendu, quelque chose de sportif dans ces joutes oratoires, où insultes, apostrophes et jurons fusent comme des balles. C'est la limite où le film pourrait virer de bord, en transformant chaque dialogue en performance, à la manière de ces concours de tchatche d'où le rap a émergé. C'est justement là, en embrassant cette limite, que Kechiche parvient à esquiver le panneau. (Tessé 2004 : 53)

Le théâtre de Marivaux offre maints exemples pour des dialogues frénétiques, pour des jeux de mots qui suscitent des réflexions métalinguistiques. Le réalisateur du film insiste sur le côté écrit des dialogues dans *L'Esquive*, ce qui semble rapprocher les répliques encore plus du discours des amoureux de Marivaux :

> Les dialogues étaient effectivement très écrits, à part une ou deux scènes un peu libres. La stylisation a consisté à doser, à ne pas aller trop loin dans le langage de la banlieue, à limiter le verlan, sinon le film devenait incompréhensible. Mais même si, pour les comédiens, cette langue-là était plus familière que celle de Marivaux, elle restait un texte, qu'ils devaient apprendre et répéter, donc tout aussi dur à jouer pour eux que Marivaux. (Jean-Marc Lalanne, « Entretien avec le réalisateur », 2004 : 3)

Ce concours oral souvent très drôle et plein de créativité entre deux stylisations de la langue française fait preuve de son évolution et de sa vivacité. La réception des comédies de Marivaux par Kechiche donne lieu à un jeu de travestissements linguistiques entre marivaudage et tchatche qui tout en jouant sur les mots fait preuve d'une réflexion métalinguistique approfondie à son tour.

4 Références bibliographiques

Deguy, Michel. 1981. *La Machine matrimoniale ou Marivaux*. Paris : Gallimard.
Deloffre, Frédéric. 1955. *Une préciosité nouvelle : Marivaux et le marivaudage. Étude de langue et de style*. Paris : Slatkine.
Freud, Sigmund. [⁴1968 / 1925] 2015. Verneinung. In *Gesammelte Werke in 18 Bänden*, tome XIV : *Aufsätze aus den Jahren 1925–1931*, éd. Anna Freud, 9–15. Frankfurt a. M. : Fischer. Traduit par Thierry Simonelli, « La Négation », http://www.psychanalyse.lu/articles/FreudVerneinung.htm#fn1 (dernière consultation le 15 février 2015).
Goudailler Jean-Pierre. 1997. *Comment tu tchatches ! Dictionnaire du français contemporain des cités*. Paris : Maisonneuve et Larose.
Granier, Jean-Maxence. 2003. Faire référence à la parole de l'autre : Quelques questions sur l'enchaînement « sur le mot » chez Marivaux. In Jacqueline Authier-Revuz, Marianne Doury & Sandrine Reboul-Touré (éds.), *Parler des mots : le fait autonymique en discours*, 217–232. Paris : Presses Sorbonne Nouvelle.
Haouadeg, Karim. 2011. La conséquence d'un mot, *Europe* 89, 365–367.
Henri, Catherine. 2003. *De Marivaux et du Loft, petites leçons de littérature au lycée*. Paris : P.O.L.
Lalanne, Jean-Marc. 2004. Entretien avec le réalisateur. In Yves Maussion, *L'Esquive. Dossier pédagogique complémentaire*, *Collège au cinéma* 53, 1–5. http://cineprism.free.fr/images/ressources_pdf/Dossier%20compl%E9mentaire.pdf (dernière consultation le 15 février 2015).
Marivaux. 1980a. *Arlequin poli par l'amour*. In Marivaux, *Œuvres complètes*, éd. Frédéric Deloffre, 2 tomes, tome I, 87–109. Paris : Garnier.
Marivaux. 1980b. *Le Dénouement imprévu*. In Marivaux, *Œuvres complètes*, éd. Frédéric Deloffre, 2 tomes, tome I, 482–504. Paris : Garnier.
Marivaux. 1980c. *Le Jeu de l'amour et du hasard*. In Marivaux, *Œuvres complètes*, éd. Frédéric Deloffre, 2 tomes, tome I, 798–845. Paris : Garnier.
Marivaux. 1981. *La Dispute*. In Marivaux, *Œuvres complètes*, tome II, 601–627. Paris : Garnier.
Mourey, Jean-Pierre & Jean-Bernard Vray. 2003. *Figures du loufoque à la fin du XXe siècle : arts et littératures. Actes du colloque des 15, 16 et 17 novembre 2001*. Saint-Étienne : Publications de l'Université de Saint-Étienne.
Oster, Patricia. 1992. Marivaudage und Lessingisieren. In Patricia Oster, *Marivaux und das Ende der Tragödie*, 244–265. München : Fink Verlag.
Pascal, Blaise. 1960. *Pensées*, éd. par Mme Périer, introduction par Ch.-M. des Granges. Paris : Garnier.
Tessé, Jean-Philippe. 2004. L'Esquive d'Abdellatif Kechiche. *Cahiers du cinéma* 586, 52–53.
Vitali, Ilaria. 2009. Marivaudage ou tchatche ? Jeux de masques et travestissements linguistiques dans *L'Esquive* d'Abdellatif Kechiche. *Francofonia* 56, 3–16.

Laélia Véron
Jeu de mots et double communication dans l'œuvre littéraire : l'exemple de la *Comédie humaine* de Balzac

Résumé : Cet article étudie les fonctions rattachées au jeu de mots, c'est-à-dire à la remarque fine, brillante, qui prête à rire ou à sourire, dans la *Comédie humaine* de Balzac, principalement dans les *Scènes de la vie parisienne*. Les jeux de mots balzaciens, qui ne sont compréhensibles que par une sémantique historico-culturelle caractéristique de la crise du rire et de l'esprit au début du XIXe siècle dans une société post-révolutionnaire, marquée par de nombreux bouleversements historiques, sociaux et idéologiques, sont analysés dans le sens d'une « double communication » : sur le plan intra-diégétique, dans la conversation des personnages, et, sur le plan extra-diégétique, dans la communication narrateur – narrataire, ces catégories se superposant ou au contraire se différenciant de celles d'auteur et de lecteur.

Le principe du jeu de mots balzacien repose sur une ambiguïté : c'est un certain art de la distance, de l'indirect qui permet aux personnages de formuler des mots critiques, agonistiques, voir perfides sans rompre les conventions sociales. Les jeux de mots présentent alors une énigme herméneutique aussi bien pour les personnages au niveau diégétique que quelquefois pour le lecteur, au niveau extra-diégétique. Cet article s'intéresse alors au rôle du discours narratorial dans cette entreprise herméneutique qu'est le déchiffrement du jeu de mots. Le rôle du narrateur va bien au-delà d'une simple attitude explicative caractéristique d'un narrateur omniscient : le discours narratorial explique, mais aussi nomme, valorise, voire se tait. Si le jeu de mots a une fonction essentiellement pragmatique au niveau intra-diégétique, il peut alors prendre une dimension métapoétique au niveau extra-diégétique : expliquer, ne pas expliquer ou aller au-delà de l'explication, permet au narrateur balzacien de montrer, de déchiffrer les caractéristiques d'une société moderne en cours d'auto-différenciation mais aussi de servir l'autonomie du projet romanesque.

Mots clés : auteur, Balzac, diégétique, extra-diégétique, *La Comédie humaine*, lecteur, littérature française, narrataire, narrateur, poétique, pragmatique, XIXe siècle

1 Introduction

Le jeu de mots est paradoxal à plusieurs titres. Il est la manifestation d'une liberté créative ludique, mais repose sur divers procédés techniques. Il est création langagière mais communique très rarement un message univoque. Contraire au message informationnel, le « jeu verbal postule une défonctionnalisation de l'activité linguistique » (Guiraud 1976 : 112). Faire un jeu de mots c'est proposer un énoncé nouveau, surprenant, qui peut s'appuyer sur des techniques linguistiques variées (condensation, raccourcissement, tropes divers, rapprochement de deux unités par l'homophonie par exemple, etc. (voir Freud 1988 ; Guiraud 1976), techniques linguistiques qui sont autant de détours, de procédés séduisant l'auditoire par leur originalité ou leur brillance esthétique. Mais pour que le jeu de mots fonctionne et séduise, il faut que le lecteur, tout en admirant le signifiant, comprenne le signifié, qu'il puisse le décrypter. En effet, comme le soulignent de nombreux théoriciens du rire (Freud 1988, mais aussi Duval 2004 et Hamon 1996), le décryptage du jeu de mots doit être facile et rapide. Si le jeu de mots n'est pas compris, son effet retombe, son efficacité est nulle. D'où un dilemme pour l'auteur du mot d'esprit : plus le détour, plus le codage est subtil, nouveau, brillant, plus le mot d'esprit peut faire de l'effet, mais plus il a de risques de ne pas être compris alors qu'un jeu de mots simple sera tout de suite compris, mais moins apprécié. Ainsi, la tradition rhétorique et littéraire a longtemps hiérarchisé les différents types de jeux de mots suivant leur complexité technique (contenant) et expressive (contenu). P. Giraud, dans son *Que sais-je* consacré aux jeux de mots, différencie ainsi le jeu de mots, qui ne porterait que sur les mots, et le mot d'esprit (voir Guiraud 1976 : 101–104), qui porterait sur les mots et la pensée (reprenant ainsi un classement ancien mais très contestable ; voir Henry 2003 : 9).

Le jeu de mots est donc analysé, voire même classé, selon ses degrés de décalage et de variations d'avec le langage directement informatif, selon sa complexité technique et communicationnelle. Mais il faut remarquer ces théorisations et ces classements, tout comme les analyses du rire et de l'ironie en général[1], reposent très souvent sur l'analyse des jeux de mots à l'oral. Or l'écrit, notamment l'écrit littéraire pose d'autres difficultés d'analyse. La question de la fabrication et de la compréhension du jeu de mots devient plus complexe, puisqu'elle participe à une entreprise esthétique artistique écrite, qui ne fonctionne pas sur les mêmes schémas de communication que l'oral. De plus, à

---

[1] Voir ainsi l'analyse par Hamon des théories de l'ironie, allant de Quintilien à Jankélévitch, qui se concentrent sur le phénomène oral (Hamon 2003 : 185).

l'écrit, le jeu de mots s'inscrit dans une matrice textuelle : il est donc lié à un principe général d'écriture. Cette question de l'étude du rire dans l'œuvre écrite littéraire, voire l'œuvre romanesque, a longtemps été négligée, mais elle connaît actuellement un renouveau important (Vaillant 2013 : 11–12). Des œuvres qui n'avaient pas eu l'heur d'être considérés comme ayant un potentiel comique, comme la *Comédie humaine* de Balzac, ont été redécouvertes sous cet angle depuis les années 1980. C'est M. Ménard qui a le premier, en France, étudié le comique comme un principe esthétique de l'œuvre balzacienne (Ménard 1983 ; voir aussi Bilodeau 1971).

Étudier le comique dans l'œuvre balzacienne pose plusieurs difficultés. En effet, cette œuvre s'inscrit dans une période de bouleversements historiques, sociaux et épistémologiques : les rapports de sociabilité et les espaces de production traditionnels de la parole comique sont mis à mal, ce qui provoque ce qu'on peut appeler une crise du rire. Le début du XIXe siècle consacre le déclin d'un rire aristocratique de l'entre soi, dominé par les salons de la noblesse, où l'esprit de la conversation avait pour but premier de s'entre-plaire, de se divertir, et de conforter la cohésion du groupe (Godo 2003, notamment 83–139, « Le XVIIe siècle ou la conversation souveraine »), et le développement d'un rire marqué par le persiflage (voir notamment Chartier 2005), l'épigramme de plus en plus politisée et ad hominem, une tonalité en général de plus en plus corrosive (Lyon-Caen 2008). C'est un rire popularisé par le développement du journalisme, notamment des petites feuilles satiriques, des Physiologies, de la caricature, formes que maîtrise parfaitement Balzac.[2]

Le jeu de mots balzacien est caractéristique de cette période de bouleversements historiques et sociaux. C'est un jeu de mots socialisé, qui veut agir dans un monde en mouvement. Les échanges spirituels des personnages balzaciens vont bien souvent au-delà de simples plaisirs ludiques et poétiques et de prétentions esthétiques, par lesquelles on caractérise souvent le mot d'esprit (voir Henry 2003 : 36). En effet, ces répliques, certes remarquables par leur condensation et leur brillance stylistique se caractérisent fréquemment, surtout dans les *Scènes de la vie parisienne*, celles où la bataille sociale prend le plus souvent la forme du jeu de mots, par leur intention malveillante et leur force pragmatique. Le jeu de mots balzacien ne correspond donc pas du tout à la vision du jeu de mots comme simple jeu verbal, gratuit et ludique. L'intentionnalité corrosive – et perfide – caractéristique de l'esprit parisien du premier XIXe siècle tel qu'il est peint par Balzac, ajoute à la complexité du mot d'esprit :

---

[2] Sur l'interpénétration du journalistique et du littéraire, voir notamment Thérenty et Vaillant (2004) et Thérenty (2007).

il s'agit bien souvent d'attaquer, mais de biais, en respectant les codes sociaux de politesse. Le jeu de mots balzacien conserve l'apparence des mœurs policées des siècles précédents tout en portant la charge agonistique de son siècle.

Le processus de décryptage des traits d'esprits dans la *Comédie humaine* est donc double : il faut décrypter le trait d'esprit techniquement, au niveau de l'agencement des mots (comment le jeu de mots fonctionne-t-il ?) et pragmatiquement, au niveau du discours et de la réception (quel est l'objectif du locuteur ? Sur qui et comment veut-il agir ? Y a-t-il une intention malveillante dissimulée derrière une politesse d'apparat ?). Le jeu de mots balzacien sollicite fortement le lecteur, puisqu'il doit l'interpréter au niveau sémantique et au niveau pragmatique tout en sachant que ces significations sont souvent indirectes ou cachées. Ce jeu de mots illustre donc bien le principe du fonctionnement des figures, qui « pour être totalement réalisées et fonctionnelles, [...] ont besoin d'être coconstruites au niveau de leur réception » (Bonhomme 2005 : 31). Précisons qu'au stade diégétique, le fait de comprendre le trait d'esprit n'est pas une simple question de satisfaction intellectuelle. En effet, on peut dire en paraphrasant Austin que lancer un trait d'esprit, c'est agir ou tout au moins tenter d'agir. Sans revenir en détails sur le célèbre trio spirituel du locuteur, de la cible et du public[3], rappelons que le monde balzacien illustre singulièrement bien le fonctionnement de ce trio spirituel et ses conséquences actantielles, c'est-à-dire le double effet centripète et centrifuge du trait d'esprit.[4] En effet, accéder à un monde, à un cercle social (bourgeois, journalistes, intellectuels, aristocrates), c'est comprendre l'esprit de ce cercle. Être inclus dans un cercle c'est en partager les valeurs et les codes linguistiques. Le locuteur spirituel s'inclut dans le même cercle dont il exclut sa cible.

Ajoutons enfin qu'au niveau de la compréhension diégétique du trait d'esprit par les personnages, s'ajoute le niveau de la compréhension extra-diégétique du lecteur. C'est dans ce sens que nous parlerons de double communication, communication au niveau intra-diégétique (entre les personnages) et au niveau extra-diégétique (au niveau de la lecture). Or on ne peut étudier ce processus de double communication sans prendre en compte le rôle de la voix narratoriale balzacienne. En effet, une des spécificités des romans de Balzac (et qui lui a été bien souvent reprochée) est cette très forte inscription dans le texte du discours narratorial, de cette voix qui n'hésite pas à interpeller le lecteur[5], en

---

3 Voir l'application du schéma de Freud à l'œuvre balzacienne dans Diaz (2005 : 157–158).
4 Sur ce point voir Dupréel (1949 : 27–69) et Duval (2004 : 50–61).
5 Sur le rapport de l'auteur ou du narrateur au lecteur dans la *Comédie humaine*, voir notamment Rousset (1986) et Déruelle (2004a, 2004b).

l'inscrivant dans le texte sous la forme d'un narrataire (le *narrataire* pouvant se différencier du *lecteur*[6]). Cette intrusion narratoriale n'est pas neutre. É. Bordas insiste particulièrement sur ce point.

> Le texte balzacien porte le plus souvent, dans sa locution narrative, les marques d'une subjectivité prononcée. [...] le récit balzacien n'est pas un texte objectif, il ne veut pas l'être. Il est tout entier tissé d'énoncés codés, porteurs d'idéologies de son temps [...] [et il y a] la présence d'un discours organisateur qui vient prendre en charge le fonctionnement de l'acte narratif. (Bordas 1997 : 166)

Cette voix narratoriale se distingue également par son omniscience et sa prétention à une supériorité cognitive totale. On pourrait donc supposer que le narrateur, qui n'est pas avare de paroles lorsqu'il s'agit de détailler les spécificités topographiques d'un lieu ou de raconter l'histoire d'une famille, expliquerait les traits d'esprits, leurs fonctionnements, leurs implications ; qu'en somme il partagerait cette supériorité cognitive, ce qui permettrait d'instaurer une complicité avec le narrataire, voire avec le lecteur. Comme le dit C. Massol, en se posant en « Déchiffreur, ou (figure légèrement différente, et qui entre en tension avec la précédente) en Maître-des-secrets, le romancier esquisse autour de lui le regroupement de ceux qu'il sélectionne pour les associer à sa démarche cognitive ou leur faire partager ses savoirs [...] sur le modèle de la société secrète » (Massol 2006 : 368–369). Mais loin de clarifier systématiquement le jeu de mots, les commentaires narratoriaux laissent quelquefois le lecteur perplexe. Il s'agira donc d'interroger le rôle de ce discours narratorial dans le processus de la double communication du jeu de mots.

2 Balzac ou le « roman de la communication » : difficultés de compréhension du jeu de mots au niveau extra-diégétique et diégétique

2.1 Une difficulté ponctuelle : le jeu de mots historiquement daté

On ne peut parler de la compréhension du jeu de mots sans évoquer une difficulté spécifique au lecteur contemporain : la distance historique entre la

---

6 Sur la distinction auteur-lecteur, narrateur-narrataire voir Bordas (1997 : 164–166).

production du texte et sa réception. C'est le cas du mot d'esprit historiquement daté, qui fait référence à des événements d'actualité qui ne sont pas forcément connus du lecteur non spécialiste. Dans ce cas, sans la présence d'une aide éditoriale, la compréhension est difficile. Ainsi, dans *Splendeurs et misères des courtisanes*, on trouve plusieurs jeux de mots qui font référence à l'actualité de l'époque et sont donc difficiles à comprendre pour le lecteur contemporain. Par exemple, lorsque Blondet se moque de la prétention de Nucingen à posséder Esther, il s'exprime en ces termes : « Un vieux soldat est mort de cette fatuité-là *dans les bras de la Religion* [...] » (Balzac 1976–1981, *Splendeurs et misères des courtisanes*, 646).[7] L'emploi de l'italique signale qu'il y a quelque chose à comprendre, et la note de l'édition, qui explique le jeu de mots, est d'une grande aide.[8] Mais on ne trouve pas toujours des notes éclairantes. Ainsi lorsqu'Esther reçoit une lettre de Nucingen lui demandant de payer son dû :

> « Eh ! il m'ennuie, ce pot à millions ! » s'écria Esther redevenue courtisane. Elle prit du papier à poulet et écrivit, tant que le papier put la contenir, la célèbre phrase, devenue proverbe à la gloire de Scribe : *Prenez mon ours*.
> (Balzac 1976–1981, *Splendeurs et misères des courtisanes*, 603)

Le lecteur comprend qu'il y a un jeu de mots à décrypter. Tout d'abord parce qu'Esther a repris sa parlure de courtisane, elle doit donc « blaguer » (Balzac 1976–1981, *Splendeurs et misères des courtisanes*, 614), c'est-à-dire accumuler jeu de mots et calembours avec ironique. Ensuite, sa première réplique est aisément décodable : Esther utilise, et c'est typique de l'argot des courtisanes[9], une métaphore dévalorisante par le choix du comparant qui a un effet grotesque en rapprochant le non-humain de l'humain, métaphore elle aussi dévalorisante. Quant à la seconde réplique, le lecteur peut supposer qu'il s'agit également d'une pique contre Nucingen (en témoigne la réaction colérique du baron). Mais, même si le lecteur est compétent linguistiquement ; c'est-à-dire qu'il peut « prendre en charge, pour leur assigner des signifiés en vertu de règles constitutives de ‹la langue› les signifiants textuels, cotextuels et paratex-

---

[7] Toutes les citations de la *Comédie humaine* proviennent de l'édition Gallimard, « Pléiade » sous la direction de Castex, 1976–1981.
[8] « Le maréchal marquis de Lauriston avait eu une apoplexie foudroyante, à soixante ans, chez sa maîtresse, Mlle le Gallois, danseuse à l'Opéra (juin 1828). Les journaux écrivirent chastement qu'il était mort ‹dans les bras de la Religion›, et les camarades de la danseuse la surnommèrent donc par moquerie ‹La Religion› ».
[9] « L'expression métaphorique est la caractéristique majeure du parler des filles, celle qui l'oriente résolument du côté des jargons de métier (c'est le cas de cette ‹lessive›), comme de l'argot hermétique » (Bordas 1997 : 49).

tuels »[10], comprendre cette réplique suppose une connaissance encyclopédique précise. Il s'agit ici d'une information extra-énoncive culturelle extrêmement populaire du temps de Balzac : la reprise d'une célèbre réplique de la pièce de Scribe, *L'Ours et le Pacha*.

Ainsi le trait d'esprit peut aussi bien nécessiter une compétence intra qu'extra-énoncive ; dans ce dernier cas, le problème de compréhension peut venir d'une défaillance cognitive due au décalage historique. C'est à l'éditeur de se poser la difficile question du moment où cette distance devient assez problématique pour la compétence encyclopédique du lecteur « moyen ».

2.2 Une difficulté générale : le jeu de mots lié à une parlure ou un sociolecte

On peut noter d'autres défaillances possibles au niveau extra-énoncif, qui ne reposent pas exactement sur la même compétence. Ainsi, encore une fois dans *Splendeurs et misères des courtisanes*, Camusot ne peut s'empêcher de plaisanter même lorsqu'il dit à sa femme de ne pas plaisanter :

> – Eh bien ! ne vas-tu pas te croire un assassin, parce qu'un prévenu se pend dans sa prison au moment où tu allais l'élargir ?... s'écria Mme Camusot. Mais un juge d'instruction est alors comme un général qui a un cheval tué sous lui... Voilà tout.
> – Ces comparaisons, ma chère, sont tout au plus bonnes pour plaisanter, et la plaisanterie est hors de saison ici. *Le mort saisit le vif* dans ce cas-là. Lucien emporte nos espérances dans son cercueil.
> (Balzac 1976–1981, *Splendeurs et misères des courtisanes*, 800–801)

Cette fois encore l'italique et la note de l'édition de la Pléiade nous informent qu'il y a quelque chose à comprendre :

> La déformation professionnelle amène Camusot à puiser jusqu'à ses plaisanteries dans les adages du droit : « le mort saisit le vif » veut dire que l'héritier entre en possession des biens de son auteur dès la mort de celui-ci. Ici, le mort (Lucien) cause la perte du vivant (Camusot).
> (Balzac 1976–1981, *Splendeurs et misères des courtisanes*, 1446)

La difficulté de compréhension du jeu de mots de Camusot est sans doute moins due à la distance historique qu'à la difficulté de comprendre les multiples parlures des romans de la *Comédie humaine* : dans l'œuvre balzacienne, bien

---

10 Définition de la « compétence linguistique » par Kerbrat-Orecchioni (1986 : 161).

souvent les énoncés drolatiques s'inscrivent dans la parlure du locuteur, parlure marquée par ses habitudes, son histoire personnelle, voire son métier comme dans le cas de Camusot.

2.3 Une difficulté constante dans l'œuvre romanesque

Ce problème de décryptage ne se pose pas uniquement au niveau extra-diégétique. La *Comédie humaine* met sans cesse en scène, dans tous les cercles sociaux, des personnages qui cherchent à lire, à déchiffrer l'énigme sémiotique que peut être le jeu de mots, mais qui très souvent sont défaillants. Ainsi, dans *Les Secrets de la Princesse de Cadignan*, d'Arthez n'a pas la connaissance extra-énoncive suffisante pour comprendre comment le compliment mondain peut se transformer en flèche sarcastique.

> D'Esgrignon, qui ne manquait pas d'esprit, fit en réponse à Rastignac un portrait apologétique de la princesse qui mit la table en belle humeur. Comme cette raillerie était excessivement obscure pour d'Arthez, il se pencha vers Mme de Montcornet, sa voisine, et lui demanda le sens de ces plaisanteries.
> (Balzac 1976–1981, *Splendeurs et misères des courtisanes*, 1001–1002)

La raillerie repose dans cet exemple sur une antithèse ironique : le portrait apologétique est à lire *a contrario*. Les interlocuteurs présents savent, par leur connaissance des protagonistes, comment comprendre le mot d'esprit – sauf d'Arthez, qui perçoit seulement qu'il y a quelque chose à comprendre. Le rire du tiers, complice du locuteur, fonctionne comme le signal d'une énigme sémiotique à déchiffrer.

La difficulté de compréhension la plus évidente est donc quand le jeu de mots repose sur l'allusion, telle que la définit G. Genette c'est-à-dire « un énoncé dont la pleine intelligence suppose la perception d'un rapport entre lui et un autre auquel renvoie nécessairement telle ou telle de ses inflexions » (Genette 1982 : 8).[11] En effet, l'allusion, pour fonctionner, repose sur un pari cognitif : elle présuppose un savoir commun entre le locuteur et son interlocuteur. Cette difficulté des déchiffrements sémiotiques dans la *Comédie humaine* concerne le lecteur mais elle est également affichée, presque revendiquée au niveau diégétique : le texte balzacien ne cesse d'insister sur les écueils et les risques de l'apprentissage herméneutique (surtout lorsque le personnage prétend changer de groupe social). Comme le résume F. Terrasse-Riou, dans la *Comédie humaine*,

---

11 Pour une étude plus approfondie, voir Authier-Revuz (2000).

« l'échange et le signe font toujours problème » (Terrasse-Riou 2000 : 7). Or dans ces tâtonnements interprétatifs, le rôle de la voix narratoriale est paradoxal, entre éclaircissement et brouillage. Les explications narratoriales sont ambigües : elles peuvent quelquefois poser une nouvelle énigme sémiotique lorsqu'elles prétendent en résoudre.

3 Présence du discours narratorial et processus d'explicitation du jeu de mots

3.1 Explicitation et valorisation

Le jeu de mots au sein d'un texte romanesque s'inscrit dans un ensemble. J. Henry s'interroge sur le poids du jeu de mots dans cet ensemble, distinguant trois niveaux : le jeu de mots ponctuel (dit « gratuit »), le jeu de mots élément du système d'écriture et le jeu de mots qui est le système d'écriture (Henry 2003 : 51–62). Il existe dans l'œuvre balzacienne des jeux de mots qui, malgré une certaine autonomie fonctionnelle, deviennent liés à un principe d'écriture général du texte (tel que l'intrigue ou la construction des personnages) et donc à sa cohérence. Ces jeux de mots sont particulièrement soulignés par la voix narratoriale. Ainsi, on peut remarquer dans *La Vieille fille* l'extraordinaire mise en valeur du calembour de du Coudrai contre le chevalier de Valois.

> Jusqu'alors, le nez du chevalier s'était produit sous une forme gracieuse ; jamais il n'en était tombé ni pastille noire humide ni goutte d'ambre ; mais le nez du chevalier barbouillé de tabac qui débordait sous les narines, et déshonoré par les roupies qui profitaient de la gouttière située au milieu de la lèvre supérieure ; ce nez, qui ne souciait plus de paraître aimable, révéla les énormes soins que le chevalier prenait autrefois de lui-même et fit comprendre, par leur étendue, la grandeur, la persistance des desseins de l'homme sur Mlle Cormon. Il fut écrasé par un calembour de du Coudrai qu'il fit d'ailleurs destituer. Ce fut la première vengeance que le bénin chevalier poursuivit ; mais ce calembour était assassin et dépassait de cent coudées tous les calembours du conservateur des hypothèques. M. du Coudrai, voyant cette révolution nasale, avait nommé le chevalier Nérestan.
>
> (Balzac 1976–1981, *La Vieille fille*, 921–922)

Le nez du chevalier de Valois symbolise sa puissance sexuelle : on peut parler de métaphore filée à l'échelle textuelle puisque les deux paradigmes sémiques du nez et du sexe (comparant / comparé) sont mêlés dès la première présentation du chevalier lors de sa toilette (voir Borderie 2002 : 79). Remarquons la manière dont le calembour (Nérestan / nez restant) qui pointe la dégradation du nez du chevalier (et donc sa décrépitude sexuelle) est enchâssé dans la narration : le mot est rapporté au discours indirect et son effet est commenté avant que le mot même ne soit mentionné. Le méta-discours, marqué par une isotopie de l'emphase, et la mise en parallèle d'une action vengeresse (la destitution) avec le mot « assassin », dit bien que le mot est action violente. Le mot n'est donc pas expliqué, mais mis en scène, signalé par le méta-langage et le méta-discursif car comme le dit P. Hamon, « tout acte d'énonciation, dans le texte balzacien, s'accompagne de son commentaire sur le savoir / pouvoir / devoir-dire de celui qui le prend en charge » (Hamon 1996 : 185).

3.2 Explication brève

L'intervention narratoriale peut être bien plus brève. Ainsi, dans *Illusions perdues*, le narrateur met dans la bouche d'un personnage réputé spirituel un calembour bien moins original que « Nérestan ».

> – Et vos sonnets ! dit Michel Chrestien, ne nous vaudraient-ils pas le triomphe de Pétrarque ?
> – L'or (Laure) y est déjà pour quelque chose, dit Dauriat, dont le calembour excita des acclamations générales.
>
> (Balzac 1976–1981, *Illusions perdues*, 474)

Malgré la banalité du mot, le narrateur intervient de plusieurs manières non seulement pour signaler mais pour expliquer le calembour : « métalangage d'escorte » (Hamon 1996 : 187), évaluation axiologique via les personnages, et explicitation graphique. La voix narratoriale fait intrusion au beau milieu du discours direct : en effet, la parenthèse ne peut être attribuée à Dauriat, elle fonctionne bien comme une explication méta-discursive narratoriale.

Notons d'ailleurs que ces deux exemples portent sur des calembours, le premier calembour « Nérestan » fonctionnant comme un trait d'esprit particulièrement agonistique, alors que le second s'apparente à une plaisanterie. Le calembour dénigré car supposé bas, purement ludique, incapable de s'élever au rang de l'idée, anonyme et dénué d'originalité (Hamon 1996), a un fonctionnement complexe dans Balzac : il peut rester ludique ou s'élever, par le jeu de l'allusion, au rang de l'épigramme. Mais c'est le commentaire narratorial qui nous conduit à le comprendre comme tel, non comme une pure plaisanterie mais comme une stratégie discursive pragmatique. L'intervention narratoriale est donc cruciale pour reconnaître, comprendre le jeu de mots, mais aussi pour apprécier sa valeur et son efficacité.

3.3   Signalisation sans explication

Si la voix narratoriale est quelquefois très présente, d'autres fois le lecteur se trouve confronté, en lisant la *Comédie humaine*, à de nombreux jeux de mots qui peuvent être uniquement signalés mais qui ne sont pas expliqués. Cette indication narratoriale peut être typographique (par l'utilisation d'italiques ou de guillemets) ou méta-discursive. Ainsi, dans *Splendeurs et misères des courtisanes*, le narrateur nomme et commente le choix de Corentin de se faire annoncer sous le nom de M. de Saint-Estève.

> Le lendemain, à l'heure où Lucien fumait quelques cigarettes après déjeuner, en compagnie de Carlos devenu très soucieux, on leur annonça monsieur de Saint-Estève (quelle épigramme !) qui désirait parler, soit à l'abbé Carlos Herrera, soit à monsieur Lucien de Rubempré.
> (Balzac 1976–1981, *Splendeurs et misères des courtisanes*, 640)

L'intervention méta-discursive est informative : elle rappelle indirectement que la complice de Vautrin se cache sous le nom de Mme de Saint-Estève. Corentin, en se faisant introduire sous ce nom, montre aux deux complices qu'il sait tout de leurs démarches secrètes. De plus, l'utilisation du méta-langage, au-delà de cette visée informative, souligne l'efficacité du jeu de mots.

Le jeu de mots peut également être présenté comme évident et facile à décoder, si bien que le narrateur ne se donne pas la peine de guider le lecteur.

> – Mon enfant, je t'avais permis de prendre une maîtresse, mais une femme de la cour, jeune, belle, influente, au moins comtesse. Je t'avais choisi madame d'Espard, afin d'en faire sans scrupule un instrument de fortune ; car elle ne t'aurait jamais perverti le cœur, elle te l'aurait laissé libre... Aimer une prostituée de la dernière espèce, quand on n'a pas, comme les rois, le pouvoir de l'anoblir, est une faute énorme.
> – Suis-je le premier qui ait renoncé à l'ambition pour suivre la pente d'un amour effréné ?
> – Bon ! fit le prêtre en ramassant le *bochettino* du houka que Lucien avait laissé tomber par terre et le lui rendant, je comprends l'épigramme. Ne peut-on réunir l'ambition et l'amour ? Enfant, tu as dans le vieil Herrera une mère dont le dévouement est absolu [...].
> (Balzac 1976–1981, *Splendeurs et misères des courtisanes*, 477)

Le lecteur reconnaît la réplique comme spirituelle : le mot est délégué à un personnage, Lucien, explicitement présenté comme spirituel (aussi bien dans *Illusions perdues* que *Splendeurs et misères des courtisanes*), le métalangage désigne le mot comme épigramme (peu importe que ce métalangage soit attribué à un personnage plutôt qu'inscrit dans le discours narratorial), le schéma actantiel de l'esprit autour d'un locuteur (Lucien) et d'une cible (Herrera) se dessine. Cependant, s'agit-il vraiment d'épigramme ? Lucien fait peut-être allusion à l'amour qu'éprouve Herrera pour lui-même. Mais l'allusion n'a pas une référence extra-textuelle ou textuelle précise comme dans l'exemple précédent, le sens reste obscur sans doute aussi pour les lecteurs contemporains de Balzac (comme le note l'introduction ; Balzac 1976–1981, *Splendeurs et misères des courtisanes*, 411) et la discrétion du narrateur est suspecte. Le principe de hiérarchie cognitive est inversé : le lecteur est désorienté tandis que les personnages comprennent bien de quoi il s'agit.

Il n'y a donc pas de duo auteur-lecteur inscrit dans le texte balzacien sous la forme narrateur-narrataire, duo complice grâce à une connaissance cognitive supérieure aux personnages. On a trop tendance à ne souligner que l'intrusion et l'étalage sans pudeur de la voix narratoriale, à considérer le texte balzacien comme construit sur une unité énonciative : le narrateur balzacien serait unitaire, sérieux, omniscient, et sa voix permettrait de réunir dans une cohérence explicative les multiples narrateurs et locuteurs intra-diégétiques. Le discours narratorial est également quelquefois étrangement lacunaire ou même absent. Ainsi, le lecteur est lui aussi victime du processus d'inclusion / exclusion opéré par le mot d'esprit. S'il ne comprend pas le mot, il est, comme le personnage-cible ou le personnage ignorant, mis à l'écart : il est ainsi rendu tributaire de la voix narratoriale et de ses explications mais aussi de ses appréciations. Le discours narratorial a dans ce cas une fonction conative. Comme le dit É. Bordas : « Non content de maintenir le contact avec son narrataire en l'inscrivant dans la narration, en s'adressant à lui, en le prévenant ou en le réfutant, le narrateur cherche également à l'influencer, fût-ce de façon détournée » (Bordas 1997 : 303).

4 Ambiguïté du discours narratorial : aider la compréhension du jeu de mots ou imposer une appréciation esthétique et pragmatique ?

4.1 Décrypter et valider le jeu de mots

L'intervention narratoriale a plusieurs effets : elle peut expliquer le jeu de mots, mais le plus souvent elle en impose une appréciation esthétique et pragmatique. Cette double validation est inscrite, par la voix narratoriale, dans l'intrigue romanesque même. Observons plusieurs séquences dans *Illusions perdues* qui portent sur les écrits journalistiques de Lucien qui compare perfidement son ancienne maîtresse à une seiche et son rival à un héron.

> Les amours de ce héron, ne pouvant avaler la seiche, qui se cassait en trois quand il la laissait tomber, provoquaient irrésistiblement le rire. [...] Cette plaisanterie, qui se divisa en plusieurs articles, eut, comme on sait, un retentissement énorme dans le faubourg Saint-Germain, et fut une des mille et une causes des rigueurs apportées à la législation de la Presse.
>
> (Balzac 1976–1981, *Illusions perdues*, 399)

On repère ici le lexique habituel du discours narratorial qui mêle l'explicatif et l'axiologique. L'inclusion du narrataire fonctionne par l'emploi de tournures indirectes : le pronom indéfini, mais également le complément verbal, avec un groupe nominal sans complément d'appartenance et un adverbe axiologiquement marqué à référent non-délimité. Mais au-delà de ce lexique généralisant qui inclut indirectement le narrataire dans les actants, l'efficacité du méta-discours vient du fait de mêler élément intra-diégétique et exemple historique extra-diégétique. La convocation mémorielle (« comme on sait ») porte sur un élément fictionnel mais, dans la même séquence, le narrateur lie cet élément fictionnel à un élément incontestablement non-fictionnel (les lois limitant la liberté d'expression de la presse). C'est un véritable tour de force : la voix narratoriale se dédouble puisqu'elle est à la fois énonciation narrative et énonciation méta-discursive, qui elle-même mêle le plan du réel et du fictionnel pour mieux imposer un jugement axiologique. En s'appuyant sur une source extra-diégétique historique, le narrateur affirme l'authenticité de la fiction, mais cette authenticité est toujours liée à une appréciation. On peut affirmer avec É. Bordas que « le narrateur indique implicitement au narrataire le jugement à adopter. Il y a manipulation, voire intimidation » (Balzac 1976–1981, *Illusions perdues*, 399).

La validation (par le double processus de compréhension et d'appréciation) du trait d'esprit devient validation du romanesque. Au moment même où la voix narratoriale devient polyphonique, les frontières entre narrateur et auteur sont brouillées. En effet, même s'il distingue ces figures, le lecteur sait que derrière la voix narratoriale, il y a l'auteur, que lorsque, guidé voire manipulé par le méta-discours, lorsqu'il apprécie le mot d'esprit du personnage, c'est également le mot d'esprit de l'auteur Balzac qu'il admire.

4.2 Nommer le jeu de mots

Mais on peut imaginer des exemples où malgré la force de conviction, voire d'oppression des différentes voix narratives, le lecteur diffère du narrataire, c'est-à-dire du « bon lecteur » » tel que le texte le construit, où il ne partage ni les réactions du narrateur ni les réactions des personnages. Ainsi dans *Les*

Secrets de la Princesse de Cadignan, lorsque d'Arthez prend la défense de la princesse, son discours est doublement valorisé, par la réaction des personnages (réaction-guide pour le lecteur) et par les commentaires narratoriaux, mais le lecteur est-il du même avis ?

> [...] D'Arthez regarda de Trailles et d'Esgrignon d'un air railleur.
> « Le plus grand tort de cette femme est d'aller sur la brisée des hommes, dit-il. Elle dissipe comme eux des biens paraphernaux, elle envoie ses amants chez les usuriers, elle dévore des dots, elle ruine des orphelins, elle fond de vieux châteaux, elle inspire et commet peut-être aussi des crimes, mais... »
> Jamais aucun des deux personnages auxquels répondait d'Arthez n'avait rien entendu de si fort. Sur ce mais, la table entière fut frappée, chacun resta la fourchette en l'air, les yeux fixés alternativement sur le courageux écrivain et sur les assassins de la princesse, en attendant la conclusion dans un horrible silence.
> « Mais, dit d'Arthez avec une moqueuse légèreté, Mme la princesse de Cadignan a sur les hommes un avantage : quand on s'est mis en danger pour elle, elle vous sauve et ne dit de mal de personne. Pourquoi, dans le nombre, ne se trouverait-il pas une femme qui s'amuserait des hommes, comme les hommes s'amusent des femmes ? Pourquoi le beau sexe ne prendrait-il pas de temps en temps une revanche ?... [...] »
> Cette avalanche d'épigrammes fut en effet comme le feu d'une batterie de canons opposée à une fusillade. On s'empressa de changer de conversation. Ni le comte de Trailles, ni le marquis d'Esgrignon ne parurent disposés à querelle d'Arthez. Quand on servit le café, Blondet et Nathan vinrent trouver l'écrivain avec un empressement que personne n'osait imiter, tant il était difficile de concilier l'admiration inspirée par sa conduite et la peur de se faire deux puissants ennemis.
> (Balzac 1976–1981, *Les Secrets de la Princesse de Cadignan*, 1002–1003)

On trouve cette fois encore une isotopie de l'intensité aussi bien dans la narration que dans le discours méta-discursif, dans le lexique, la syntaxe et le choix de l'organisation discursive (l'interruption mettant en valeur le discours). Sans lancer un débat sur le bien-fondé de cette avalanche de louanges, débat où nous risquerions de nous heurter encore une fois au problème de la subjectivité de chaque lecteur, nous pouvons cependant remarquer qu'il nous semble que le vocabulaire méta-linguistique employé pour désigner le discours de d'Arthez est incohérent. Que le narrateur loue la force du discours de d'Arthez, soit, mais peut-on parler d'une « avalanche d'épigrammes » ? Peut-on réellement reconnaître dans les répliques de d'Arthez des « épigrammes » ? Si nous avons souligné que l'intention malveillante n'est pas inhérente à une forme, et peut par exemple tout aussi bien s'exprimer que ne pas s'exprimer dans le calembour, nous ne reconnaissons pas dans les répliques de d'Arthez les caractéristiques formelles de l'épigramme (notamment la brièveté, la concision, la brillance esthétique). Il nous paraît tout aussi absurde de qualifier ces répliques d'épigrammes que de calembours. Ce discours est argumentatif, il n'a aucune tonalité spirituelle : aucun recours aux tropes, ou même plus simplement à l'allusion, au jeu des sous-entendus, des présupposés, caractéristiques majeures du jeu de mots. La voix narratoriale prétend donc imposer non seulement une compréhension, une appréciation des jeux de mots, mais aussi un classement métalinguistique contestable. S'agit-il pour l'auteur Balzac de s'auto-délivrer grossièrement (mais ce qui correspondrait à sa réputation de vantardise, voire de balourdise ; voir Sand 2001 : 358–359), un « *satisfecit* » (Hamon 1996 : 187), en n'hésitant pas à qualifier d'épigrammatique et d'étourdissant un discours certes sensé mais qui n'a rien de brillant ? On peut voir dans ces techniques d'appréciation imposées au lecteur moins une manière d'affirmer la qualité de l'écriture et la toute-puissance narratoriale, que de solliciter sans cesse l'avis du lecteur sur l'objet-texte et de souligner la capacité de ce texte à s'extraire des normes romanesques. Affirmer sa qualité esthétique n'est qu'un moyen pour imposer sa qualité d'être. Balzac veut sans doute moins convaincre son lecteur que provoquer une réaction chez son lecteur. On comprend alors pourquoi la voix narratoriale peut s'imposer ou disparaître, expliquer ou ne pas expliquer le trait d'esprit, le vanter ou n'en rien dire, nommer, quelquefois avec incohérence, tel ou tel discours spirituel : c'est cette variation même qui surprend et sollicite sans cesse le lecteur. Comme le dit É. Bordas, que le lecteur adhère ou non au point de vue imposé par la diégèse et le méta-discours, qu'il décode ou ne décode pas le jeu de mots, « l'important [est] de susciter une réaction affective qui fera vaciller les frontières entre réel et fiction » (Bordas 1997 : 334).

4.3 Évoquer des jeux de mots

La voix narratoriale impose donc la plénitude du texte balzacien ou, comme le dit Schuerewegen, « le pouvoir ou, plus exactement, la *prise* du texte sur le lecteur » (Schuerewegen 1990). Mais ce texte balzacien, et c'est en cela qu'il est univers et non simple fiction, est perpétuellement en train de se métamorphoser, « expansionn[iste] », « happé par le futur » comme le dit N. Mozet (2005 : 171). Balzac arrive ainsi à ce tour de force : non seulement la voix narratoriale impose au lecteur un repérage, une explicitation, une appréciation sur l'esthétique et l'effet pragmatique du jeu de mots, mais quelquefois, elle prétend faire de même pour un jeu de mots qui ne s'inscrit même pas textuellement, puisqu'il est soit projeté (il fait ainsi partie de tous les romans auxquels le narrateur renvoie, ou « faux départs » (voir Mozet 2005 : 172) soit commenté sans même être retranscris. Ainsi Balzac vante, dans la *Comédie humaine*, les lieux de refuge du vieil esprit français : il s'inscrit de cette manière dans la *doxa* du début du XIXe siècle qui déplore la mort de l'esprit national et de la conversation à la française[12], c'est-à-dire qu'il fustige, comme beaucoup d'autres, le nouvel esprit parisien, clinquant et surtout cruel, en lui opposant un autre esprit qui réunirait l'humour et l'éthique, la simplicité et le sublime. C'est ainsi qu'il met en valeur le Cénacle dans *Illusions perdues*, dont l'esprit qui s'oppose, bien sûr, à la parole avilie des journalistes.

> Le vrai talent est toujours bon enfant et candide, ouvert, point gourmé, chez lui, l'épigramme caresse l'esprit, et ne vise jamais l'amour propre.
> Les conversations, pleines de charme et sans fatigue, embrassaient les sujets les plus variés. Légers à la manière des flèches, les mots allaient à fond tout en allant vite.
> (Balzac 1976–1981, *Illusions perdues*, 318)

Cet esprit, à la fois léger et profond, simple et sublime, c'est bien le *Witz* selon l'idéal de l'école d'Iéna (voir Lacoue-Labarthe et Nancy 1978 : 473–474), loin de la conversation des salons ou de la blague journalistique. Il n'appartient pas uniquement au Cénacle : c'est dans la *Comédie humaine* l'esprit de certaines sociétés, à l'écart de la corruption parisienne, telle que celle où Genestas rencontre sa bien-aimée dans *Le Médecin de campagne*. Cette jeune personne sait être à la fois naturelle, spirituelle, et intelligente.

> Quand je lui adressai la parole, elle me répondit simplement, sans empressement ni fausse honte, en ignorant les plaisirs que causaient les harmonies de son organe et de ses dons extérieurs [...] instruite, elle s'exprimait avec cette spirituelle éloquence à la fois rare et commune en France, où, chez beaucoup de femmes, les plus jolis mots sont vides, tandis qu'en elle l'esprit était plein de sens.
> (Balzac 1976–1981, *Le Médecin de campagne*, 558)

Comme lorsqu'il s'agit du Cénacle, le narrateur insiste sur le fait qu'un esprit dénué de méchanceté n'équivaut pas à un discours ennuyeux, sans humour, en s'inscrivant encore une fois dans la *doxa* qui regrette l'ancienne gaieté gauloise (l'esprit gaulois étant considéré, au début du XIXe siècle, comme un modèle de gaieté respectant les bienséances, et non pas comme grivois).

> [...] [L]a conversation n'était jamais frivole, mais le rire n'en était pas banni, quoique les plaisanteries y fussent simples et sans mordant. Les discours de ces Orthodoxes semblaient d'abord étranges, dénués du piquant que la médisance et les histoires scandaleuses donnent aux conversations du monde [...].
> (Balzac 1976–1981, *Le Médecin de campagne*, 559)

---

[12] Sur cette *doxa*, voir Godo (2003).

Cependant, aussi bien dans *Illusions perdues* que dans *Le Médecin de campagne*, point d'exemple de ces conversations où l'on saurait marier des qualités qui paraissent aussi antagonistes. Ce fait est d'autant plus notable que d'ordinaire, le texte présente toujours les discours qu'il commente. Comme le dit É. Bordas, « l'importance toute particulière accordée par Balzac aux discours directs a depuis longtemps été remarquée » (Bordas 1997 : 33). La voix narratoriale déplore sans cesse, dans *Illusions perdues* notamment, les défauts de l'esprit parisien et notamment journalistique, mais salue en même temps sa puissance et sa prodigieuse puissance pragmatique et affiche sa fascination pour cet esprit en en donnant sans cesse des exemples. Cette même voix salue la valeur éthique de la parole simple et sublime... mais n'en donne pas d'exemples. Comme résume bien J. L. Diaz dans son article sur l'esprit dans *Illusions perdues* : « [...] on est bien forcé de tenir compte de la collusion de l'instance auctoriale avec l'esprit journalistique, dans un texte où, pourtant, tout semble condamner les journalistes, leur opportunisme cynique et la vulgarité de leur esprit, mais aussi le caractère cynique de la presse, au nom des valeurs antithétiques du Cénacle » (Diaz 2005). Il y a bien collusion auctoriale du discours narratorial, proche de l'esprit et de ses personnages[13], mais aussi imprégnation de ce type d'esprit, de ce type de jeu de mots dans tout le cycle romanesque : on peut voir une contradiction apparente, ou du moins opposition, entre l'appréciation méta-textuelle de l'esprit et son fonctionnement textuel.

5 Conclusion

On pourrait être tenté de transposer, au niveau extra-diégétique, le fameux trio spirituel locuteur (narrateur) / cible (personnages intra ou extra diégétiques dans le cas de la satire) / auditoire (narrataire). Mais en y regardant de plus près, on voit que ces deux niveaux fonctionnent différemment. En effet, au niveau diégétique, le locuteur est toujours soumis à la toute-puissance de l'auditoire. Si le public ne comprend pas le mot d'esprit, ou ne montre pas son approbation, l'effet est raté et le locuteur désavoué. Dans une œuvre littéraire, l'auteur n'est pas directement soumis à l'appréciation de son lecteur. Bien qu'il tempête sans cesse contre ses mauvais lecteurs, le narrateur balzacien, par ses multiples discours, (discours de la *doxa*, discours idéologique, discours méta-discursif) prétend le soumettre, voire en faire un moyen au service de son

---

13 Sur ce point voir Diaz (2005), qui reprend lui-même l'analyse de Taine.

entreprise romanesque. Comme le dit F. Schuerewegen : « *La Comédie humaine* sollicite une herméneutique de l'opposition. Balzac dérange, résiste. Et c'est sans doute parce qu'il résiste que nous nous intéressons à lui » (Schuerewegen 1990 : 164).

Mais, et c'est là qu'on peut admirer la formidable puissance de séduction du discours spirituel, il semble que cette voix narratoriale, pourtant elle-même si dominatrice, se soumet elle-même au fonctionnement quasi-autonome du texte lorsqu'il s'agit du rire. C'est la longueur même des dénonciations de l'esprit spirituel parisien qui montre la fascination de Balzac pour cet esprit. Bien loin d'aboutir à une incohérence, voire à une illisibilité du texte, cette opposition apparente (mais ne peut-on supposer une ironie de l'auteur Balzac vis-à-vis de ce narrateur nostalgique et hostile à toute modernité ?) qui met à mal la permanence d'une structure énonciative stable (et d'un énonciateur sérieux et responsable) est au service d'une herméneutique complexe qui souligne toute la puissance du texte romanesque.

6 Références bibliographiques

Ouvrages de Balzac

Balzac, Honoré de. 1976–1981. *La Comédie humaine*. « Pléiade », sous la direction de P.-G. Castex. Paris : Gallimard.

Ouvrages critiques

Authier-Revuz, Jacqueline. 2000. *L'allusion dans la littérature*. Paris : Presses Universitaires de Paris-Sorbonne.
Bilodeau, François. 1971. *Balzac et le jeu de mots*. Montréal : Les Presses de l'Université.
Bonhomme, Marc. 2005. *Pragmatique des figures du discours*. Paris : Honoré Champion.
Bordas, Éric. 1997. *Discours et détours, pour une stylistique de l'énonciation romanesque*. Toulouse : Presses Universitaires du Mirail.
Borderie, Régine. 2002. *Balzac, Peintre de corps. La Comédie humaine ou le sens des détails*. Paris : SEDES.
Chartier, Pierre. 2005. *Théorie du persiflage*. Paris : Presses Universitaires de France, Collection Libelles.
Déruelle, Aude. 2004a. *Balzac et la digression. Une nouvelle prose romanesque*. Saint-Cyr sur Loire : C. Pirot.
Déruelle, Aude. 2004b. Les adresses au lecteur chez Balzac. *Cahiers de Narratologie* 11. 1–11. http://narratologie.revues.org/11. Mis en ligne le 01 janvier 2004 (dernière consultation le 17 juillet 2015).
Diaz, José-Luis. 2005. Avoir de l'esprit. *L'Année balzacienne* 6. 145–174.

Duval, Sophie. 2004. *L'ironie proustienne ou la vision stéréoscopique*. Paris : Honoré Champion.
Dupréel, Eugène. 1949. *Essais pluralistes*. Paris : Presses Universitaires de France.
Freud, Sigmund. 1988. *Le mot d'esprit et sa relation à l'inconscient*. Traduction par Denis Messier. Paris : Nrf, Gallimard.
Genette, Gérard. 1982. *Palimpsestes – La littérature au second degré*. Paris : Éditions du Seuil.
Godo, Emmanuel. 2003. *Histoire de la conversation*. Paris : Presses Universitaires de France.
Guiraud, Pierre. 1976. *Les jeux de mots* (Que sais-je ?). Paris : Presses Universitaires de France.
Hamon, Philippe. 1996. *L'ironie littéraire. Essai sur les formes de l'écriture oblique*. Paris : Hachette, « Supérieur ».
Hamon, Philippe. 2003. Balzac, écrivain calembourgeois. In Éric Bordas (éd.), *Ironies balzaciennes*. 169–194. Paris : C. Pirot.
Henry, Jacqueline. 2003. *La traduction des jeux de mots*. Paris : Presses Sorbonne Nouvelle.
Kerbrat-Orecchioni, Catherine. 1986. *L'implicite*. Paris : A. Colin.
Lacoue-Labarthe, Philippe & Jean-Luc Nancy. 1978. *L'Absolu littéraire, théorie de la littérature du romantisme allemand*. Paris : Éditions du Seuil, « Poétique ».
Lyon-Caen, Boris. 2008. Esprit, es-tu là ? Épigramme et satire en 1830. *Études françaises* 44(3). 45–56.
Massol, Chantal. 2006. *Une poétique de l'énigme, le récit herméneutique balzacien*. Paris : Droz.
Ménard, Maurice. 1983. *Balzac et le comique dans la* Comédie humaine. Paris : Presses Universitaires de France, Publications de la Sorbonne, Littérature II.
Mozet, Nicole. 2005. *Balzac et le temps, Littérature, histoire et psychanalyse*. Paris : C. Pirot.
Rousset, Jean. 1986. *L'inscription du lecteur dans* La Comédie humaine. *Le Lecteur intime : de Balzac au journal*. Paris : José Corti.
Sand, George. 2001. *Histoire de ma vie*, tome II. Paris : Garnier-Flammarion.
Schuerewegen, Franc. 1990. *Balzac contre Balzac. Les cartes du lecteur*. Toronto : Les Éditions Paratexte. Paris : CDU-SEDES.
Terrasse-Riou, Florence. 2000. *Balzac, le roman de la communication*. Paris : SEDES.
Thérenty, Marie-Eve. 2007. *La littérature au quotidien. Poétiques journalistiques du XIXe siècle*. Paris : Éditions du Seuil.
Thérenty, Marie-Eve & Alain Vaillant (éds.). 2004. *Presses et plumes. Littérature et journalisme au XIXe siècle*. Paris : Nouveaux Mondes éditions.
Vaillant, Alain. 2013. Introduction. In Alain Vaillant & Roselyne de Villeneuve (éds.), *Le rire moderne*, 9–17. Paris : Presses Universitaires de Paris Ouest.

II Jeux de mots entre les langues

Julia Genz
« Il wullte bien, mais il ne puffte pas » – de la polyglossie à la polyphonie dans le roman *Der sechste Himmel* (*Feier a Flam*) de Roger Manderscheid

Résumé : Le roman *Der sechste Himmel* (orig. *Feier a Flam*) de l'écrivain et artiste luxembourgeois Roger Manderscheid est caractérisé par son multilinguisme et ses jeux de mots. Nous voulons étudier ici l'interaction des différentes langues dans les jeux de mots et la fonction de ces derniers dans le roman. Pour cela, on aura recours à la notion de diglossie selon Charles Ferguson et de la notion de polyphonie développée par Mikhaïl Bakhtine pour la littérature et adaptée à la linguistique par Oswald Ducrot. À l'aide de ces notions, on peut décrire, comment d'une part le protagoniste développe son identité dans la rencontre avec les différentes langues et cultures, et comment d'autre part il prend en charge la responsabilité pour ce qui est raconté.

Mots clés : Mikhaïl Bakhtine, diglossie, Oswald Ducrot, Charles Ferguson, littérature luxembourgeoise, Roger Manderscheid, multilinguisme, polyglossie, polyphonie, techniques narratives

1 Jeux de mots, multilinguisme et polyphonie

Comme le montrent les œuvres japano-allemandes de l'écrivaine Yoko Tawada ou encore celles, turco-allemandes, d'Emine Sevgi Özdamar, les situations plurilingues favorisent les jeux de mots. L'affinité particulière qu'entretiennent le *multilinguisme* et les *jeux de mots* s'explique entre autres par le fait que les jeux de mots sont un moyen efficace de représenter l'hétérogénéité et l'ambiguïté qui résultent de la rencontre entre différentes cultures et langues. Ils ne servent pas à harmoniser voire à résoudre les contradictions. Leur appréhension ludique des langues, qui se manifeste entre autres dans la construction d'hybrides linguistiques, permet toutefois une certaine appropriation individuelle de l'étranger ou du contradictoire, qui servent notamment à la création de l'identité.

Un cas particulier de multilinguisme concerne la littérature au Luxembourg. Depuis le début d'une littérature explicitement luxembourgeoise au XIXe siècle, les écrivains luxembourgeois écrivent en français et en allemand, ainsi que, surtout dès les années 1980, en luxembourgeois. L'élaboration de cet idiome germanique (francique mosellan) est notamment due à la perte de prestige du haut-allemand, devenu suspect à de nombreux auteurs socialisés en luxembourgeois et en allemand suite à l'occupation du grand-duché par les nazis durant la seconde guerre mondiale. A cela s'ajoute que le luxembourgeois a été promu langue nationale en 1984 (et langue administrative à côté du français et de l'allemand), ce qui en a également fait une sérieuse alternative au français (qui a cependant peu perdu de son prestige).

En raison de la situation linguistique particulière de son pays, les romans du Luxembourgeois Roger Manderscheid sont marqués par une créativité linguistique particulière. Cette créativité est conçue comme nécessaire pour développer une langue littéraire luxembourgeoise. C'est avant tout la trilogie romanesque *Schacko Klak – De Papagei um Käschtebam – Feier a Flam* de Manderscheid, publiée entre 1988 et 1995, qui a apporté une contribution cruciale à l'élaboration d'une langue littéraire luxembourgeoise. Le travail ci-après tentera d'expliquer par le biais des concepts culturels et linguistiques de la polyglossie et de la polyphonie les différents types de jeux de mots ainsi que leurs fonctions esthétiques dans le dernier roman de la trilogie de Manderscheid, *Der sechste Himmel* publié en 2006 (orig. *Feier a Flam*, 1995).

Il s'agira de montrer que les jeux de mots issus de l'énonciation polyglossique et polyphonique contribuent efficacement à réunir des expériences hétérogènes. De ce fait, une identité peut se développer malgré un mode de vie en apparence discontinue.

2 Le multilinguisme du roman et la situation linguistique au Luxembourg

La trilogie de Manderscheid est fortement inspirée d'éléments autobiographiques. Elle raconte l'enfance et l'adolescence de Christian Knapp, surnommé Chrëscht, vécues au Luxembourg de 1935 à 1958. Manderscheid commence à écrire sa trilogie en allemand, mais bientôt il passe au luxembourgeois. Dans une interview avec Kerstin Bastian de 2001, il explique les raisons de ce changement de langue de manière suivante :

> [D]en ersten meiner drei Romane, den *Schacko Klak*, den wollte ich auf ganz neue Weise auf Deutsch schreiben, und dann bin ich ungefähr bei S. 200 ins Stocken geraten, und ich habe da ganz zufällig gemerkt, dass man nicht so leichtfertig über eine so sensible Zeit für Luxemburg in der deutschen Sprache schreiben kann. Auf meine Jugend zurückblickend

habe ich gemerkt, dass diese deutsche Sprache mit den militaristischen Inhalten der Nazis auf den Plakaten usw. mich immer erschreckt hat und dass dann die lëtzebuergesche Sprache so etwas wie ein Zufluchtsort war. (*apud* Kramer 2004 : 33)[1]

Les trois romans de Manderscheid ne sont malgré tout pas unilingues, dans la mesure où ils reflètent le multilinguisme du Luxembourg. On y retrouve, dans des paragraphes en luxembourgeois, des phrases imbriquées en français, en allemand, en néerlandais et même en anglais. Dans la dernière partie de la trilogie, *Feier a Flam*, des brides de phrases en français sont réservées pour des conversations avec les amantes belges et hollandaises ou encore pour des documents officiels ou professionnels. L'allemand sera privilégié pour le domaine professionnel, pour les citations littéraires, pour les questions de la conjointe allemande du protagoniste et pour les documents d'époque tels que les rédactions scolaires, les correspondances épistolaires, les cartes postales etc.

Alors que les deux premiers volets *Schacko Klak* et *De Papagei um Käschtebam* ont été traduits en allemand par Georges Hausemer, Manderscheid s'est occupé lui-même de la traduction allemande de *Feier a Flam*. Ce choix pour la langue allemande peut être justifié d'un côté par le contenu, puisque le troisième roman a lieu pendant l'après-guerre, lorsque l'occupant allemand était déjà de l'histoire ancienne.

Cette étude se concentrera surtout sur la version allemande du texte de Manderscheid, qui s'est émancipée de la première version luxembourgeoise dans la mesure où il s'agit d'une réécriture et non seulement d'une traduction de celle-ci. Selon Honnef-Becker (2010a : 345), Manderscheid y voit lui-même une création propre, car « dans la traduction, il colore son allemand consciemment de manière luxembourgeoise et écrit ainsi son propre allemand luxembourgeois » (« [er] sein Deutsch in der Übersetzung bewusst lëtzebuergisch einfärbt und somit sein eigenes luxemburgisches Deutsch schreibt »). C'est précisément cette coloration luxembourgeoise de l'allemand qui nous intéresse par rapport aux jeux de mots et à la polyphonie.

Le développement de la personnalité Chrëscht est par ailleurs lié à l'ouverture sur les langues. Selon Johannes Kramer (1986 : 247), cela prévaut en général pour la situation au Luxembourg : « Chaque enfant luxembourgeois est

---

[1] « Je voulais écrire le premier de mes trois romans, Le *Schacko Klak* d'une manière toute nouvelle en allemand. Ensuite, à la page 200 environ, j'ai tourné court, et là, j'ai remarqué par hasard qu'on ne peut pas écrire à la légère en allemand sur une période si sensible pour le Luxembourg. En repensant à ma propre jeunesse, j'ai remarqué que cette langue allemande m'avait toujours effrayé avec les contenus militaristes des nazis sur les affiches etc. et que la langue luxembourgeoise était alors une sorte de refuge. » (traduction de ce passage et de tous les suivants par Julia Genz).

unilingue, chaque adulte luxembourgeois est trilingue. » (« Jedes luxemburgische Kind ist einsprachig, jeder luxemburgische Erwachsene dreisprachig. ») Cela s'explique par le parcours scolaire : au Luxembourg, les cours de l'école primaire sont tous tenus en allemand (à part le luxembourgeois et, à partir de la deuxième année, le français) ; à l'école secondaire, toute les matières passent au fur et à mesure au français ; traditionnellement, les études universitaires, notamment en droit, se font en français (souvent en Belgique ou en France). Le français est également la langue des lois et de l'économie.

Or, le premier destinataire du dernier roman n'est autre que la compagne de Christian, Annabell, originaire de Bitburg. Annabell maîtrise le luxembourgeois, mais pas parfaitement, comme le narrateur Christian le fait savoir à maintes reprises.[2] Elle pose encore de nombreuses questions en allemand. Alors que la version luxembourgeoise *Feier a Flam* peut être comprise comme un dialogue germano-luxembourgeois (cf. Honnef-Becker 2010a : 330) ou encore comme une tentative didactique de perfectionner le luxembourgeois d'Annabell, la traduction allemande du *Feier a Flam*, quant à elle, offre plutôt la prise en considération de l'horizon de compréhension de ce personnage.

Mais la traduction en allemand signifie également l'ouverture à un lectorat plus important. Grâce à elle, la perspective interne luxembourgeoise se transforme en une perspective externe, qui enrichit dès lors le roman par de nouvelles connotations. L'orientation vers un public étranger mène à une double destination, comme l'a montré de manière générale Irmgard Honnef-Becker (2010b : 403) pour les auteurs luxembourgeois de langue allemande. Certaines expressions, localités ou thèmes, qui contribuent à l'identification des lecteurs luxembourgeois, ne seront pas forcément reconnus par un lectorat allemand et seront l'objet d'autres associations.

3 La polyglossie et la polyphonie côte à côte

La situation polyglossique du roman étudiée ici explique le choix du sous-titre « De la polyglossie à la polyphonie. » Nous avons avec *Feier a Flam* (littérale-

---

2 Les termes « narrateur » et « destinataire » impliquent un modèle de communication littéraire qui distingue d'une part le producteur réel d'un texte ou d'un énoncé, nommé « auteur », de leur producteur interne, impliqué voire représenté par le texte lui-même, nommé « narrateur », et d'autre part le récepteur réel, nommé « lecteur », du récepteur interne, également impliqué et représenté par le texte, nommé « destinataire ». Le narrateur et le destinataire ne sont pas nécessairement des instances « uniques », mais peuvent être dédoublés, mis en abyme etc.

ment 'en feu et en flamme'), ou plutôt avec sa version allemande *Der sechste Himmel* ('Le sixième ciel') en premier lieu un roman, écrit en luxembourgeois, allemand, français et anglais. Il s'agit ici de polyglossie, autant dans sa définition étendue de multilinguisme, c'est-à-dire dans le sens d'une coexistence de langues différentes (Lehmann 2013 ; Veith 2005 ; Kremnitz 2004), que dans la définition étroite (Ferguson 1959 et [1959 / 1964] 1982) d'une coexistence de variétés, génétiquement proches, appartenant à une seule langue, en l'occurrence le luxembourgeois et l'allemand. C'est pour la définition plus étroite de polyglossie qu'on utilisera par la suite le terme « diglossie », alors que pour la définition étendue on parlera de « multilinguisme ». À part cela, les différentes langues se constituent et existent côte-à-côte dans le roman, et cela non seulement dans le sens de l'application de la notion de polyglossie utilisée ci-dessus. Elles sont, au contraire, en interférence les unes avec les autres, s'imposent, et provoquent des espaces discursifs hybrides, voire polyphoniques, qui reflètent l'ambiguïté du contenu romanesque et de son protagoniste. Ce n'est finalement que dans une constellation polyphonique que ces langues se mélangent et interagissent entre elles. On verra par la suite que les notions de polyphonie développées par Mikhaïl Bakhtine pour l'analyse littéraire et par Oswald Ducrot pour la linguistique, notions qui préconisent une superposition de voix et de points de vue, se prêtent également à analyser le multilinguisme particulier du roman discuté ici.[3] Mais avant d'analyser de plus près la polyphonie de ce roman, il s'agira tout d'abord de montrer le fonctionnement de ses jeux de mots diglossiques.

4 Les jeux de mot diglossiques

Le récit commence par le retour au Luxembourg de Christian, le narrateur-protagoniste qui écrit ses mémoires. Venant de Berlin (où il a passé une partie de sa vie), il se rappelle du moment de son départ, à l'âge de 19 ans, quand il s'évade pour la première fois de sa vie des limites étroites de son enfance. Dans ce qui suit, le jeune Christian en tant que personnage, mais également en tant que narrateur subsidiaire sera nommé « Chrëscht », tandis que le personnage expérimenté de Christian, revenu au Luxembourg, qui joue le rôle de narrateur principal, sera appelé « Christian ».

---

[3] Cf. également la contribution d'Alain Rabatel (dans ce volume).

Le départ est marqué par un voyage de Chrëscht à Bruxelles où habite son ami Charly. Là, il fait la connaissance de l'épouse de Charly, la Belge Élodie, appelée Melody par son mari. Charly et Melody prétendent vivre en une relation ouverte, sans jalousie. Pendant que Charly passe la nuit avec son amante Marie-Ange, Melody excite l'imagination du jeune Chrëscht, ingénu en matière de sexualité, par un discours ambigu, plein d'allusions. Chrëscht est déjà convaincu qu'il va passer la nuit avec elle quand elle lui dit soudain qu'elle doit aller travailler comme infirmière de nuit. Dans sa déception, il a la vision suivante :

(1) Chrëscht legte sich, natürlicherweise, auf die Couch und dachte an Melody, die im schneeweissen [sic] Krankenhauskleid vor einer grellen Lampe ruhig dastand und sehr deutlich konnte er ihren Beinen zuschauen, deren Linien von den *Enkeln* hoch an den Knien vorbei aufstiegen [...]. (Manderscheid 2006 : 38, mise en italique JG)[4]

La version luxembourgeoise de ce passage permet de reconnaître un jeu de mots propre à la version allemande :

(2) de chrëscht huet sech natiirlech, op d'kusch geleut, an un d'melody deduet, wéi hatt am wäisse kliniksschiertech virun enger heller luucht roueg do stung, a gnz däitlech konnt hien ëm meedche senge been nokucke von den *enkelen* erop laanscht d'knéie [...]. (Manderscheid 1995 : 20, mise en italique JG)

Au lieu de l'expression univoque *knéchel* l'auteur choisit dans la version luxembourgeoise le mot *enkel*, homonyme qui signifie à la fois 'cheville' et 'petit-fils'. La traduction allemande conserve le mot luxembourgeois *enkel*, dont le lecteur d'allemand standard connaît seulement la signification 'petit-fils'. De prime abord, cette expression lui semble donc être une erreur. Il s'agit cependant d'un jeu de mots diglossique, car la signification 'cheville' pour le mot *Enkel* existe également dans les dialectes du haut-allemand oriental ('Ostoberdeutsch'), du moyen-allemand occidental ('Westmitteldeusch') et du bas-allemand ('Niederdeutsch') (Kluge 2011 s. v. *Enkel*). De plus, le lecteur peut identifier la deuxième signification grâce au contexte.[5] Le jeu de mots avec 'cheville' et 'petit-fils' (ou 'petits-enfants') est préparé par une chaîne d'associations introduite par la question de Melody, qui demande à Chrëscht si elle lui plaît. Alors qu'il commence à balbutier une réponse, elle ajoute : « Gut, bin sechsundzwanzig, du bist ein Stückchen jünger, [...] nur eine Oma bin ich noch nicht » (Manderscheid

---

4 « Chrëscht s'allongeait, naturellement, sur le canapé et pensait à Melody, qui était debout, dans sa chemise d'hôpital blanche comme la neige, devant une lampe forte, et il pouvait clairement voir à ses jambes dont les lignes montaient des chevilles en passant par les genoux. »
5 Bon nombre de lecteurs allemands seront d'ailleurs familiers avec le mot anglais *ankle*.

2006 : 31).⁶ Quand il s'imagine le soir même passer la nuit avec elle, il se console en se disant : « [Sie] weiss [sic] ganz genau [sic] was sie unternehmen muss, um keine Kinder zu bekomen. Eine solchermassen [sic] erfahrene Frau. Die darüber hinaus zusätzlich Krankenschwester ist » (Manderscheid 2006 : 36).⁷ Dans l'imagination déçue de Chrëscht ces pensées semblent se mêler dans un rêve éveillé. Dans ce rêve, l'infirmière Melody, qui lui a refusé les premières expériences sexuelles, lui apparaît comme une grand-mère avec des petits-enfants et non comme une mère avec ses enfants.

Le luxembourgeois, la langue de son enfance, permet à Chrëscht de traduire les expériences inquiétantes sur le domaine inconnu de la sexualité dans des images familières et apaisantes, sans que le lecteur allemand ou luxembourgeois perde les allusions sexuelles. En luxembourgeois, le jeu de mots fonctionne par une homonymie, en allemand par une expression isolée et aberrante par rapport au contexte provoquant un effet polyphonique et en même temps par l'allusion à une sorte de diglossie du standard et des variétés diatopiques, à savoir dialectales.

Le jeu de mots diglossique marque la transition de l'enfance vers l'âge adulte, car dans la diglossie du luxembourgeois (« low variety », langue familiale) et de l'allemand (« high variety », langue officielle) on a affaire à un vocabulaire commun (p.ex. lux. *knéchel* 'malléole, cheville' = all. *Knöchel* 'id.') et des expressions propres aux variétés / langues respectives (p.ex. lux. *enkel* 'malléole, cheville' ≠ all. *Enkel* 'petit-fils') ; des expressions uniquement luxembourgeoises comme p.ex. *enkel* 'malléole, cheville' proviennent de l'enfance des Luxembourgeois autochtones, dont langue maternelle est le luxembourgeois et qui ne commencent à apprendre l'allemand qu'à l'école. Par conséquent l'usage du mot *enkel* dans le sens de 'malléole, cheville' est un vestige de la langue d'enfance de Chrëscht, et cela autant dans l'original luxembourgeois que dans la traduction allemande.

Bien que la trilogie ait souvent été qualifiée de « roman d'initiation », la reprise de la langue familière, luxembourgeoise, signale que l'évolution personnelle du protagoniste n'est pas encore terminée au début du dernier volet de la trilogie.⁸ Le jeu de mots diglossique exprime bien au contraire que le protagoniste se trouve toujours dans cette phase d'initiation à l'âge adulte.

---

6 « Bon, j'ai 26 ans, tu es un peu plus jeune [...] mais je ne suis pas encore une grand-mère. »
7 « Elle sait très bien ce qu'elle doit faire pour ne pas avoir d'enfants. Une femme tellement expérimentée. Qui en plus est également infirmière. »
8 À d'autres endroits de la traduction allemande, les situations de stress sont atténuées par les discours en luxembourgeois, même s'il ne s'agit pas de jeux des mots, par exemple dans l'usage du mot *panikieren* ('paniquer') : « Ich bin vielleicht verklemmt ! dachte er. Und pani-

De surcroît, on peut définir le troisième tome de la trilogie comme roman d'apprentissage, car il décrit également la formation d'artiste, à savoir d'écrivain et de peintre, de Chrëscht. À ce stade de l'évolution personnelle du protagoniste correspond un autre type de jeu de mots, qui s'explique par la notion de polyphonie textuelle. Cette notion de polyphonie, définie d'abord par Mikhaïl Bakhtine pour la littérature et ensuite appliquée au langage en général par Oswald Ducrot, se prête particulièrement bien à décrire la complexité linguistique, conceptuelle et sémantique du roman et à saisir le rôle du langage pour la création d'identité.

De plus, le concept de polyphonie dans le sens que lui donne Bakhtine permet de comprendre de quelle manière Chrëscht crée sa propre langue. Dans le sens que lui donne Ducrot, on conçoit la prise en charge de ce qui est dit (pour la notion de 'prise en charge' cf. Ducrot 1984 et, de manière plus différenciée, Rabatel 2009).

5 La polyphonie bakhtinienne dans *Der sechste Himmel*

Bakhtine (Bachtin 1979 : 157) définit la polyphonie comme mélange de styles dans le texte littéraire, surtout dans le récit du (ou des) narrateur(s). Selon lui, le roman met en scène une multiplicité de voix, de consciences, d'idéologies et de discours. Le langage des personnages résonne en quelque sorte dans le discours du narrateur et s'y reflète. Divers modes de récit semi-littéraires, quotidiens sont intégrés dans le roman (par ex. les styles de lettres ou de journaux intimes), il se compose de plusieurs sociolectes, langues du groupe, jargons professionnels, langage des générations, autorités, cercles, et modes. Le roman imite ces différents modes de discours de manière parodique afin de critiquer la société.

La citation « il wullte bien, mais il ne puffte pas », tirée du roman *Der sechste Himmel* (Manderscheid 2006 : 222)[9] a été reprise dans le titre de cet article parce qu'elle est exemplaire pour le concept de la polyphonie de Bakhtine et pour la transition de la polyglossie à la polyphonie.

---

kierte. » (Manderscheid 2006 : 31, trad. : « Qu'est-ce que je suis coincé ! pensa-t-il. Et il paniquait »). Voir également l'emploi du mot *baffen* ('manger') : « Und zum Baffen gab's nicht viel. Eine Suppe aus der Tüte » (Manderscheid 2006 : 66, trad.: « Et il y avait peu à bouffer. Une soupe instantanée »).

9 Dans la version luxembourgeoise : « il wullte bien, mä il ne puffte pas. » (Manderscheid 1995 : 197).

De la polyglossie à la polyphonie dans le roman *Der sechste Himmel*

fr.	il	voul-ait [vul]	bien,	mais [mɛ]	il	ne	pouv-ait [puv]	pas
Feier a Flam	il	wull-te [vul]	bien,	mä	il	ne	puff-te [puf]	pas
Der sechste Himmel	il	wull-te	bien,	mais	il	ne	puff-te	pas
all.	er	woll-te	wohl,	aber	er	∅	konn-te	nicht
lux.	hien (hie)	woll-t	wuel,	mä awer (ower)	hien (hie)	∅	konn-t	nët (net)

Fig. 1 : Grammaire et orthographe de la traduction luxembourgeoise selon le *LWB* (entre parenthèses l'écriture *WLM*), cf. Infolux et LUXOGRAMM

La figure 1 représente la phrase originale de *Feier a Flam* et la traduction de *Der sechste Himmel*. De plus nous avons reconstitué les phrases correspondantes en français, en allemand et en luxembourgeois pour démontrer comment s'opère le mélange des langues.

Dans le tableau ci-dessus on voit bien que le français et l'allemand sont mélangés de manière intentionnelle et qu'ils ne sont pas simplement juxtaposés par polyglossie. L'hybridation des langues s'effectue dans les auxiliaires modaux *wollen / vouloir* et *können / pouvoir*, qui d'un côté représentent la transition du lexique à la grammaire et de l'autre constituent le lien le plus visible du langage et de l'action.

Cela se voit dans la confession de Melody, qui préfère rester avec son mari Charly que de vivre avec Chrëscht. À la suite de cette déception Chrëscht étouffe son chagrin d'amour avec des peintures agressives influencées par l'expressionnisme allemand, qu'il repeint sans cesse.

La phrase « Il wullte bien, mais il ne puffte pas » est un commentaire du narrateur qui décrit le niveau de développement de la personnalité du jeune Chrëscht d'un point de vue humain, mais aussi artistique. Dans le commentaire du narrateur s'est infiltrée avec la connotation de l'allemand *Puff* ('bordel') la voix du Ça freudien (*Es*), car Chrëscht souffre gravement de ses besoins sexuels, qui ne sont pas satisfaits. En même temps l'hybridation des langues reflète la voix du Surmoi (*Über-Ich*) de Chrëscht, qui révèle ses ambitions concernant les études supérieures. Cette voix reflète aussi l'opinion générale sur le parcours idéal de l'éducation au Luxembourg : la transition du luxembourgeois à l'allemand marque le passage de la vie en famille à l'enseignement scolaire. Les études supérieures quant à elles, et en l'occurrence la formation artistique, sont marquées par le français, mais ce processus n'est toujours pas complètement terminé, comme le démontrent les traces d'allemand dans la phrase.[10] La phrase originale contient avec la conjonction « mä » même une expression luxembourgeoise qui connecte les parties de phrase les unes aux autres et qui fait allusion à l'éducation de base en famille.[11]

Hans-Jürgen Lüsebrink (2008 : 14) voit le point commun de différentes formes d'hybridation culturelle dans « la relation créative et l'assimilation d'éléments provenant de cultures diverses, résultant souvent de contacts interculturels immédiats. » [« die kreative Verbindung und Verschmelzung von Elementen aus unterschiedlichen Kulturen, häufig als Konsequenz unmittelbarer interkultureller Kontakte »]. Dans ce sens, on pourrait donc interpréter la phrase hybride « il wullte bien, mais il ne puffte pas » comme jeu de mots créatif qui est donc une expression des voies créatives par lesquelles Chrëscht exprime ses idées artistiques. Or, Chrëscht qualifie ces méthodes à plusieurs reprises de détours, sans pour autant que ces détours aient une connotation négative dans le roman. Par rapport aux « itinéraires principaux », il vit les détours comme quelque chose de plus intéressant.

À l'instar du mélange des langues, il accomplit sa formation artistique autodidactique par un mélange de styles. Il imite non seulement l'expressionnisme allemand, mais aussi le pointillisme français, le cubisme etc.

La polyphonie dans la conception bakhtinienne apparaît également dans les jargons professionnels dont Chrëscht prend connaissance et dans les différents registres de la langue de l'amour et de la sexualité qu'il découvre au fur et à mesure. Dans ce qui suit, on exposera cela par des exemples qui montrent en détail la fonction de la polyphonie de ces explorations linguistiques.

Après son voyage à Bruxelles Chrëscht exerce des activités bien diverses : tout d'abord il est professeur remplaçant à Consdorf, puis il suit une formation à l'armée et une autre aux chemins de fer. Suite à cela, il devient fonctionnaire

---

10 Le contact avec d'autres langues et cultures ne se répercute pas seulement sur la personnalité de Chrëscht, mais entraîne également un développement artistique. Cela se montre dans la comparaison de la variante monolingue de cette phrase au début du roman, qui commente le manque de musicalité de Chrëscht lors de son premier voyage. Dans la version allemande, il s'agit de l'énoncé „Er wollte schon, aber er konnte nicht" (Manderscheid 2006 : 65), dans le texte luxembourgeois, de „hie wollt schon mä hie konnt nët" (Manderscheid 1995 : 42).
11 Il s'agit bien entendu d'un emprunt au français. Mais son usage fréquent en a fait un élément du lexique luxembourgeois.

dans un ministère luxembourgeois. L'évolution du caractère de Chrëscht s'accomplit dans des lieux symptomatiques à l'intérieur et à l'extérieur du Luxembourg. Ses pas le conduisent de Bruxelles par Consdorf au Luxembourg, Arlon en Belgique, Bitburg en Allemagne et Bettemburg au Luxembourg. Kai Kauffmann (2007 : 43) a observé à raison que des endroits comme Arlon ou Bitburg, vus d'un point historique, ne se situent pas au-delà de la frontière luxembourgeoise, dans la mesure où ils appartenaient au duché de Luxembourg jusqu'au XIXe siècle. Toutefois, ces endroits peuvent également être considérés comme des endroits globaux, c'est-à-dire comme des non-lieux dans le sens de l'ethnologue et anthropologue Marc Augé (1994). Selon lui, les non-lieux sont des endroits qui ne sont pas profondément attachés à un certain pays, mais que l'on peut caractériser par une standardisation et une normalisation, de sorte qu'on les retrouve partout dans le monde : les casernes à Arlon en Belgique ou à Bitburg en Allemagne, les dépôts et bureaux des chemins de fer à Bettemburg, la seconde gare du pays en importance ; enfin, un bureau au Ministère du travail au gouvernement du Luxembourg.

Les titres professionnels de Chrëscht (attribués par d'autres ou par lui-même) comme « professeur remplaçant », « officier de réserve » ou « surnuméraire à l'essai » (une expression qui existe dans les directives des chemins de fer luxembourgeois) montrent que l'identité de Chrëscht n'est pas encore entièrement développée à ce moment. Au cours de ces étapes, Chrëscht découvre, dans les casernes et bureaux, les jargons de professions spécifiques. Les expressions typiques de ses activités d'officier de réserve, d'employé des chemins de fer et de fonctionnaire ministériel sont insérées dans la narration.

Par ailleurs, l'étrangeté de ces fragments polyphoniques (bakhtiniens dans la mesure où il s'agit de fragments stylistiques) aux oreilles de Chrëscht se manifeste dans son interprétation idiosyncrasique. Ainsi, lorsqu'il entend les ordres militaires, donnés en français, il les transforme comme dans la citation suivante :

« – Reposez-amm! (Gewehr runter) – Garde-à-vous! (Stramm gestanden) was aber ganz anders klang : – Gaaat-ou! – Re-pos! [...] » (Manderscheid 2006 : 162). Ce n'est pas que la réception de Chrëscht qui transforme les énoncés originaux, mais aussi ses tentatives de reproduire les jargons de profession spécifiques. En tant que fonctionnaire au ministère du travail il apprend la dactylographie en autodidacte. Couplé avec des formules standardisées de langue étrangère cela produit des anagrammes et des paronomases :

(3) Anstatt *Herr Charles Zittermann, 33, avenue du Breton, Liège*, hatte er *Herr Zarles Chittermann* getippt, *avenue du Béton*, anstatt *j'ai l'honneur* hatte er geschrieben, *j'ai l'horreur* [...]. (Manderscheid 2006 : 334)[12]

Ces erreurs d'écoute ou d'oreille peu exercée au multilinguisme et de transcription phonétique approximative expriment, dans la traduction allemande, moins la créativité de Chrëscht, son esprit et son imagination, que la distance intérieure à l'égard de ses activités. Dans l'original luxembourgeois ces jeux de mots entre le français et le luxembourgeois sont réalisés avec une fréquence et une ampleur bien plus importantes que dans la traduction. Ils représentent non seulement des *actes manqués* dans le sens que leur donne Freud, mais encore une disposition narrative volontaire. Ils font apparaître une sorte de texte dadaïste qui pousse les clichés et les formules jusqu'à l'absurde. Le jeu avec le son et la graphie du nom Pilori pose la question clé de l'identité.

(4) amplaz [au lieu de, JG] Monsieur Charles Zittermann, 33, avenue du Breton, Liège, hat hie Monsieur Zarles Chittermann geklappt, avenue du Béton, oder Monsieur Arno Pilori,... cher Monsieur, en réponse à votre lettre du 3 janvier écoulé, j'ai l'horreur – nondidjö : [...] j'ai l'honneur, cher Monsieur Pile, Monsieur Pile-au-rire, Monsieur Pule-au-Rire, cher Monsieur Poule-au-riz, j'ai l'horreur de vous informer que vous êtes celui que vous êtes et que vous n'êtes malheureusement pas celui que vous pensez être, ni ne deviendrez jamais celui que vous pensez. Vous êtes tellement en dehors des rails que vous frisez la catastrophe, Monsieur Ris-de-veau. Recevez, cher Monsieur Pulleritz, l'expression de mes sentiments totalement dévoyés. (Manderscheid 1995 : 314–315)

Le texte luxembourgeois joue fréquemment avec des homophonies et des paronomases comme *Pilori – Pile-au-rire* ou *Pule-au-Rire – Poule-au-riz*, car le français s'y prête idéalement et le lecteur luxembourgeois maîtrise bien cette langue. Les jeux d'assonance, comme nous le montrerons par la suite, participent au projet d'élaboration d'une langue littéraire luxembourgeoise. Le nom Pilori se transforme en un nom parlant, qui tourne en ridicule la personne en question.

En même temps, on observe que Chrëscht projette cette ridiculisation sur lui-même en se rendant compte qu'il n'est pas doué pour ce métier au ministère (*vous êtes celui que vous êtes et vous n'êtes malheureusement pas celui que vous pensez être*). De plus, le jeu polyphonique avec le langage technique (dans ce cas le genre textuel « lettre ») et sa défiguration individuelle préparent la création d'une langue littéraire unique et incomparable.

---

[12] « Au lieu de dactylographier *Monsieur Charles Zittermann, 33, avenue du Breton, Liège*, il avait écrit *Monsieur Zarles Chittermann, avenue du Béton*, au lieu de *j'ai l'honneur* il avait écrit *j'ai l'horreur* [...] ».

6 La notion de polyphonie selon Ducrot dans le roman

Comme on a pu voir, la notion de polyphonie de Bakhtine permet de mieux reconstituer les étapes importantes du développement individuel et artistique de Chrëscht. Pourquoi alors recourir à la notion linguistique de la polyphonie afin d'analyser le roman ? En comparant la notion de polyphonie de Ducrot à celle de Bakhtine, on constate que Ducrot l'a développée de façon tout à fait différente (Ducrot 1984), comme il le dit d'ailleurs lui-même. Mais si l'on définit le terme de manière suffisamment abstraite, à savoir comme un mélange de voix ou points de vue différents dans un énoncé ou un texte littéraire, on accède selon Paul Gévaudan à une définition qui comprend les deux notions de Bakhtine et de Ducrot. Gévaudan (2013a : 136–137) applique le concept initial bakhtinien de la voix au concept de point de vue, qui est assigné a une instance de l'énonciation chez Ducrot. De ce fait, Gévaudan interprète le « point de vue » et la « voix » comme deux propriétés fondamentales des énoncés (cf. également Gévaudan 2010, 2013b). D'une part comme leurs propriétés matérielles et structurelles, qu'ils ont en tant que produit de l'acte locutoire, et d'autre part comme propriétés sémantiques, qu'ils ont comme produit de l'acte illocutoire.[13] Ces propriétés découlent de deux aspects de l'énonciation : les événements physiques de l'articulation et de l'apparition acoustique de l'énoncé dans sa dimension locutoire (la « voix ») et de la prise de position sociale du locuteur dans sa dimension illocutoire (le « point de vue »).[14] Il s'agit dès lors d'un narrateur, qui prend l'acte pour un acte de parler et pour un avis dans le cadre social de cet acte de communication et qui assume, dans une certaine mesure, la responsabilité pour les deux options.

Étant donné que la maturité du protagoniste dans le roman comprend, à côté de l'élaboration d'un propre langage artistique, également la prise en charge de responsabilités sur le plan linguistique et non linguistique, il convient de signaler que, dans le cadre de cette étude, notre intérêt porte surtout sur l'engagement au plan linguistique.[15]

---

[13] Pour l'usage des termes *locutoire* et *illocutoire*, introduit à l'origine par Austin, cf. Gévaudan (2010 : 41–45 et 48–51).
[14] Selon Ducrot (1984) et d'autres (*i. a.* Nølke 1994 ; Nølke et al. 2004 ; Rabatel 2012 ; Gévaudan 2013), un « point de vue » implique non seulement un sens illocutoire, mais également un contenu propositionnel (dont les choix de référenciation sont révélateurs du point de vue).
[15] Pour une discussion approfondie des notions d'engagement et de prise en charge cf. Rabatel (2009 : 75–76).

Or, on peut analyser celui-ci à l'aide du concept de la polyphonie linguistique de Ducrot. Celui-ci distingue dans l'énonciation les instances du locuteur et de l'énonciateur :

> [L]'énonciateur étant une instance intradiscursive à la source du point de vue contenu dans un contenu propositionnel. Dans cette conception polyphonique, le locuteur est un metteur en scène qui organise la régie entre des énonciateurs variés. (Ducrot 1984 : 204–205)

La différence entre le locuteur comme instance locutoire et l'énonciateur comme instance illocutoire proposée par Gévaudan (2013a : 108–112, 126–128, 2013b : 48–50) se montre entre autres dans le passage suivant :

(5) Zwei Freunde fahren nach dem Abitur mit dem Fahrrad in die Schweiz, begann er seine Geschichte und stellte fest, dass die Kinder zuhörten, gespannt wie Regenschirme. (Manderscheid 2006 : 58)

> Deux amis vont en Suisse en vélo après avoir passé le bac, commença-t-il son histoire et constata que les enfants l'écoutaient tendus comme des parapluies.

Cette phrase, qui commence avec un discours direct et finit par un discours indirect (ou récit de pensées), contient différentes instances du locuteur et de l'énonciateur ayant une constellation hiérarchique que l'on peut analyser de la manière suivante :

(6) 1 : L_1 / E_1 Zwei Freunde fahren nach dem Abitur mit dem Fahrrad in die Schweiz
    2 : L_0 / E_0 begann er seine Geschichte
    3 : L_0 / E_0 und
    4 : L_0 / E_0 stellte fest, dass
    5 : L_0 / E_1 die Kinder zuhörten, gespannt wie Regenschirme.

   1 : L_1 / E_1 Deux amis vont en Suisse en vélo après avoir passé le bac
   2 : L_0 / E_0 commença-t-il son histoire
   3 : L_0 / E_0 et
   4 : L_0 / E_0 constata que
   5 : L_0 / E_1 les enfants l'écoutaient tendus comme des parapluies.

Le niveau supérieur du locuteur (L_0) et de l'énonciateur (E_0) apparaît dans les segments 2 à 4 qui correspondent au passage « commença-t-il son histoire et constata que ». Cependant, il reste indéterminé qui parle et de quel point de vue il s'agit.

En revanche, la séquence initiale de la ligne 1 présente un narrateur et un énonciateur du niveau inférieur (L_1 / E_1), car il s'agit d'un discours direct : dans « Deux amis vont en Suisse en vélo après avoir passé le bac », la voix et le point de vue sont subordonnés dans la mesure où ils peuvent être attribués au personnage de Chrëscht et non au narrateur du roman. Finalement, le segment 5 représente une séquence de discours indirect, ce qui implique que les niveaux énonciatifs sont mélangés : La voix est celle d'un narrateur à un niveau supérieur (L₀), tandis que le point de vue appartient au jeune Chrëscht (E₁).

Notre analyse met donc en évidence qu'il s'agit d'un récit de Chrëscht comme jeune professeur remplaçant : il raconte aux élèves à Consdorf un voyage en Suisse qu'il fait avec son ami Gatt contre la volonté de son père afin de rencontrer leurs petites copines Juliette et Nadine.

Toutefois, au cours du chapitre il s'avère que l'auditoire ne peut pas être la classe, car il dénonce la moralité sexuelle coincée de la société luxembourgeoise dans les années 1950. Annabell soupçonne immédiatement que Christian ne raconte pas la vérité :

(7) Gib zu, sagt Annabell, du hast den Kindern damals nicht alles erzählt. Sicherlich nicht das von euren Freundinnen. Oder wenn schon, dann alles mit anderen Worten. (Manderscheid 2006 : 66)[16]

Christian affronte le reproche implicite de mensonge d'Annabell avec une tournure ludique qui met en question la nécessité d'un lien entre véracité et identité :

(8) Es sind immer andere Worte, die einem in den Mund fliegen, das hängt davon ab, wem man die Geschichte erzählt, sage ich. Ich erzähl dir ja heute die Geschichte von der Fahrradreise in die Schweiz. Genau so, wie ich damals den Kindern aus der Consdorfer Schule dieselbe Geschichte erzählte mit anderen Worten, aber ohne zu lügen. (Manderscheid 2006 : 66)[17]

Mais comment faut-il concevoir le paradoxe qu'est celui de « raconter [...] la même histoire avec des mots différents » ? Ce problème peut être résolu à l'aide du concept de la polyphonie linguistique. Contrairement à Oswald Ducrot, « selon qui l'énonciateur ne peut effectuer des actes de langage, à la différence du locuteur » (Rabatel 2004 : 6), Alain Rabatel suppose que l'allocutaire, dans son interprétation et en tant que destinataire implicite, peut également attribuer des actes locutoires à des énonciateurs. Or, dans ce passage, le lecteur doit

---

16 « Avoue, dit Annabell, à l'époque tu n'as pas tout raconté aux enfants. Certainement pas l'histoire de vos petites amies. Ou si oui, dans d'autres mots. »
17 « Ce sont toujours d'autres mots qui te volent dans la bouche, cela dépend à qui on raconte l'histoire, lui dis-je. Aujourd'hui je te raconte l'histoire du voyage à vélo en Suisse. Tout comme à l'époque j'ai raconté la même histoire aux enfants de l'école de Consdorf, avec d'autres mots, mais sans mentir. »

interpréter ultérieurement les actes du *locuteur* L₁ (= Chrëscht) comme prise de position de l'*énonciateur* E₁ (= Chrëscht) émise par le locuteur superordonné L₀ (= Christian). Celui-ci est inférable dans le parcours interprétatif du récit cadre, car les commentaires d'Annabell déplacent pour le lecteur les points l'ancrage du cadre narratifs et décalent ainsi après coup l'interprétation des points de vue et des voix de ces énoncés. Le lecteur reconnaît ultérieurement que le narrateur n'est pas simplement le jeune Chrëscht, mais que le narrateur juvénile et son histoire sont à leur tour racontés à Annabell par le narrateur aîné qu'est Christian. De cette manière l'acte locutoire de la narration devient profondément polyphonique. Christian raconte à sa compagne Annabell en luxembourgeois (ou en allemand dans la traduction) comment, jeune instituteur auxiliaire, il raconte à ses élèves en luxembourgeois une histoire qu'il a vécue lui-même. La polyphonie au niveau de la phrase s'est imperceptiblement déplacée vers le niveau du texte. Le lecteur doit découvrir lui-même sur lequel des plans narratifs il se trouve.

Il en va de même pour l'identification de l'instance qui assume la responsabilité pour ce qui est narré. Tout d'abord se pose toujours la question dans le roman, à qui on raconte et si on raconte à l'oral ou à l'écrit. D'une part, le narrateur semble écrire ses mémoires, d'autre part, il semble raconter le récit à sa compagne Annabell pendant l'écriture. Cependant Annabell n'écoute pas toujours. À plusieurs reprises, elle n'est pas destinataire de la narration. Une fois, elle est même partie en voyage. Néanmoins, le récit continue. À qui alors le narrateur raconte-t-il son histoire ? À soi-même ? À un lecteur implicite ? Et d'ailleurs – parle-t-il ou écrit-il ?

Vers la fin du roman, le jeune narrateur Chrëscht recommence à narrer à Astrid, sa copine jalouse, la version abrégée de ses diverses histoires d'amour. De ce fait, le roman joue également avec l'oralité conceptionnelle ou le langage de proximité, comme les ont définis Peter Koch et Wulf Oesterreicher dans leurs travaux sur l'oralité et la scripturalité (entre autres Koch et Oesterreicher [1990] 2011). Le moi narrateur enfreint la loi de l'économie narrative, selon laquelle on ne répète pas de la même manière ce que l'on a déjà communiqué au lecteur. Ce dédoublement ne semble pas être intentionnel pour le narrateur personnage (narrateur homodiégétique), mais paraît bien davantage découler de la spontanéité de la situation de proximité communicative dans la conversation avec Astrid. L'oralité feinte rapproche le personnage de Chrëscht du lecteur et le rend plus vif, plus authentique. Tous les différents essais de raconter son histoire, les différents personnages narrateurs correspondant à Christian ou à Chrëscht, servent à construire et à développer l'identité de ce personnage. Il ne s'agit cependant pas de fixer celle-ci, mais plutôt de suivre son évolution à travers un faisceau de parcours narratifs délié à maintes reprises. De plus, le dédoublement des fonctions narratives permet au jeune narrateur Chrëscht et au narrateur plus âgé Christian la prise en charge simultanée de la responsabilité pour le récit.

7 Conclusion

On peut résumer comme suit les différentes relations entre le jeu de mots, la polyglossie, la polyphonie, la construction de l'identité et la responsabilité que présente notre roman : les expériences du protagoniste sont marquées par plusieurs dépassements de limite ; Chrëscht franchit des frontières non seulement nationales, mais également culturelles et linguistiques, et des limites liées à son développement personnel. Ce faisant, il façonne progressivement sa personnalité et son identité.

La diglossie (Ferguson) et la polyphonie stylistique (Bakhtine) des jeux de mots reflètent les degrés de la formation d'une identité luxembourgeoise. Celle-ci commence par l'acquisition du luxembourgeois comme langue familiale, en passant par l'acquisition de l'allemand en tant que langue de l'enseignement de base pour aboutir au français, qui est la langue des études supérieures. Face à la multiplicité typiquement luxembourgeoise de l'identité de Chrëscht, l'ambiguïté des jeux de mots peut être considérée comme une représentation adéquate des phases de son développement personnel.

Ce n'est qu'avec et à la fois contre l'ensemble du discours social que Chrëscht est en mesure de développer son identité. Ce faisant, le roman *Der sechste Himmel / Feier a Flam* démasque le climat moral des années 1950. D'une part, les angoisses et préjudices de ce climat font partie de sa personnalité, d'autre part, Chrëscht doit constamment les dominer. C'est à l'aide des jeux de mots de la diglossie et de la polyphonie que Chrëscht peut en même temps reproduire ses expériences déconcertantes et se les approprier de manière créative. Les jeux linguistiques lui permettent en fin de compte d'élaborer et d'acquérir une langue littéraire dont il a besoin comme futur écrivain.

Dans la logique de la polyphonie linguistique de Ducrot, Gévaudan et Rabatel, le narrateur se manifeste par différentes voix et construit différents points de vue tout en assumant sa responsabilité pour le dit, suivant la devise du narrateur Christian : « Genau so [...] wie ich damals den Kindern aus der

Consdorfer Schule dieselbe Geschichte erzählte mit anderen Worten, aber ohne zu lügen. »[18]

8 Références bibliographiques

Augé, Marc. 1994. *Orte und Nichtorte. Vorüberlegungen zu einer Ethnologie der Einsamkeit.* Trad. du français par Michael Bischoff. Frankfurt a. M. : Fischer.

Bachtin, Michail M. 1979. *Die Ästhetik des Wortes.* Publié par Rainer Grübel. Trad. du russe par Rainer Grübel et Sabine Reese. Frankfurt a. M. : Suhrkamp.

Ducrot, Oswald. 1984. *Le dire et le dit.* Paris : Editions de Minuit.

Ferguson, Charles A. [1959 / 1964] 1982. *Diglossie. Anwendungsbereiche der Soziolinguistik.* Publié par Hugo Steger. Trad. par Günter Radden. Darmstadt : Wissenschaftliche Buchgesellschaft, 253–276.

Ferguson, Charles A. 1959. Diglossia. *Word. Journal of the Linguistic Circle of New York* 15. 325–340.

Gévaudan, Paul. 2010. Sprachliche Modalität zwischen Illokution und Polyphonie. *Romanistisches Jahrbuch* 61. 31–66.

Gévaudan, Paul. 2013a. *Sprachliche Modalität. Untersuchungen am Beispiel des Spanischen und Französischen* (manuscrit inédit).

Gévaudan, Paul. 2013b. Les rapports entre la modalité et la polyphonie linguistique. In Paul Gévaudan, Vahram Atayan & Ulrich Detges (éds.), *Modalität und Polyphonie. Modalité et polyphonie. Modalidad y polifonía,* 39–59. Tübingen : Stauffenburg.

Honnef-Becker, Irmgard. 2010a. Identität in der Referenz auf das Fremde. In Dieter Heimböckel et al. (éds.), *Zwischen Provokation und Usurpation. Interkulturalität als (un)vollendetes Projekt der Literatur- und Sprachwissenschaften,* 325–348. München : Fink.

Honnef-Becker, Irmgard. 2010b. Sobald man draußen ist, ist man kein Luxemburger mehr. Zur Standortdiskussion deutschsprachiger Luxemburger Gegenwartsliteratur. In Claude D. Conter & Nicole Sahl (éds.), *Aufbrüche und Vermittlungen. Beiträge zur Luxemburger und europäischen Literatur- und Kulturgeschichte,* 389–410. Bielefeld : Aisthesis.

Infolux. Fuerschungsportal iwwert d'Lëtzebuergescht. http://infolux.uni.lu/worterbucher/ (dernière consultation le 14 juillet 2014).

Kauffmann, Kai. 2007. Unterwegs zum Luxemburgischen. Die Liebes- und Sprachpoetik in der Romantrilogie Roger Manderscheids. *Germanistik XXII. Publications de l'Université de Luxembourg.* 25–49.

Kluge, Friedrich. 2011. *Etymologisches Wörterbuch der deutschen Sprache.* Bearbeitet von Elmar Seebold. 25., durchgesehene und erweiterte Auflage. Berlin : de Gruyter.

Koch, Peter & Wulf Oesterreicher. [1990] 2011. *Gesprochene Sprache in der Romania : Französisch, Italienisch, Spanisch.* 2ᵉ éd. Tübingen : Niemeyer / Berlin : de Gruyter.

Kramer, Johannes. 1986. Gewollte Dreisprachigkeit – Französisch, Deutsch und Lëtzebuergesch im Großherzogtum Luxemburg. In Robert Hinderling (éd.), *Europäische*

---

[18] « Tout comme à l'époque j'ai raconté la même histoire aux enfants de l'école de Consdorf, avec d'autres mots, mais sans mentir. »

Sprachminderheiten im Vergleich. Deutsch und andere Sprachen, 229–250. Stuttgart : Steiner.

Kramer, Johannes. 2004. Tri-Literalität in der Literatur in Luxemburg. In Irmgard Honnef-Becker & Peter Kühn (éds.), *Über Grenzen. Literaturen in Luxemburg*, 27–55. Esch & Alzette : Éd. Phi.

Kremnitz, Georg. 2004. Diglossie – Polyglossie. In Ulrich Ammon et al. (éds.), *Sociolinguistics – Soziolinguistik. An international handbook of the science of language and society – Ein internationales Handbuch zur Wissenschaft von Sprache und Gesellschaft*. 3 vols. 2e éd. Vol. 3.1, 158–165. Berlin & New York : de Gruyter.

Lehmann, Christian. 2013. Polyglossie. http://www.christianlehmann.eu/ling/psych/polyglossie.php (dernière consultation le 14 juillet 2015).

Lüsebrink, Hans-Jürgen. ^{2}2008. *Interkulturelle Kommunikation. Interaktion, Fremdwahrnehmung, Kulturtransfer*. Stuttgart & Weimar : J. B. Metzler'sche Verlagsbuchhandlung und Carl Ernst Poeschel.

LUXOGRAMM. Informationssystem zur Grammatik des Luxemburgischen. http://engelmann.uni.lu:8080/portal/luxogramm/de/doc/showwelcome/ (dernière consultation le 14 juillet 2014).

Manderscheid, Roger. 1995. *Feier a Flam. Geschichten äus de fofzeger joeren*. Iechternach : Éditions Phi.

Manderscheid, Roger. 2006. *Der sechste Himmel. Geschichten aus den fünfziger Jahren*. Blieskastel : Gollenstein.

Manderscheid, Roger. 1988. *Schacko Klak. Biller aus der Kandheet (1935–45)*. Iechternach : Editions Phi.

Manderscheid, Roger. 1991. *De Papagei um Käschtebam. Zeenen aus der Nokrichszäit*. Iechternach : Editions Phi.

Nølke, Henning. 1994. *Linguistique modulaire* (Bibliothèque de l'information grammaticale 28). Louvain & Paris : Peeters.

Nølke, Henning, Kjersti Fløttum & Coco Norén. 2004. *ScaPoLine*. Paris : Kime.

Rabatel, Alain. 2004. L'effacement énonciatif dans les discours rapportés et ses effets pragmatiques. *Langages* 156. 3–17.

Rabatel, Alain. 2009. Prise en charge et imputation, ou la prise en charge à responsabilité limitée... *Langue française* 162. 71–87.

Rabatel, Alain. 2012. Positions, positionnements et postures de l'énonciateur. *Travaux neuchâtelois de linguistique* 56. 23–42.

Veith, Werner H. ^{2}2005. *Soziolinguistik. Ein Arbeitsbuch mit 104 Abbildungen, Kontrollfragen und Antworten*. Tübingen : Narr.

Federica Di Blasio

La Disparition de Georges Perec et les jeux de mots : l'ambiguïté du métatexte et la négociation de la traduction

Résumé : Dans cet article, nous abordons *La Disparition* de Georges Perec (1969) en partant d'une conception ample et hétérogène de jeux de mots, dans laquelle le roman perecquien peut trouver un rôle représentatif distinctif. En effet, même si le roman est universellement reconnu pour la virtuosité technique de son auteur, on explique cette virtuosité plutôt par rapport à la longueur du lipogramme, et non pas en raison de la variété et multiplicité des jeux que le lipogramme contient – ou tout simplement évoque. Le métatexte, c'est-à-dire l'ensemble des références énigmatiques au livre et à son écriture, déploie une gamme assez diversifiée de jeux de mots internes au texte, tout en réalisant l'ambiguïté propre à d'autres types de jeux de mots, comme le calembour, et en dépassant les bornes du lipogramme. De même, le métatexte permet de multiplier les possibilités de la lecture du texte, en influant pas seulement sur sa lecture, mais aussi sur ses possibles reproductions en langue étrangère. La traduction de *La Disparition,* en effet, offre une possibilité de réflexion ultérieure sur la nature du roman perecquien. Tout d'abord, écriture et traduction sont strictement interdépendantes, la traduction étant un enjeu important de la généalogie du livre, et une extension des possibilités du jeu réalisé par et dans le texte. Dans toute version en langue étrangère, la traduction du texte perecquien se pose comme un renouvellement du jeu, où la recherche d'équivalences textuelles est marquée par une négociation incluant des pertes et des compensations. Cela est vrai même dans les langues comme l'anglais ou l'italien, où le respect du lipogramme impose des restrictions moins contraignantes (dû à la fréquence mineure de la lettre lipogrammatique). Des exemples tirés de la version anglaise de John Lee, *Vanish'd !*, et de la version en italien par Piero Falchetta, *La Scomparsa* (1995), nous aideront à illustrer à la fois la variété de stratégies de traduction possibles et le caractère d'ouverture d'un jeu littéraire qui ne paraît jamais épuiser son potentiel créatif et ludique.

Mots clés : contrainte, Dirk Delabastita, *La Disparition*, Umberto Eco, Piero Falchetta, John Lee, lipogramme, métatexte, négociation, Oulipo, Georges Perec, *La Scomparsa*, traduction des jeux de mots, *Vanish'd !*

1 Introduction

La littérature française contemporaine réserve une attention toute particulière aux jeux de mots et aux chances créatives qu'ils apportent aux écrivains. Cela passe notamment par la poétique et les travaux de L'Oulipo, l'Ouvroir de Littérature Potentielle né en 1960 de la rencontre d'un écrivain, Raymond Queneau, et d'un mathématicien, François Le Lionnais. Le groupe, qui se constitue autour d'un laboratoire de création artistique, exploite les potentialités des contraintes, c'est-à-dire des règles et des structures figées, qui ne sont pas considérées comme une limitation, mais, au contraire, comme une matrice féconde où l'écrivain peut constamment puiser son inspiration.

Georges Perec, écrivain et verbicruciste, occupe une place spécifique dans le groupe. Auteur de « tours de force » inoubliables, il a poursuivi une recherche personnelle riche et diversifiée sur les potentialités des contraintes. Son roman *La Disparition* (1969), véritable chef-d'œuvre oulipien, est un lipogramme, c'est-à-dire un texte privé d'une lettre de l'alphabet – le « e » – et long de plus de 300 pages. Contre-chant de *La Disparition*, son roman monovocalique *Les Revenentes* (1972) ne présente que la voyelle « e », en supprimant toutes les autres voyelles. Ses prouesses linguistiques touchent aussi à la production poétique, avec les matrices alphabétiques d'*Alphabets* (1976) ou les anagrammes d'*Ulcérations* (1974) et de *La Clôture* (1980). Enfin, avec *La Vie Mode d'Emploi* (1978a), Perec applique les contraintes des structures orthogonales (le « bicarré latin ») et du jeu d'échecs à une structure romanesque plurielle et complexe.[1]

Dans cet article, nous nous pencherons tout d'abord sur l'importance de *La Disparition* dans le contexte des jeux de mots. *La Disparition* ne se limite pas à exploiter au maximum les potentialités du lipogramme ; l'œuvre a aussi un rôle représentatif très remarquable par rapport à la catégorie de jeux de mots considérée dans son hétérogénéité. En suivant la définition de jeu de mots donnée par Fabio Regattin (Regattin 2009 : 39), nous montrerons comment des éléments apparemment antonymes comme liberté et règle, ambiguïté et divertissement cohabitent dans *La Disparition*. Nous expliquerons notamment comment la règle lipogrammatique déclenche une liberté expressive qui permet à l'écri-

---

[1] Le bicarré latin est un tableau carré de n lignes et n colonnes remplies de n éléments distincts dont chaque ligne et chaque colonne ne contiennent qu'un seul exemplaire. Dans *La Vie Mode d'Emploi*, un bicarré d'ordre 10 (10 lignes et 10 colonnes) est superposé à l'image d'un immeuble où vivent les personnages. L'auteur décrit les chambres des immeubles et les histoires qui s'y passent en suivant la règle de la polygraphie du cavalier, qui crée un « L » sur l'échiquier.

vain d'exprimer les raisons profondes de sa vocation à l'écriture, et de construire un rapport original avec la tradition littéraire du lipogramme et du roman policier classique. Ensuite, nous verrons comment *La Disparition* réalise un jeu au-delà de l'opposition entre des divertissements verbaux, tels le lipogramme, et des jeux fondés sur l'ambiguïté, tel le calembour. Dans *La Disparition*, l'ambiguïté est un élément distinctif du *métatexte*, générant un double sens qui réfère constamment au roman et aux éléments de l'écriture. En plus, des jeux de mots récurrents ou ponctuels, y compris des jeux fondés sur l'ambiguïté sémantique ou phonétique, parsèment la totalité du texte, tout en ajoutant des effets comiques et en multipliant les possibilités du jeu au-delà des limites du lipogramme.

Deuxièmement, nous présenterons l'un des enjeux les plus intéressants pour les lecteurs de *La Disparition* aujourd'hui, à savoir les problématiques posées par sa traduction. En effet, les traductions sont non seulement parlantes quant au succès de l'auteur français au-delà des bornes nationales ; elles représentent aussi une chance créative d'exploiter ultérieurement les potentialités du jeu. Nous illustrerons comment cela est dû à la spécificité de la traduction des textes à contraintes, en nous appuyant notamment sur les considérations d'Umberto Eco, qui a traduit les *Exercices de style* de Queneau, et en présentant son approche souple et pragmatique à la traduction, vue comme négociation de solutions plurielles et équivalentes. Ensuite, nous verrons comment cette approche s'avère plausible dans le cas de *La Disparition*. Nous montrerons comment la transposition du lipogramme dans une langue étrangère comporte des solutions différentes pour le choix de la lettre à supprimer et, par là, des façons alternatives d'interpréter la « fidélité » au texte source. La même pluralité de solutions s'offre pour la traduction de jeux de mots internes au lipogramme, avec des conséquences pour la transmission de ses enjeux métatextuels. En fait, cela représente un défi ultérieur pour les traducteurs, même dans les langues comme l'anglais ou l'italien, où la reproduction du lipogramme paraît relativement facile (due à la basse fréquence de la lettre lipogrammatique et à la possibilité de traduire le lipogramme en « e » tout en gardant les implications sémantiques et formelles du texte originel). Des exemples tirés de la version en anglais de John Lee et de la version en italien par Piero Falchetta nous permettront de montrer comment la variété s'impose au niveau des stratégies de traduction possibles et des résultats de la négociation.

2 *La Disparition*, jeu de mots par excellence

Dans son étude *Le jeu des mots*, Fabio Regattin a bien montré comment les définitions de jeux de mots données par les différents auteurs ont accordé une importance majeure ou mineure aux deux facteurs constitutifs de ces pratiques langagières : d'un côté, le *play*, c'est-à-dire le caractère de liberté et de gratuité du jeu ; de l'autre, le *game*, le respect de règles figées (Regattin 2009 : 10).[2] Par sa nature à la fois ludique et réglée, le lipogramme fournit un exemple parfait de la combinaison des deux types de jeu. Par là, il s'insère parfaitement dans la catégorie des jeux de mots, que Regattin définit de manière large, incluant la vaste hétérogénéité du genre : « Le jeu de mots pourrait donc être défini comme suit : un texte aux dimensions variables, qui implique un travail délibéré sur le signifiant et qui peut présenter une ou plusieurs des caractéristiques suivantes : ambiguïté, règle, liberté, divertissement » (Regattin 2009 : 39). Tandis que Regattin prévoyait que la coprésence d'antonymes (tel le binôme « règle / liberté ») dans le même jeu de mots serait « très difficile »[3], et qu'il spécifie que la présence d'*un* ou de *plusieurs* des éléments énumérés en haut serait suffisant à

---

[2] Regattin rappelle les définitions de jeux de mots qui, tout en étant construites sur les concepts de polysémie et d'ambiguïté, identifient les jeux de mots avec les calembours (Landheer 1969 ; Kelly 1970 ; Heller 1974 ; Delabastita 1993 ; voir Regattin 2009 : 17–18). Des définitions plus larges de jeux de mots s'opposent pourtant à la « dictature du calembour » (Regattin, 2009 : 20), tout en se concentrant sur la manipulation du signifiant (Attardo 1994 ; Todorov 1978) ou sur la gratuité du jeu (Guiraud 1976 ; Yaguello 1981 ; voir Regattin 2009 : 18, 32–33). La définition de Todorov est particulièrement intéressante pour notre étude, puisqu'elle relève de trois principes : le respect d'une règle, la longueur limitée du texte, le traitement spécial du signifiant. De plus, Todorov s'arrête à considérer sa définition par rapport au cas spécifique du lipogramme perecquien : « Mais peut-on appeler un roman un jeu de mots ? [...] Le roman de Perec, réalisant l'un des jeux de mots le plus répandu, n'est pas le premier exemple de lipogramme atteignant les dimensions d'un livre [...] car justement, à sa différence [du jeu de mots], le texte littéraire n'applique jamais une règle seulement (le lipogramme n'est d'ailleurs pas la seule règle de *La Disparition*) mais plusieurs à la fois » (Todorov 1978 : 303–304). Todorov met en évidence l'un des aspects le plus originaux de *La Disparition*, à savoir l'intersection de la règle lipogrammatique avec les règles qui définissent la structure fictionnelle du roman. Notre préférence pour la définition de Regattin, toutefois, est due à son ouverture et flexibilité, qui – on le verra – se prête à inclure l'hétérogénéité des jeux figurant dans *La Disparition* et à confronter le roman perecquien avec des conceptions plus strictes de jeux, fondés exclusivement sur l'ambiguïté. Sur la distinction entre *play* et *game* voir aussi Eco (2002a : XVIII).

[3] « Plusieurs concepts, parmi ceux que nous venons d'énumérer [ambiguïté, règle, liberté, divertissement], ne seront que très difficilement présents simultanément, dans un seul jeu de mots (le cas le plus éclatant étant l'opposition règle / liberté) ; toutefois, ils paraissent tous nécessaires à la caractérisation de certains jeux de mots » (Regattin 2009 : 37).

désigner un jeu de mots, *La Disparition* les contient tous au même temps. C'est cela qui constitue l'« excellence » du roman perecquien dans le contexte des jeux de mots, et sa capacité à représenter la catégorie des jeux de mots prise dans son hétérogénéité, au-delà de la spécificité du lipogramme.

Le fait de *libérer* la créativité de l'écrivain tout en la contraignant au respect de règles est le grand enjeu de la littérature oulipienne. Dans *La Disparition*, la liberté expressive déclenchée par la règle lipogrammatique apparaît premièrement par rapport à la vocation à l'écriture de l'auteur et à sa réaction face à des conditions existentielles radicales. Le filon « autobiographique » est très présent dans la production romanesque de Perec, bien qu'il ne soit pas toujours reconnaissable au premier coup d'œil (Perec [1985] 2002 : 10).[4] Perec est né en 1936 d'une famille d'immigrés juifs polonais. Dans son enfance, il perdit ses parents durant la Seconde Guerre mondiale. Ainsi, l'*H*istoire avec « sa grande hache »[5] l'a privé d'une *h*istoire personnelle dont le manque coïncide avec sa vocation pour l'écriture : « Le projet d'écrire mon histoire s'est formé presque en même temps que mon projet d'écrire » (Perec 1975 : 41). Dès le début, l'autobiographie et la fiction sont strictement mêlées. La narration double du roman *W ou le souvenir d'enfance* (1975) montre bien cette duplicité linéaire, où la recherche du propre passé et l'invention romanesque sont aussi distinctes qu'inséparables. Il ne s'agit pas, au sens traditionnel de l'autobiographie, d'une simple narrativisation du vécu de l'écrivain. Nous sommes plutôt face à une intégration, à une transposition qui fait que le manque subi dans la vie se transforme matériellement en un manque visible sur la page. Nous pensons notamment aux points de suspension qui divisent les deux parties du récit dans *W*, mais aussi au lipogramme, qui tranche effectivement l'élément le plus essentiel de l'alphabet du langage à disposition de l'écrivain. D'une part, l'écriture agit en tant que compensation de la privation d'un passé, tout en permettant à l'écrivain de créer et de maîtriser lui-même des histoires ; d'autre part, elle n'offre pas de véritable solution à l'expérience d'un traumatisme qui reste entouré par le vide et, en cela, enfermé dans son indicibilité. La coïncidence entre le sujet et le titre du roman lipogrammatique, *La Disparition*, d'une part, et l'acte de *disparition* que fut pour l'enfant Georges Perec la déportation de sa mère à Auschwitz, le 11 février 1943, d'autre part, est frappante.[6] De même, le « e » disparu interdit tout

---

4 Sur les enjeux biographiques de *La Disparition*, voir surtout Burgelin (1998 : 93).
5 L'homophonie [aʃ] indique à la fois la lettre H majuscule et une arme tranchante (Perec 1975 : 13).
6 Tout en rappelant la distinction entre biographie et « biotexte » (Jean Ricardou), Bernard Magné parle de « autobiographèmes » pour indiquer les éléments biographiques qui re-

lien familier (« père », « mère ») et bandit le genre féminin du français (dont la terminaison est typiquement en « e »). La dédicace « Pour E » que Perec inscrit au livre W fait écho aux « eux disparus », c'est-à-dire à la famille que Perec perçoit comme l'origine même de sa motivation à l'écriture :

> Je ne sais pas si je n'ai rien à dire, je sais que je ne dis rien ; je ne sais pas si ce que j'aurais à dire n'est pas dit parce qu'il est l'indicible (l'indicible n'est pas tapi dans l'écriture, il est ce qui l'a bien avant déclenchée) ; je sais que ce que je dis est blanc, est neutre, est signe une fois pour toutes d'un anéantissement une fois pour toutes. C'est cela que je dis, c'est cela que j'écris et c'est cela seulement qui se trouve dans les mots que je trace, et dans les lignes que ces mots dessinent, et dans les blancs que laisse apparaitre l'intervalle entre ces lignes : [...] je n'écris pas pour dire que je ne dirai rien, je n'écris pas pour dire que je n'ai rien à dire. J'écris : j'écris parce que nous avons vécu ensemble, parce que j'ai été un parmi eux, ombre au milieu de leurs ombres, corps près de leurs corps ; j'écris parce qu'ils ont laissé en moi leur marque indélébile et que la trace en est l'écriture : leur souvenir est mort à l'écriture ; l'écriture est le souvenir de leur mort et l'affirmation de ma vie. (Perec 1975 : 58–59)

Ce que Perec nous dit dans sa littérature est un « rien », un « blanc », un « anéantissement » dont la coïncidence avec la mutilation imposée par le lipogramme est d'une éloquence significative. L'écriture se fait « souvenir », « trace », « marque indélébile » d'un vide qui ne peut pas être remplacé ni vraiment expliqué, mais dont l'écriture trace les contours.

La liberté expressive générée par la règle du lipogramme se mesure aussi par rapport à une tradition littéraire dont Perec offre une valorisation et une modernisation. Dans son *Histoire du Lipogramme*, l'écrivain nous informe que les origines du lipogramme remontent au VIe siècle avant J.-C. La reprise de structures anciennes définit l'orientation « synthétique » de l'esthétique oulipienne, une orientation qu'il ne faut pas détacher du but « analytique » du groupe, consistant à découvrir les nouvelles potentialités créatives offertes aux écrivains (Oulipo 1973 : 17). Bien qu'ancienne, en effet, la structure du lipogramme a des potentialités nouvelles et inexplorées. Le but de Perec est de s'en servir pour proposer un renouvèlement dans la tradition du roman occidental et pour aboutir par ce biais « à un produit qui aurait, qui pourrait avoir un pouvoir stimulant sur la construction, la narration, l'affabulation, l'action, disons, d'un mot, sur la façon du roman d'aujourd'hui» (*LD* 309).[7] Tout cela se passe notam-

---

viennent, plus ou moins explicitement, dans la fiction perecquienne. Parmi d'autres, le chiffre 11 rappelle, justement, la disparition de la mère (Magné 1997).
7 Perec, Georges ([1969] 1989). D'ici en avant, nous indiquerons avec les initiales « *LD* » les citations tirées de notre édition de *La Disparition*, en espérant ainsi de les rendre plus aisément reconnaissables par le lecteur.

ment par un rapport aussi productif – à la fois traditionnel et nouveau – avec le genre du roman policier, dont le canevas offre une ultérieure source d'inspiration à l'écrivain.[8] L'intrigue de *La Disparition* se fonde ainsi sur la disparition d'un personnage, Anton Voyl, et de plusieurs de ses amis ainsi que des enquêteurs. Toutefois, le roman semble tourner dans le sens de la parodie, et les attentes du lecteur s'avèrent souvent déçues. La recherche de l'assassin ne mène pas aisément à sa découverte et à sa condamnation ; l'intérêt des personnages s'arrête bientôt sur la reconstruction de l'histoire familiale des disparus ; le lecteur, comme nous le verrons encore plus clairement, est distrait par des références insistantes au langage et à la qualité de la narration. Plus spécifiquement, le lecteur est surtout confondu par la langue lipogrammatique, une langue qui se veut souvent informelle et familière, mais qui reste quand même très étrange (Parayre 1992 : 242–247). La syntaxe est souvent bouleversée, le vocabulaire intègre des termes assez hétérogènes, qui viennent de langues et de registres différents. Par exemple, des locutions latines sont mêlées à des expressions argotiques, des néologismes suivent à des proverbes archi-connus. La mise au point des stratégies nécessaires au respect du lipogramme se lie à un penchant pour la variété (Burgelin 1998 : 109), avec le résultat d'une langue unique et inédite.

La liberté expressive de l'écrivain se combine donc avec la règle lipogrammatique pour que l'expérimentation langagière mène au renouvèlement du traitement du vécu et du rapport avec la tradition littéraire. Ainsi, *La Disparition* résout l'antinomie apparente entre « règle » et « liberté ». Les autres deux termes soulevés par Regattin, à savoir « ambiguïté » et « divertissement », ne sont pas antonymes, mais peuvent être rapprochés d'une conception antonymique des jeux de mots, qui oppose les *divertissements verbaux* – dont le but ne serait que de passer le temps – à d'autres *jeux de mots proprement dits*, où la création d'effets d'humour est liée à l'ambiguïté qui renvoie à des formes ou des significations différentes.[9] Or, dans *La Disparition*, le divertissement offert par le

---

[8] Le rapport entre l'œuvre perecquienne et le roman policier a été approfondi par Isabelle Dangy-Scaillierez dans son étude : *L'énigme criminelle dans les romans de Georges Perec* (Dangy-Scaillierez 2002).

[9] C'est la distinction entre « jeux *avec* les mots » et « jeux *sur* les mots » ou jeux « proprement dits » de Guiraud (Guiraud 1976 : 97–98) reprise aussi par Henry (Henry 2003 : 8–9). Malgré le fait que Guiraud avance surtout une distinction fonctionnelle entre les deux types de jeux – le premier étant voué au divertissement, le deuxième à la création d'humour – il attribue l'ambiguïté exclusivement au deuxième groupe : « Dans tout jeu de mots nous avons un texte qui présente deux (ou plusieurs) sens » (Guiraud 1976 : 105). Voir aussi Regattin : « Dans les

jeu du lipogramme n'exclue pas de formes d'ambiguïté propres à d'autres types de jeux de mots. Nous verrons par la suite comment cela est dû à l'ambiguïté mise en œuvre par le « métatexte » du roman, et à la présence de jeux de mots divers au sein de la structure lipogrammatique.

La Disparition naît tel un projet ludique et convivial, tout en incluant la collaboration d'autres auteurs, les amis que Perec invitait à participer, pour un pari linguistique et littéraire.[10] De plus, la conception perecquienne de l'écriture est celle d'« un jeu qui se joue à deux, entre l'écrivain et le lecteur » (Perec 1978b : 11). Dans ce sens, *La Disparition* réalise « l'essence du divertissement verbal », qui est, comme Guiraud l'a spécifié, « de trouver un sens caché ; le jeu consistant dans le défi lancé au joueur de découvrir ce sens ; ce qui met à l'épreuve à la fois la virtuosité de l'émetteur et la sagacité du récepteur » (Guiraud 1976 : 95). La participation du lecteur, que l'auteur veut exhorter, ne peut toutefois pas compromettre le principe radical du lipogramme. Pour qu'il soit respecté à 100 %, en effet, la lettre « e » ne peut jamais être incluse dans le texte. Ainsi, l'auteur se limite à donner des indices, des allusions discrètes, en ne suggérant qu'indirectement le secret de l'écriture du roman. L'ambiguïté est impliquée de deux façons ici. Dans un sens plus large, coïncidant avec une attitude obscure et incertaine (Robert et Alain 1985 : 297), l'auteur est engagé dans la mission d'« écrire » et, en même temps, « ne pas dire » le lipogramme (Béhar 1995). Cette attitude est dévoilée dans le texte, comme l'on voit dans le passage suivant : « [...] il s'agissait, pour l'artisan, d'aboutir à un produit qui, montrant puis masquant, tour à tour, sinon à la fois, garantirait la loi qui l'ourdit sans jamais la trahir » (*LD* 41). C'est l'auteur-même qui définit son approche au lipogramme : il montre, mais en même temps il cache le principe du jeu, sans jamais « trahir » la règle qui donne origine à l'écriture. Dans un sens plus circonscrit d'ambiguïté, entendue comme « possibilité d'interprétations multiples pour une seule forme » (Robert et Alain 1985 : 297), nous avons un double sens développé tout au long du roman, l'énigme fictionnelle coïncidant avec l'énigme linguistique, la mort des personnages coïncidant avec la « mort » des lettres de l'alphabet :

> Nous avons construit, nous taisant, un Talion qui nous poursuit aujourd'hui ; nous avons tu la damnation, nous n'avons pas dit son nom, lors nous connaîtrons la Mort, sans jamais pouvoir la fuir, sans jamais savoir pourquoi nous mourrons, car, issus d'un Tabou dont nous nommons l'Autour sans jamais l'approfondir jusqu'au bout [...], nous tairons

---

jeux oulipiens il n'y a aucune ambiguïté, et il n'est pas possible de distinguer un ludant et un ludé » (Regattin 2009 : 45).

10 Sur la généalogie de *La Disparition*, voir Bellos ([8]1993 : 4219) et Parayre (1992 : 402).

toujours la Loi qui nous agit, nous laissant croupir, nous laissant mourir dans l'Indivulgation qui nourrit sa propagation. (*LD* 216)

La « loi » lipogrammatique coïncide ainsi avec le motif qui se cache derrière la disparition des personnages. Elle est le « Talion », la « damnation », le « Tabou » qui donne au roman son atmosphère funèbre et le sens d'une indicibilité radicale (« l'Indivulgation ») et obscure (« sans jamais l'approfondir »).

L'ensemble des mécanismes autoréférentiels ainsi développés constitue le « métatexte » du roman perecquien, défini par Bernard Magné comme « l'ensemble des dispositifs par lesquels un texte désigne, soit par dénotation, soit par connotation, les mécanismes qui le produisent » (Parayre 1992 : 16). Les termes « dénotation » et « connotation » définissent deux types de stratégies métatextuelles, les deux visibles dans l'exemple cité en haut : l'un *désigne* certains éléments (le lipogramme qui se cache derrière la « loi », le « talion » etc.), l'autre leur donne une valeur *qualitative* (funèbre, indicible, obscure...). La connotation, en tout cas, peut être appliquée à tout niveau dénotatif. De tels procédés n'intéressent pas seulement la contrainte lipogrammatique mais aussi la nature de la lettre interdite et d'autres éléments de l'écriture.[11] Le « e » est suggéré au lecteur par des références à sa forme graphique ou phonique. Ainsi par exemple, une attention particulière est donnée au chiffre « 3 » (que l'on peut lire comme un « E » à l'envers). Les œufs constituent un élément fictionnel central dans la narration du roman, et cela vient du calembour homophonique « e » / « œufs » qui permet de suggérer la lettre lipogrammatique. L'écrivain utilise aussi des métaphores comme « la Main à trois doigts d'un Sardon ricanant » (*LD* 19), où les trois doigts rappellent les trois traits horizontaux de la lettre « E » en majuscule. D'autres références à l'alphabet affecté par le lipogramme sont parsemées au niveau du paratexte, c'est-à-dire au niveau de l'organisation du livre en parties et chapitres. La table des matières est étrangement mutilée : le nombre et l'ordre des chapitres et des parties sont déterminés par un parallélisme avec le nombre et l'ordre des lettres de l'alphabet, d'où la disparition du chapitre 5, équivalent à la position de la lettre « e » dans l'alphabet français. De même, la partie n°2 est absente pour respecter l'absence du « e » dans la liste des six voyelles. Le même principe est appliqué au niveau fictionnel, avec une récurrence spécifique touchant les chiffres qui ont une relation avec le numéro des voyelles et des lettres de l'alphabet : le 5 et le 6, le 25 et le 26. De plus, les noms des personnages permettent une référence constante aux lettres de l'alphabet : « Anton Voyl » est une allusion aux voyelles,

---

[11] Les procédés métatextuels cités dans ce paragraphe ont été étudiés en détail par Magné (2001) et Parayre (1992).

de même qu'« Amaury Conson », l'ami d'Anton, qui disparait à son tour, l'est pour les consonnes. Les personnages secondaires sont présentés selon une succession alphabétique lors des mésaventures qui mènent à leur disparition : *N*icias, *O*ptat, *P*arfait, *Q*uasimodo, *R*omuald, *S*abin. Finalement, des références métatextuelles concernent aussi l'identité du roman. Cela se passe par des techniques de mise en abîme qui insèrent le titre à l'intérieur du texte : le roman s'ouvre sur un poème qui s'appelle, justement, « La Disparition », et qui est signé Jacques Roubaud ; le personnage d'Anton Voyl écrit un journal tout en choisissant, encore, le titre « La Disparition ».

La mise en abîme reflète le roman et le processus créatif qui est à son origine tout en suggérant son implication dans le mystère linguistique et fictionnel au lecteur. Elle concerne également la structure du roman, avec l'insertion de jeux de mots « ponctuels » (Henry 2003 : 51–63) au sein même du lipogramme. Cela concerne exactement la structure lipogrammatique dans le cas du polylipogramme en « e », « a » et « z » réalisé par Raymond Queneau et intégré dans *La Disparition*.[12] Toutefois, cela ne serait qu'un exemple d'un groupe assez hétérogène de jeux, comprenant pas seulement les divertissements verbaux, mais aussi de nombreux jeux fondés sur l'ambiguïté sémantique et phonétique. Un effet de mise en abîme est encore imputable à ces jeux puisqu'ils répliquent le principe du jeu réalisé par le « système d'écriture » (Henry 2003 : 51–63) qui est le lipogramme. En outre, pour leur capacité à renvoyer à un double sens, ils sont essentiels à la réalisation du métatexte et, pour cela, spécialement récurrents dans le texte. Leur spécificité est de réaliser le jeu « *in absentia* » (Landheer 1984)[13] par rapport à l'élément non lipogrammatique qu'ils sont censés suggérer au lecteur. Nous avons déjà signalé certains de ces jeux, comme les calembours paronymiques sur les noms des personnages, « Voyl » / « Voyelle » et « Conson » / « Consonne », dont la récurrence suit bien évidemment l'importance des personnages dans l'ordre de la fiction. Le calembour homophonique « e » / « œufs » est intégré d'une façon plurielle et variée dans le texte. Par exemple, il est évoqué dans le nom du personnage « Haig », calembour bilingue

---

12 « Ondoyons un poupon, dit Orgon, fils d'Ubu. Bouffons choux, bijoux, poux, puis du mou, du confit ; buvons, non point un grog : un punch. Il but du vin itou, du rhum, du whisky, du coco, puis il dormit sur un roc. L'infini bruit du ru couvrit son son. Nous irons sous un pont où nous pourrons promouvoir un dodo, dodo du poupon du fils d'Orgon fils d'Ubu. Un condor prit son vol. Un lion riquiqui sortit pour voir un dingo. Un loup fuit. Un opossum court. Où vont-ils ? L'ours rompit son cou. Il souffrit. Un lis croît sur un mur : voici qu'il couvrit orillons ou goulots du cruchon ou du pot pur stuc. Ubu pond son poids d'or » (*LD* 296). Le polylipogramme a été aussi publié dans le premier recueil de l'Oulipo (Oulipo 1973 : 93).
13 Cité par Henry (2003 : 19).

rappelant la prononciation de l'œuf en anglais : /eg/. Le jeu est développé ultérieurement dans la fiction : le personnage meurt dans une coquille blanche, dans laquelle il était caché au cours d'un spectacle théâtral. Sa mort est commentée par une allusion à Humpty-Dumpty, le personnage qui, dans *Alice au pays des merveilles*, ressemble bien à un œuf (*LD* 106 ; Parayre 1992 : 113). Il y a aussi d'autres exemples récurrents dans le texte : la polysémie du terme « blanc(s) », avec 141 occurrences, qui est à la fois une couleur, un espace typographique et un signe du vide ; la polysémie du terme « bourdon(s) » (19 occurrences), simultanément un insecte, une note très basse et une erreur typographique.[14]

Comme l'ambiguïté est bien présente dans *La Disparition*, on ne pourrait pas non plus nier la présence de l'humour qui serait l'effet des jeux de mots « proprement dits » ; cela malgré la connotation funèbre dominante du roman. Nous en donnons un exemple dans l'extrait suivant, lié au réseau métatextuel du jeu « œuf » / « e »[15], mais dont l'effet d'humour est surtout généré par des effets d'homonymie et de polysémie :

> Parfait [1], vrai Goliath, plus fort qu'un Turc [...]
> Il avait mis au point un sabayon au sirop, fort rafraichissant à qui Ankara associa aussitôt son nom [...]
> Maximin alla donc voir Parfait. Il lui donna vingt sous puis lui commanda un colossal parfait [2] aux limons doux.
> Parfait [3], dit Parfait.
> Mais quand Parfait livra son parfait, Maximin y gouta, puis simulant un profond pouah, lui dit qu'il sabotait son travail.
> Quoi ! dit Parfait palissant sous l'affront, imparfait [3] mon parfait !!!? [...]
> Maximin lui balança du gourdin sur l'occiput. Parfait [...] s'abattit.
> Maximin couvrit son corps du parfait aux limons doux, nappa d'un sirop, puis parfit [4] son travail disposant par-ci, par-là, moult fruits confits.
> Alors il fit sortir d'un coin obscur son carlin favori, un Danois colossal qu'il n'avait, six ans durant, nourri qu'aux parfaits du frangin.
> L'animal, on l'a compris, bondit, palpa, lappa, puis pour finir, happa.
> Maximin sortit, ricanant « Allah n'a-t-il pas dit : Tu naquis du Limon, tu finiras Limon ? »
> (*LD* 250)

Dans cet extrait, le terme « Parfait » indique le nom d'un personnage [1], un cocktail [2], et l'absence de tout défaut [3]. Finalement, on rajoute de la redondance avec une forme au passé du verbe « parfaire », signifiant le perfectionne-

---

[14] Il renvoie d'ailleurs à des expressions de connotation dysphorique comme « avoir le bourdon » (= être mélancolique).
[15] Ce réseau métatextuel a été particulièrement mis en évidence par John Lee (Lee 2000a).

ment d'une action [4]. Parfait est tué par son frère Maximin en raison de ne pas avoir réussi à préparer un bon cocktail (il n'est pas anodin que le cocktail, étant un sabayon, devrait contenir des œufs). Le comique vient de la confusion générée par la répétition du même mot, qui s'ajoute à la juxtaposition de termes du langage oral comme « pouah », ou de l'argot comme « frangin » avec un langage plus précis et soutenu (« saboter », « palisser »). En outre, le meurtre est accompli d'une façon grotesque : Maximin laisse son gros chien lécher et manger son frère. D'autres calembours sont présents au début et à la fin de l'extrait. L'expression « plus fort qu'un Turc », rappelle en effet l'idiome « fort comme un Turc » et crée de l'humour par le fait que Parfait, résident à Ankara, est effectivement Turc. A la fin du passage nous trouvons un jeu complexe : « Allah n'a-t-il pas dit : Tu naquis du Limon, tu finiras Limon ? ». D'une part, il y a la polysémie du terme « limon » qui désigne à la fois le fruit pour le cocktail et une terre fertile. De l'autre, c'est une allusion à la phrase biblique « Car tu es glaise et tu retourneras à la glaise » (*Genèse* II, 7), suivie par « Le Seigneur Dieu forma donc l'homme du limon de la Terre » (*Genèse* III, 19). « Allah » est le substitut lipogrammatique du « dieu » biblique. La familiarité du lecteur avec l'hypotexte est essentielle à la création de l'humour, ainsi que son emploi hors-contexte.[16]

Nous avons montré comment *La Disparition* pousse les potentialités des jeux de mots bien au-delà des limites du lipogramme. La distinction entre divertissements verbaux et jeux de mots fondés sur l'ambiguïté est surmontée par le fait que l'ambiguïté est en œuvre dans le lipogramme-même et constitue un élément essentiel pour la réalisation du style et de la complexité énigmatique de l'œuvre. La récurrence de jeux de mots internes au lipogramme crée de véritables « réseaux » textuels (Lee 2000a : 117), des textures qui ont pour effet de donner unité à un texte aussi hétérogène que discontinu. Tout jeu interne au texte participe du principe ludique qui fonde l'écriture tout en lui offrant un écho, un miroir ou une extension. Pour cette même raison, comme l'a souligné le traducteur John Lee, « the beauty of Perec's lipogram is [...] that you only have to dip into one short section to gain access to the whole » (Lee 2000b : 143). Pour cette même raison l'on ne pourrait pas nier la valeur représentative de *La Disparition* dans tout discours sur la catégorie des jeux de mots : exploitation maximale du jeu lipogrammatique, combinaison et chevauchement de jeux divers, le roman perecquien s'impose comme jeu de mots « par excellence » dans la tradition littéraire occidentale.

---

16 Sur l'analyse de l'extrait voir aussi Parayre (1992 : 172–175).

3 La traduction de *La Disparition* : le renouvèlement du jeu

Toute traduction peut être considérée comme une amplification des possibilités de lecture d'un texte au-delà de ses bornes linguistiques. Dans le cas de *La Disparition*, toutefois, écriture et traduction se définissent l'une à travers l'autre, les deux éléments étant essentiels et interdépendants dans l'ontologie du livre. D'un côté, la traduction s'impose à l'écriture par la composante intertextuelle dominante dans l'œuvre.[17] Le texte présente de véritables *réécritures* d'œuvres littéraires connues et « archiconnues »[18] en français lipogrammatique. En outre, même si cette image ne saurait aller au-delà de la simple suggestion, l'on pourrait considérer tout le roman *La Disparition* comme une traduction en langue « artificielle » (lipogrammatique) d'une œuvre idéalement formulée dans une langue naturelle.[19] De l'autre côté, c'est aussi la généalogie du livre à être structurellement connectée à sa traduction. On est ici au-delà de l'ambition de toute traduction de recréer l'œuvre dans une langue étrangère, et de transmettre son contenu et ses valeurs formelles. C'est l'acte de la traduction ellemême qui renouvèle les potentialités du lipogramme comme matrice de créativité et notamment comme matrice de jeux de mots. Tel l'esprit d'un livre qui ne semble pas écrit une fois pour toutes, et dont la traduction parait singulièrement marquée par les signes de la variété et de la pluralité.

Cela est dû certes, à la particularité des textes à contraintes et, plus en général, de tout jeu de mots. La traduction, « écriture de la lecture d'une écriture » (Calle-Gruber 1984 : 11) nécessite toujours que le traducteur prenne position et choisisse entre des solutions alternatives. Dans le cas des jeux de mots, cela est bien difficile pour le lien fort qui s'installe entre signifié et signifiant, d'où l'importance jouée par la nature de la langue dans laquelle le jeu de mots est produit (Henry 2003 : 111). De plus, une adaptation des références culturelles est souvent nécessaire pour que le jeu soit intelligible pour les lecteurs de la langue cible. Les implications formelles et culturelles des jeux de mots imposent une idée assez ample et flexible de la traduction. Certains auteurs ont choisi de marquer cet aspect d'ouverture avec l'emploi d'une terminologie nouvelle : Georges

---

[17] A ce propos, voir le deuxième volume de la thèse de Parayre, entièrement dédiée à l'analyse de l'intertexte (Parayre 1992).
[18] On lit « madrigaux archi-connus » dans *La Disparition* (*LD* 116).
[19] Nous parlons de simple suggestion puisque nous savons que cette œuvre idéale n'existe pas, et que Perec a composé son roman en partant du matériel lipogrammatique (Bellos 1993 : 421).

Bastin parle d'« adaptation » (Bastin 1993 : 475). Ruggero Campagnoli et Yves Hersant, traducteurs des travaux oulipiens en italien et membres de l'Oplepo (version italienne de l'Oulipo), distinguent jusqu'à trois opérations différentes : 1) une « traduction » proprement dite, qui serait une simple transposition de signifiés d'une langue à l'autre, 2) « la translation », qui représenterait un transfert des signifiés et des signifiants, et 3) la « transposition », caractérisée comme un transfert des règles génératives d'un texte indépendamment du résultat (Campagnoli et Hersant 1985 : 296). Comme il a été démontré par Jacqueline Henry, il faut abandonner l'idée d'une simple « correspondance linguistique » entre le texte source et le texte cible, pour aboutir plutôt à une « équivalence textuelle », qui puisse recréer les enjeux pragmatiques des jeux de mots originels, à savoir leur fonction et leur effet dans le texte (Henry 2003 : 67).

Bien à cause de ces enjeux pragmatiques, c'est un exemple de traduction, plus qu'une véritable théorie, à avoir inspiré plusieurs des traducteurs de *La Disparition*[20] : la traduction en italien des *Exercices de style* de Raymond Queneau par Umberto Eco, qu'il a commentée en soulignant la spécificité linguistique et culturelle de tout jeu de mots :

> In short, none of the exercises in this book is purely linguistic, and none is totally extraneous to one specific language. Insofar as they are not purely linguistic, all the exercises are linked intertextually and historically ; and insofar as they are all linked to one specific language, each exercise owes much to the genius of the French language. In both cases, rather than translate, one must seek to recreate in another language, with references to other texts, another society and another historical period. (Eco [1983] 2002b : 236)[21]

De plus, il a avancé une conception de la traduction très proche de l'esthétique du jeu de l'Oulipo :

> [...] my decision was that of defining what the concept of fidelity might mean in dealing with such a book. For sure, it did not mean a literal translation.
> Let us say that Queneau came up with a game and laid down the rules as he went about playing it, splendidly, in 1947. Fidelity meant understanding those rules, respecting them, and then playing the game afresh in the same number of moves. (Eco [1983] 2002b : 238)

---

20 Umberto Eco est cité comme modèle à la table ronde sur la traduction de *La Disparition* des Assises de Traduction de Arles, le 11 novembre 2011. Présentation par Camille Bloomfield (Université Vincennes – Saint Denis Paris 8); traducteurs : Marc Parayre (espagnol), Valeri Kislov (russe), Vanda Mikšić (croate), John Lee (anglais), Shuichiro Shiotsuka (japonais). Source disponible sur internet (Bloomfield 2012).

21 Il existe aussi une traduction en français qui, malheureusement, ne peut pas être consultée au moment de l'écriture de cette contribution (voir références bibliographiques).

Puisque les textes à contraintes se fondent sur des règles et la possibilité de générer de la créativité à partir de ces règles, cette même créativité peut être réactivée en répétant les principes du jeu. Toutefois, cela ne se passe pas sans requérir certains changements. Quelques années plus tard, dans *Dire quasi la stessa cosa* [Dire presque la même chose], Eco enrichit sa réflexion sur la traduction en expliquant son principe de « négociation » (Eco 2003). Négocier veut dire être conscient de toute restriction, interne ou externe au texte, conditionnant notre traduction. Cela inclut le destinataire, la langue cible, le « vouloir-dire » de l'auteur (Bastin 1993 : 476), mais aussi des facteurs externes comme les exigences éditoriales imposées au traducteur. Négocier veut dire, en outre, accepter le fait qu'il n'existe pas une seule traduction possible, et que toute traduction, bien qu'excellente, puisse plus ou moins s'approcher du texte source, mais jamais y être tout à fait superposable. Enfin, négocier veut dire être ouvert au compromis, établir un bilan souvent difficile entre pertes et compensations, dans la recherche d'un équilibre entre les enjeux mineurs et majeurs d'un texte.

Les considérations d'Eco sont effectivement très pertinentes pour décrire les problématiques posées par la traduction de *La Disparition*. La présence de quatre versions pour une même langue (l'anglais) montre qu'il est impossible d'arriver à une traduction parfaite et définitive. À ces quatre traductions s'ajoutent les traductions dans dix autres langues, pour un total de quatorze versions existantes jusqu'à aujourd'hui.[22] Dès le début, les traducteurs de *La Disparition* se trouvent face à des choix aux conséquences singulièrement radicales et systématiques. Les règles du jeu lipogrammatique, en effet, ne sont pas

---

[22] Allemand : *Anton Voyls Fortgang*, (Eugen Helmé), Frankfurt am Main, ed. Zweitausendeins 1986 ; anglais : *A Void* (Gilbert Adair), London, Harvill 1994, et les versions inédites : *Vanish'd !* (John Lee), *A Vanishing* (Ian Monk), *Omissions* (Julian West) disponibles à l'Association Georges Perec, Bibliothèque de l'Arsenal, Paris ; espagnol : *El Secuestro* (Marisol Arbués, Mercè Burrell, Marc Parayre, Hermes Salceda e Regina Varga), Barcelona, Anagrama 1997 ; italien : *La Scomparsa* (Piero Falchetta), Napoli, Guida editori 1995 ; suédois : *Försvinna* (Sture Pyk), Stockholm, Albert Bonniers Förlag 2000; ukrainien : Жорж Перек Исчезновение, пер. А.Асташонка-Жгировского, Киев, издательство Ника-Центр, 2001 (version sans lipogramme, épuisée, disponible sur internet : http://www.e-reading-lib.com/book.php?book=112826) ; russe : Исчезание [*Ischezanie*] (Valeriy Kislow), Saint-Pétersbourg, Ника-Центр 2005 ; turque : *Kaybolus* (Cemal Yardımcı) Istanbul Ayrıntı Yayınları 2006; néerlandais : *'t Manco* (Guido van de Wiel), Arbeiderspers 2009 ; roumain : *Disparitia* (Serban Foarta), București, editura Art, 2010 ; japonais : *Enmetsu* (Shuichiro Shiotsuka), Tokyo, Suiseisha 2010 ; croate : *Ispario* (Vanda Miksic), Zagreb, Meandar Media 2012. La liste a été mise à jour par Camille Bloomfield dans le livre *Oulipo mode d'emploi* à paraître en 2015, Editions Honoré Champion. Le livre offre un aperçu très intéressant sur la réception de l'Oulipo à l'étranger, notamment en Italie et aux Etats-Unis.

interprétables d'une façon univoque. Perec ôte le « e », qui est à la fois la lettre la plus fréquente de l'alphabet français (avec une fréquence moyenne de 17 %) et l'élément qui crée ce fort lien avec l'expérience autobiographique de l'holocauste et de la guerre. La coïncidence entre la fréquence maximale et la valeur symbolique du « e » en français, toutefois, n'est qu'accidentelle, et il n'est pas toujours possible de la reproduire dans d'autres langues.

Si l'on regarde l'ensemble des traductions effectuées aujourd'hui, on peut constater que toutes gardent le lipogramme (sauf une version ukrainienne, épuisée) et qu'en grande partie, il s'agit toujours d'un lipogramme en « e » (traductions en anglais, italien, roumain, turc, croate, suédois, allemand, néerlandais). Toutefois, on note des exceptions frappantes : en espagnol, la version de Salceda, Parayre et al. rend le lipogramme en « a » ; en russe, Valeriy Kislow a rédigé un lipogramme en « o » ; en japonais, enfin, le lipogramme a été interprété tout en interdisant les mots dont la transcription en notations syllabiques (« hiragana » ou « katakana » qui, en japonais, s'ajoutent aux caractères chinois) aurait compris le phonème /i/. Dans les trois cas mentionnés en haut, nous sommes face à une solution « formaliste » (Lee 2000a : 118), où le choix du traducteur est d'enlever le correspondant de la voyelle la plus fréquente de l'alphabet du texte cible. Ainsi, les traducteurs visent à égaler l'habilité technique et le style de l'écrivain français :

> Nous avons écarté la possibilité du lipogramme en ‹e› (qui n'allait pas sans un certain nombre d'avantages) puisque la fréquence de cette voyelle est, en espagnol, nettement inférieure à celle qu'elle est en français. En outre, comme le lipogramme en ‹e› n'entrave pas l'usage de la langue aussi fortement qu'en français, la traduction espagnole aurait présenté un style trop proche de la norme cultivée, en tout cas assez éloigné des phrases heurtées et des changements brusques des registres qui caractérisent l'écriture de *La Disparition*, et n'aurait pas donné aux hispanophones une image juste de la productivité scripturale de la contrainte originale. (Salceda, traducteur en espagnol, Salceda 2002 : 210)

En effet, alors que dans certaines langues la traduction du lipogramme en « e » a rendu le défi plus difficile pour le traducteur (la fréquence passe à environ 18 % en néerlandais)[23], dans d'autres langues, l'opération lipogrammatique est bien plus facile (la fréquence de cette voyelle est grosso modo de 12 % en anglais et de 11 % en italien).[24] En revanche, le choix du « e » est justifié par

---

[23] Source : Fondation pour l'information du public sur la science et la technologie (PWT), 1985.
[24] Sources : données fournies par des cours en ligne de cryptographie de l'Université de Perpignan, de l'Université de Naples « Federico II » et de l'Université de Cornell (mars 2012).

l'idée d'une majeure adhérence aux réseaux textuels mis en œuvre dans *La Disparition*, ainsi que par l'importance attribuée à la lettre « e » dans le vécu de l'écrivain : l'écho des parents disparus dans la langue originale, mais aussi la fréquence de la lettre dans le nom de l'écrivain, Georges Perec, avec l'étymologie assez suggestive de « Perec » de l'hébreu « Peretz » qui veut dire « trou » (Perec 1975 : 51). C'est à quoi se réfère Vanda Miksic, traductrice en croate, quand elle explique : « Néanmoins, je me suis décidée à enlever la lettre < e >, et c'est dans le contenu même et dans le nom de Perec que j'ai trouvé l'appui pour cette décision » (Bloomfield 2012 : 5).

La nécessité de la négociation théorisée par Umberto Eco est assez évidente ici. Toutes les raisons proposées par les traducteurs ont une certaine validité, mais l'image est celle d'une couverture toujours trop courte chaque fois que l'on tire sur l'un de ses bords. Si, d'une part, la traduction du lipogramme en « e » peut rendre le jeu moins vertueux, d'autre part, une fidélité majeure aux principes techniques et esthétiques du lipogramme perecquien mène aussi au besoin d'ajustements sur d'autres plans. Dans *La Disparition*, on l'a vu, le lipogramme détermine tout aspect du livre, y compris l'ordre des chapitres et des parties. Ainsi, pour en respecter la structure paratextuelle, Parayre et Salceda éliminent le premier chapitre et la première partie – et pas le cinquième chapitre et la deuxième partie – puisque le « a » est la première voyelle et la première lettre de l'alphabet espagnol. Dans le cas japonais le résultat est assez différent, car le phonème /i/ apparaît plusieurs fois dans les alphabets syllabiques hiragana et katakana. Ainsi, le traducteur a composé un roman de 39 chapitres, parce que 48 serait le nombre total des syllabes, et 39 le nombre de syllabes qui n'incluent pas le phonème /i/. De plus, pour rendre le manque que le roman original présentait au chapitre 5, le traducteur japonais est intervenu au niveau de la fiction, en accentuant les motifs du silence, de la disparition et de la coupure dans les parties de sa version qui correspondent aux chapitres 4 à 6 du texte français (Bloomfield 2012 : 6).

Le respect du lipogramme est certes la « maxi-contrainte » réglant la traduction de *La Disparition*, mais, en même temps, il n'est qu'une des problématiques se posant aux traducteurs. La traduction des jeux de mots internes au lipogramme et la transmission de leur valeur métatextuelle est, en effet, un aspect également important et complexe, où s'impose aussi la nécessité d'une négociation. Cela est évident même dans les langues comme l'italien et l'anglais, où le choix de la lettre lipogrammatique ne semble pas être problématique (le « e » étant, dans les deux cas, la voyelle la plus fréquente, et ayant d'ailleurs une fréquence relativement basse). Pour montrer cette complexité, et la variété de solutions possibles disponibles aux traducteurs, nous regarderons de plus près la version italienne de Piero Falchetta, *La Scomparsa*, et une des quatre versions en anglais : *Vanish'd !* de John Lee.

Dans le cas italien, il s'agit de la seule version complète et publiée (d'autres fragments existent, réalisés notamment par le traducteur Bruno Chiaranti et l'écrivain Gianni Celati, mais ils sont de longueur plutôt limitée).[25] Falchetta accompagne sa traduction d'une « Mappa della Sopravvivenza » (Mappe de la Survie) présentant l'œuvre de l'écrivain français et donnant des clés de lecture importantes sur le texte et sa propre interprétation. L'inspiration du traducteur, il explique, a été donnée par sa réception de l'œuvre perecquienne, marquée par le sentiment tragique de la perte et l'idée d'une représentation du réel fictive et lacunaire : « [...] la fidélité au sentiment de l'écrivain a été, ici, le guide, l'étroit chemin qui a amené *La Disparition* au lecteur italien pour la première fois » (Falchetta 1995 : 313).[26] Le traducteur italien avoue d'y avoir limité le jeu (« non giocare più del consentito »), et d'avoir accepté des renonciations, la priorité ayant toujours été donnée au texte (et nous verrons comment ces pertes, en effet, se situent plutôt au niveau du métatexte).

La version de John Lee, au contraire, se distingue dans l'ensemble des quatre versions anglaises précisément pour l'attention au métatexte et pour les tentatives de rendre les réseaux métatextuels avec une attention, à la fois, au texte originel (avec une restitution indirecte du champ sémantique de l'œuf, par exemple) et au texte traduit (d'où vient l'emphase donnée au phonème /i/, prononciation du « e » en anglais »).[27] Malgré son attachement aux principes métatextuels du texte, et même à cause de cela, le texte a été écarté par l'éditeur The Harvill Press qui, en 1994, a publié la version de Gilbert Adair, *A Void*, considérée plus « plausible ».[28] Ici, la priorité donnée à la lisibilité du lipo-

---

[25] Nous avons proposé une analyse de ces fragments dans le Mémoire de Master *Georges Perec, La Disparition : problemi e strategie di traduzione* (2011, 55–58), inédit, mais dont une copie peut être consultée au siège de l'Association Georges Perec de Paris.

[26] La traduction est à nous. En italien : « [...] la fedeltà al sentimento dello scrittore è stata qui la guida, e magari anche la stretta via, che ha condotto per la prima volta *La Scomparsa* fino al lettore italiano ».

[27] Par exemple, l'insistance sur le /i/ est évidente dans la traduction du terme 'blanc' par les adjectifs « lily », « snowy », « milky » (*V* 72).

[28] Une confrontation détaillée entre la version de Lee et la version d'Adair, en polémique avec la décision de l'éditeur, a été menée par John Lee, Sara Greaves et Mireille Ribière sur la revue *Palimpsestes* (Lee 2000b ; Greaves 2000). Les deux autres versions, *A Vanishing*, réalisée par Ian Monk, et les *Omissions*, du canadien Julian West n'ont également pas été publiées mais elles sont disponibles à la consultation à l'Association Georges Perec de Paris. Une confrontation des quatre versions en anglais a été entamée par Julian West mais reste inédite jusqu'à aujourd'hui.

gramme amène souvent la traduction très loin du texte original, en la plaçant à la limite du respect du principe lipogrammatique (*All About E* était le premier choix pour le titre du roman, finalement écarté pour *A Void*, Greaves 2000 : 104). Des exemples tirés de la version de Lee, avec les exemples de la version italienne de Falchetta, nous permettront de montrer comment différentes stratégies peuvent être adoptées pour la traduction des jeux de mots ponctuels de *La Disparition*. Dans notre illustration, nous nous inspirerons de la classification développée par Dirk Delabastita dans son étude sur les jeux de mots shakespeariens (Delabastita 1993 : 191–221). Bien qu'elle ait été conçue pour une étude plus spécifique des « puns », cette classification nous fournit un outil apte à décrire des cas divers de jeux de mots ; par cela, elle peut être utile à souligner les pertes et les compensations qui sont à « négocier » dans leur traduction.[29]

La première catégorie envisagée par Delabastita inclut les cas où le traducteur rend le jeu du texte source avec un jeu dans le texte cible. Toutefois, à l'intérieur de cette catégorie, Delabastita distingue trois cas différents, selon que le jeu soit répété tel quel dans la langue d'arrivée, qu'il soit rendu avec du matériel verbal différent, ou par contre traduit par un jeu différent. Un exemple du premier cas est fourni par la traduction de la contrepèterie suivante, soit dans la version de Falchetta que dans la version de Lee :

(1) a. [...] blanc, blanc, blanc, jusqu'au nul, jusqu'à l'omission [...]
    Ah Moby Dick ! Ah maudit Bic !
    (*LD* 89)

Le jeu trouve place au huitième chapitre, au cœur d'une réécriture de *Moby Dick* de Melville. Tout en inversant les lettres « b » et « d », la malédiction associée à l'histoire de la baleine (connotation métatextuelle) est transmise à l'acte d'écriture (dénotation métatextuelle) et, de là, à l'« omission » de la lettre lipogrammatique. Suivant la même technique de permutation, et en l'appliquant sur les mêmes lettres, « b » et « d », Falchetta et Lee répètent le jeu :

(1) b. [...] bianco, bianco, bianco, bianco fino al nulla, fino all'omissis !
    Ah Moby Dick, a mo' di Bic !
    (*LS* 80)

(1) c. [...] so lily, snowy, milky, albuminous, whitish to a point of nullity and omission !
    Ah, Moby Dick ! Ah, moody Bic !
    (*V* 72)

---

[29] Pour la traduction des termes en français de cette classification nous avons fait référence à l'étude de Regattin (2009 : 79–83).

Toutefois, la répétition du jeu comporte de toutes petites modifications sur l'effet final, au moins au niveau métatextuel. Falchetta met l'accent sur une idée d'écriture fictive, en rappelant le procédé de révéler / masquer qui caractérise le métatexte du roman. « A mo' di », en fait, suggère une attitude du « comme si... », dont on peut toujours questionner la véracité (Falchetta 1995 : 296). Lee s'approche également de cet effet en substituant la connotation de la malédiction (« maudit ») avec la tonalité lunatique du « moody ».

Par contre, dans le cas du palindrome, la traduction comporte le choix d'un matériel tout à fait différent :

(2) a. Un as noir si mou qu'omis rions à nu !
     (*LD* 156).

Le palindrome est un texte dans lequel, avec un pivot établi au centre, on a la même succession de lettres en lisant de gauche à droite aussi bien que de droite à gauche (dans le palindrome perecquien, l'axe est représenté par la lettre « q »). Dans cet exemple, on pourrait également analyser le contenu métatextuel (le noir de l'écriture, la nudité de la langue affectée dans sa corporéité), mais il est vrai qu'il n'est pas aussi évident que dans l'exemple précédent. Certes, cette valeur est tout à fait perdue dans la version de Falchetta, qui traduit le jeu avec le palindrome le plus long de la langue italienne :

(2) b. Accavallavacca
     (*LS* 146)

Il s'agit d'une invention de l'écrivain Marco Morello, devenue, par la suite, le titre d'un livre di Stefano Bartezzaghi, énigmiste assez connu en Italie. Les mots inclus dans le palindrome n'ont aucun rapport avec l'original français : « accavalla » est la troisième personne du présent du verbe italien *accavallare* 'chevaucher' et « vacca » signifie 'vache'. La même distance persiste si on lit le palindrome dans sa version sémantique alternative : « acca v = alla v acca », qui équivaut à lire l'expression mathématique « h ^{v} = à la <v> , <h>». Le traducteur italien a donc choisi un jeu qui, étant connu au public, peut faciliter la compréhension immédiate du palindrome. Le choix de Lee, au contraire, tout en contenant du matériel différent, garde une référence métatextuelle avec l'opposition de la neige blanche à la couleur noir de la suie :

(2) c. Too snow-mad god 'n' dog dam' won soot !
     (*V* 130)

Finalement, la première catégorie de Delabastita inclut également les cas où un jeu est traduit dans le texte d'arrivée avec un jeu différent. Dans la séquence de la mort de Parfait, que nous avons cité supra, nous avons relevé le calembour polysémique :

(3) a. Maximin sortit, ricanant « Allah n'a-t-il pas dit : Tu naquis du Limon, tu finiras Limon ? »
(*LD* 250)

qui est remplacé avec un calembour paronymique par Falchetta :

(3) b. Maximin uscì sghignazzando « Non sta scritto Fosti <u>Fango</u>, Sarai <u>Fungo</u> ? »
(*LS* 231)

La paronymie lie le « fango » (la boue) au « fungo » (champignon qui donne la saveur du cocktail, tout en substituant le limon français). Lee adopte aussi une paronymie, mais il garde le goût du limon pour jouer avec « slimy » (visqueux) qui renvoie au « limon » :

(3) c. [...] so I say : « <u>Slimy</u> thou art and unto <u>sour-limy</u> thou dost go back » !
(*V* 207)

La deuxième catégorie de Delabastita concerne, à son tour, l'annulation du jeu dans le texte cible. À notre avis, Falchetta a effectivement utilisé cette stratégie plus souvent que Lee, mais on trouve aussi des cas où les deux traducteurs ont renoncé au jeu. Un exemple est fourni par le calembour homonymique suivant, inséré dans un passage fortement fondé sur l'hypotexte du *Double assassinat dans la rue Morgue* d'Edgar Allan Poe. Le personnage, qui dans son inefficacité est une parodie du détective Dupin, commente son incapacité à résoudre l'énigme en exclamant :

(4) a. Jadis, au moins, j'avais du Pot.
(*LD* 54)

Le mot « pot », élément de l'expression idiomatique « avoir du pot » (avoir du cul, avoir de la chance) renvoie aussi, phonétiquement, au nom de l'écrivain Poe, dont l'identité est ultérieurement suggérée par la forme majuscule de la première lettre. Falchetta rend le ton du texte original avec une expression idiomatique équivalente (littéralement : « je n'ai plus le cul de jadis »), tout en perdant le jeu :

(4) b. Non ho più il culo di una volta.
(*LS* 44)

On remarque également une perte du jeu dans le texte de Lee, qui utilise lui aussi une expression idiomatique, « go to pot » (se détériorer), et qui essaie néanmoins de garder une certaine coïncidence structurelle avec le jeu original : dans le texte, deux mots liés au « pot » sont présents, « pot » et « po » (in « po-faced », qui devrait indiquer un visage sérieux, un visage à la Poe (Greaves 1988–1989 : 114). Cependant, le lien entre les deux formes, bien qu'explicite, est moins fort que dans l'homonymie *in absentia* originelle, en générant un effet de style par la répétition de la même syllabe « po » plutôt qu'un véritable jeu :

(4) c. My luck's going to pot, was a po-fac'd Dupin's murmur.
     (*V* 41)

La solution de Lee peut être facilement incluse dans la troisième catégorie de Delabastita, qui contient justement les solutions rendant le jeu avec des effets de style (du « pun » au « punoid », Delabastita 1993 : 207). Une solution pareille a également été adoptée par Falchetta pour la traduction d'un autre passage du texte, le message mystérieux d'un tanka japonais qui apparaît au deuxième chapitre du livre :

(5) a. Hors du noir
       Dans un parcours noir
       D'un crayon si fin
       Un signal blanc s'inscrit :
       Ô, vois dans l'air l'albatros.
       (*LD* 115)

Le blanc s'inscrivant dans le noir est une inversion du paradigme noir sur blanc de l'écriture, rappelée aussi par l'allusion à l'albatros et sa fonction iconique dans la poésie. Toutefois, la valeur métatextuelle du message est aussi développée autour du « blanc », par le calembour « signal » / « cygne », traduction de l'anglais « swan », qui renvoie à son tour à « Swann », le nom de l'assassin, auteur de plusieurs meurtres dans le roman.[30] Falchetta ne reproduit pas le jeu, mais il choisit de donner un effet de style par l'allitération /tr/ dans « tratto » / « traccia »[31] :

---

[30] Le jeu est suggéré par le personnage de Swann qui avoue : « Tu l'aurais pu saisir : mon nom n'a-t-il pas pour signification < un blanc cygnal > ? » (*LD* 300). « Signal » et « Cygnal » sont, en effet, homophones.

[31] Lee ne répète pas le jeu, lui-non plus, mais il inverse la connotation et rend le signal noir, afin de garder la connotation de mauvais présage : « Out of dark / In a black circuit / With so sharp a point / An inscription, a black sign ! / Oh look ! a sky-flying albatross » (*V* 94).

(5) b. Fuori dall'oscuro
Lungo l'oscura traccia
Di sì fina matita
Un bianco tratto si traccia :
Oh, guarda in alto l'albatros.
(*LS* 104)

Tandis que nous n'avons pas repéré d'exemples illustrant la quatrième catégorie de Delabastita, où la renonciation au jeu s'accompagne aussi à l'annulation totale du passage dans le texte cible, nous avons bien des exemples de « copie directe » du texte source au texte cible (cinquième catégorie), due, certes, au partage des références culturelles en dehors des bornes nationales. Ainsi dans le passage suivant :

(6) a. Il sortit son Smith-Corona. D'un trait, il raya Arthur Wilburg Savorgnan qui s'affaissa, mort.
(*LD* 303)

nous nous trouvons face à un meurtre commis par une arme spéciale, une Smith&Corona, marque américaine assez populaire de machines à écrire, avec les effets d'une Smith&Wesson, marque d'armes, elle aussi américaine et très connue. La fusion des deux outils est renforcée par l'ambiguïté des expressions « d'un trait » (1 d'un seul coup de feu ; 2 d'un seul trait typographique) et « raya » (1 tuer ; 2 effacer du papier). Ce dernier jeu est perdu dans les versions de Lee et Falchetta, mais l'allusion aux marques est reportée telle quelle, étant compréhensible pour les publics anglophone et italophone au même titre que pour le public francophone :

(6) b. Impugnò una Smith-Corona. Poi sparò ad Arthur Wilburg Savorgnan, ammazzandolo morto.
(*LS* 279)

(6) c. Swann got out his Smith-Corona, crossing out Arthur Wilburg Savorgnan with a shot that had him dropping stiff onto his carpit.
(*V* 247)

Pour la cinquième catégorie de Delabastita, celle du transfert, l'on peut mentionner l'expression « Anti-Vol » (à la fois un outil contre les vols de voiture et une indication de la disparition d'Anton Voyl) que Lee inclut, tout en gardant le gallicisme, dans sa version anglaise :

(7) a. Mais il y a plus important : il y a vingt jours, Karamazov a muni la Fiat d'Anton Voyl d'un dispositif anti-vol.

– Il a muni sa Fiat d'un dispositif anti-vol !
– Oui.
– Ça alors ! Mais pourquoi ?
(*LD* 79)

(7) b. But not so trivial is this fact. Thirty days ago, K put an Anti-Vol fitting on Anton Vowl's Fiat.
– Put an Anti-Vol on his Fiat ! What is an anti-vol anyway ?
– It's a sort of burglar-proof lock.
– You don't say ! But, dammit, what for ?
(*V* 63)

Ce qui est intéressant dans cet exemple, c'est la combinaison de plusieurs stratégies par Lee et l'addition d'une question par le personnage (« What is an anti-vol anyway ? ») pour que l'expression française soit compréhensible aux lecteurs anglophones. Cette stratégie peut être, en quelque sorte, comparée aux lignes explicatives fournies par Falchetta dans sa « Mappa della Sopravvivenza », exemple de véritable « technique éditoriale », selon la neuvième catégorie de Delabastita.

La septième et la huitième catégorie, finalement, décrivent les interventions les plus créatives du traducteur, avec l'insertion de jeux qui n'étaient pas présents dans le texte. Il n'est pas anodin que nous tirerons nos exemples, cette fois, exclusivement de la version de Lee. C'est le traducteur anglais, en effet, qui en raison des « réseaux textuels » envisagés dans le texte original, agît avec une majeure liberté sur le texte cible. Ainsi, par exemple, il ajoute des jeux de mots ponctuels là où ils seraient plus aptes à transmettre les références métatextuelles du roman. Dans le poème « La Disparition » qui ouvre le livre, par exemple, le lipogramme et ses enjeux sont synthétisés par le vers :

(8) a. L'art toujours su du chant-combat (noir pour blanc).
(*LD* 9)

Lee condense la coïncidence de jeu de mots et effet tranchant du lipogramme, implicite dans l'expression oxymorique « chant-combat », dans un calembour inédit : « wordplay-swordplay », qu'on ne jugerait pas, toutefois, discordant avec l'expressivité métatextuelle du roman :

(8) b. That long-known art of <u>wordplay-swordplay</u> (black for whiting).
(*V* 1)

Dans ce sens, le traducteur obtient une sorte de « compensation » pour les jeux qu'il n'a pas pu rendre dans d'autres passages du roman. L'addition de jeux nouveaux, toutefois, peut comporter aussi l'insertion de matériel narratif tout à fait absent dans l'originel. Ainsi par exemple, Lee reconstruit le réseau métatextuel des œufs là où le texte originel développait plutôt le sujet du sport :

(9) a. A Roland-Garros, pour finir, dans un match comptant pour la Davis-Cup, Santana avait battu Darmon, six-trois, un-six, trois-six, dix-huit, huit-six.
(*LD* 18)

Il ajoute une référence au Stadium « Oval » de Londres et au « duck » (score zéro du cricket, mais aussi animal producteur d'œufs, le canard). Le « cocorico », finalement, est aussi une autre référence à un oiseau, le coq, et au « coco » français (signifiant 'œuf' dans le langage enfantin) :

(9) b. Finally, sport on this first of April : at Roland-Garros, in a Davis Cup match – <u>cocorico</u> ! – Darmon outfought Santana, six-nil, nought-six, nothing-six, six-zilch, six-nix ! And for British crickit fans on holiday abroad, Boycott gotta <u>duck</u> – nay a king pair – atta <u>Oval</u> against Australia !
(*V* 9)[32]

L'ajout de jeux nouveaux permet au traducteur de se placer au milieu de deux contextes linguistiques et culturels, en réduisant, cependant, la compréhensibilité du jeu de la part du public exclusivement anglophone.

Dans l'illustration de nos exemples, nous avons vu que les versions de Falchetta et de Lee se ressemblent dans le choix de certaines stratégies de traduction, mais diffèrent sensiblement par leur attitude par rapport au métatexte. Somme toute, nous pouvons remarquer que le fait de donner la priorité au métatexte comporte une disponibilité majeure à créer de nouveaux jeux, ce qui confirme également à quel degré les aspects métatexuels sont déterminants pour évaluer la dimension ludique du roman. Les « pertes », en revanche, ne se situent pas exclusivement au niveau du métatexte, mais concernent aussi des questions de lisibilité, spécialement dans les cas de jeux de mots bilingues hautement sophistiqués. La négociation, donc, peut avoir des résultats bien différents selon des conceptions différentes d'équilibre textuel.

---

[32] Dans ce passage la version de Lee est particulièrement libre et complexe, surtout pour la traduction des résultats des matches. Pour une explication détaillée des choix du traducteur nous renvoyons à Lee (2000a : 121), d'où nous avons tiré aussi l'explication des jeux cités. Pour une étude étendue sur la version de Lee, voir la thèse de Sara Greaves (Greaves 1988–1989).

4 Conclusion

Dans cette contribution, nous avons voulu aborder *La Disparition* partant d'une conception ample et hétérogène de jeux de mots, dans laquelle le roman perecquien peut occuper un rôle représentatif distinctif. En effet, même si le roman est universellement reconnu pour la virtuosité technique de son auteur, on explique cette virtuosité plutôt par rapport à la longueur du lipogramme, et pas en raison de la variété et de la multiplicité des jeux que le lipogramme contient ou tout simplement évoque. Le métatexte, c'est-à-dire l'ensemble des références énigmatiques au livre et à son écriture, déploie une gamme assez diversifiée de jeux de mots internes au texte, tout en réalisant l'ambiguïté propre à d'autres types de jeux de mots, comme le calembour, et en dépassant les bornes du lipogramme. De même, le métatexte permet de multiplier les possibilités de la lecture du texte, en influant pas seulement sur sa lecture, mais aussi sur ses possibles reproductions en langue étrangère. La traduction de *La Disparition*, en effet, offre une possibilité de réflexion ultérieure sur la nature du roman perecquien. Tout d'abord, écriture et traduction sont strictement interdépendantes, la traduction étant un enjeu important de la généalogie du livre, et une extension des possibilités du jeu réalisé par et dans le texte. Dans toute version en langue étrangère, la traduction du texte perecquien se pose comme un renouvellement du jeu, où la recherche d'équivalences textuelles est marquée par une négociation incluant des pertes et des compensations. Cela est vrai même dans les langues comme l'anglais ou l'italien, où le respect du lipogramme impose des restrictions moins contraignantes à la langue (dû à la fréquence mineure de la lettre lipogrammatique). Les exemples tirés de la version anglaise de John Lee, *Vanish'd !*, et de la version en italien par Piero Falchetta, *La Scomparsa* (1995), nous ont aidé à illustrer à la fois la variété de stratégies de traduction possibles et le caractère d'ouverture d'un jeu littéraire qui ne paraît jamais épuiser son potentiel créatif et ludique.

5 Références bibliographiques

Association Georges Perec. Bibliothèque de l'Arsenal, 1 rue de Sully 75004 Paris.
    http://associationgeorgesperec.fr/ (dernière consultation le 4 juillet 2015)
Attardo, Salvatore. 1994. *Linguistic Theories of Humor*. Berlin : Mouton de Gruyter.
astin, Georges L. 1993. La notion d'adaptation en traduction. *Meta : journal des traducteurs / Meta : Translators' Journal* 38(3). http://id.erudit.org/iderudit/001987ar (dernière consultation le 8 janvier 2015)
Béhar, Stella. 1995. *Georges Perec : écrire pour ne pas dire*. New York : Peter Lang.

Bellos, David. 1993. *Georges Perec : une vie dans les mots*, Paris : Seuil.
Bloomfield, Camille (éd.). 2012. Table ronde sur la traduction de *La Disparition*. *Assises de Traduction* de Arles. Vingt-Huitièmes Assises de la traduction littéraire (Arles 2011). *Traductions extra-ordinaires*. Parayre, Marc ; Kislov, Valeri ; Mikšić, Vanda ; Lee, John; Shiotsuka, Shuichiro.
http://www.academia.edu/2645162/Traduire_La_Disparition_de_Georges_Perec (dernière consultation le 8 janvier 2015)
Burgelin, Claude. 1998. *Georges Perec*, Paris : Editions du Seuil.
Campagnoli, Ruggero & Yves Hersant. 1985. Tre parole per finire. *Oulipo : la letteratura potenziale*. Bologna : Clueb.
Calle-Gruber, Mireille. 1984. Sur la traduction. *Conséquences* 3, Les Impressions Nouvelles. Paris : printemps-été.
Dangy-Scaillierez, Isabelle. 2002. *L'énigme criminelle dans les romans de Georges Perec*. Paris : Honoré Champion.
Delabastita, Dirk. 1993. *There's a Double Tongue. An investigation to the Translation of Shakespeare's Wordplay, with Special Reference to Hamlet*. Amsterdam-Atlanta : Rodopi.
Eco, Umberto. 2002a. *Introduction à* Homo Ludens *par Johan Huizinga*, trad. it. Turin : Einaudi.
Eco, Umberto. 2002b. On Translating Queneau's *Exercices de style* into Italian. *The Translator* 8(2). 221–240.
Version originelle : 1983. Introduzione. *Esercizi di stile* par Raymond Queneau. Turin : Einaudi.
Pour une traduction en français (pas disponible au moment de la rédaction de cette contribution), voir Mireille Calle-Grüber. 1998. *Formules* 2. 15–27.
Eco, Umberto. 2003. *Dire quasi la stessa cosa : esperienze di traduzione*. Milan : Bompiani.
Greaves, Sara. 1988–1989. *La traduction d'un lipogramme*. Mémoire de Maitrise dirigé par Anna Roche. Université de Provence : Section Lettres Modernes.
Greaves, Sara. 2000. Une traduction non plausible ? *La Disparition* de Georges Perec traduit par John Lee. *Palimpsestes* 12, revue du Centre de recherche en traduction et communication transculturelle (TRACT). 103–116.
Guiraud, Pierre. 1976. *Les jeux de mots*. Paris : Presses Universitaires de France (Que sais-je ?).
Henry, Jacqueline. 2003. *La traduction des jeux des mots*. Paris : Presses de la Sorbonne Nouvelle.
Kelly, L. G. 1970. Punning and the linguistic sign. *Linguistics* 66. 5–11.
Landheer, Ronald. 1969. Les règles du jeu de mots en français moderne. In A. G. Sciarone, A. J. Essen & A. A. Raad (éds.), *Nomen. Leyden Studies in Linguistics and Phonetics*, 81–103. La Hague & Paris : Mouton.
Landheer, Ronald. 1984. *Aspects linguistiques et pragmatico-rhétoriques de l'ambiguïté*. Leiden, Diss.
Lee, John. 2000a. Une stratégie traductive pour *La Disparition*. *Palimpsestes* 12, revue du Centre de recherche en traduction et communication transculturelle (TRACT). Paris : Presses de la Sorbonne Nouvelle.
Lee, John. 2000b. *La Disparition*, Problem Translations. The Rough and the Smooth. *Palimpsestes* 12, revue du Centre de recherche en traduction et communication transculturelle (TRACT). 137–160.
Magné, Bernard. 1997. « L'autobiotexte perecquien » dans *Le Cabinet d'amateur* n° 5, Association Le Cabinet d'amateur, Toulouse 1997.
Magné, Bernard. 2001. Sur *La Disparition* de Georges Perec. *Agora* 2. 81–89.

Oulipo. 1973. *La littérature potentielle. Créations, recréations, récréations*. Paris : Gallimard.
Parayre, Marc. 1992. *Lire La Disparition*. Thèse de doctorat dirigée par Bernard Magné, Université de Toulose-Le Mirail.
Perec, Georges. 1974. *Ulcérations*. Paris : Bibliothèque oulipienne.
Perec, Georges. 1975. *W ou le souvenir d'enfance*. Paris : Denoël.
Perec, Georges. 1976. *Alphabet : cent soixante-seize onzains hétérogrammatiques*. Paris : Éditions Galilée.
Perec, Georges. 1978a. *La Vie Mode d'Emploi*. Paris : Hachette Paul Otchakovsky-Laurens.
Perec, Georges. 1978b. La vie règle du jeu. Entretien avec Alain Herve. *Le Sauvage* 60. 8–25.
Perec, Georges. 1980. *La clôture et autres poèmes*.Paris : Hachette.
Perec, Georges. [1985] 2002. *Penser / Classer*. Paris : Hachette.
Perec, Georges. [1969] 1989. *La Disparition*. Paris : nouvelle éd. « L'imaginaire », Gallimard (dans l'article, cité comme « LD »). Traductions :
    Adair, Gilbert. [1994] 2008. *A Void,* nouvelle éd. Londres : Vintage.
    Falchetta, Piero. 1995. *La scomparsa*. Milan : Guida (dans l'article, cité comme « LS »).
    Lee, John. Inédit. *Vanish'd !* Disponible à l'Association Georges Perec, Bibliothèque de l'Arsenal, Paris (dans l'article, cité comme « V »).
Regattin, Fabio. 2009. *Le jeu de mots*. Bologna : Libri di Emil.
Robert, Paul & Alain Rey. 1985. *Dictionnaire Alphabétique Et Analogique De La Langue Française*. Paris : Le Robert.
Salceda, Hermes. 2002. Traduire les contraintes de *La Disparition* en espagnol. In Jean-Luc Joly (éd.), *L'Œuvre de Georges Perec : Réception et mythisation*. Actes du colloque de Rabat, 1–3 novembre 2000, Université Mohamed V. (Série Colloques et séminaires 101). 209–227. Marsam : Rabat.
Todorov, Tzvetan. 1978. *Les Genres du discours*. Paris : Editions du Seuil.
Yaguello, Marina. 1981. *Alice au pays du langage*. Paris : Seuil.

Marc Blancher
De l'auteur de jeux de mots aux jeux de mots d'auteur

Résumé : Cet article traite de la fonction de l'humour et des jeux de mots du point de vue de l'auteur de romans policiers, de nouvelles et de « romans policiers d'apprentissage » (allemand : *Lernkrimis*). Il s'intéresse tout d'abord à deux aspects, le premier consacré au développement de la théorie de l'humour depuis la Grèce antique jusqu'au vingtième siècle, et notamment celui du processus de caractérisation des personnages ainsi que celui de la dichotomie entre « humour noble », c'est-à-dire le sourire, et « humour populaire », c'est-à-dire le rire, au niveau diégétique (récit) et au niveau intra-diégétique (histoire et personnages). Des auteurs comme Aristote, Horace, Scarron, Voltaire, Victor Hugo, Henri Bergson et beaucoup d'autres ont traité l'humour. Ce faisant, la religion joue un rôle fondamental dans de nombreuses théories sur l'humour. On va également faire la liaison avec l'étymologie, qui permet d'établir un lien entre les différents termes employés pour désigner les jeux de mots en langue française : « calembour », qui est plus populaire, et « jeux de mots », qui est plus « noble » etc. Puis la focalisation se portera sur le niveau diégétique des romans policiers, et notamment sur la déconstruction narrative, que Todorov subdivise en deux parties : histoire de l'enquête et histoire du crime. Dans les faits, le roman policier est fréquemment associé à une technique narrative spécifique, basée sur une énigme, sur un jeu et sur une double lecture : ces trois éléments (énigme, jeu et double lecture) sont identiques à ceux du processus de mise en place et de compréhension des jeux de mots. Les romans policiers et les jeux de mots sont basés sur les mêmes éléments. La toute dernière partie s'intéresse à l'usage des jeux de mots dans les romans policiers : que ce soit seulement dans les titres d'ouvrages ou de chapitres (comme marqueur identitaire et comme manifestation typique de la culture propre à l'auteur : cinéma, bande dessinée, littérature) et au niveau intra-diégétique, pour effectuer une distinction dans la caractérisation des personnages, qu'ils soient plus ou moins comiques.

Mots clés : auteur, bande dessinée, calembour, cinéma, double lecture, éducation, énigme, étymologie, humour, *Le Poulpe*, *Lernkrimi*, littérature, roman policier, théorie de l'humour

1 Introduction

« Calembour » ou encore « jeu de mots » : outre ces deux termes, la langue française regorge d'expressions et de variantes lexicales pour décrire les phénomènes humoristiques apparentés, dont le principe de base est résumé en ces termes par Henri Bergson : « *L'interférence* de deux systèmes d'idées dans la même phrase » (Bergson [1899] 2011 : 91). À ses yeux, cette interférence, quels que soient les moyens employés pour l'obtenir, constitue « une source intarissable d'effets plaisants » (Bergson 2011 : 91). Comme l'essentiel des analyses sur le comique et ses effets, cette dernière se situe plus dans la perspective esthétique de la réception ou de son anticipation que dans celle de la création. Le présent article se propose d'analyser quels sont, du point de vue de l'auteur de jeux de mots, les tenants et les aboutissants de cette pratique du « jeu de mots ». Contrairement aux idées développées dans la contribution sur l'humour (icono-)textuel dans *Astérix*[1], l'article suivant vise à présenter, après une sélection en diachronie de quelques théories et exemples phares concernant l'humour en général et plus particulièrement les jeux de mots, quelques réflexions « pratiques » , en partant du point de vue de l'auteur et d'une série de romans policiers d'apprentissage (*Lernkrimis* publiés depuis 2009 en Allemagne) pour des apprenants de français ainsi que d'autres œuvres (nouvelles et romans policiers publiés en France depuis 1999) pour un public francophone, sans arrière-plan pédagogique. Il s'agira d'une analyse de quelques jeux de mots choisis extraits d'œuvres récentes (1999–2015), notamment grâce à une tentative de superposition de la « cartographie » du jeu de mots au maillage créatif propre au travail d'auteur.

2 Approches de l'humour, du jeu de mots, du comique et du rire en diachronie

Aussi loin que remontent les traces écrites de la culture occidentale, le rire s'est toujours paré des atours de la ruse, cette dernière s'entendant à la fois dans une dimension stratégique – et par là-même positivée – et dans une dimension plus mesquine, qui s'oppose à la grandeur d'âme : ainsi d'Héphaestos provoquant dans l'Iliade d'Homère (vers les IXe–VIIIe siècles av. J.-C.) le rire des dieux,

---

[1] Voir la contribution « ‹Ça est un bon mot !› ou l'humour (icono-)textuel à la Goscinny » dans ce volume.

faisant ainsi renoncer Zeus à son emportement contre Héra, après que Thétis (nymphe marine et mère du héros Achille ; voir Graves [1958] 2006) est venue implorer ce dernier de prendre fait et cause pour son fils Achille.

> HEPHAESTOS. – Résigne-toi, ma mère, et, malgré ton dépit, supporte cette épreuve. Toi que j'aime, je ne veux pas te voir frappée. Je ne pourrais alors, malgré tout mon chagrin, t'apporter aucune aide : il est trop malaisé d'affronter l'Olympien. Une autre fois déjà je voulais te défendre, il m'a pris par le pied et m'a jeté bien loin du seuil des Immortels. Je tombai tout le jour ; au coucher du soleil, j'atterris à Lemnos ; j'étais à demi mort. Dès que je fus au sol, les Sintiens m'accueillirent.
> Il dit. Héra sourit, la déesse aux bras blancs, et c'est en souriant que des mains de son fils elle reçoit la coupe. Et lui, de gauche à droite, à tous les autres dieux il sert le doux nectar puisé dans le cratère. Et voici que, soudain, les Bienheureux sont pris d'un rire inextinguible, en voyant s'affairer dans la salle Héphaestos. (Flacelière 1955 : 108)

Ici se manifeste la différence de fonctionnalité fondamentale entre, d'une part, le comique provoqué par l'aspect difforme d'Héphaestos et les mésaventures à l'origine de son apparence et, d'autre part, le sourire qu'affiche sa mère. Le premier est synonyme d'exagération et va contribuer à ancrer le dieu-forgeron dans un univers mi-comique mi-vulgaire tandis que le second est signe d'apaisement et surtout de civilité, incarnant l'élégance et la grandeur de l'épouse de Zeus. Au rire associé à la difformité va ainsi s'opposer le sourire associé à la retenue (Bachmaier [2005] 2010 : 9–11). Il est fréquemment fait usage du décalage entre difformité associée au rire et civilité associée au sourire, notamment pour caractériser certains personnages en interaction et accentuer les différences de caractère et de statut, ce jusque dans les œuvres contemporaines. Dans l'*Odyssée* (VIIIe siècle av. J.-C.), le personnage du dieu-forgeron reste associé à l'univers comique, notamment lorsqu'il se venge de son épouse Aphrodite, qui l'a trompé avec Arès : « et, du groupe de ces Bienheureux, il montait un rire inextinguible : ah ! la belle œuvre d'art de l'habile Héphaestos ! » (Flacelière 1955 : 658).

Dans sa *Poétique*, Aristote (384–322 av. J.-C.) établit les bases d'une distinction qui va perdurer entre, d'un côté, la tragédie et, de l'autre, la comédie, la première étant l'imitation d'actions nobles, la seconde se limitant à l'imitation d'actions laides. Pour Aristote, « les caractères correspondent en effet presque toujours à ces deux seuls types, puisque, pour tout le monde, c'est le vice ou la vertu qui fait la différence entre les caractères » (Magnien [1990] 2010 : 86–87). En différenciant entre comédie et tragédie, Aristote souligne que défaut et laideur « n'entraînent ni douleur ni dommage » : la souffrance n'est donc l'apanage que des Belles Lettres, et le rire va longtemps s'arrêter au seuil de la Littérature avec un grand « L » sans jamais le franchir.

> La comédie est, comme nous l'avons dit, une imitation d'hommes sans grande vertu – non qu'elle traite du vice dans sa totalité, puisque le comique n'est qu'une partie du laid. Le comique tient en effet à un défaut et à une laideur qui n'entraînent ni douleur ni dommage : ainsi par exemple un masque comique peut être laid et difforme sans exprimer de douleur. (Magnien 2010 : 91)

Dans son *Ars poetica* publié en 14 ap. J.-C., Horace (65–8 av. J.-C.) voit dans l'usage de l'humour une façon d'égayer la tragédie sans pour autant compromettre le genre. Ainsi, le comique ne doit pas virer au burlesque :

> Celui dont la muse tragique disputa sur la scène un vil bouc, prix du vainqueur, y montra aussi bientôt les Satyres dans leur sauvage nudité, et il voulut que leur causticité moqueuse égayât, sans la compromettre, la sévère tragédie : car il fallait bien l'amorce d'une nouveauté piquante, pour amuser un public qui revenait des sacrifices, et dont le vin offusquait la raison. Mais prenez-y garde : ces Satyres mordants et railleurs, posez-les décemment ; qu'ils soient comiques, et non pas burlesques. (Taillefert 2011 : 28 et 30)

Toujours dans une perspective diachronique, l'on pourrait d'une part s'arrêter, à la période médiévale, sur la distinction entre les effets produits par le comique, soit le sourire et le rire, le premier étant synonyme de distinction, le second de vulgarité, notamment en adéquation avec la pensée judéo-chrétienne (Le Goff [1999] 2004 : 60–68)[2], ou encore à la Renaissance avec le rire rabelaisien ou les allusions d'un Bonaventure des Périers (v. 1510–1544) et, aux siècles suivants, celui d'un Molière ou d'un Marivaux[3]. Laissant volontairement de côté les conceptions aussi diverses et variées que celle d'un Victor Hugo déclarant dans la Préface de Cromwell que « la Bible s'ouvre riante avec la Genèse, et se ferme sur la menaçante Apocalypse » (Cambien [1827] 1972 : 57) que celle d'un Paul Claudel parlant du « grand rire » de Dieu au moment de la Création (Claudel, cité par Villani 2008 : 95), à l'inverse d'un Baudelaire signalant que « dans le paradis terrestre (qu'on le suppose passé ou à venir, souvenir ou prophétie, comme les théologiens ou comme les socialistes), dans le paradis terrestre, c'est-à-dire dans le milieu où il semblait à l'homme que toutes les choses créées étaient bonnes, la joie n'était pas dans *Le Rire* » (Lemaître 1962 : 245), il n'en reste pas moins que cette distinction entre une manifestation presque qualitative de la joie (qui s'incarne dans le sourire et sa retenue) et une manifestation plutôt quantitative (qui s'incarne dans le rire et son exagération, notamment sonore), s'est maintenue et se maintient jusqu'à aujourd'hui, no-

---

2 Ce point de vue est notamment partagé par Charles Baudelaire (Lemaître 1962 : 243–247). Sur Jacques Le Goff, voir également l'article de Patrick Boucheron (Boucheron 2015). Sur le rire au Moyen Âge, celui de Jacques Berlioz (Berlioz 2015).
3 Voir la contribution de Patricia Oster dans ce volume.

tamment dans la distinction autour des jeux de mots. Ainsi, dans Le Rire (1899), Henri Bergson effectue une distinction similaire entre « calembour » d'une part et « jeu de mots » d'autre part, le premier se situant en-deçà du second, en cela qu'il se contente de jouer avec la proximité phonique entre deux phrases :

> Le moins estimable de ces moyens est le calembour. Dans le calembour, c'est bien la même phrase qui paraît présenter deux sens indépendants, mais ce n'est qu'une apparence, et il y a en réalité deux phrases différentes, composées de mots différents, qu'on affecte de confondre entre elles en profitant de ce qu'elles donnent le même son à l'oreille. (Bergson 2011 : 92)

La hiérarchie apparaît d'ailleurs clairement dès la phrase suivante : « Du calembour on passera d'ailleurs par gradations insensibles au véritable jeu de mots » (Bergson 2011 : 92). Sans doute la démonstration mérite-t-elle une explication plus détaillée. Dans son *Dictionnaire Historique de la langue française*, Alain Rey définit le calembour comme « un jeu d'esprit fondé sur des mots à double sens ou une équivoque de mots, phrases se prononçant de manière identique » (Rey [1993] 2010 : 349–350). Il est toutefois à signaler que la qualité du calembour est souvent mise en relation avec le degré de similitude phonique entre les phrases : plus la similitude phonique est marquée, plus le calembour est de qualité. Il signale en outre que, dès 1812, le terme, qui est attesté dans une lettre de Diderot à Sophie Volland datée du 1er décembre 1768, a des origines incertaines ; le terme est considéré comme une composition entre « calem- » et « bourde », soit les dérivés respectifs de « calender » et « bourder » (P. Guiraud). Quelques exemples de calembours peuvent être tirés de *L'Humour pour les Nuls*, édité en 2010 par Jean-Joseph Julaud. Les auteurs y émaillent en effet leur propos de calembours, comme par exemple « L'art, c'est dentaire ! » pour « l'art sédentaire » (Julaud 2010 : 75), lorsqu'ils introduisent le personnage de Guignolou, ou encore « Espèce de Buffon, va ! », transposition « calembouresque » de « Espèce de bouffon, va ! », une insulte en vogue (Julaud 2010 : 67), pour signaler une anecdote sur le naturaliste du XVIIIe siècle, Georges-Louis Leclerc de Buffon (1707–1788). On peut également signaler l'ouvrage de Marie Treps : « ‹Enchanté de faire votre plein d'essence !› et autres joyeuses calembourdes » (Treps : 2013). L'expression « plein d'essence » se substitue dans le cadre du calembour à « connaissance ».

Cette distinction entre « calembour » et « jeux de mots » situe le premier à un niveau « populaire » et, par une association d'idées fortement discutable et simplificatrice, renvoie le second à certaines prétentions esthétiques.[4] Alain Rey souligne que c'est le syntagme « jeu de mots » (vers 1660) qui se rapproche le plus de l'héritage étymologique du latin *jocus*, littéralement « plaisanterie verbale » ; il signale également l'existence de l'expression « jeu d'esprit » pour une création littéraire badine (Scarron, 1648) ou un simple exercice d'esprit (1688) (Rey 2010 : 1139). Confronter ces différentes théories autour de la formation des effets du comique (des jeux de mots) revient finalement à s'interroger sur l'objet « humour », dont une des manifestations extérieures est le rire. Ainsi, pour Voltaire :

> Que le rire soit le signe de la joie comme les pleurs sont le symptôme de la douleur, quiconque a ri n'en doute pas. Ceux qui cherchent des causes métaphysiques au rire ne sont pas gais : ceux qui savent pourquoi cette espèce de joie qui excite le ris retire vers les oreilles le muscle zygomatique, l'un des treize muscles de la bouche, sont bien savants. Les animaux ont ce muscle comme nous ; mais ils ne rient point de joie, comme ils ne répandent point de pleurs de tristesse. Le cerf peut laisser couler une humeur de ses yeux quand il est aux abois, le chien aussi quand on le dissèque vivant ; mais ils ne pleurent point leurs maîtresses, leurs amis, comme nous ; ils n'éclatent point de rire comme nous à la vue d'un objet comique : l'homme est le seul animal qui pleure et qui rie. (Goulemot, Magnan et Masseau 1995 : 1173)

Dans la directe lignée d'Aristote, pour qui « l'homme est le seul animal qui rie » (*Partie des animaux*, III, 10, 673b, 8), le philosophe des Lumières voit ainsi dans le rire une manifestation naturelle de l'Homme [de l'espèce humaine], qu'il oppose aux espèces animales, auxquelles il ne reconnaît pas la capacité d'éclater de rire à la vue d'un objet comique. Au-delà des questions soulevées ici par la comparaison Homme / animal, qui mériteraient d'être traitées aussi bien dans la perspective éthologique que philosophique, la question qui va être posée dans ce qui suit est de savoir en quoi le calembour et / ou le jeu de mots se constituent en tant qu'objet comique. Pour ce faire, nous allons nous placer dans la perspective de l'auteur pour à la fois présenter et analyser le recours aux calembours et / ou aux jeux de mots, ce en s'appuyant sur une classification élaborée entre autres à partir des éléments de théorie cités ici, et ce faisant, de spécifier quels sont les horizons d'attente de l'auteur et du lecteur, sinon du narrateur et du narrataire, au sens de Roland Barthes (Barthes 1966 : 1–27).[5] La perspective de l'auteur permettra de définir et d'expliciter la nature du substrat qui a donné naissance aux jeux de mots et de souligner à la fois leur fonction-

---

4 Voir la contribution de Maik Goth (in *The Dynamics of Wordplay* 1) sur les débats autour du « punning » au XVIIIe siècle en Angleterre.
5 Le terme a notamment été repris par Gérard Genette (1972 : 227).

nalité narrative – dans le cadre de la forme policière – et linguistique (effets de style).

3 Le miroir de la forme policière : illusion narrative et illusion linguistique

Comme on a pu l'observer précédemment, dès les premiers textes antiques, chaque auteur développe sa propre conception de l'humour et du rire. La perspective choisie ci-après est plus particulièrement celle de l'auteur de romans policiers, que ce soit de romans policiers au sens le plus large du terme (on parlera alors non pas de « roman policier » mais de « forme policière »[6]), écrits pour un public francophone, ou de « romans policiers d'apprentissage » (allemand : *Lernkrimis*) écrits pour un public de langue étrangère (essentiellement germanophone, mais pas seulement). L'historiographie classique de la littérature policière effectue généralement le découpage subgenresque suivant : « roman policier [français] archaïque » (Colin 1984 : 10 ; Nusser [1971] 2009 : 1–7), « roman à énigme [anglais : *Whodunit*] », « roman noir », « néo-polar », « néo néo-polar » etc. Chacun de ces avatars subgenresques est caractérisé par un usage spécifique de la langue et de ses artifices, dont les jeux de mots. La première orientation de cette réflexion reposera sur des ouvrages dont la structure est empruntée à celle – devenue conventionnelle – du roman à énigme et résumée notamment par l'auteur et théoricien Austin Freeman (1862–1943).[7]

> On a tendance à confondre l'histoire policière avec l'histoire criminelle, dans laquelle les péripéties tragiques, horribles et même répugnantes, forment le véritable sujet ; la qualité que l'on recherche, dans l'histoire criminelle, est l'horrible, le sensationnel cru et saignant. Le but de l'auteur est de faire frissonner le lecteur et, puisque ce lecteur a probablement acquis un degré assez élevé de sottise, la violence des moyens employés doit augmenter proportionnellement à l'insensibilité du patient. (Freemann, cité par Vanoncini 1993 : 78)

---

6 Le terme de « forme policière » a été proposé par M. Blancher afin de prendre en compte l'infinité des déclinaisons subgenresques, quelquefois à mille lieues du « roman policier » au sens le plus strict du terme (Blancher 2015).
7 Austin Freeman (1862–1943) était un auteur et théoricien anglais du roman policier, créateur du personnage récurrent de John Evelyn Thorndyke, un docteur, modèle de détective scientifique qui ne se déplace jamais sans son matériel et interroge plus les indices que les hommes (Tulard 2005 : 284–285).

Passant outre le très sévère jugement porté ci-dessus par Austin Freeman sur les amateurs d'histoires criminelles, la distinction qu'il opère entre « histoire policière » d'une part et « histoire criminelle » de l'autre est à rapprocher de celle opérée par Tzvetan Todorov dans sa *Typologie du roman policier*. Ce dernier s'y inspire des propos de George Burton au narrateur de *L'Emploi du temps* (Michel Butor), selon lesquels « tout roman policier est bâti sur deux meurtres dont le premier, commis par l'assassin, n'est que l'occasion du second dans lequel il est la victime du meurtrier pur et impunissable, du détective » (Todorov 1980 : 11 ; Butor [1956] 2005 : 191), et que « le récit [...] superpose deux séries temporelles : les jours de l'enquête qui commencent au crime, et les jours du drame qui mènent à lui » (Todorov 1980 : 11 ; Butor 2005 : 225), Tzvetan Todorov subdivise le roman à énigme en « histoire du crime » et en « histoire de l'enquête ». La première s'inscrit dans un ordre chronologique naturel alors que la seconde peut jouer sur la chronologie (et ainsi inviter le lecteur à une reconstruction du sens de l'histoire ou des événements). La première histoire est absente mais réelle tandis que la seconde est présente mais n'a que peu de valeur puisque l'ensemble du jeu sémiologique tourne autour de la recomposition de la première. La seconde n'est qu'une illusion logique sur laquelle repose la théâtralisation de la méthode et de la raison. La première relève du tragique et la seconde de la réappropriation ludique[8] du paradigme indiciaire[9]. L'histoire de l'enquête, au sens todorovien du terme, est également plurielle, en ce sens qu'elle définit via le récit un rapport spécifique du texte à la notion de connaissance : ainsi, ce premier niveau de récit du roman policier n'est pas un récit porteur de connaissance mais un texte volontairement déroutant et qui se détache de toute linéarité. L'histoire de l'enquête ne progresse donc pas de façon linéaire mais en dents de scie, variant au fur et à mesure des indices et des fausses pistes. L'illusion est donc constamment présente au niveau diégétique : cette omniprésence facilite l'usage de l'illusion et de la référence au niveau linguistique, à l'image d'un effet de miroir.

---

8 Pour LeRoy Lad Panek, le succès du *Whodunit* (jeu sur l'orthographe de « Who [has] done it? », soit « qui l'[= le crime] a commis ») est lié à l'acmé des jeux de société dans l'Angleterre des années 20 du XXe siècle avec la *Murder Party* ou encore les charades ainsi qu'à la volonté de se distraire pour oublier le traumatisme de la Première Guerre mondiale (Lad Panek [1979] 1990 : 11–20).
9 Le terme de « paradigme indiciaire » est un emprunt à la terminologie de Carlo Ginzburg (1980 : 32). Théorie également reprise dans *Mythes emblèmes traces. Morphologie et histoire* (Ginzburg [1986] 2010 : 218–294). Voir également la lecture des travaux de Ginzburg effectuée sous la direction de D. Thouard (Thouard 2007).

> De fait, plus va le roman, plus l'information s'accumule, plus le détective rassemble indices et preuves, et plus les choses s'embrouillent. C'est que l'énigme se démultiplie au gré de la fluctuation des hypothèses. [...] Et, complice, le détective s'entend pour retenir par-devers lui quelques informations décisives qu'il ne libérera qu'en temps voulu. Tout cela tient d'une charmante imposture que nous subissons, à l'évidence, avec délice. (Dubois [1992] 2006 : 143)

L'imposture qu'évoque Jacques Dubois ci-dessus peut être requalifiée en termes de décalage cognitif. Ce décalage cognitif sous-tend l'intégralité de la progression du récit, et son abrogation – souvent arbitraire – est matérialisée par la résolution de l'énigme. L'histoire de l'enquête est donc synonyme de combinatoire d'effets d'illusion voire d'ignorance (C. Grivel, cité par Dubois 2006 : 143). Le savoir est quant à lui dissimulé dans l'histoire du crime, objet de la reconstruction effectuée par le biais de l'enquête, et récit « en profondeur » de la forme policière. L'histoire de l'enquête vise à maintenir le lecteur dans l'ignorance tout en permettant à ce dernier de reconstruire petit à petit l'histoire du crime : il y a donc duplicité du texte. Le récit incarne une médiation entre le lecteur et l'objet de l'investigation : au sein du récit, l'histoire de l'enquête est un indice à la fois unique (en ce sens qu'elle constitue une unité de sens) et pluriel (parce qu'elle ordonnance les différents indices matériels sous forme de traces interprétables). L'énigme policière repose ainsi sur un code herméneutique[10]. Les différents avatars de la forme policière s'inscrivent dans la même démarche de dissimulation du caractère fictionnel de l'histoire de l'enquête. L'histoire du crime, elle, ne souffre d'aucune remise en question. La dissimulation précédemment évoquée, elle, n'est en rien spécifique à la forme policière, elle est au contraire l'apanage de toute forme littéraire (classique) : en effet, comme le précise Tzvetan Todorov, « ces définitions [histoire du crime et histoire de l'enquête] ne sont plus celles des deux histoires dans le roman policier, mais de deux aspects de toute œuvre littéraire » (Todorov 1980 : 12). La forme policière a donc pour particularité d'agencer selon un schéma précis et de représenter de façon particulière la relation entre ces deux aspects, laissant percevoir l'existence distincte des deux dimensions du récit.

La combinaison de ces deux éléments, d'une part l'existence de ces deux niveaux que sont l'« histoire de l'enquête » et l'« histoire du crime » et, d'autre part, la dissimulation par le biais de l'illusion narrative du caractère fictionnel de « l'histoire de l'enquête », tend à justifier l'inscription croissante de la forme

---

10 Le terme « herméneutique » renvoie à la capacité de reconstruction (et pas seulement de lecture) du lecteur à partir de signes ; cette codification herméneutique est aussi propre aux jeux de mots.

policière dans les Belles Lettres. Ainsi que le spécifie Roman Jakobson dans ses *Essais de linguistique générale*, la fonction poétique du langage est caractérisée par « la visée du message en tant que tel » (Jakobson 1963 : 218) et « l'accent mis sur le message pour son propre compte » (Jakobson 1963 : 218). Définir la disposition intra-textuelle des deux récits (« histoire du crime » et « histoire de l'enquête », soit « fable » et « sujet », pour reprendre les désignations utilisées par Tzvetan Todorov) ainsi que le processus de dissimulation de l'histoire de l'enquête en tant que fiction revient à étudier la poétique (Todorov et Schaeffer 1997 : 558) de la forme policière.

La mise en évidence de ces éléments tend à la fois à démontrer qu'il existe une continuité dans la poétique inhérente à la forme policière – une poétique qui n'est rien d'autre que celle de la littérature – parallèlement à une discontinuité dans le traitement du rapport entre la fable et le sujet, une discontinuité signalée par la rupture que représente le roman noir né dans les années 20 du XXe siècle aux États-Unis. Dans *Red Harvest*, par exemple, l'enquêteur-narrateur évolue dans un récit au sein duquel les frontières entre histoire du crime et histoire de l'enquête sont dilatées puisque le détective est mandaté par un homme, Donald Wilsson, qui est lui-même assassiné avant leur rencontre. L'histoire de l'enquête commence donc avant l'histoire du crime ou, mieux encore, l'histoire de l'enquête est rejointe par l'histoire du crime voire des crimes puisqu'à la guerre des gangs fomentée par ses soins s'ajoute l'assassinat de Dinah Brand, dont il est lui-même suspecté. La jonction entre l'histoire de l'enquête et l'histoire du crime est portée par l'enquêteur-narrateur, qui focalise les tenants et les aboutissants des histoires criminelles : guerre des gangs, assassinat de Dinah Brand avec un pic à glace, suspicion de ces deux meurtres, etc. (Hammett [1929] 2003). Les fonctionnalités respectives de l'histoire de l'enquête et de l'histoire du crime vont contribuer au positionnement de la langue au sein du code herméneutique propre à la forme policière : certains avatars, usant à souhait des fausses pistes, vont ainsi se révéler favorables au développement parallèle de fausses pistes au niveau linguistique, c'est-à-dire des jeux de mots.

4 « Égayer (et dilater) sans la compromettre, la rationnelle histoire de l'enquête »[11]

Dans les différents avatars de la forme policière, l'aspect ludique se manifeste autant par les jeux de mots (qui peuvent apparaître dès le paratexte et constituer ainsi une forme de « marqueur identitaire » ou de « marque de fabrique ») que via les multiples fausses pistes au niveau intra-diégétique. L'appartenance des jeux de mots est toutefois distincte selon qu'ils s'inscrivent dans un avatar de la forme policière plutôt proche du roman à énigme ou plutôt proche du roman noir. Dans tous les cas, ils s'inscrivent dans une tradition que l'on pourrait presque aller jusqu'à qualifier de « rabelaisienne » et qui a fait son apparition dans la forme policière française à partir de la deuxième moitié des années 20 du XXe siècle et s'est essentiellement institutionnalisée après la Seconde Guerre mondiale[12], notamment à travers les traductions vers le français des œuvres anglophones de la fameuse Série Noire, traductions réalisées et / ou supervisées par Marcel Duhamel et Alain Robillot, et qui ont consacré nombre d'auteurs anglophones (essentiellement américains), grâce à leur traduction assez approximative (et imprégnée de l'argot du milieu français des années 1940 et 1950) des titres originaux et de leurs contenus, certains auteurs de romans policiers contemporains, à l'image de Didier Daeninckx, parlant même de traduction fantaisiste (Blancher 2011a : 137–146). Cet argot de la pègre va durablement marquer les années 1950 et 1960 et contribuer à la consécration du « noir à la française », emmené par les œuvres d'Albert Simonin[13], qui sont

---

[11] Le titre de cette partie est un jeu de mots (!) basé sur la traduction française du *Ars poetica* d'Horace par É. Taillefert : « il voulut que leur causticité moqueuse égayât, sans la compromettre, la sévère tragédie » (Taillefert 2011 : 28).

[12] En France, le paysage éditorial « noir » se met en place dès 1927 avec la création à la Librairie des Champs-Élysées par Albert Pigasse de la collection « Le Masque » et prend de l'assise en 1945 avec la création chez Gallimard par Marcel Duhamel de la « Série Noire », qui doit son nom au poète français Jacques Prévert (1900–1977). La Série Noire compte parmi les plus grands noms de collections littéraires en France et a permis de faire découvrir au lectorat hexagonal la littérature d'origine américaine dite *hard boiled* (littéralement « de dur à cuire »), de Peter Cheyney à Horace Mac Coy en passant par James Hadley Chase, Dashiell Hammett et Raymond Chandler. Même si des auteurs au patronyme francophone y font leur entrée dès 1949, à l'image de Serge Arcouët, le premier, la plupart le fait sous des pseudonymes anglo-saxons. Voir l'article de Franck Lhomeau (Lhomeau 2000). Voir également la brochure de Jean-Noël Mouret (Mouret 1995).

[13] Entre 1953 et 1955, Albert Simonin publie dans la Série Noire, *Touchez pas au grisbi !*, *Le cave se rebiffe* et *Grisbi or not grisbi*. Ces trois œuvres seront portées à l'écran entre 1954 et 1963

d'ailleurs accompagnées d'un « glossaire argotique pour faciliter aux caves la compréhension de ce qui précède » (Simonin [1953] 2005 : 261–276). L'usage du jeu de mots au sens strict n'y est pas toujours la règle (si ce n'est pour certains titres, à l'image du *Grisbi or not grisbi*, calembour autour du shakespearien *To be or not to be*, tiré de Hamlet) mais les métaphores y fleurissent, comme elles fleuriront dans les adaptations cinématographiques de la plume de Michel Audiard. On peut aller jusqu'à parler d'« esprit du noir », où l'usage de l'argot, des métaphores et de quelques (plus rares) jeux de mots constituent le « marqueur identitaire » ou la « marque de fabrique » précédemment évoqués. Cette « culture du noir » repose essentiellement sur des syntagmes apparus dans les traductions françaises de titres d'œuvres cinématographiques et / ou littéraires anglophones et sont donc difficilement cernables et assimilables par un public non francophone ; personnellement, j'en restreins souvent l'usage à des œuvres essentiellement destinées à un public de locuteurs natifs et / ou réservées à des apprenants de niveau très avancé (à partir de C1). Je peux faire mention ici d'un titre de chapitre relatant l'assassinat d'un témoin rentrant chez lui sur son deux-roues et intitulé « La mort aux trousses » (Blancher à paraître b : 199), intermédialité assumée avec le septième art, « La mort aux trousses » étant le titre français du film d'Alfred Hitchcock, *North by Northest*, sorti en 1959.

Depuis les années 1990, la série *Le Poulpe*, lancée en 1995 par Jean-Bernard Pouy, s'est fait une spécialité de construire ses titres sur des calembours plus ou moins heureux (au sens bergsonien du terme), dans la tradition du tout premier, « La petite écuyère a cafté »[14] [la petite cuillère à café ; *cafter* = 'dénoncer, souvent dans le domaine scolaire (un enfant « cafte » auprès d'un professeur' ; *cafter* = *petzen* en allemand, *to peach on* en anglais]. La série compte aujourd'hui (2015) pas loin de 300 titres, parmi lesquels on peut citer, outre le titre inaugural de Jean-Bernard Pouy, qui a initié le concept, dans le domaine du septième art et de la forme policière, l'autoréférenciation *Touchez pas au Grizzly* [*Touchez pas au grisbi !*, œuvre d'Albert Simonin précédemment citée], de Jean-Pierre Huster (1997), *Les Teutons Flingueurs* [*Les Tontons Flingueurs*, titre de l'adaptation cinématographique de *Grisbi or not grisbi*, d'Albert Simonin] de Stéphane Geffray (1999) ou encore *Poulpe Fiction* [*Pulp fiction*, film du réalisateur américain Quentin Tarantino, sorti en 1994] d'Hubert Michel (2005). Les références littéraires sont aussi présentes à l'appel [et à la pelle,

---

(sous le titre *Les Tontons flingueurs* pour la troisième), respectivement par Jacques Becker, Gilles Grangier et Georges Lautner. Ce sont ces dernières adaptations cinématographiques qui ont largement contribué à populariser l'argot des truands employé dans la Série Noire.
14 J.-B. Pouy, *La petite écuyère a cafté*, Paris, [1995] 1998.

dans l'esprit du calembour] avec l'allusion bédéphile *Le Dolmen des Dieux* [*Le Domaine des Dieux*, album d'Astérix réalisé par René Goscinny et Albert Uderzo, sorti en 1971] de Chrysostome Gourio (2010) ou le célèbre *Nazis dans le métro* [*Zazie dans le métro*, de Raymond Queneau (1959)] de Didier Daeninckx (1996). Ces jeux de mots dans les titres n'ont pas tardé à devenir l'apanage de la série. Dans le cadre des *Lernkrimis* ou « romans policiers d'apprentissage », l'histoire policière classique (avec son découpage todorovien entre « histoire du crime » et « histoire de l'enquête ») superpose à l'intrigue policière classique des objectifs pédagogiques spécifiques, déterminés, d'une part, grâce au Cadre européen commun de référence pour les langues (CECRL) et, d'autre part, de façon plus spécifique, grâce à une dénomination catégorielle de l'objectif principal en termes de « civilisation », « grammaire », « vocabulaire » etc. Les titres n'y sont généralement pas choisis par les auteurs mais par la rédaction de la maison d'édition. Quelquefois, les auteurs (toujours de langue maternelle) sont invités à faire des propositions et / ou à trancher entre deux variantes. Certains titres sont des jeux de mots reposant sur le remplacement au sein d'un syntagme d'un élément par un autre, quelquefois d'après le principe des paires minimales ou de la paronymie (*bite / bit* – hors / mort) ou d'après le principe du contraste sémantique (vivre / tuer, vie / mort, *amigo / enemigo*), dans un cadre fréquemment inspiré du champ lexical du roman policier (crime, mort, tuer etc. – signalé en gras dans le tableau ci-dessous). Dans le cas où un élément du syntagme peut d'ores et déjà potentiellement renvoyer à un sujet en rapport avec le crime, alors le « bon » choix au sein des possibilités offertes par la polysémie s'impose par la deuxième lecture (genresque, c'est-à-dire spécifique à la forme policière).[15]

Tableau 1: Création du jeu de mots dans les titres de *Lernkrimis*

syntagme original	syntagme modifié
L'Île de la Cité	L'Île de la **mort**
Hors d'œuvre	**Mort** d'œuvre
Savoir vivre	Savoir **tuer**
L'eau de vie	L'eau de **mort**
... à la carte	**Alibi** à la carte
Bed & Breakfast	***Blood*** *& Breakfast*
No risk, no fun	*No risk, no love*

---

[15] Liste de titres aimablement communiquée par les éditions Compact (Compact Verlag GmbH, Baierbrunner Straße 27, 81379 Munich, Allemagne). Il s'agit de titres d'œuvres en français, anglais, espagnol et italien élaborés par le comité de rédaction de la maison d'édition et proposés tels quels aux auteurs chargés de rédiger les titres en question.

syntagme original	syntagme modifié
Forever and a bit	*Forever and a **bite***
... & Company	***Crime** & Company*
luna de miel	*luna de **sangre***
¡Adiós, amigo!	*¡Adiós, **enemigo**!*
Camera oscura	***Opera** oscura*
Pasta al dente	***Morte** al dente*

Parmi les propositions refusées figurent notamment *Voir le Louvre et mourir* (dont on notera qu'une déclinaison assez proche figure parmi les titres de la série *Le Poulpe* : *Ouarzazate*[16] *et mourir*, d'Hervé Prudon, 1996, toutes deux étant inspirées de l'expression *Vedi Napoli e poi muori*, littéralement « Vois Naples et puis meurs », plus souvent traduite en français par « Voir Naples et mourir », entre autres titre original italien du film de Riccardo Freda de 1951) ainsi que *Salades niçoises*, proposition que j'avais faite et qui a été refusée au motif que la polysémie du terme « salades », (1) légume vert ou (2) mensonge, renvoie dans le second cas à un français trop argotique et non accessible à des apprenants de langue étrangère.

Au-delà du paratexte, les jeux de mots peuvent faire leur apparition au niveau intra-diégétique, c'est-à-dire dans le récit lui-même : pour certains, il peut s'agir d'un prolongement de la notion de « fausse piste » (l'histoire de l'enquête et les soupçons qu'elle est censée distiller se prêtent alors particulièrement bien à cet exercice : Ginzburg 1980 : 32), mais, ce faisant, le paradigme indiciaire s'extrapole également au-delà de la sphère diégétique pour prolonger la notion de jeu (de détection) propre à l'histoire de l'enquête todorovienne : ainsi, dans le recueil *Mort d'œuvre*, la nouvelle *Meurtre en plein ciel* est construite autour d'un duo d'enquêteurs, le lieutenant de police Jean Bonpied et le professeur Jacques Bonœil, professeur d'anthropologie. Outre la dimension improbable du duo, qui va comme il se doit résoudre l'énigme autour de ce meurtre en plein ciel, le regroupement des deux noms de famille permet la reconstitution du syntagme « bon pied bon œil », qui clôt l'histoire, un effet de clôture systématique qui pourrait être réemployé pour former un *running gag*, si les deux personnages étaient appelés à devenir récurrents. Ce principe est souvent mis en abyme dans les productions sérielles pour la télévision, qui jouent sur cet aspect mécanique et répétitif, chaque épisode se terminant, par exemple, par le même échange : ainsi, la série *Sœur Thérèse.com* (2002–2011, 21 épisodes de 90 minutes) se termine toujours sur le même échange verbal entre

---

16 Ouarzazate, la « porte du désert », est une ville du sud du Maroc.

Juliette (alias sœur Thérèse) et son ex-mari, le lieutenant de police Gérard Bonaventure :[17]

> On peut toujours te joindre sur ton site *www.soeurtherese.fr* ?
> – Point com Gérard, Sœur Thérèse.com, Gérard !

Dans *Mort d'œuvre*, l'apparition du jeu de mots figure là aussi directement au niveau intra-diégétique, dans la bouche du professeur, dans ses propos conclusifs, et pourrait préfigurer les bases d'une série dont chaque épisode, à l'image de ceux de Sœur Thérèse.com, pourrait se terminer par une citation du syntagme :

> Moi aussi, mon séjour d'études se termine. Nous allons donc une fois de plus faire le voyage ensemble. Peut-être aurons-nous l'occasion de résoudre une nouvelle enquête ensemble... Bon pied, bon œil... (Blancher 2010b : 85)

L'ouvrage étant prévu pour le niveau intermédiaire (*mittleres Sprachniveau*), la traduction du syntagme ainsi reconstitué est donnée directement à côté du texte : l'expression « bon pied bon œil » peut se traduire en allemand par *noch sehr rüstig sein* (angl. *to bear one's age well*). En français, dans l'usage, elle est essentiellement associée aux personnes âgées mais, aussi et surtout, à l'idée de « débrouillardise », essentiellement dans les situations délicates, ce qui retranscrit l'essence du duo d'enquêteurs, à la fois antithétique et complémentaire. La dimension répétitive du jeu de mots peut être rapprochée de l'aspect mécanique évoqué par Henri Bergson :

> Prendre des séries d'événements et les répéter dans un nouveau ton ou dans un nouveau milieu, ou les intervertir en leur conservant encore un sens, ou les mêler de manière que leurs significations respectives interfèrent entre elles, cela est comique, disions-nous, parce que c'est obtenir de la vie qu'elle se laisse traiter mécaniquement. (Bergson 2011 : 92)

Dans *Crimes en Avignon*, l'inspecteur Cliquot, qui incarne un personnage semblable à celui d'Héphaestos dans l'*Iliade*, dont à la fois la maladresse et l'apparence physique occasionnent le rire, sans toutefois que ces critères n'excluent des compétences particulières et une sympathie de la part du lectorat (au contraire, même, ces caractéristiques le rendent attachant et confortent le contraste avec ses capacités intellectuelles) fête son anniversaire. Nathalie, son

---

[17] On observe le même principe dans l'émission à sketches allemande *Die Wochenshow*, diffusée sur SAT1 entre 1996 et 2002 avec les deux répliques devenues cultes « Danke, Anke. » et « Zurück zu Lück. ».

assistante, leur a pour cette raison réservé une soirée à l'opéra. Or, l'inattention de Cliquot et l'aspect mécanique avec lequel son esprit assimile les éléments sémantiques constitutifs du syntagme original (il s'agit du « Hollandais Volant » de Richard Wagner, plus souvent traduit en français, il est vrai, par « Le Vaisseau fantôme », lorsqu'il s'agit de l'opéra), soit NATIONALITÉ + PARTICIPE PRÉSENT, donne lieu à un *running gag* qui se maintient au rythme moyen d'une occurrence par chapitre jusqu'à être résolu en toute fin de récit :

→ Le Hollandais Volant
→ L'Espagnol Rampant
→ L'Italien Marchant
→ L'Allemand Dansant
→ Le Belge Riant
→ L'Anglais Chantant
→ Le Portugais Dormant
→ Le Hollandais Volant

(Blancher 2011a : 6 / 22 / 37 / 8 / 91 / 78 / 67 / 133)

L'usage du jeu de mots poursuit ici deux objectifs : d'une part, l'accentuation du caractère comique et décalé du personnage de Cliquot qui, à l'instar d'un Sherlock Holmes, n'accorde que peu d'importance aux informations qui n'ont pas de fonction utilitaire[18] et, d'autre part, la déclinaison lexicale parallèle 1) des nationalités et 2) des participes présents à destination des apprenants. Dans la même œuvre, j'ai fait usage d'un jeu de mots à double lecture, l'inspecteur de police local s'appelant Surlepont et l'inspecteur Cliquot faisant bien involontairement dès les premières pages de l'ouvrage le jeu de mots que tout le monde attendait : « ‹Où est-il donc, ce Surlepont d'Avignon ?› grogna-t-il. » (Blancher 2011a : 17). Il s'agit là d'une double référence, d'un part bien évidemment au pont de Bénezet et à la chanson populaire qui lui est consacrée (calembour fort discutable s'il en est) et également d'une allusion (plus personnelle) à un jeu de mots de René Goscinny dans l'album *Astérix en Hispanie*, où le centurion romain Nonpossumus, grimé en nomade hispanique, prend le nom espagnol de Dansonsurlepon y Davignon (Goscinny et Uderzo [1969] 2007 : 38, case 4), pour surveiller Pepe et l'empêcher de regagner son village. En outre, le titre du dernier chapitre (n° 8) reprend le texte de la célèbre chanson : « On y danse tous en rond. » (Blancher 2011a : 116)

L'usage du jeu de mots nécessite une prédisposition à une lecture « entre les lignes », dont on ne peut *a priori* ni octroyer ni ôter la compétence à aucun

---

[18] Le personnage créé par Sir Arthur Conan Doyle ignore par exemple le principe d'héliocentrisme, non pertinent à ses yeux (Conan Doyle [1887–1888] 2005 : 16).

lecteur, qu'il soit de langue maternelle ou de langue étrangère : en fonction de leur nature, les jeux de mots peuvent en appeler à des compétences aussi différentes que la langue et la culture d'un espace donné mais aussi reposer sur des éléments « internationalisés », c'est-à-dire accessibles à un plus grand nombre. Dans cette perspective, le jeu de mots relève tout d'abord essentiellement du domaine de l'auteur, qui offre ainsi à son lectorat une possible lecture de niveau deux, sans toutefois pouvoir anticiper leur réception. Certains jeux de mots peuvent se situer au niveau intra-diégétique, un usage que j'ai choisi dans la nouvelle *Voyage mortel*, où la personne menant l'enquête en compagnie de son neveu lieutenant de police est une vieille dame, Marie-Anne, qui n'est pas sans rappeler la Miss Marple d'Agatha Christie, et qui voyage en compagnie de son amie Éléonore, affligée d'une surdité qui apparaît et / ou disparaît en fonction des circonstances, et de son intérêt (et / ou de l'intérêt du duo de vieilles dames) à faire ou non la sourde oreille. Ci-après quelques exemples de jeux de mots avec proximité phonique (je reconnais moi-même avoir beaucoup ri de ce même effet – utilisé par Hergé avec le professeur Tryphon Tournesol et qui n'est sans doute pas étranger à cette idée) :

(1) « Bonjour Éléonore, comment vas-tu ce matin ?
– Comment ? Prendre le train ? Mais non, voyons ! Nous allons prendre l'autocar, comme d'habitude ! » (Blancher 2011b : 7)

(2) Puis c'est au tour d'Éléonore Laveau.
« Pour vous aussi, Madame Laveau ?
– Mon dos va mieux, je vous remercie. Je vais aussi à Vichy.
– Comme d'habitude !
– Oui, c'est vrai, l'hiver a été rude, cette année. » (Blancher 2011b : 8)

(3) Pendant le voyage, Guy Duregard discute beaucoup avec Éléonore, même si la vieille dame ne comprend pas grand-chose. Souvent, c'est Marie-Anne qui doit traduire.
« Vous savez que je peins, moi aussi ?
– Vraiment ? Je ne savais pas. Je suis très étonné.
– Ah, non ! Pas du Monet ! J'essaie d'être originale ! » (Blancher 2011b : 11)

(4) « Ah, ces touristes ! ironise Guy Duregard.
– Mais non, mais non, lui dit alors Éléonore, ne soyez pas triste : c'est ainsi de nos jours, les gens serviables n'existent plus ! » (Blancher 2011b : 12)

(5) David Lombard lui tend la main.
« Bonjour Madame Laveau, je suis content de vous revoir malgré les circonstances.
– Comment ? Vous voulez que je danse ? » (Blancher 2011b : 16)

(6) « Mesdames, déclare solennellement le commissaire, au nom de la République, je vous remercie pour votre précieuse contribution à la résolution de cette enquête.

– Mais non, nous ne voulons pas faire la fête ! » lui répond Éléonore Laveau.
(Blancher 2011b : 44)

Certains jeux de mots peuvent également être plus simples, à l'image d'emprunts au champ lexical pour la création de personnages : ainsi, dans *Jeu sans règles*, deux des joueurs de l'équipe de football de la courte nouvelle *Match mortel* s'appellent respectivement Thierry *Tibia* (allemand : *Schienbein*) et Joseph *Péroné* (allemand : *Wadenbein*), deux os que les joueurs de football se fracturent fréquemment (Blancher 2012 : 115–134). Certains chapitres sont aussi l'occasion d'illustrer un adage syntagmatique tel que « Tout ce qui brille n'est pas d'or » (Blancher 2012 : 95–114). Dans *Tod in Toulouse* (français : *Mort à Toulouse*), le concours de beauté inspiré de l'élection de Miss France se passe à Toulouse, le glissement référentiel fait de « Miss France » une « Miss Rose », allusion au surnom donné à la capitale de la région Midi-Pyrénées. Quant au présentateur, censé par sa fonction faire de cette élection un événement festif, il a pour nom Jean-Pierre Célafête [homophone de « C'est la fête ! »] (Blancher 2009b). Dans la nouvelle *Meurtre dans les catacombes*, la directrice des affaires culturelles de la ville de Paris s'appelle Chantal Lexpo [abréviation d'« exposition »], tandis que l'avocat du promoteur immobilier Serge Malotru [un malotru est un homme aux manières peu recommandables] s'appelle maître Larnac [l'arnaque (F) = *der Betrug*] (Blancher 2013 : 91–132). Ici, les jeux de mots patronymiques associent dans l'esprit des lecteurs les personnages à une appartenance spécifique autour du régime du doute et de la vérité.

Les jeux de mots n'ont pas seulement vocation à « distraire » [tout du moins volontairement] le lecteur mais ils peuvent aussi s'avérer être une « distraction » du langage (Bergson 2011 : 92), en ce sens qu'ils traduisent plus ou moins volontairement l'inclinaison de l'auteur pour tel ou tel médium. Dans un épisode de *Brigade Campus*, série de romans policiers pour la jeunesse publiée en France au début des années 2000 (reprise en 2015), j'ai par exemple conçu un chapitre où le groupe de héros, de jeunes policiers, est chargé de mettre la main sur un père Noël pickpocket œuvrant dans un centre commercial de la région parisienne. Dans ce cadre, le titre m'est venu tout seul : *Le père Noël est une ordure* (Blancher à paraître a), référence à la pièce de la troupe du théâtre Le Splendid (1979) et à son adaptation cinématographique par Jean-Marie Poiré (1982), film devenu culte en France. Dans la même veine, un chapitre de *Danse de la nuit*, roman d'apprentissage pour apprenants germanophones se passant dans le milieu des vampires (Blancher 2010a : 66), un des chapitres a été intitulé *Le crépuscule des sentiments* (en référence à *Ludwig ou le crépuscule des dieux*, de Luchino Visconti, film de 1972, titre original : *Ludwig* – Le film traite de Louis II de Bavière). Ici, toutefois, il n'y a aucune relation de contenu entre le chapitre du roman et l'œuvre cinématographique : il s'agit simplement d'une référence pour la référence[19].

Les références peuvent aussi reposer sur des paronymes comme, toujours dans la série *Brigade Campus*, le titre d'un opus à paraître, *La gloire de son père*, allusion à *La gloire de mon père*, roman de Marcel Pagnol datant de 1957. Mais, toujours dans les titres à venir de cette même série, les jeux de mots peuvent aussi jouer sur la polysémie comme *Sur un petit air de violon* [violon = instrument de musique / violon = prison, en argot), la question de la difficulté pour un public de locuteurs non-natifs, soulevée par la rédaction de la maison d'édition à propos du changement de registre entre les deux sens du terme *salades*, ne se pose pas ici avec le terme *violon*, puisque l'œuvre est destinée à un public francophone. La polysémie est quelquefois présentée comme un défi en rapport avec la richesse de la langue française, à l'image du thème proposé en 2009 au concours universitaire de la nouvelle, « vélo », que j'ai traité non pas autour du premier sens du mot « vélo » mais autour de l'expression imagée « avoir un petit vélo dans la tête » [être simple d'esprit voire mentalement handicapé] : « Un vélo de bois fleuri vient d'être déposé au pied du cercueil. Le gros Bertrand. Je me surprends à sourire. Cette vie est peut-être belle, en fin de compte. En tout cas, elle l'était pour lui. Le petit vélo s'est envolé » (Blancher 2009a : 53).[20]

Mais les jeux de mots peuvent aussi, comme les références cinématographiques précédemment citées, simplement faire référence à des univers connus de l'auteur, à l'image du personnage du voisin irascible de François Stiobeck, appelé Frédéric Barbochon, et de son épouse, qui ne sont pas sans rappeler, par leur apparence et leur comportement, les Bidochon de Binet[21], figures de « beaufs ». Au niveau intra-diégétique, François Stiobeck qui, en plus de jouer les détectives, est aussi un comique de seconde zone dont les spectacles représentent généralement un chapitre par épisode, tourne en dérision le personnage du « beauf » évoquant sa belle-mère qui doit l'accompagner en vacances au Royaume-Uni : « Ils ont déjà la fièvre aphteuse et nous, on leur amène la vieille affreuse. » (Blancher à paraître b). Ici, la maigre qualité du calembour est censée renvoyer aux piètres talents de comique du personnage. Dans l'épisode précédent, *La nuit, tous les chats sont gris*, titre d'ailleurs repris sous forme d'autoréférenciation comme titre du chapitre VII de *Crimes en*

---

19 On notera ici que, dans la série *Le Poulpe*, le titre de l'œuvre cinématographique de Luchino Visconti a déjà été à l'origine d'un jeu de mots dans le titre du roman *Le crépuscule des vieux*, de Guillaume Darnaud (1997).
20 Cette nouvelle a reçu le deuxième prix *ex-aequo* du concours universitaire de la région Auvergne ainsi qu'une mention spéciale du jury au niveau national.
21 *Les Bidochon* sont apparus pour la première fois dans *Fluide Glacial* en 1977.

Avignon, l'un des chapitres a été baptisé *De l'art de la savate* (Blancher 2004 : 461) en référence à une scène de *L'Île Noire* (Hergé [1956] 1966 : 52, case 9). Dans *Le cadavre du château*, le titre de chapitre *À l'ombre du Dolmen* [le Dolmen y est un restaurant ; Blancher à paraître b] est une allusion à l'album de Lucky Luke, *À l'ombre des derricks*, réalisé par Morris et Goscinny et publié en 1962 (titre sans doute lui-même inspiré du proustien *À l'ombre des jeunes filles en fleur*). Dans ce même épisode, nombre de titres de chapitres sont des références à la culture populaire : *La Tacatacatique de Frédéric* pour *La tactique du gendarme*, chanson interprétée par Bourvil (1949), *Coquillages et crustacés* pour *La Madrague*, chanson interprétée par Brigitte Bardot (1963), dont les premières paroles sont « Sur la plage abandonnée / coquillages et crustacés ». Dans *Meurtre en plein ciel*, le titre du dernier chapitre, *Il y a le soleil, la mer... et beaucoup d'argent* (Blancher 2010b : 77) est une adaptation de la chanson *Le ciel, le soleil et la mer*, interprétée par François Deguelt en 1965. Dans *Le cadavre du château*, nombre de titres de chapitres sont d'inspiration littéraire, cinématographique et / ou historique : *Alcools*, en référence au recueil de poèmes éponyme de Guillaume Apollinaire (1913), *Les liaisons dangereuses*, en référence à l'œuvre de Pierre Choderlos de Laclos (1782), *Un ami qui lui veut du bien*, en référence au film de Dominik Moll, *Harry, un ami qui vous veut du bien* (2000), *Quatre mariages et un enterrement*, traduction française littérale du titre du film *Four Weddings and a Funeral*, de Mike Newell (1994), *La bataille des trois empereurs* [le chien d'un des protagonistes s'appelle Napoléon, d'où l'allusion], en référence à la bataille d'Austerlitz, qui a vu se retrouver sur le même champ de bataille le 2 décembre 1805 Alexandre Ier de Russie, Napoléon Ier de France et François II du Saint-Empire, sans oublier *Waterloo ! Waterloo ! Waterloo ! Mordre plaie !*, allusion à *L'expiation* de Victor Hugo, poème extrait du recueil *Les Châtiments* (1853), dont le célèbre vers « Waterloo ! Waterloo ! Waterloo ! Morne plaine ! » est déjà lui-même détourné par la plume de René Goscinny dans *Astérix chez les Belges* (Goscinny et Uderzo [1979] 2012 : 39, case 8).[22]

---

22 Les pages 39 à 45 de l'album constituent une libre adaptation du deuxième chapitre du poème de Victor Hugo. Voir aussi du Chatenet (2003 : 323).

5 La relation entre l'auteur et les jeux de mots qu'il produit

Que retenir, au terme de cette analyse, de la relation entre l'auteur et les jeux de mots qu'il produit ? Le premier facteur déterminant est sans doute celui de l'intentionnalité : en effet, l'écriture est tout d'abord à envisager comme une forme d'expression libre, même lorsqu'elle répond aux exigences formelles d'un contrat et / ou d'une commande, et on peut tout à fait admettre la formulation d'Henri Bergson selon laquelle le jeu de mots peut [la modalisation prend ici tout son sens] être une distraction du langage (Bergson 2011 : 92), toutefois pas en cela qu'il serait une production connotée négativement mais plutôt qu'il constituerait le reflet d'un état d'esprit spécifique, par exemple de « l'esprit du noir » et qu'il ouvrirait par là-même au lecteur les portes de l'univers référentiel propre à l'auteur : nul besoin je pense, au vu des références évoquées, de souligner que, pour ma part, je suis amateur de bande dessinée, de cinéma, d'histoire et de littérature, sans oublier bien sûr de... calembours !

Le second facteur, dans le cadre plus spécifique de la forme policière, est celui de son positionnement soit au niveau diégétique (c'est-à-dire du narrateur) soit au niveau intradiégétique (c'est-à-dire des personnages) : au niveau intradiégétique, il conforte la dimension comique de certains personnages, à l'image d'un Héphaestos dont la maladresse s'ajoute à l'aspect difforme (accentuant encore le rire qu'il provoque), au niveau diégétique, il s'inscrit lui-même dans le régime fondateur de la narration policière, soit la dichotomie doute / vérité, et contribue ainsi, par la double lecture qu'il propose – sans jamais toutefois l'imposer – à exporter ce régime au-delà de la sphère diégétique, c'est-à-dire au plus près du lecteur, qui a alors toute liberté de l'apprécier ou non, que ce soit en fonction de ses compétences linguistiques ou de son inclination personnelle.

Le mot de la faim [cette conclusion m'a en effet contraint à rogner sur ma pause-déjeuner] : du calembour au jeu de mots, comme du rire au sourire, y a-t-il une hiérarchie à établir, telle que cela a pu être fait à divers degrés au fil des siècles ? Sans doute cette dimension hiérarchique reflète-t-elle plus des influences socioculturelles acquises en héritage qu'une réelle distinction fondée sur une argumentation ; traiter cette question reste toutefois difficile et va bien au-delà du présent article. Pour aujourd'hui donc, comme l'a dit Philippe Geluck, célèbre auteur du Chat, « notre but est atteint, comme la tarte du même nom » [la tarte Tatin est une spécialité culinaire originaire de Sologne et remontant au XIXe siècle] : alors, calembour ou jeu de mots ? Dans tous les cas, je lui adjoindrais le sous-titre explicatif suivant : « du bon usage et des méfaits de la liaison dans la langue de Molière ».

6 Références bibliographiques

Littérature primaire

Blancher, Marc. 2004. *La nuit, tous les chats sont gris, une enquête de François Stiobeck, détective en Bourbonnais*. Vichy : Marc Blancher / Le Serpent Rouge Éditeur.
Blancher, Marc. 2009a. Faubourg de l'enfance. In *Vélo*, 43–54. Lille : CROUS.
Blancher, Marc. 2009b. *Tod in Toulouse*. Munich : Compact Verlag.
Blancher, Marc. 2010a. *Danse de la nuit*. Munich : Compact Verlag.
Blancher, Marc. 2010b. Meurtre en plein ciel. In *Mort d'œuvre*, 45–85. Munich : Compact Verlag.
Blancher, Marc. 2011a. *Crimes en Avignon*. Munich : Compact Verlag.
Blancher, Marc. 2011b. Voyage mortel. In *Voyage mortel*, 5–44. Munich : Compact Verlag.
Blancher, Marc. 2012. *Jeu sans règles*. Munich : Compact Verlag.
Blancher, Marc. 2013. Meurtre dans les catacombes. In *Le prochain meurtre*, 91–132. Munich : Compact Verlag.
Blancher, Marc. À paraître a. *La Bulle, une enquête de la brigade*.
Blancher, Marc. À paraître b. *Le Cadavre du château*.
Butor, Michel. [1956] 2005. *L'emploi du temps*. Paris : Les Éditions de Minuit.
Cambien, Michel (éd.). 1972. *Préface de Cromwell (Victor Hugo)*. Paris : Librairie Larousse.
Conan Doyle, (Sir) Arthur. [1887–1888] 2005. *The Complete Sherlock Holmes*. Londres : CRW Publishing Limited.
Flacelière, Robert (éd.). 1955. *Iliade. Odyssée (Homère)*. Paris : Gallimard.
Goscinny, René & Albert Uderzo. [1979] 2012. *Astérix chez les Belges*. Paris : Hachette.
Goscinny, René & Albert Uderzo. [1969] 2007. *Astérix en Hispanie*. Paris : Hachette.
Hammett, Dashiell. [1929] 2003. *Red Harvest*. Londres : Orion Books.
Hergé. [1956] 1966. *L'Île Noire*. Tournai : Casterman.
Pouy, Jean-Bernard. [1995] 1998. *La petite écuyère a cafté*. Paris : Éditions La Baleine.
Simonin, Albert. [1953] 2005. *Touchez pas au grisbi*. Paris : Gallimard.

Ouvrage de référence

Rey, Alain (éd.). [1993] 2010. *Dictionnaire historique de la langue française*. Paris : Dictionnaires Le Robert.

Littérature secondaire

Bachmaier, Helmut (éd.). [2005] 2010. *Texte zur Theorie der Komik*. Stuttgart : Philipp Reclam jun.

Barthélémy-Saint-Hilaire, Jules (éd. et trad.). 1885. *Traités des parties des animaux et de la marche des animaux d'Aristote*. Paris : Librairie Hachette & Cie. Disponible en ligne sur http://remacle.org/bloodwolf/philosophes/Aristote/partieslivre3.htm (dernière consultation le 28 juillet 2015).

Barthes, Roland. 1966. Introduction à l'analyse structurale des récits. *Communications* 8. 1–27.

Bergson, Henri. [1899] 2011. *Le rire. Essai sur la signification du comique*. Paris : Presses Universitaires de France.

Berlioz, Jacques. 2015. Pourquoi riait-on ? *L'Histoire* 409. 66–69.

Blancher, Marc. 2011. « La Série Noire, besoin ou volonté de (re)traduction ? ». In Muguraş Constantinescu & Elena-Brânduşa Steiciuc (éds.), *Atelier de traduction* 16 (Dossier : La traduction caduque, retraduction et contexte culturel (en diachronie) II). 137–146. Suceava : Editura Universităţii din Suceava.

Blancher, Marc. 2015. *Le détournement postmoderne du référent social dans le roman policier : fonctions & objectifs*. Paris : L'Harmattan.

Boucheron, Patrick. 2015. Jacques Le Goff, révolutionnaire heureux. *L'Histoire* 409. 42–45.

Chatenet, Aymar du. 2003. *Le Dictionnaire Goscinny*. Paris : Le Grand Livre du Mois.

Colin, Jean-Paul. 1984. *Le roman policier français archaïque*. Berne, Francfort-sur-le-Main & New York : Peter Lang.

Dubois, Jacques. [1992] 2006. *Le roman policier ou la modernité*. Paris : Armand Colin.

Goulemot, Jean, André Magnan & Didier Masseau. 1995. Art. « Rire ». In Jean-Marie Goulemot, André Magnan & Didier Masseau (éds.), *Inventaire Voltaire*. 1173–1174. Paris : Quarto Gallimard.

Genette, Gérard. 1972. *Figures III*. Paris : Le Seuil.

Ginzburg, Carlo. [1986] 2010. *Mythes, emblèmes, traces. Morphologie et histoire*. Paris : Flammarion.

Ginzburg, Carlo. 1980. Signes, traces et pistes. Récits d'un paradigme de l'indice. *Le Débat* 6. 7–44.

Graves, Robert. [1958] 2006. *Les mythes grecs* [traduction de Mounir Hafez]. Paris : Le Grand Livre du Mois.

Jakobson, Roman. 1963. *Essais de linguistique générale* [traduction de l'anglais de Nicolas Ruwet]. Paris : Éditions de Minuit.

Julaud, Jean-Joseph (éd.). 2010. *L'Humour pour les Nuls*. Paris : Éditions First-Gründ.

Lad Panek, Leroy. [1979] 1990. *British Mystery. Histoire du roman policier classique anglais*. Amiens : Travaux Encrage.

Le Goff, Jacques. [1999] 2004. *Das Lachen im Mittelalter* [traduit du français par Jochen Grube]. Stuttgart : Klett-Cotta.

Lemaître, Henri (éd.).1962. VI. De l'essence du rire et généralement du comique dans les arts plastiques. In *Curiosités esthétiques. L'Art romantique et autres Œuvres critiques de Baudelaire*. 241–263. Paris : Classiques Garnier.

Lhomeau, Franck. 2000. Le véritable lancement de la Série Noire. *Temps Noir* 4. 50–127.

Magnien, Michel (éd.). [1990] 2010. *Poétique (Aristote)*. Paris : Le Livre de Poche.

Mouret, Jean-Noël. 1995. *50 ans de Série Noire Gallimard 1945–1995*. Paris : Fnac.

Nusser, Peter. [1971] 2009. *Der Kriminalroman*. Stuttgart & Weimar : Metzler.

Taillefert, Émile (éd.). 2011. *Art poétique (Horace)*. Breinigsville (USA) : Kessinger Publishing.

Thouard, Denis (éd.). 2007. *L'interprétation des indices. Enquête sur le paradigme indiciaire avec Carlo Ginzburg*. Villeneuve d'Ascq : Presses Universitaires du Septentrion.

Todorov, Tzvetan. 1980. Typologie du roman policier. In Tzvetan Todorov, *Poétique de la prose – Choix, suivi de Nouvelles recherches sur le récit*. 9–19. Paris : Éditions du Seuil.

Todorov, Tzvetan & Jean-Marie Schaeffer. 1997. Poétique. In François Nourissier (éd.), *Dictionnaire des genres et notions littéraires*. 550–558. Paris : Encyclopaedia Universalis & Albin Michel.

Treps, Marie. 2013. *« Enchanté de faire votre plein d'essence ! » et autres joyeuses calembourdes*. Paris : Vuibert.

Tulard, Jean. 2005. *Dictionnaire du roman policier 1841–2005. Auteurs, personnages, œuvres, thèmes, collections, éditeurs*. Paris : Librairie Arthème Fayard.

Vanoncini André. 1993. *Le roman policier*. Paris : Presses Universitaires de France.

Villani, Sergio (éd.). 2008. *Paul Claudel 2005 : Perspectives Critiques*. Ottawa & Toronto : Légas.

III Jeux de mots et dispositifs sémiotiques

Jean-François Sablayrolles
Néologismes ludiques : études morphologique et énonciativo-pragmatique

Résumé : Bien d'autres raisons que la nomination de nouveaux objets et concepts techniques et scientifiques expliquent l'émergence des néologismes. La fonction ludique n'est pas la moindre. Elle recourt à des matrices lexicogéniques privilégiées et elle se diversifie en divers types d'effets dans l'interlocution. Du point de vue morphologique, ce sont les procédés extragrammaticaux qui sont particulièrement activés (mot-valisation en particulier mais aussi paronymie, fausses coupes, innovations flexionnelles, etc.). Quand il s'agit de matrices régulières (suffixation et composition), on remarque des écarts entre les éléments qui sont mis en œuvre (hybrides, mots ou formants relevant de registres différents, etc.). D'un point de vue énonciatif et pragmatique, ces néologismes apparaissent dans des situations diverses (de l'hapax conversationnel aux néologismes qui se diffusent en passant par des situations intermédiaires pour les néologismes littéraires et ceux des humoristes. Ils remplissent souvent d'autres fonctions en sus de leur fonction ludique (accroche, connivence, arme de combat, argument de vente, provocation...) et leur durée de vie peut être variable selon les cas.

Mots clés : affixation, composition, créations d'humoristes, fausse-coupe, flexion, fonctions pragmatiques, hapax conversationnel, hybride, matrices lexicogéniques, mot-valisation, néologie, néologisme, néologismes littéraires, paronymie, situation d'énonciation

1 Introduction

La nomination de nouveaux objets et concepts techniques et scientifiques est traditionnellement et fréquemment avancée comme explication, voire justification, des néologismes.[1] Mais ceux qu'on relève dans la langue courante, écrite ou orale, ne correspondent que très partiellement à ce cas. Bien d'autres raisons sont reconnaissables dans l'émergence des néologismes et parmi celles-ci la

---

[1] Cette justification figure dans les manuels de lexicologie, de terminologie et dans de nombreux articles relatifs à la néologie. C'est la seule qui soit acceptée par les puristes de toutes les époques. Sur ce point, voir Sablayrolles (2000, ch. 1).

fonction ludique n'est pas la moindre. Au sein de ces néologismes ludiques on peut encore reconnaître des raisons autres que la simple recherche du plaisir du jeu de mots ou jeu avec les mots. Ils peuvent être mis à contribution pour convaincre, créer une connivence, séduire, se moquer de quelqu'un ou quelque chose, etc., et cela en lien avec la diversité des situations énonciatives. Les uns sont émis dans des conversations, d'autres dans des slogans publicitaires, d'autres encore dans des déclarations, d'hommes politiques mais pas seulement, etc. Mais on ne peut pas apparier selon des relations bi-univoques i) les différentes fonctions que jouent ces néologismes ludiques, ii) les situations énonciatives et iii) les procédés de formation (les matrices qui servent à les produire). La présentation des données nécessiterait trois dimensions (ou quatre, si l'on prend aussi en compte la durée de vie de ces néologismes ludiques et leur diffusion, voire plus si on ajoutait d'autres paramètres) pour faire aller ensemble ces différents aspects, tous pertinents, des néologismes perçus comme ludiques. Nous prendrons pour point de départ de l'exposé leurs procédés de fabrication en nous interrogeant sur l'origine du caractère ludique qu'ont certains néologismes alors que d'autres, fabriqués apparemment de la même manière, ne l'ont pas. Quelques remarques synthétiques suivront sur des approches autres que morphologiques de la néologie ludique : diversité des situations énonciatives, diversité des fonctions autres que ludiques associées à ces néologismes, différences de leur durée de vie et de leur diffusion.

2 Procédés de formation des néologismes ludiques

Les travaux sur la néologie prennent prioritairement en compte l'identification de la matrice qui produit tel ou tel néologisme (v. Sablayrolles 1993 et 2000, ch. 2). Même si peu de travaux leur ont, à notre connaissance, été exclusivement consacrés[2], les néologismes ludiques ont d'autant moins de raison d'échapper à

---

[2] Dans son livre *Les jeux de langage*, Laure Hesbois ([1986] 1988) traite de quelques néologismes. Pierre Guiraud, dans *Les jeux de mots* (1976), emploie le mot une fois, p. 21, en renvoyant à la p. 66 où sont traités les mots-valises, avec un historique de la notion et du mot et quelques exemples, sans employer le mot *néologisme*. Dans la fonction 'poétique', p. 87–88, il parle de création de mots, sans s'y appesantir. Les dictionnaires fantaisistes proposent des néologismes ludiques sans toutefois offrir de longues réflexions à leur sujet. Les travaux de Camille Vorger (2011a, 2011b) sur le slam traitent à l'occasion de néologismes ludiques et y

cette approche que les récepteurs peuvent s'interroger sur ce qui crée l'aspect ludique. Pour les matrices mises en œuvre, la place de celles qui relèvent de la morphologie extragrammaticale est importante et, pour la morphologie constructionnelle, on relève des écarts de plusieurs types.

2.1   Part importante de la morphologie extragrammaticale

Relèvent de la néologie extragrammaticale[3] des néologismes non produits par les mécanismes réguliers de la dérivation et de la composition. On peut en distinguer de plusieurs types.

2.1.1   Mots-valises

En première place viennent sans doute les mots-valises, qui sont un type de composés qui amalgament plusieurs unités lexicales en une seule avec la mise en commun d'un segment homophone. Analysés parfois comme des monstres de langue, à l'instar d'Almuth Grésillon (1985), ces assemblages ne passent pas inaperçus et les associations inattendues auxquelles procède la mot-valisation créent souvent de plaisantes chimères qui ont des « harmonies de rêve » (Laforgue[4]). L'effet de surprise, le raccourci (la condensation), la négation partielle de l'arbitraire du signe qui fait se rassembler des mots dont des parties du signifiant phonique[5] se ressemblent nécessitent un travail particulier de fabrication et d'interprétation dont la réussite procure le plaisir particulier de la difficulté vaincue.[6] La présentation radicalement nouvelle ou détournée de

---

consacrent une réflexion intéressante. Dans les mots d'esprit étudiés par Freud ([1905] 1969), figurent des néologismes.
3 Pour des précisions sur la morphologie extragrammaticale, qui, pour faire vite, traite de ce qui n'est pas produit par des règles, voir Fradin (2003). L'imprédictibilité concerne tant l'aspect formel que l'aspect sémantique : le sens de ces créations n'est pas réglé, comme il l'est dans la morphologie grammaticale, où le sens des lexies est compositionnel, calculable à partir des éléments constitutifs mis en jeu dans leur fabrication.
4 *Lettres à un ami* (64–65), cité par A. Holmes (1993 : 34–35) : « ... accouplements de mots qui n'ont qu'une harmonie de rêve mais font dans la réalité des couples impossibles (et qui ont pour moi le charme insoluble, obsédant, entêtant des antinomies en métaphysique...) ».
5 La graphie, souvent identique, ne l'est pas nécessairement comme dans *sangsuel* croisant *sang* et *sensuel* dans une Complainte de Laforgue (1979).
6 Ceci vaut pour tous les mots-valises, et pas seulement pour les mots-valises ludiques, mais cette caractéristique est également présente dans les jeux de mots en général, et même dans

réalités ou la création d'objets fantastiques suscitent la perception d'un décalage par rapport à l'ordinaire. Ce décalage et le caractère souvent irréel de l'objet dénommé peuvent créer l'amusement, comme le font la quasi-totalité des mots-valises des dictionnaires fantaisistes tels que ceux d'Alain Créhange (dont le titre en comporte deux savoureux : *Le pornythorinque est un salopare*, 2004), de Finkielkraut (1979), de Galisson et Porcher (1986) etc.

Dans une proposition de traduction des *Nuées* d'Aristophane, un des personnages de la comédie est gêné dans ses mouvements par le vêtement dans lequel il est enveloppé : il est *emmaillobêté* (embêté par son maillot). La condamnation de la corruption des classes dirigeantes se fait sous un mode humoristique dans la création de *ripoublique* (République des ripoux) par Jean-Marie Le Pen, leader de l'extrême droite nationaliste française.

Certains mots-valises mettent en jeu un ou deux noms propres comme *maastricheur* (où Chevènement qualifie de tricheur le traité de Maastricht), ou *sarkollandisation* qui nie la différence des deux leaders politiques que sont Sarko[zy] et Hollande et condamne l'importance accordée à ces deux candidats à la Présidence de la République française au détriment d'autres faisant des propositions plus radicales. Les homophonies sont plus lâches mais pas inexistantes dans le croisement des deux noms propres composés *Giscard d'Estaing* et *Chaban-Delmas*, pour affirmer leur interchangeabilité : *Chaban d'Estaing* et *Giscard Delmas* (voyelle nasale *an* [ã] / *ain* [ɛ̃] et occlusive dentale sonore [d] suivie d'un [ɛ] *del / des* avec aussi un parallélisme de structure : deux mots de deux syllabes), candidats rivaux aux élections présidentielles de 1974.

Un slogan publicitaire encore utilisé par l'enseigne Castorama mêle son nom et l'adjectif familier *fastoche* « facile » avec le segment graphique commun -*asto*- à première syllabe homophone et à seconde syllabe très proche phonétiquement[7] avec seulement une différence d'aperture d'un degré de la lettre *o* [asto] / [astɔ] pour former *castoche* ; ce qui signifie que le bricolage est fastoche avec Castorama.

Sans doute peut-on parler d'expressions-valises ou de locutions-valises (cf. Camille Vorger 2011a, 2011b) dans le cas d'amalgame de deux mots-composés ou expressions de base comme *serial menteur* issu de la superposition de *supermenteur* (marionnette de Chirac de l'émission télévisée satirique Les Guignols) et du schéma *serial Xeur*. C'est ainsi que Le Pen exprimait son aver-

---

nombre de blagues : ne dit-on pas qu'il faut trois personnes pour qu'une blague soit réussie, celui qui la raconte, un auditeur qui la comprend et un autre qui ne la comprend pas ?
7 Dans les mots-valises, les homophonies peuvent parfois être imparfaites dans la partie commune comme dans *élevache, élevage de vaches* cité par Fradin (2000).

sion pour Jacques Chirac. Sa maîtrise de la langue française exclut de considérer comme de simples jeux gratuits ces créations lexicales, dont certaines – comme *Durafour*[8] *crématoire* aux relents antisémites – lui ont valu des condamnations en justice.

Parfois des mots-valises se fondent de surcroît sur de fausses analyses volontaires. Ainsi *pyrowoman* « femme qui aime faire du feu dans la cheminée » ou *self made mélomane* « homme qui ne doit sa culture musicale qu'à lui-même et pas par héritage », dans lesquels le *man* anglais « homme » est confondu avec *mane* qui marque l'attrait pour quelque chose, parfois poussé à l'excès jusqu'à la folie. Un degré supplémentaire de déni de l'arbitraire du signe est sans doute atteint dans de tels rapprochements de segments homophones relevant de codes linguistiques distincts. Il y a, en tout cas, une transgression supplémentaire dans la création d'hybrides, mélangeant des langues dans une même unité lexicale. C'est aussi le cas de *Waterbraguette (Libération)* à propos du Monicagate (scandale des frasques sexuelles de Bill Clinton avec une stagiaire nommée Monica Lewinsky).[9]

Par ailleurs si tous les mots-valises ne sont pas nécessairement ludiques[10], ces fusions de mots sur la base d'une ressemblance phonique due au hasard jouent fondamentalement avec le signifiant pour créer, parfois secondairement, des signifiés nouveaux, souvent bizarres et étonnants. Ce n'est sans doute pas par hasard que nombre de dictionnaires fantaisistes, recueils ludiques de mots

---

8 Homme politique de centre droit.

9 Première attestation, à notre connaissance, le 1er septembre 1998 et une requête sur Google le 19 novembre 2012 indique 195 pages pour ce mot-valise.

10 Notons que des procédés proches de la mot-valisation, et parfois confondus avec elle, la compocation (composé de deux mots tronqués comme *héliport* alliant *aéroport* et *hélicoptère*) et la fractocomposition (un des deux éléments du composé est représenté par une partie de lui-même appelée fractomorphème ou mieux fractolexème comme *téléspectateur* où *télé* vaut pour *télévision*) n'ont que rarement cette propriété, étant le plus souvent purement dénominatifs dans des domaines de spécialité du moins à l'origine. Cette possibilité d'être ludique, le caractère non réglé du sens (voir Fradin 2000, qui montre que les rapports entre les éléments du mot-valise peuvent être très divers et que le contexte est déterminant pour l'interprétation) ainsi que le fait de comporter un ou plusieurs segments homophones qui provoquant la fusion, conduisent à distinguer nettement la mot-valisation de la compocation et de la fractocomposition, ce que ne fait pas une approche scalaire de l'amalgame, comme celle défendue par Renner (voir sa contribution in *The Dynamics of Wordplay* 1). D'autres articles traitent de mots-valises ludiques, comme celles de Kabatek, Knospe, etc. (voir leurs contributions in *The Dynamics of Wordplay* 1). Si la mot-valisation est ancienne (*sorbonagre*, croisant *Sorbonne* et *onagre* « âne », sous la plume de Rabelais), la fractocomposition et surtout la compocation, dont on doit le concept à Fabienne Cusin-Berche (2003), sont d'apparition et de développement beaucoup plus récents.

qui n'existent pas, tels ceux d'Alain Finkielkraut (*Ralentir mots-valises*, 1979), de Jean-Loup Chiflet (*Le cafard laqué. Les mots-portemanteaux*, 1999 ou *Mais que fait l'Académie ? Le dictionnaire des mots qui devraient exister*, 2002), d'Alain Créhange (*Le pornithorynque est un salopare*, 2004), etc. soient constitués (quasi)exclusivement de mots-valises.[11]

2.1.2 Déformations paronymiques, fausses coupes

Relèvent également de la morphologie extragrammaticale des déformations paronymiques (avec des étymologies dites « populaires » par pseudomotivation, et des remotivations) et des fausses coupes (par agglutination et déglutination). Si ces procédés ont joué un rôle, non ludique, dans l'évolution du français[12], on relève des créations parodiques de ce type dans divers types d'énoncés, en particulier dans la bande dessinée, dans la bouche d'humoristes ou sous la plume d'auteurs comme Frédéric Dard dans les romans de San Antonio, etc. pour caricaturer des manières de parler populaires fautives.

Un auteur de bande dessinée (dans *Hara-Kiri* du 10 mars 1993) met ainsi dans la bouche de ses personnages des fausses coupes et approximations phoniques de type paronymique : *la nesthésie, la bulance*, avec une déformation encore plus profonde dans *un cactus dans le myocarde*[13]. Le décalage entre les fautes de prononciation des personnages et la correction orthographique, due à l'auteur de la bande dessinée, avec l'emploi des graphèmes -*y*- et -*th*- conformes à l'étymologie grecque (et non *i* et *t* : *nestésie, miocarde*) est une source supplémentaire de comique et range les lecteurs du côté de l'auteur dans leur supériorité moqueuse en face de personnages fictifs grossiers et incultes.

L'humoriste québécois Marc Favreau dit Sol, dans le recueil intitulé de la jolie expression-valise *Je m'égalomane à moi-même* (croisant *égal à moi-même* et *mégalomane* « Je continue d'être mégalomane comme je l'étais »), incarne un personnage de naïf qui s'extasie devant *l'Altesse de l'air* lors de son premier voyage en avion. La synapsie *hôtesse de l'air* est mal encodée par le personnage

---

11 À ce sujet, voir Arnaud Léturgie (2011) et sa thèse (2012).
12 Comme l'agglutination de l'article avec le nom dans *l'uette* → *la luette*, ou la réinterprétation de *fame* « renommée » disparue en *femme* homophone hétérographe : *remède de bonne fame* → *femme*, etc.
13 Au lieu de l'*infarctus* qu'on entend d'ailleurs de plus en plus souvent prononcé *infractus* comme si quelque chose était cassé. La *fracture du myocarde* est le titre d'un film ainsi dénommé par reprise de la dénomination fautive qu'emploient les enfants de la fiction, après le décès brutal de la mère de l'un d'entre eux.

du sketch, qui, ébloui par l'hexis et la beauté de la jeune femme, la considère comme une personne de haut statut social, une altesse. L'hypothèse de la création de cette synapsie par mot-valisation croisant *altesse* et *hôtesse de l'air* avec le segment homophone [tɛs] est exclue en contexte, du fait de la naïveté du personnage. Le même humoriste, cité par Laure Hesbois (1988), évoque, avec une fausse coupe, *Les Gyptiens* qui font remarquablement des pyramides humaines dans un spectacle de cirque. La suite phonique [leʒipsjɛ̃], *l'Égyptien*, est analysée par le personnage du sketch comme un mot pluriel contenant l'article défini *les* : *les Gyptiens*.

Le personnage de Bérurier, entre autres, dans les romans de San Antonio écorche les mots et expressions pour le plus grand plaisir des lecteurs. *Dans ma ford intérieure* vaut pour *dans mon for intérieur*. Le mot graphique *for*, rare et usité seulement dans l'expression *dans mon / ton / son... for intérieur* (« en moi-même, toi-même, etc. ») est rapproché d'un mot voisin, plus fréquent dans la langue courante, le nom d'une marque automobile, *Ford*. Ce rapprochement se fait d'autant plus facilement qu'existe la catégorie de véhicules 'conduite intérieure' qui s'opposait aux véhicules dont le chauffeur était en dehors de l'habitacle, et qui se sont appelées autrefois des limousines.[14] Il y a aussi des déformations progressives comme *sur ces entrefaites* (« entre temps ») qui devient, par paronymie [fɛ] / [fɛs], *sur ces entrefesses*, puis quelques chapitres plus loin encore, en utilisant un synonyme de *fesses*, *sur ces entremiches*.

Une publicité pour l'eau de Javel joue sur la paronymie *javel / je vais le* dans [ʒavɛl] « Javel dire à tout le monde ».

Des fautes involontaires – et parfois répétées – de locuteurs lambda amusent ceux qui les repèrent, même si aucune intention ludique ne présidait à leur émission. C'est le cas du *mec plus ultra* au lieu du *nec plus ultra* ou des *pastilles Lajoignie* au lieu de *Lajaunie* par substitution du nom d'un homme politique connu à l'époque.[15] Pour un non latiniste *nec* n'est pas identifiable

---

14 D'après Wikipédia se référant à l'émission « Merci professeur » de Bernard Cerquiglini : « Au départ, la limousine est un type de véhicule hippomobile en usage dans la province française du Limousin. Son nom pourrait venir d'une vaste pèlerine, la limousine, que les habitants du Limousin portaient autrefois pour se protéger de la pluie ; laquelle aurait donné son nom aux premières voitures nommées limousines où seules les places arrière étaient protégées par des vitres. »

15 Confusion commise dans une pharmacie et racontée, dans une file d'attente où je me trouvais, par une jeune étudiante à ses condisciples hilares, sans qu'on sache s'il s'agissait originellement d'une véritable erreur ou d'un simple lapsus. Les conditions d'énonciation du propos rapporté excluent une faute volontaire (on n'emploie pas un mot impropre volontairement dans la commande d'un médicament. C'est seulement dans des échanges entre pairs

(c'est une conjonction de coordination négative « et ne...pas »), à la différence de *plus* et *ultra* qui existent dans la langue française. Selon le procédé traditionnel qui consiste à ramener de l'inconnu au connu le plus proche, la nasale dentale devient labiale pour former le mot *mec* (« quelqu'un »), familier et fréquent. On dénomme ainsi quelqu'un de remarquable.

Dans tous ces cas, c'est le décalage entre les connaissances linguistiques des récepteurs et les productions fautives, réelles ou supposées, de personnes incultes ou naïves qui provoque l'amusement voire l'hilarité : on aime à se moquer des faiblesses des autres. Les fautes feintes permettent des transgressions du code et il peut y avoir du plaisir dans la transgression mais ces transgressions linguistiques sont mimées et pas véritables, à la différence des véritables fautes. Elles créent des connivences entre l'émetteur et son / ses récepteurs interprétants[16] sur le dos d'un tiers (absent mais dont on imagine qu'il ferait de telles fautes) ou d'un être de papier.

2.1.3 Matrices phraséologiques : créations et détournements d'expressions

Les détournements d'expression que Camille Vorger a adoptés dans sa thèse (2011) en rebaptisant la matrice du nom de matrice phraséologique ne sont pas unanimement reconnus comme relevant de la néologie[17], mais si on considère qu'il y a dans ces cas des innovations qui se manifestent au niveau d'unités lexicales, cela relève bien de la néologie, même si ce n'est pas la néologie prototypique, et cette matrice relève également de la morphologie extragrammaticale. Le point crucial est que le mot composé ou l'expression néologiques ne

---

qu'on peut procéder ainsi). En tout état de cause, aussi bien la narratrice que ses interlocuteurs comprenaient la méprise et s'en amusaient.

16 Sur ce concept d'interprétant, voir Grunig (1985). L'emploi d'*interprétant* de préférence à *allocutaire*, *interlocuteur*, etc. met l'accent sur les nombreuses tâches, diverses, et étudiées une à une, auxquelles se livre le récepteur d'un dire, d'un énoncé (qu'il en soit le destinataire ou non) pour en construire le sens, avec les inévitables distorsions entre le sens émis par le locuteur et le sens construit par l'interprétant : c'est la fuite du sens à droite.

17 Certains n'y voient qu'un défigement, processus appliqué à une séquence figée qui la modifie, mais il s'agit bien d'une innovation au niveau d'une unité lexicale et cela relève donc de la néologie, au moins à un niveau périphérique. Par ailleurs parler de défigement ne dit rien des conséquences sémantiques éventuelles. Il faut en effet faire le départ entre des modifications « gratuites », qui ne sont que des clins d'œil (fréquentes dans les titres de la presse) et des modifications créatrices de sens, dans lesquelles l'interprétant doit reconnaître la séquence figée originelle et combiner son sens avec le sens de l'élément nouveau.

sont interprétables que par l'identification de la lexie originelle qui n'apparaît pas en entier.

Ainsi les synapsies[18] *brèves de wagon* ou *brèves de pouvoir* ne sont interprétables qu'à partir du modèle de *brèves de comptoir*, titre d'un livre qui rapporte les propos brefs et souvent à l'emporte-pièce entendus aux comptoirs des bars. Ce type de création est ponctuel et analogique, même s'il peut donner naissance à une petite série d'expressions faites sur le même moule. La reconnaissance de la formule d'origine et le travail d'interprétation spécifique exigé par la modification apportée procurent du plaisir à celui qui réussit cette épreuve. Comme par ailleurs ces brèves de comptoir sont souvent humoristiques, les propos échangés par des banlieusards qui se retrouvent chaque jour dans les mêmes trains – les *brèves de wagon* – sont du même type. Il n'en va guère autrement pour les *brèves de pouvoir* que sont certains propos tenus par d'anciens premiers ministres sur leur expérience à Matignon, puisque ces propos sont essentiellement des anecdotes plaisantes de mésaventures vécues par eux dans l'exercice de leurs fonctions.

Le mot composé *serial papa* entre dans une série en *serial X-eur-* sans le *-eur* attendu et cette attente déçue ainsi que le décalage de registre entre les deux formants – un mot d'origine anglaise et un mot familier français – ont un incontestable pouvoir comique, même si le mot dénomme une réalité qui l'est moins : un homme jeune géniteur, avec de multiples conquêtes féminines d'un soir, de plusieurs dizaines d'enfants, dont il ne s'occupe pas.

L'expression *être les dindons de la farce* (« se faire avoir, être la dupe dans une affaire ») a été détournée dans un tract, distribué par des étudiants à la sortie de l'Université Paris 13 en 2010 ou 2011, qui exprimaient leur colère en déclarant, avec un jeu de mots, ne pas vouloir *être les dindons de la crise*, c'est-à-dire être les victimes de la crise économique dont ils ne sont pas responsables.

Des détournements d'expression se manifestent aussi dans le fait de donner à une expression une lecture compositionnelle au lieu de sa signification conventionnelle, souvent opaque. Ainsi *sortir son couteau pour un oui ou pour un non* indique une activité agressive, voire criminelle, gratuite de surcroît, et on a pu s'étonner de lire dans un slogan publicitaire pour le scoutisme ; « *Chez les Scouts de France, on sort son couteau pour un oui ou pour un non* » : il ne s'agissait alors que de l'apprentissage de la débrouillardise et du travail manuel par le recours aux moyens du bord (le simple canif qu'un scout digne de ce nom porte

---

[18] C'est ainsi que Benveniste ([1966] 1974) a nommé les composés dont les éléments sont reliés par un joncteur et auxquels il a voulu donner une dénomination propre du fait de leur grande expansion.

toujours sur lui) à défaut d'une trousse à outils bien fournie. Il s'agit de la multiplicité des situations où un couteau peut être utilisé en dehors de sa fonction par destination, qui est celle de couper (servir de tournevis, de levier, de grattoir, etc.). Une voiture qui *dépasse les bornes*[19] a simplement une grande autonomie et ne manifeste aucun excès comme le sens conventionnel de l'expression figée le laisserait attendre.

Des créations d'expressions, souvent métaphoriques, relèvent de la néologie ludique du fait même du transfert entre des domaines étrangers l'un à l'autre. On plaque ainsi sur de l'humain ce qui relevait de réalités matérielles : la lenteur d'esprit est assimilée au bas débit dans le domaine informatique : *ne pas faire du huit mégabits, ne pas être branché haut débit*, ou bien est comparée à un bâtiment qui *n'a pas la lumière à tous les étages*.

Ces matrices phraséologiques ont souvent une fonction colludique, pour reprendre le terme de Camille Vorger (2011a et b) : elles créent une connivence par un savoir partagé (les expressions figées d'origine dans le cas des détournements et le sens propre dans le cas des emplois figurés) et cette connivence est encore augmentée par le plaisir procuré et reçu du jeu avec les mots.

2.1.4 Néologie flexionnelle

Encore plus périphérique dans une conception scalaire de la néologie, dans la mesure où il y a innovation au niveau d'une unité lexicale sans création d'une nouvelle unité lexicale, la néologie flexionnelle ressortit en fait au système de la langue, et donc au grammatical. Sa place est donc ambiguë et c'est par défaut qu'on la présente ici à la charnière de la partie extragrammaticale et de la morphologie constructionnelle. La maîtrise d'une lexie comprend en effet non seulement la connaissance de son signifiant (graphique et phonique), de son signifié (son ou ses acceptions), mais encore sa flexion (classe paradigmatique de rattachement pour les mots fléchis et particularités flexionnelles éventuelles : formes défectives, formes doubles concurrentes, faits d'allomorphie ou de supplétisme, etc.).[20] Du coup toute innovation dans la flexion relève de la

---

19 Dans une page publicitaire (septembre 2001) pour un modèle économe en carburant, sur fond du jeu des mille bornes.

20 Elle comprend aussi sa combinatoire, *i. e.* sa construction syntaxique et son schéma argumental formulé en termes de classes d'objets comme dans le modèle de Gaston Gross (2012 entre autres). Une innovation combinatoire relève aussi de la néologie et peut être ludique, voir infra.

néologie, même si ce n'est pas de la néologie prototypique comme un nouveau dérivé ou un emploi figuré.

À côté de fautes de production du type *vous en buverez encore* ou *je tremblera* qui ne sont guère plaisantes que quand on les raconte à autrui, on observe des créations de formes flexionnelles inusitées dont certaines – mais pas toutes – sont ludiques.

La petite fille qui réplique à son père déclarant qu'ils étaient serrés comme des sardines que lui est *un sardin* s'amuse à donner un masculin au mot *sardine* qui n'existe qu'au féminin, en tenant compte du sexe masculin de son père. Il ne s'agit pas d'ignorance mais de l'application délibérée du système morphologique du français d'opposition des genres masculin et féminin en ôtant le *-e* caduc final de féminin avec son incidence sur la prononciation de la syllabe finale, parallèlement à *naine / nain*, *crétine / crétin*, etc. L'extension analogique indue provoque le sourire et la connivence, par la conscience partagée d'une faute volontaire : je sais que je me trompe et je sais que tu sais que je me trompe délibérément, pour rire.

L'humoriste Alphonse Allais[21] joue avec la catégorie du nombre en employant *mon émolument* au singulier. Quand on lui fait remarquer qu'on dit *mes émoluments*, il réplique qu'il ne veut pas déranger le pluriel pour si peu, faisant comme si l'opposition singulier / pluriel reflétait l'importance de la somme en question. Tout est dans le 'comme si', qui consiste à appliquer une sorte de logique mentale associant pluralité et importance vs singulier et petitesse dans le fonctionnement d'une langue naturelle, qui n'obéit pas à ces principes. C'est une manière élégante et drôle de se plaindre de la faiblesse de sa rémunération.

Ces inventions flexionnelles peuvent avoir un aspect contestataire à côté de l'aspect ludique qui retient l'attention. Ainsi des futurs *nous nous en allerons* et *je repartira* du chanteur Renaud (« dès que le vent soufflera », album *Morgane de toi*, 1983), ou, plus anciennement encore d'un slogan politique (du Parti Communiste ou du syndicat CGT, Confédération Générale du travail) qui invente un nouveau paradigme, présenté sur une affiche comme un tableau de conjugaison de manuel scolaire, au verbe *travailler* avec une 3e personne du pluriel inattendue :

(1) je travaille
    tu travailles

---

21 Une vérification sur internet montre que l'anecdote est rapportée fréquemment, mais sans référence précise à l'intérieur de l'œuvre d'Alphonse Allais. Elle est une fois attribuée à Labiche, sans doute par erreur, et on trouve aussi un certain nombre d'emplois de ce mot au singulier sans volonté de transgression ludique.

il travaille
nous travaillons
vous travaillez
ils profitent

La surprise provoquée par la dernière forme du paradigme ne peut pas manquer d'arracher un sourire, même à des capitalistes forcenés, peu suspects de sympathie pour les auteurs de ce slogan. Il s'agit en fait de constituer une apparente conjugaison supplétive, en faisant appel à plusieurs radicaux, mais la forme de 3e personne du pluriel existe indépendamment, c'est celle du verbe *profiter*. Son surgissement, inattendu, après cinq formes régulières, constitue la pointe finale du slogan.

Certaines fautes feintes se sont ancrées en langue (et ne sont donc plus néologiques) du type *je m'a gouré* (« je me suis trompé ») qui cumule les infractions (lexie familière *gourer*, auxiliaire *avoir* et non *être* attendu pour ce verbe pronominal, et faute de conjugaison avec *a* au lieu de *ai* à la 1ère personne du singulier). Son emploi est là encore colludique, du fait de la conscience partagée de ces transgressions et des décalages par rapport à la forme conventionnelle attendue. Il s'agit de fautes mimées dont personne n'est dupe, ni l'utilisateur ni ses allocutaires.

2.2 Écarts de divers types dans la morphologie constructionnelle

La plupart des mots possibles non attestés et qui à un moment précis le deviennent, par néologie, n'ont aucun caractère ludique en soi.[22] Beaucoup

---

[22] Sur 2500 néologismes entrés depuis 2009 dans la base Neologia du laboratoire LDI UMR 7187, il n'y en a qu'une minorité à laquelle on pourrait assigner une fonction ludique, mais il est délicat de trancher à tous les coups. La dimension ludique n'est pas prise en compte dans la grille d'analyse (qui compte plus d'une trentaine d'informations), pour des raisons explicitées dans Sablayrolles (2000, partie III, ch. 9) : les fonctions assignables aux néologismes sont trop nombreuses, mêlées, variables selon les interprétants, et parfois indécidables, pour qu'elles soient systématiquement indiquées dans une grille d'analyse. Rappelons aussi que la doxa dit que la raison essentielle de l'apparition des néologismes est la dénomination de nouvelles découvertes ou de nouveaux objets. Sont ainsi fréquemment opposés des néologismes dénominatifs et des néologismes de luxe, stylistiques. Cette dichotomie simpliste rend mal compte de la multiplicité des fonctions des néologismes, qui ont, de surcroît, toujours une fonction dénominative, et qui ne sont jamais de luxe, gratuits pour celui que les crée, comme Matoré (1952) l'avait montré.

passent même d'ailleurs inaperçus comme le *indécorable* de Saussure ou *feuilleteur, fienteux* créés par Laforgue dans deux de ses Complaintes.[23] L'aspect ludique vient de l'aspect inattendu, paradoxal de l'association des formants des néologismes, d'un point de vue sémantique ou morphologique.

2.2.1 Association inattendue d'éléments d'un point de vue sémantique

Un effet de surprise peut être recherché avec le surgissement de signifiés paradoxaux ou contradictoires qui peut de surcroît amuser du fait de son inventivité. Cela se manifeste dans différents types de cas distingués seulement pour la clarté de l'exposé. Le mécanisme est le même.

2.2.1.1 Dans des composés 'réguliers'

Boris Vian a créé quelques objets étonnants comme le *ratatine-ordure* dans sa chanson « La Complainte des arts ménagers » ou le *lance-hostie* dans *L'Automne à Pékin*. L'aspect familier de *ratatiner* ne prédispose pas ce verbe à être utilisé comme membre de composé, dans la dénomination d'un objet ménager qui servirait à compacter les ordures comme dans les camions-bennes qui tassent et compressent le contenu des poubelles qui y est déversé. L'invention d'un tel objet à usage domestique paraît par ailleurs peu probable (et rien de tel n'a de fait été inventé depuis la création du mot par Boris Vian dans les années 50).

La transgression est plus violente dans le cas du *lance-hostie* puisqu'elle relève du sacrilège : l'hostie étant une galette de pain azyme utilisée dans la liturgie chrétienne comme étant ou représentant le corps du Christ. Elle est assimilée à un projectile comme une grenade, un missile... (*lance-grenade, lance-missile*, etc.). Le décalage entre l'aspect religieux et l'aspect militaire produit, sauf chez ceux que cela offusque dans leur foi, un aspect comique du fait du caractère saugrenu de cet instrument inventé par Boris Vian (*L'Automne à Pékin*, 1947).

---

[23] Mais l'analogie a des caprices disait Saussure ; ce qui explique le sentiment de bizarrerie ressenti devant *frêleur, frêlité, frêlesse* ou *frêlure* malgré l'existence de couples très semblables ayant comme bases des adjectifs monosyllabiques : *pâle : pâleur = frêle → ?frêleur* ou *rude : rudesse = frêle → ?frêlesse* ou encore *cher : cherté = frêle → ?frêleté / frêlité* ou enfin *froid : froidure = frêle → ?frêlure* (sur ce point voir Sablayrolles, à paraître).

2.2.1.2 Dans des synapsies

À côté du *ratatine-ordure* le même Boris Vian a créé, dans la même chanson, le *canon à patates*, synapsie dans laquelle les pommes de terre, sous la dénomination familière *patate*, deviennent des projectiles, comme les hosties de l'exemple précédent. Un canon est une arme qui envoie des projectiles (boulet, obus...) et pas des végétaux et / ou aliments comme des patates. La confusion des ustensiles ménagers (les différents types de robots, mixeurs, etc.) qui se développaient pendant les trente glorieuses, période où a été écrit ce texte, et d'un type d'armes est source de comique.

Pour rester dans le domaine militaire, Jean-Luc Mélenchon a traité le candidat François Hollande de *capitaine de pédalo* pendant la dernière campagne présidentielle. Capitaine est un grade militaire, d'officiers supérieurs dans la marine (*capitaines de corvette, de frégate et de vaisseau*), et l'objet de loisir inoffensif qu'est un pédalo qui ne vogue que sur des eaux calmes est inattendu dans la série des grades et dévalorise celui qui est qualifié ainsi : au lieu d'être un chef de guerre avec des pouvoirs et des compétences, Hollande est présenté comme un simple touriste ou vacancier incapable de s'attaquer aux problèmes politiques, économiques que doit traiter un président de la République (qui est aussi en France le chef des armées). La rupture dans la série des bâtiments de guerre (corvette, vaisseau, frégate...) avec l'inclusion d'une petite embarcation de loisir est source de comique.

2.2.1.3 Dans des dérivés

L'association d'un suffixe savant du domaine de la médecine (*-ite*) et d'un nom dénommant un objet prosaïque (*biberon*), pris en outre dans un sens second familier[24] crée également une rupture comique dans *biberonite*. Le suffixe *-ite* a en effet pris le sens de « inflammation » dans le domaine médical pour des noms de pathologies (*appendicite, trachéite...*).[25] Le décalage entre le formant savant et l'acception familière de *biberon(ner)* pour « boire / être alcoolique » crée un contraste qui provoque le rire d'autant plus que, dans certaines situations, l'allusion à l'excès de boissons alcoolisées est source de comique.[26] La création de ce néologisme par Debidour dans sa traduction des *Guêpes*

---

[24] Ce sens second est en fait présent dans le verbe *biberonner* qui signifie « boire beaucoup, être alcoolique ».
[25] Un des relecteurs, que je remercie de sa lecture vigilante, indique des équivalents allemands (*Telephonitis* « usage immodéré du téléphone », *Apostrophitis* « usage immodéré des apostrophes », etc. ainsi que l'existence d'études allemandes et espagnoles sur ce suffixe *-itis*.
[26] Comme le montre le célèbre sketch de Bourvil, « L'eau ferrugineuse ».

d'Aristophane est un faux euphémisme (on laisse entendre une pathologie sans la nommer, mais il ne s'agit pas, dans ce contexte comique, d'une véritable atténuation ; bien au contraire) que les lecteurs ou spectateurs décryptent sans difficulté et ils apprécient cette manière détournée d'évoquer une réalité à laquelle elle donne un aspect humoristique.

L'omniprésence du mensonge, tant dans la sphère publique (en particulier politique) que dans la sphère privée, a conduit un journaliste de l'hebdomadaire *Marianne* (numéro du 27 juillet 2013) à créer le terme *mensongite*, comme s'il s'agissait d'une maladie chronique. L'assimilation d'un comportement personnel (présenté traditionnellement comme un défaut) à une sorte de maladie contagieuse qui affecte tout le corps social provoque un sourire, du fait du décalage des domaines (morale / santé) et de l'hyperbole (avec une omniprésence du mensonge qui infecterait toute la vie publique comme un virus qui se répandrait, ce qui est exagéré).

2.2.1.4 Cas de remotivation

Le jeu entre un sens conventionnel opaque d'un mot complexe ou d'une expression et la lecture compositionnelle est une source inépuisable de comique. Raymond Devos a eu recours, dans son sketch *La mer*, à ce mécanisme avec les mots préfixés, non néologiques il est vrai, *démonter* et *remonter* :

(2)   – Je voudrais voir la mer.
     – Vous ne pouvez pas la voir, la mer, elle est démontée.
     – Vous la remontez quand ?

(Raymond Devos, La mer)

L'erreur du personnage incarné par Raymond Devos est de prendre *remonté* comme antonyme de *démonté* et non de *calme* qui s'impose quand il s'agit de la mer.[27] On note une infraction au schéma argumental de ces deux verbes ou adjectifs prédicatifs en termes de classes d'objets.[28]

---

27 Le participe passé *démonté* est antonyme de *monté*, puis *remonté* est antonyme de *démonté* pour quelque chose qui a été assemblée une première fois puis remis dans l'état initial de pièces détachées. Dans « la mer est démontée », *démontée* fonctionne comme un adjectif prédicatif, attribut du sujet *la mer* et non comme forme de 3e personne de l'indicatif présent passif du verbe *démonter*, forme qui correspond à l'ultime question, « Vous la remontez quand ? » où le verbe est repris à la voix active.

28 Le modèle des classes d'objets (v. Denis Le Pesant et Michel Mathieu Colas 1994 et Gaston Gross 2012) a pour objectif de décrire une langue en faisant des dictionnaires de phrases élémentaires, c'est-à-dire de prédicats (verbes, noms, adjectifs...) saturés par leurs arguments

Dans un tout autre contexte, on peut imaginer la réaction du serveur à qui un étranger désirant un jus de pomme demanderait une *pommade*, sur le modèle de *orangeade, citronnade*, etc. Cet exemple est emprunté aux travaux de Corbin (1987) qui montre que, même lorsqu'un mot a un sens qui ne correspond pas à celui attendu par l'application des règles de construction des mots (RCM) qui associent des opérations morphologiques et sémantiques (c'est un modèle dit, pour cette raison, associatif), ce dernier sens est récupérable. La preuve en est précisément la fabrication possible de blagues ou de jeux de mots fondés sur le décalage entre le sens prévisible construit par les règles et le sens conventionnel attesté.

On aurait pu classer ici aussi l'exemple de *elle dépasse les bornes* avec les deux lectures conventionnelle et compositionnelle.

2.2.2 Associations bizarres morphologiquement mais non extragrammaticales

Parfois, c'est au niveau des signifiants qu'apparaît principalement une bizarrerie qui amuse. C'est le cas de composés hybrides ou de néologismes savants de fantaisie. Comme composés, ils relèvent des matrices grammaticales, avec des règles, mais à la différence de la plupart des autres composés, ils ont un aspect ludique, venant de la combinaison des éléments assemblés.

2.2.2.1 Composés hybrides

L'association du mot enfantin *nounours* (avec réduplication de l'attaque du mot *ours* et fausse coupe par agglutination de la consonne -n- de l'article indéfini *un* prononcé en liaison [nurs] pour [urs]) avec le mot d'origine grecque *thérapie* donne *nounoursothérapie* qui, sous son aspect amusant du fait de cette alliance de mots de registres différents, nomme une réalité sérieuse : la préoccupation du moral et de l'affectivité des enfants hospitalisés. Pour offrir de la détente aux

---

(avec la suite la plus longue de leurs arguments). Ce modèle permet de différencier les emplois selon les classes d'arguments qui leur sont associées. Ainsi y a-t-il au moins deux verbes prédicatifs *démonter* : démonter1, N0 <hum>, N1<hum> « faire tomber quelqu'un de sa monture » ; démonter2, N0<hum>, N1<objet concret manufacturé, artefact> « désassembler des éléments qui avaient été assemblés ». De même il y a au moins deux adjectifs prédicatifs *démonté* : démonté1 N0<hum> « déconcerté, troublé » et démonté2 N0 <objet naturel, mer> « agité ». Le sketch de Devos est fondé sur la confusion par le personnage de l'adjectif prédicatif *démonté2* avec le verbe prédicatif *démonter2*.

personnes stressées, ont été créés des bars à chats où les clients boivent leurs consommations, entourés de chats qu'ils peuvent caresser dans ce que les journalistes de *Marianne* (17 août 2013) nomment du beau néologisme hybride formé d'un nom d'origine onomatopéique et du même mot savant *thérapie*, la *ronronthérapie*. Ces deux exemples seront peut-être à l'origine d'une série associant *thérapie* à un mot de type familier, mais cela ne semble pas encore être le cas (comme ça l'est pour *serial X-eur*).

2.2.2.2 Néologismes savants « héroï-comiques »

Des gens créent pour le plaisir des composés savants pour renommer des réalités quotidiennes voire prosaïques et certains les diffusent sur leur site (par exemple : http://www.cledut.net/xylo.htm consulté régulièrement jusqu'en 2012). C'est un autre ressort du comique systématique d'activité sur la langue qui se fonde sur le décalage entre le statut des formants et les réalités dénommées.

Kératocéphale est formé du grec *kéras*, *-atos* « corne » et *kephalé* « tête ». Il signifie « à la tête cornue », mais la définition qui en est proposée ne renvoie pas au cerf ou autres animaux pourvus de cornes mais est le synonyme de *cocu* (représenté traditionnellement avec des cornes et objet par ailleurs de nombreuses plaisanteries).

La langue *xyloglotte* est la « langue de bois ». C'est ce mot qui est utilisé pour dénommer le site indiqué ci-dessus (qui comporte *xylo* « bois » dans son adresse), pour parodier les termes techniques savants jugés envahissants. Le calque savant de la synapsie d'usage courant se présente comme une devinette pour qui ne connaît pas le grec et la révélation du sens produit un certain amusement par la reconnaissance de quelque chose de connu, sous un terme inconnu.

Mêlant les deux procédés – et placé pour cela en toute fin de 2.2.2. –, Philippe Meyer, pour se gausser de ce travers moderne de termes pédants, faisait de la surenchère en créant des mots savants ou hybrides particulièrement ridicules comme *institut de légumologie appliquée* (« magasin de fruits et légumes »), *fruitdemerologue* (« spécialiste des fruits de mer »), *vectorologue de l'écriture* (« spécialiste en rédaction de textes »), *vélocipédophile* (« amateur de vélo »), etc.

3 Autres approches, énonciativo-pragmatiques, des néologismes ludiques

Les procédés morphologiques mis en œuvre pour former des néologismes ludiques sont donc divers comme sont diverses les situations énonciatives où ils apparaissent ainsi que les fonctions autres que ludiques qu'ils peuvent remplir. La plupart d'entre eux sont fugaces, mais certains peuvent s'installer dans la durée.

3.1 Types de situations énonciatives et d'énonciateurs privilégiés

Les exemples cités dans la première partie viennent de quelques sources principales, parmi lesquelles il faut mettre au premier rang les humoristes, du moins certains d'entre eux qui fondent leurs sketchs sur l'usage de la langue. Raymond Devos est sans doute le plus connu en français. Nous avons cité aussi le Québécois Sol, mais bien d'autres pourraient l'être comme les Frères ennemis par exemple.

La littérature – au sens large, avec des genres privilégiés comme les complaintes telles celles de Laforgue (1979), les chansons, les chroniques, les pamphlets – est un vivier de jeux de mots. Mais les genres nobles, comme la tragédie, du moins dans la tradition française, excluent la néologie et encore plus les jeux de mots : pour Victor Hugo, « le calembour est la fiente de l'esprit qui vole » (*Les Misérables*, t. 1, 1862). Les ambiguïtés (Il sortit de la vie comme un vieillard en sort / un vieil hareng saur) ainsi que certaines séquences (ceux-ci sont / saucisson) sont à éviter. Mais Corneille a maintenu dans la scène 1 de l'acte I de la tragédie chrétienne *Polyeucte* « Et le désir s'accroît quand l'effet se recule » où la suite [lefɛsərəkyl] peut être comprise « les fesses reculent ». Sur le même modèle, on entend parfois la formule « Il faut laisser l'effet se faire » avec une séquence [lefɛsəfɛʀ] ambiguë.

Une des sources importantes est le domaine de la communication, en particulier la publicité. Les slogans doivent retenir l'attention, se graver dans la mémoire, séduire, convaincre... Parmi les procédés mis en œuvre et bien étudiés par B.-N. Grunig (1990), les jeux de mots sont en bonne place. Ils ont pour intérêt de procurer du plaisir et de bien disposer les récepteurs ciblés à l'égard de l'auteur du message et de ce qu'il cherche à promouvoir. L'aspect colludique, qui mêle inextricablement le jeu et la connivence, est un facteur important de la réussite du message.

Cet aspect joue aussi à plein dans certains types de discours comme les discours politiques, mais à la différence du cas précédent où les néologismes ludiques sont au service de l'éloge, ceux qui apparaissent dans le discours politique servent plutôt à déconsidérer des adversaires ou des idées que l'on combat. Les hommes politiques mettent ainsi les rieurs de leur côté et un nouveau jeu de mots, bon ou mauvais, vaut souvent autant qu'une argumentation, même s'il ne prouve rien : il a le mérite de frapper les esprits et de bien disposer les citoyens à l'égard de celui qui le produit ou du moins de disposer de manière négative envers celui qui en fait les frais.

Les conversations de la vie courante peuvent également secréter des néologismes ludiques en fonction des capacités linguistiques et culturelles des interlocuteurs, dans un certain nombre d'échanges de la vie quotidienne. Ils relèvent de la fonction phatique de Jakobson, en tissant des liens de complicité du fait qu'ils se fondent sur le partage d'un bagage lexico-culturel commun.

3.2 Les fonctions imputables dans le Faisceau Causal*[29] se mêlent ou se surajoutent

Il est difficile de ne pas parler par anticipation des fonctions attribuées ou attribuables à ces néologismes ludiques quand on parle des situations d'énonciation, mais il n'y a pas de relations bi-univoques entre ces deux ensembles et il est aussi difficile de les traiter simultanément.

---

[29] Le Faisceau Causal* (FC*) est ce qu'un auditeur / lecteur attribue comme motivations à un énoncé qu'il interprète et répond aux questions qu'il se pose de savoir pourquoi le locuteur prend la parole, dit ce qu'il dit, et avec les mots qu'il emploie, et pas d'autres. La distinction et l'inévitable écart entre le Faisceau Causal (FC, constitué de pressions P) à l'origine effective de l'énoncé d'un locuteur (dont il ne peut jamais avoir une conscience complète et juste, d'où la fuite du sens à gauche) et les hypothèses construites par les récepteurs interprétants à propos des causes de cet énoncé par le locuteur (le FC*, constitué de pressions P**) constituent une des sources de la fuite du sens à droite. L'interprétant est en effet soumis dans son travail d'interprétation à des pressions P* qui influent sur sa construction du sens. Pour plus de précisions à ce sujet, voir Grunig (1985).

3.2.1 Accroche

La fonction d'accroche semble quasiment toujours présente : un néologisme est souvent fait pour se faire remarquer, a fortiori un néologisme ludique. Comme aucune charge sémantique n'est disponible, emmagasinée dans la mémoire à la suite de rencontres antérieures, le récepteur-interprétant doit nécessairement se livrer à un calcul du sens pour un signifiant qu'il découvre. Dans le cas d'un néologisme sémantique ou d'emploi, c'est l'inadéquation de ce qu'il a en tête qui le conduit à construire une interprétation qui convienne en se fondant sur le contexte et sur l'analyse morphologique. C'est particulièrement vrai dans le cas des remotivations ou des doubles lectures conventionnelle et compositionnelle. Ce travail attire l'attention sur le mot ou l'expression néologiques et, par extension, sur le message qui l'inclut.

3.2.2 Connivence

La connivence avec l'interlocuteur ou les interlocuteurs est aussi quasiment toujours présente sauf dans les cas où le néologisme ludique est une provocation, voire une agression envers l'interlocuteur. Les néologismes ludiques se fondent en effet sur un savoir partagé, avec le plaisir de la conscience de l'appartenance à un même groupe, ainsi que sur la reconnaissance que l'on a envers son interlocuteur de se faire une bonne image de soi-même, pour avoir surmonté victorieusement l'épreuve de compréhension d'un mot inconnu et d'identification de sa fonction ludique. L'inextricable mélange du jeu et de la connivence a conduit Camille Vorger (2011) dans un article et dans sa thèse sur le slam à créer le concept et le mot *colludique* (v. 1.1.3.). Ce qui est vrai du slammeur et de ses auditeurs l'est aussi dans d'autres types d'échanges, chaque fois qu'un certain type de lien est institué entre locuteurs et interlocuteurs et fondé sur le comique de mots. Mais le jeu peut également être plus complexe quand la connivence avec les membres d'un groupe se fait au détriment d'autres personnes non membres du groupe et exclus de la connivence. On l'a vu aussi (en note 6) pour les blagues où un des récepteurs ne comprend pas.

3.2.3 Arme de combat

Dans des situations d'affrontement, le recours aux néologismes ludiques met les rieurs de son côté. C'est vrai, comme on l'a vu, du discours politique quand on veut discréditer quelqu'un (ou quelque chose) en cherchant à l'isoler face au groupe des interlocuteurs s'associant au locuteur (cf. *supra capitaine de pédalo*, *serial menteur*, etc.). Dans un autre domaine, celui de la médecine et de la santé, un urologue nomme *chauffe-prostate* le traitement par la chaleur (qu'il juge par là même inefficace) de l'adénome de la prostate.

C'est encore dans un autre domaine, celui de la langue, que des néologismes servent d'armes à certains locuteurs, pas nécessairement puristes d'ailleurs, qui se gaussent des formulations néologiques prétentieuses d'autrui en faisant une surenchère qui dévalorise *ipso facto* les procédés mis en œuvre et leurs résultats. Philippe Meyer dans ses chroniques procède parfois ainsi. Outre *fruitdemerologue* et *institut de légumologie appliquée* etc., déjà cités, il se moque des auteurs d'un carton d'invitation à un « buffet déjeunatoire » en créant « déjeuner *buffétatif* » et « réception *digestatoire* »...

Les néologismes *beautisme*, *votage* ont été fabriqués par dérision par les adversaires de Ségolène Royal pour se gausser de son *bravitude* (prononcé au pied de la Muraille de Chine) et du coup mettre en doute sa capacité à gouverner faute de maîtriser la langue française. Mais les fautes de français de son rival pendant cette campagne électorale de 2007 n'ont pas trouvé de censeurs aussi rigoureux.

3.2.4 Argument de vente

C'est comme argument de vente qu'apparaissent la plupart des néologismes ludiques des slogans publicitaires : il faut bien disposer l'acheteur potentiel et faire en sorte qu'il mémorise le produit (matériel ou non) afin de le faire choisir de préférence à d'autres concurrents. Parfois ce sont les noms de marque ou de produit qui sont eux-mêmes néologiques, mais peu sont des jeux de mots (voir néanmoins le slogan *Javel dire à tout le monde* et le nom *Tout en camion* (paronyme de *Tout Ankh Amon*) d'une entreprise de carrosserie spécialisée dans les poids lourds, ou encore le nom du produit destiné à nettoyer les lunettes pour bien voir, *Vu*, avec le slogan *Vu, j'avais pas vu*[30]).

---

30 Avec un jeu sur la conjugaison : maintenant que j'ai Vu (où *ai* est le présent du verbe *avoir* « posséder », mais il pourrait être l'auxiliaire du passé composé de *voir*), je vois. Et le slogan se terminait par une adresse, familière, aux spectateurs-auditeurs : « Vu ? » au sens de « compris ».

3.2.5 Provocation

La provocation peut aussi se manifester par des jeux lexicaux. Ainsi un des personnages des *Voyageurs de l'impériale* d'Aragon déclare son mépris pour ce qui est généralement valorisé, la lignée dont on est issu, surtout quand on est aristocrate, comme c'est le cas, en disant à son interlocuteur « quant aux ancêtres, permettez que je m'en torboyaute avec quelque solennité » s'en prend à la fois à la tradition qui fait vénérer ses pères, mères et leurs ascendants, à son interlocuteur, et à ses aïeux, avec ce mot-valise combinant le verbe familier (et vieilli maintenant) *se boyauter* « rire » et l'expression, familière aussi, *se tordre de rire*. La mot-valisation mettant en jeu des lexies familières et la rupture de ton entre ce vocabulaire familier et la forme soignée, voire soutenue, de l'énoncé créent un effet humoristique, comme le font souvent les décalages stylistiques.

3.3 La durée de vie des néologismes ludiques

Liée aux conditions d'énonciation, la durée de vie des néologismes ludiques est variable. Cela va de l'hapax conversationnel, ponctuel et rarement réutilisable, sauf comme citation (*incontinente* pour une voiture « qui a des fuites d'huile » ; voir aussi Fradin 2000), à l'introduction dans la langue courante et la perte de la néologicité. Ce dernier cas est rare[31] à la différence du premier qui est le plus fréquent, avec néanmoins les citations qui peuvent être faites de l'occurrence[32] originelle. Mais on a tendance à oublier des situations intermédiaires, pourtant bien attestées.

Il y a d'abord le cas des récepteurs multiples d'une source unique : les néologismes littéraires (ludiques ou non, de Rabelais, Laforgue, Aragon...) sont produits une fois par l'auteur mais ce sont des milliers, voire des millions de lecteurs qui les découvrent et pour qui ce sont toujours des néologismes, et cela à travers le temps. Les néologismes ludiques de Rabelais – comme ceux de la scène où Frère Jean des Entommeures combat l'armée de Picrochole qui s'en

---

[31] Citons néanmoins le cas de la remotivation par les prisonniers français, ignorants que c'était la véritable étymologie, de *vasistas*. Aux questions des soldats allemands qui posaient la question *Was ist das*, ils s'amusaient à répondre : *petite fenêtre*.
[32] Les données amassées dans la base Neologia confirment le fréquent statut d'hapax de nombre des néologismes ludiques, qui ne circulent guère, pendant une période, que comme citations.

prend aux vignes de son monastère – le sont toujours pour les lecteurs du XXIe siècle, cinq siècles après leur création :

> es autres *délochait* les spondyles du col, es autres *démoulait* les reins, *avalait* le nez [...] *décroulait* les omoplates, *sphacelait* les grèves, *dégondait* les ischies, *débezillait* les faucilles (Rabelais, *Gargantua*, ch. XXVII).[33]

S'ils restent des hapax du point de vue de la production, ils n'ont pas le même statut que des hapax conversationnels qui peuvent disparaître à tout jamais si personne ne les consigne.

Proches de ces néologismes littéraires pour ce qui est de la diffusion, il y a les créations des humoristes : s'ils en sont les créateurs et (quasiment) les seuls utilisateurs, ils les profèrent chaque fois qu'ils font leur sketch en public, c'est-à-dire des centaines de fois, devant des publics différents, sans compter que ces sketchs peuvent être diffusés et rediffusés à la radio, à la télévision ou être disponibles sur des supports audio-visuels.

C'est donc une palette de situations diversifiées qui se manifestent pour la durée des néologismes ludiques : une occurrence unique, une occurrence reprise comme citation, une occurrence avec des milliers d'actes de réception et d'interprétation étalés dans le temps et dans l'espace, des occurrences multiples par répétition par leur auteur, une diffusion éventuelle dans le corps social pour une minorité d'entre eux, du moins pendant une certaine période (comme c'est le cas pour des slogans publicitaires ou des créations d'hommes politiques : le *capitaine de pédalo* est repris à l'envi par les journalistes et les opposants au Président de la République).

4 Conclusion

Si tous les jeux de mots ne sont pas néologiques et tous les néologismes pas des jeux de mots, l'intersection entre la néologie et les jeux de mots est un domaine assez vaste qui se présente sous des aspects divers. Cette contribution avait pour objectif modeste de présenter plusieurs de ces aspects. L'auteur espérait au début de sa recherche dans le domaine associer des points de vue divers

---

[33] Le manuel « Lagarde et Michard » (Bordas, 1ère éd. 1948) donne comme explications en notes : « démettait les vertèbres », « disloquait les reins », « défonçait le nez », « meurtrissait les jambes », « déboîtait les hanches » et « rompait les bras ». Le manuel Magnard XVIe–XVIIe siècles (1981, par Christian Biet, Jean-Paul Brighelli et Jean-Luc Rispail) donne également une traduction de ces néologismes.

pour monter des convergences entre l'identification des matrices lexicogéniques, les types de situations énonciatives où ils apparaissent, les fonctions que leurs créateurs entendent leur faire tenir, du moins dans l'interprétation que s'en font les récepteurs qui ne manquent pas de s'interroger à ce sujet, et enfin la durée de vie de ces néologismes ludiques. La complexité des faits l'a conduit à abandonner cet objectif, sans doute trop ambitieux, mais des recherches ultérieures devraient permettre néanmoins d'opérer des regroupements ou de dégager des tendances. Autant dire que beaucoup reste à faire dans le domaine. Néanmoins l'examen sans a priori de données recensées dans la base Neologia et d'autres plus anciennes montre que certaines matrices sont plus utilisées que d'autres dans la création de néologismes ludiques : la part de la morphologie extragrammaticale est importante par exemple. Par ailleurs cet aspect ludique est mis à profit dans la communication pour des fonctions diverses dont certaines sont bien identifiables.

5 Références bibliographiques

Benveniste, Émile. [1966] 1974. Formes nouvelles de la composition nominale. In *Problèmes de linguistique générale II*, 163–176. Paris : NRF-Gallimard.
Biet Christian, Jean-Paul Brighelli & Jean-Luc Rispail. 1981. *XVIe–XVIIe siècles* (Collection Textes et contextes). Paris : Magnard.
Corbin, Danielle. 1987. *Morphologie dérivationnelle et structuration du lexique*. 2 vols., Tübingen : Max Niemeyer Verlag.
Cusin-Berche, Fabienne. 2003. Des mots qui bougent : le lexique en mouvement. In *Les mots et leurs contextes*, 29–50. Presses Sorbonne Nouvelle.
Fradin, Bernard. 2000. Combining forms, blends and related phenomena. In Ursula Doleschal & Anna M. Thornton (éds.), *Extragrammatical and Marginal Morphology*, 11–59. München : Lincom Europa.
Fradin, Bernard. 2003. *Nouvelles approches en morphologie*. Paris : Presses Universitaires de France.
Freud, Sigmund. [1905] 1969. *Le mot d'esprit et ses rapports avec l'inconscient*. Paris : Gallimard.
Galisson, Robert & Louis Porcher. 1986. *Distractionnaire*. Paris : Clé international.
Grésillon, Almuth. 1985. Le mot-valise, un monstre de langue ? In Sylvain Auroux, Jean-Claude Chevalier, Nicole Jacques-Chaquin & Christiane Marchello-Nizia (éds.), *La linguistique fantastique*, 245–259. Paris : Denoël.
Gross, Gaston. 2012. *Manuel d'analyse linguistique*. Villeneuve-d'Ascq : Presses Universitaires du Septentrion.
Grunig, Blanche-Noëlle. 1990. *Les mots de la publicité*. Paris : Presses du Centre national de la recherche scientifique.
Grunig, Blanche-Noëlle & Roland. 1985. *La fuite du sens. La construction du sens dans l'interlocution* (Langues et apprentissage des langues 10). Paris : Hatier-CREDIF.

Guiraud, Pierre. 1976. *Les jeux de mots* (Que sais-je ? 1656). Paris : Presses Universitaires de France.
Hesbois, Laure. [1986] 1988. *Les jeux de langage*. Ottawa : Les Presses de l'Université d'Ottawa.
Holmes, Anne. 1993. *Jules Laforgue and poetic innovation*. Oxford : Clarendon Press.
Lagarde, André & Laurent Michard. 1948. *XVIe siècle, Les grands auteurs du programme. Anthologie et Histoire littéraire*. Paris : Bordas. 1ère éd., nombreuses rééditions.
Le Pesant, Denis & Michel Mathieu-Colas. 1994. Introduction aux classes d'objets. *Langages* 115. 6-33.
Léturgie, Arnaud. 2011. Un cas d'extragrammaticalité particulier : les amalgames lexicaux. *Linguistica* 51. 87-104.
Léturgie, Arnaud. 2012. *L'amalgamation lexicale en français : approches lexicologique et morphologique : Vers une grammaire de l'amalgamation lexicale en français*. Cergy-Pontoise : Thèse en Sciences du langage.
Matoré, Georges. 1952. Le néologisme : naissance et diffusion. *Le français moderne* 20(2). 87-92.
Sablayrolles, Jean-François. 1993. Fonctions des néologismes. In *Cahiers du C.I.E.L* (Centre Interlangue d'Études en Lexicologie, UFR EILA, Université Paris 7), *Lexique et construction du discours*. 53-94.
Sablayrolles, Jean-François. 2000. *La néologie en français contemporain, Examen du concept et analyse de productions néologiques récentes* (Lexica. Mots et dictionnaires). Paris : Honoré Champion.
Sablayrolles, Jean-François. À paraître. *Néologie et analogie, Actes du colloque Langage et analogie. Figement et argumentation, Tozeur 3-5 octobre 2012*.
Vorger, Camille. 2011a. Le slam est-il néologène ? *Neologica* 5. 77-95.
Vorger, Camille. 2011b. *Poétique du slam : de la scène à l'école (Néologie, néostyles et créativité lexicale)*. Grenoble : thèse dirigée par Francis Grossmann et Dominique Abry et soutenue à Grenoble le 23 novembre 2011.

Sources primaires (auteurs à l'exclusion des publicitaires et hommes politiques)

Aragon, Louis. 1948. *Les Voyageurs de l'impériale*. Paris : Gallimard.
Aristophane, *Les guêpes*. Trad. de Victor-Henry Debidour. In *Théâtre complet, Tome 1 : Les Acharniens – Les Cavaliers – Les Nuées – Les Guêpes – La Paix*. Paris : Gallimard Folio.
Chiflet, Jean-Loup. 1999. *Le cafard laqué. Les mots-portemanteaux*. Paris : Mots et Cie.
Chiflet, Jean-Loup. 2002. *Mais que fait l'Académie ? Le dictionnaire des mots qui devraient exister*. Paris : Mots et Cie.
Créhange, Alain. 2004. *Le pornythorinque est un salopare*. Paris : Mille et une nuits.
Devos, Raymond. 1992. *Matière à rire : l'intégrale*. Paris : Orban.
Finkielkraut, Alain. 1979. *Ralentir mots-valises*. Paris : Seuil.
Laforgue, Jules. 1979. *Les complaintes*. Paris : Poésie-Gallimard et correspondance (Lettres à sa sœur).
Meyer, Philippe. *Chroniques* (Points actuels). Paris : Seuil [*Heureux habitants de l'Aveyron et des autres départements français* ; 1990, *Ça n'est pas pour me vanter* ; 1991, *Nous vivons une époque moderne* ; 1993, *Dans le huis clos des salles de bain* ; 1993, *Chroniques matutinales*.]

Rabelais, *Gargantua*. In *Œuvres complètes de Rabelais*. Texte établi et présenté par Jean Plattard. Vol. 1. Paris : Éd. Les Belles Lettres, 1955.
Renaud, « dès que le vent soufflera », album *Morgane de toi*. 1983.
Sol (Marc Favreau). 1982. *Je m'égalomane à moi-même*. Montréal : Stanké.
Vian, Boris, chanson : « La complainte des arts ménagers ».
Vian, Boris. 1947. *L'Automne à Pékin*. Paris : Les Éditions du Scorpion (1ère éd., en Livre de poche depuis).

Sites

Page officielle de défense et illustration de la langue xyloglotte.
http://www.cledut.net/xylo.htm (dernière consultation le 28 juillet 2015).

6 Appendice : liste des néologismes ludiques cités, par ordre alphabétique

altesse de l'air 2.1.2. sketch de Sol (Marc Favreau) « L'hôtesse de l'air », *Je mégalomane à moi-même*, Stanké, 1982
avaler (le nez) 3.3. Rabelais, *Gargantua*, XXVII, 1534
biberonite 2.2.1.3., Aristophane, *Les guêpes*, trad. de Victor-Henry Debidour (reprise en Folio)
brèves de pouvoir 2.1.3. *Télérama*, 30.10.2010 (rediffusion d'un documentaire de 2008)
brèves de wagon 2.1.3. *Télérama* 2004 probablement
buffétatif 3.2.3. Philippe Meyer, *Nous vivons une époque moderne*, Points actuel, Seuil, 1991
bulance (la) 2.1.2., *Hara-Kiri*, n°10, 10 mars 1993 (dans une bande dessinée)
cactus dans le myocarde, 2.1.2. *Hara-Kiri*, n° 10, 10 mars 1993 (dans une bande dessinée)
canon à patates 2.2.1.2. Boris Vian, Chanson *La complainte des arts ménagers*
capitaine de pédalo 2.2.1.2. ; 3.2.3. et 3.3. Jean-Luc Mélenchon, 13 novembre 2011
castoche 2.1.1. publicité pour Castorama, 2009
Chaban d'Estaing 2.1.1. dit par un homme politique de gauche en 1974
chauffe-prostate 3.2.3. *Le Monde* 19.4.1991 et 31.3.1993 (A Le Duc urologue puis J.-Y. Nau, journaliste)
dans ma Ford intérieur 2.1.2., Frédéric Dard (San Antonio), récurrent, cité par Delphine Allerat, dans son mémoire de maîtrise, *Étude du lexique dans l'œuvre de Frédéric Dard*, Université de Limoges, 1999
débeziller 3.3. Rabelais, *Gargantua*, XXVII, 1534
décrouler 3.3. Rabelais, *Gargantua*, XXVII, 1534
degonder 3.3. Rabelais, *Gargantua*, XXVII, 1534
délocher 3.3. Rabelais, *Gargantua*, XXVII, 1534
démouler (les reins) 3.3. Rabelais, *Gargantua*, XXVII, 1534
dépasser les bornes 2.1.3. publicité pour le Peugeot Partner diesel, septembre 2001
digestatoire 3.2.3. Philippe Meyer, *Nous vivons une époque moderne*, Points actuel, Seuil, 1991

égalomane à moi-même (je m') 2.1.2., titre d'un recueil de sketches de Sol, (Marc Favreau), Stanké, 1982
élevache 2.1.1. exemple donné par Bernard Fradin 2000
emmaillobêté 2.1.1. Aristophane, *Les nuées*, traduction proposée par Jean Taillardat en cours (1974)
émolument (mon) 2.1.4. Alphonse Allais, anecdote souvent rapportée, mais sans date ni œuvre
être les dindons de la crise 2.1.3. tract étudiant à Paris 13 en 2010 ou 2011
fracture du myocarde 2.1.2., Titre du film Jacques Fansten, 1990
fruitdemerologue 2.2.2.2. et 3.2.3. Philippe Meyer, *Nous vivons une époque moderne*, Points actuel, Seuil, 1991
Giscard Delmas 2.1.1. dit par un homme politique de gauche en 1974
Gyptiens (les) 2.1.2. Sol, Marc Favreau, cité par Laure Hesbois ([1986] 1988)
incontinente (voiture) 3.3. conversation, au milieu des années 1980
institut de légumologie appliquée 2.2.2.2. et 3.2.3. Philippe Meyer, *Nous vivons une époque moderne*, Points actuel, Seuil, 1991
javel dire à tout le monde 2.1.2., spot publicitaire télévisé pour l'eau de Javel, 10.07.1996
je repartira 2.1.4., « dès que le vent soufflera », album *Morgane de toi*, 1983
je travaille, tu travailles, il travaille, nous travaillons, vous travaillez, ils profitent 2.1.4. affiche politique (PCF ou CGT ?) dans les années 1970 ?
kératocéphale 2.2.2.2. site de la langue xyloglotte : http://www.cledut.net/xylo.htm (dernière consultation le 28 juillet 2015)
lance-hostie 2.2.1.1. Boris Vian, *L'automne à Pékin*, 1947
maasricheur 2.1.1. Jean-Pierre Chevènement, *Le Monde*, 19 mai 1992
mec plus ultra 2.1.2. conversation, milieu des années 1980
mensongite 2.2.1.3., *Marianne*, 27 juillet 2013
ne pas avoir la lumière à tous les étages 2.1.3. conversation, début des années 2010
ne pas être branché haut débit 2.1.3. *Télérama*, 22 décembre 2004
ne pas faire du huit megabits 2.1.3. *Télérama*, 22 décembre 2004
nesthésie 2.1.2., *Hara-Kiri*, n° 10, 10 mars 1993 (dans une bande dessinée)
nounoursothérapie 2.2.2.1., *Valeurs actuelles*, revue de la MGEN
nous nous en allerons 2.1.4. « dès que le vent soufflera », album *Morgane de toi*, 1983
pastille Lajoignie 2.1.2., conversation surprise, milieu des années 1990
pommade « jus de pomme » 2.2.1.4., exemple emprunté à Danielle Corbin 1987
pyrowoman 2.1.1. conversation, début des années 1990
ratatine-ordure 2.2.1.1. Boris Vian, Chanson *La complainte des arts ménagers*
remonter (la mer démontée) 2.1.4. Sketch de Raymond Devos « La mer », 1956
ripoublique 2.1.1., Jean-Marie Le Pen, 15.04.1988
ronronthérapie 2.2.2.1. *Marianne*, 17 août 2013
sangsuel 2.1.1., Laforgue, *Complaintes*,
sardin (un) 2.1.4. conversation surprise dans le métro, début des années 1990
sarkhollandisation 2.1.1. Bayrou, 17.02.2012
self made mélomane 2.1.1. Daniel Schick, France Musique, 13 mars 1993
serial menteur 2.1.1. et 3.2.3. Jean-Marie Le Pen, 18.02.2002
serial papa 2.1.3. Direct marin, 1.12.2011
sortir son couteau pour un oui pour un non 2.1.3., page publicitaire pour les scouts, *Télérama*, été 2001
sphaceler 3.3. Rabelais, *Gargantua*, XXVII, 1534

sur ces entrefesses 2.1.2. Frédéric Dard (San Antonio), cité par Delphine Allerat, dans son mémoire de maîtrise, Étude du lexique dans l'œuvre de Frédéric Dard, Université de Limoges, 1999
sur ces entremiches 2.1.2. Frédéric Dard (San Antonio), cité par Delphine Allerat, dans son mémoire de maîtrise, Étude du lexique dans l'œuvre de Frédéric Dard, Université de Limoges, 1999
torboyaute (je m'en) 3.2.5. Aragon, *Les voyageurs de l'impériale*
Tout en camion 3.2.4., Nom d'une entreprise de carrosserie du Loiret, spécialisée dans les camions
vasistas / Was ist das ? 3.3. anecdote racontée par un ancien prisonnier de guerre (1939–1944) en Allemagne
vectorologue de l'écriture 2.2.2.2. Philippe Meyer, *Nous vivons une époque moderne*, Points actuel, Seuil, 1991
vélocipédophile 2.2.2.2. Philippe Meyer, *Ça n'est pas pour me vanter*, Points actuel, Seuil, 1991
Vu, j'avais pas vu 3.2.4. Slogan publicitaire télévisé pour produit de nettoyage de lunettes Vu, 30.07.2001
waterbraguette 2.1.1. Libération, 23.01.1998
xyloglotte 2.2.2.2. site http://www.cledut.net/xylo.htm (dernière consultation le 28 juillet 2015)

Michelle Lecolle
Jeux de mots et motivation : une approche du sentiment linguistique

Résumé : Cet article part du point de vue selon lequel les jeux de mots permettent de révéler la compétence, parfois inconsciente, du système de la langue qu'ont les sujet parlants, et qu'ils portent donc une trace, indirecte, de faits de langue et de discours. Nous discutons tout d'abord la distinction, à partir du terme *épilinguistique* (Culioli 1990, 1999), entre *savoir épilinguistique, conscience épilinguistique* (« qui se manifeste par des procédures codifiées [contrôle de correction, jeux de langage, etc.] ») et *savoir métalinguistique*, termes auxquels nous ajoutons celui de « sentiment linguistique ». Dans ce cadre, nous nous centrons sur les phénomènes qui impliquent une motivation linguistique, réelle, supposée ou créée : par opposition à l'*arbitraire* (théorie du signe chez Saussure), une des propriétés de la pratique poétique au sens large (comprenant par exemple la publicité et les titres de presse) est précisément, en se centrant sur le message, d'y (re-)trouver une motivation. Cette recherche de motivation peut également être constatée dans un grand nombre de phénomènes linguistiques « sérieux », comme l'étymologie populaire, la néologie formelle ou les erreurs d'apprenants de la langue.

Mots clés : arbitraire, défigement, épilinguistique, étymologie populaire, figure, iconicité, métalinguistique, motivation, paronomase, paronymie – paronymique, poétique (fonction, pratique, énoncé), sentiment linguistique, titre (presse, ouvrage)

1 Introduction

Comme le recueil dans lequel il s'insère, cet article part du postulat que les jeux de mots peuvent être mis en rapport avec la réflexion métalinguistique. Adoptant des jeux de mots une conception large, je les envisage comme une pratique ludique ou poétique délibérée et consciente mettant en relation des *mots*, et comme une manifestation du *sentiment linguistique* – conception et perception, non explicitée, de la langue. Dans ce cadre, j'aborderai les jeux de mots, sous l'angle de la *motivation* qu'ils mettent en œuvre. En effet, par opposition à l'*arbitraire* (théorie du signe chez Saussure dans le *Cours de linguistique générale* [1916] 1985), une des propriétés de la pratique poétique, au sens large (comprenant par exemple la publicité et les titres de presse), est précisément, en se centrant sur le message, d'y trouver, retrouver ou créer une motivation. Cette approche ne suppose naturellement pas que l'on puisse traiter de tous les jeux de mots sous cet angle. Réciproquement, la question de la motivation déborde le cas des jeux de mots eux-mêmes : c'est pourquoi je les situerai dans un panorama plus général.

L'idée que le langage poétique serait, par opposition au « langage ordinaire », une « compensation et [un] défi à l'arbitraire du signe » (Genette 1976 : 358) n'est pas neuve – elle est devenue, d'après l'auteur, une vulgate de la théorie littéraire. Mais mon propos excède le langage poétique et les jeux de mots, en situant ceux-ci parmi d'autres faits de langage avec lesquels s'établit une parenté, sous l'angle de la motivation. Les jeux de mots seraient vus à cet égard comme le révélateur de quelque chose de présent dans des phénomènes linguistiques nombreux et divers, reconnus par certains, ignorés ou déniés par d'autres. En effet, le débat millénaire sur l'arbitraire et la motivation continue d'être présent en linguistique, car il engage toute une interprétation sémantique et sémiotique de la langue et du langage.

Avant d'aborder un relevé descriptif de ces questions dans une deuxième partie, je commencerai par situer la notion de *métalinguistique* parmi d'autres notions, afin de présenter mes options : au terme de « réflexion métalinguistique », je préfère celui de *sentiment linguistique*, que je rapproche de ce qu'on appelle, à la suite de Culioli (1990), une intuition ou une conscience *épilinguistique*, c'est-à-dire une compétence métalinguistique non théorisée, non nécessairement explicite et parfois inconsciente. C'est donc en tant qu'observatoire du sentiment linguistique que j'aborde les jeux de mots.

Enfin, je présenterai et analyserai des exemples d'énoncés, ludiques ou poétiques, selon le ou les types de motivation qu'ils mettent en œuvre. À l'issue de ce parcours, il apparaîtra en définitive que ces jeux de mots sont, sur le versant ludique, les manifestations d'un *cratylisme* déjà présent ailleurs.

2 « Métalinguistique », « épilinguistique », « sentiment linguistique » : termes, notions et approches

Dans un article nommé « Au-delà du structuralisme », Coseriu ([1982] 2001b) remarque :

> Nous avons des études sur le métalangage, mais non pas une discipline qui étudie la contribution du métalangage à l'activité de parler, qui est en partie langage primaire et en partie métalangage : on parle à chaque pas aussi *de* ce qu'on dit et les modalités et les normes qui y correspondent devraient être l'objet d'études autonomes. (Coseriu 2001b : 113)

L'auteur fait référence ici à l'activité métalinguistique du non-linguiste[1], en tant qu'elle peut être un objet d'étude pour le linguiste. C'est à cette perspective que l'étude présente se propose de contribuer. Mais les jeux de mots n'appartiennent pas au métalangage ; pour situer leur place dans le cadre de l'activité métalinguistique (dénomination provisoire), je chercherai dans ce qui suit à préciser et à affiner cette notion, en discutant succinctement la terminologie de plusieurs auteurs.

Tableau 1: « Métalinguistique » : présentation des termes

1	J. Rey-Debove : métalinguistique : avec métalangage / sans métalangage (autonymie)
2	R. Jakobson : fonction métalinguistique – fonction poétique
3	A. Culioli : (activité) métalinguistique – épilinguistique
4	S. Auroux : savoir épilinguistique – conscience épilinguistique – savoir métalinguistique

Ces termes ont des extensions différentes selon les auteurs, et se recouvrent parfois. Précisons ceci.

1 et 2 : « métalinguistique » (Rey-Debove [1978] 1997 ; Jakobson 1963)

Avec son préfixe *méta-*, l'adjectif *métalinguistique* renvoie au fait de prendre le langage comme objet de la communication, avec ou sans métalangage. Dans ce cadre, Rey-Debove distingue la pratique métalinguistique (avec métalangage) de la pratique autonymique (sans métalangage). On résumera l'autonymie et l'autonyme par la formule suivante : « prenez un signe, parlez-en, et vous aurez un autonyme » (Rey-Debove 1997 : 144). Une telle pratique, comme le dit Rey-Debove (et Coseriu 2001b), est familière et courante. En voici quelques exemples, chez l'auteure (Rey-Debove 1997 : 93) :

(1) Ministre *a huit lettres* ; Ministre *a plusieurs sens.*

Jakobson fait souvent référence, dans les *Essais*, au métalinguistique mais, dans le chapitre consacré aux fonctions du langage, les exemples qu'il propose en

---

[1] J'utiliserai dans ce cas l'adjectif « profane », faute de mieux. Pour une discussion des qualificatifs de l'activité épilinguistique ou métalinguistique du non-linguiste, voir Lecolle (2009).

illustration de la fonction métalinguistique sont précisément des cas d'autonymie : (dans un dialogue) « ‹le sophomore s'est fait coller›. Que veut dire sophomore ? Que veut dire se faire coller ? » (Jakobson 1963 : 218).

Les jeux de mots peuvent faire usage de l'autonymie (voir des exemples chez Madini 2003) ou, plutôt, de la modalisation autonymique (Authier-Revuz 1995), lorsque la parole bute dans son avancée pour s'attacher au mot, tourne autour et en joue, comme chez Leiris[2], qui associe le nom de la déesse *Perséphone* à *gramophone* et *téléphone* et au sens de l'ouïe – à cause du « suffixe *phone* », dit-il.

2 : « fonctions métalinguistique et poétique » (Jakobson 1963)

Jakobson accorde manifestement une grande importance au métalinguistique, qu'il mentionne dans plusieurs conférences des *Essais*, notamment lorsqu'il parle de traduction ou d'apprentissage de la langue. C'est au chapitre 11 (« Linguistique et poétique ») qu'il présente la fonction métalinguistique, à partir du fameux « Schéma de la communication ». Mais ce chapitre porte en fait pour l'essentiel sur la fonction poétique, dont il cherche à défendre la place dans les études linguistiques. Ses exemples sont issus de textes littéraires, mais aussi de slogans et de formules connues. J'en reprendrai quelques-uns.

Les fonctions poétique et métalinguistique sont centrées respectivement sur le *message* et sur le *code*, et elles sont présentées comme séparées. Pourtant, il me semble qu'on peut lier ces fonctions[3], et les exemples donnés par Jakobson y invitent : prêter attention au message, notamment au signifiant (« le côté palpable des signes », Jakobson 1963 : 218), et au lien entre signifiant et signifié suppose, de fait, une activité métalinguistique non explicite. Ce qui distingue les deux fonctions, c'est que l'une relève d'une pratique rationnelle qui n'est pas manifeste dans l'autre ; dans celle-ci (la fonction poétique), l'acte de création me parait prendre appui sur quelque chose qui relève tout autant, voire davantage, de la perception que du calcul et de la réflexion.

3 : « épilinguistique » (Culioli 1990)

Pour rendre compte des activités dites « métalinguistiques » chez Jakobson lui-même (voir par exemple le cas de la traduction), il me semble que, entre les fonctions poétique et métalinguistique, il y a une sorte de « chainon man-

---

2 « Perséphone », dans *Biffures*.
3 Yaguello (1981) et Houdebine (n.d., en ligne) font la même remarque.

quant », et que ce manque peut être comblé par la notion d'*épilinguistique*. Pour Culioli, auquel on doit le terme d'*activité épilinguistique*, il s'agit :

> de se placer « du point de vue du sujet-énonciateur-locuteur qui a une activité métalinguistique non consciente ou qui, par les jeux de langage de tous ordres, s'adonne à la jouissance du métalinguistique. À son propos, on pourrait soutenir qu'il y a du métalinguistique, mais pas de métalangage, au sens d'un langage extérieur à la langue objet. (Culioli 1990 : 41)

On trouve des exemples de mise en œuvre de l'épilinguistique dans diverses pratiques : reconnaissance de phonèmes, apprentissage de la lecture, en tant qu'elle nécessite une segmentation de la chaine parlée en syllabes, reconnaissance des morphèmes, etc. – en bref, dans tous les cas où sont rapprochés des phénomènes qui ne se rencontrent pas ensemble dans des conditions ordinaires (voir Jakobson 1963 ; Auroux 1989, 1994 ; Culioli 2002).

Mais la formulation de Culioli nous ramène aussi explicitement aux jeux de mots.

4 : « savoir épilinguistique – conscience épilinguistique – savoir métalinguistique » (Auroux 1994)

Les notions, telles qu'elles sont précisées par Auroux (1994) dans une perspective d'histoire des savoirs sur la langue et de construction des idées linguistiques, donnent à voir les étapes logiques du passage de l'épilinguistique au métalinguistique : le savoir épilinguistique est bien conçu comme un savoir inconscient (« on ne sait pas précisément ce que l'on sait », Auroux 1994 : 23), et il est distingué à ce titre de la « conscience épilinguistique » qui se manifeste par des « procédures codifiées (contrôle de correction, jeux de langage, etc.) » (Auroux 1994 : 24) : « on sait qu'une phrase est correcte sans savoir pourquoi ; on sait ce qu'est un nom (au sens grammatical du terme) sans avoir de mots pour le dire » (Auroux 1994 : 36). « Le véritable savoir est métalinguistique, c'est-à-dire représenté, construit et manipulé en tant que tel à l'aide d'un métalangage » (Auroux 1994 : 23).[4]

En résumé, les termes *métalinguistique* et *réflexion métalinguistique* supposent une activité consciente et réfléchie, ce que le terme d'*épilinguistique* ne suppose pas. On peut situer la différence avec un exemple de figure : produire

---

4 On trouve cette même opposition entre « savoir épilinguistique » et « savoir métalinguistique », à partir des termes de *cognitio clara confusa* vs *cognitio clara distincta et adaequata* empruntés à Leibniz chez Coseriu (1997), et dans Coseriu ([1968] 2001a), lorsque l'auteur décrit le savoir des sujets parlants comme non théorique mais « clair-confus » (Coseriu 2001a : 18).

un oxymore (*obscure clarté*) relève de la *conscience épilinguistique*, tandis que nommer un énoncé « oxymore » relève du *métalinguistique*.[5]

« sentiment linguistique »
Par la suite, j'ajouterai à ceux proposés le terme délibérément englobant de « sentiment linguistique », qui renvoie à une étendue allant d'un rapport d'ordre perceptif à la langue et au langage sous ses différentes formes, d'un côté, à une explicitation rationnelle, relevant du savoir métalinguistique, de l'autre (pour une discussion de ce terme, voir Lecolle 2009, 2014a ; Siouffi 2012). Cette étendue théorique et empirique – au sens où la perception, l'émotion et la rationalité ne s'opposent pas mais se combinent en proportions variables dans la pratique épilinguistique et métalinguistique – permet d'une certaine manière de rendre compte du rapprochement entre fonction poétique et fonction métalinguistique proposé *supra*. Parmi d'autres phénomènes d'objectivation du langage, le jeu de mots apparait alors comme un observatoire privilégié du sentiment linguistique. Mais, à la différence de ces autres phénomènes, sa production est délibérée, consciente.

La question de la motivation, que j'aborde maintenant, présente une affinité avec le sentiment linguistique en ce qu'elle suppose une appropriation du langage et de la langue par le sujet parlant ; de fait, comme on le verra, elle relève, sous certains aspects, d'une conscience épilinguistique souterraine, mais rendue visible dans les jeux de mots.

3 Motivation – types et exemples de motivation

La question de la motivation du langage est millénaire. Elle a été discutée et illustrée par plusieurs auteurs dans le cadre de la linguistique (voir *infra*), mais on la trouve également, à date plus ancienne, dans des spéculations philosophiques et linguistiques autour de la nature du langage ou dans des explica-

---

5 L'exemple n'est pas choisi au hasard : on rencontre parfois en discours journalistique ou politique la mention « oxymore », destinée à appuyer une argumentation. Les énoncés qualifiés comme tels sont alors supposés témoigner d'une contradiction, comme dans cet énoncé, issu de débats à l'Assemblée Nationale : « Les économistes libéraux désignaient plaisamment ces deux mécanismes pervers – titrisation et marchés d'options – par l'oxymore ‹spéculation stabilisatrice›. Comme si ces deux termes pouvaient aller ensemble ! ». Quoi qu'il en soit de la validité de ces jugements, il s'agit d'emplois « savants », et de métalangage – j'englobe sous « métalangage » les termes de rhétorique.

tions sur son origine et son évolution (voir Eco 1994 ; Genette 1976). Elle a aussi sa place en littérature et en poésie (auteurs et théoriciens de la littérature – voir Genette pour un large panorama).

Dans cette section, après avoir décrit différents types de motivations, j'introduirai les lieux théoriques et descriptifs où la question a une pertinence en linguistique. Je l'aborderai ensuite dans le cadre du sentiment linguistique « profane ».

3.1 Présentation de la notion de motivation

Dans sa version première, issue du *Cratyle* de Platon, la motivation correspond à la supposition que les mots reflèteraient fondamentalement l'essence des choses : il y a, selon l'approche dite « cratylienne », un caractère naturel et nécessaire de la relation entre le nom et l'objet ; Genette décrit cette appréhension sous le terme de « mimologisme primaire ».[6] Si les mots sont simples, cette relation est fondée sur une « vérité » des sons et des syllabes (ici s'exerce une spéculation sur le symbolisme des sons et sur la ressemblance du langage aux bruits de la nature) ; si les mots sont complexes, c'est leur structure qui est lisible en termes de motivation secondaire, et on peut revenir à la motivation primaire par l'étymologie, « étude de la vérité des mots » (le terme est de De Brosses, cité par Genette 1976 : 93). Chez les auteurs cités par Genette et selon le phénomène abordé, l'une ou l'autre description « mimologique » est mobilisée. S'y ajoute, pour rendre compte de motivations plus obscures ou dérivées, un autre type de motivation secondaire, en termes de tropes c'est-à-dire de dérivation sémantique (métonymie, métaphore, antiphrase – voir les analyses de Koch et Marzo 2007, et nos exemples *infra*).[7]

---

[6] C'est à cette conception (rapport entre signe et objet) que se réfère Benveniste dans la discussion serrée qu'il mène sur l'arbitraire du signe selon Saussure : « L'arbitraire n'existe [...] que par rapport au phénomène ou à l'objet *matériel* et n'intervient pas dans la constitution propre du signe » (Benveniste 1966 : 53).

[7] Pour une présentation large des questions abordées ici en termes d'arbitraire, de motivation, d'iconicité, voir Nyckees (1998, ch. 2 « Formes et significations » et ch. 3 « Aux origines du langage »).

3.2 Types de motivations

L'introduction par Monneret (2003) de la première livraison des *Cahiers de linguistique analogique* résume (sous le terme d'*iconicité*) l'extension potentielle du champ de la motivation, dont je donne des exemples ci-dessous :[8]

> En première analyse, l'iconicité est une propriété qui concerne toutes les polarités du triangle sémiotique : la relation entre signifiant et signifié (motivation relative saussurienne), la relation entre signifié et référent [...], la relation entre signifiant et référent (symbolisme phonétique). Cette propriété, prise en son sens le plus large, peut être définie par le fait qu'au moins l'une des trois relations qui viennent d'être mentionnées possède un caractère non aléatoire, ce qui implique, en d'autres termes, qu'il y a quelque chose à penser dans la nature même de ces relations. (Monneret 2003 : n. d., en ligne)

Selon les « polarités » mentionnées par Monneret, et donc selon les objets d'étude et les types d'approches, la question de la motivation est présente dans les études linguistiques à différents niveaux. Elle peut être envisagée en diachronie ou en synchronie. Elle peut concerner le lexème, dans sa phonie ou sa structure, dans son rapport aux « choses » (comme dans le *Cratyle*) ; elle concerne aussi les rapports paradigmatiques, l'ordre des mots et la grammaire... De fait, on a affaire ici à une véritable nébuleuse, comportant une myriade de questions proches et distinctes, et de multiples ramifications et implications.

D'abord, une précision terminologique : les termes d'*iconicité* et de *motivation* ne sont pas synonymes et n'ont pas totalement les mêmes domaines d'application. Le premier renvoie à des propriétés de la langue elle-même, tandis que le second engage, me semble-t-il, un point de vue ou une interprétation. Chez les auteurs consultés, *motivation* est pourtant souvent employé pour *iconicité*, ou, inversement, le terme *iconicité* lui-même est employé comme générique.[9] *Iconicité* peut aussi recevoir un sens technique assez éloigné de celui qui m'occupe ici, par exemple dans les théories de la grammaticalisation (telles que rapportées par Marchello-Nizia 2006), où est énoncé un « principe d'iconicité ('une forme, un sens') » (Marchello-Nizia 2006 : 93).[10] Par ailleurs, si les termes

---

[8] L'emploi, dans ce cadre, des termes saussuriens (« signifiant » et « signifié ») est sans doute contestable, puisque contradictoire avec la théorie du signe qui allie indissolublement signifiant et signifié (voir la critique de Benveniste 1966 rappelée plus haut). Pourtant, la mise en évidence des relations entre ces trois « polarités » me parait pertinente (voir *infra*).
[9] Voir aussi Eco ([1973] 1988 : 196–232), à propos de l'icône dans la sémiotique de Peirce, laquelle est au fondement de certaines approches présentées.
[10] L'auteure mentionne à plusieurs reprises ce principe, qui s'associe à des questions de simplicité du système.

peuvent être considérés comme interchangeables dans différents cas (les onomatopées par exemple), *iconicité* est privilégié pour la description du syntagmatique, ou à propos de l'expressivité, et *motivation* semble s'imposer lorsqu'il est question de sens (par exemple pour les tropes) et d'interprétation – on parle de (*re*)*motivation* pour l'analogie (voir Marchello-Nizia 2006), ou pour l'étymologie populaire. Dans ce qui suit, j'utiliserai le terme d'*iconicité* s'il est expressément employé par un auteur cité ou s'il s'impose de par le phénomène décrit, sinon j'emploierai essentiellement le terme de *motivation*, qui me parait plus englobant, en précisant de quelle(s) motivation(s) il s'agit. En effet, de par sa polysémie, *motivation* sous-entend une idée de causalité qui, en tant qu'elle fait intervenir l'interprétation (et donc potentiellement la subjectivité), n'est pas étrangère à mon propos, puisque l'interprétation relève du sentiment linguistique.

Le tableau 2 en page suivante (d'après Jan Holeš 2000), auquel j'ajoute des exemples, donne un premier aperçu de types de motivations.[11]

Saussure considère comme marginaux les cas tels que ceux présentés sous 1.[12] Mais cette position, en termes d'arbitraire, est vite nuancée par la présentation de l'« arbitraire relatif » (on parle aussi de « motivation relative »), qui rend compte de la motivation compositionnelle, en composition et dérivation (*dix-neuf, poirier,* repris sous 2) : ici, chacun des éléments (*dix, neuf, poir-, -ier*) est arbitraire, mais les relations de ces éléments entre eux ne le sont pas. Les exemples de Saussure *vacher* (motivé sur *vache*) et *berger* (non motivé, alors même que *berge* existe) fournissent, en contrepoint, une démonstration supplémentaire. Enfin, j'ajoute dans la même case des exemples de composition comparables (la motivation est compositionnelle), mais néanmoins différents : dans ces noms propres, un élément – *bourg, ville, Straße* – est motivé (par relation avec un nom commun, lequel est immotivé), et l'autre ne l'est pas, mais pourrait l'être, selon un autre type de motivation – une motivation inter-

---

[11] Ullmann (1959b) propose une classification assez proche. Les exemples sont issus de différentes publications (Ullmann 1959b ; Saussure 1985 ; Bühler [1933] 1969 ; Fonagy 1993 ; Paillard 2000) et de relevés personnels.
[12] Ils sont sans doute marginaux en français et dans de nombreuses langues (voir aussi Bühler 1969 pour un jugement similaire), mais la motivation phonique fait l'objet de différentes études en anglais et en arabe, où le phénomène n'est pas considéré comme négligeable. En anglais, il ne s'agit cependant pas de motivation phonique directe, mais de mimétismes systémiques, retrouvés au travers de séries de lexèmes (voir notamment Danon-Boileau 1993 ; Genette 1976 ; Paillard 2000).

textuelle et historique, voir *Wilhelm* –, que des études onomastiques sur les fondements de la dénomination seraient amenées à (re)découvrir[13]...

Tableau 2 : Une première classification, d'après Holeš (2000)

1. **Motivation directe :**	
en a) onomatopées ;	a) *Coucou, tictac, blabla, (une) teuf-teuf*
en b) mots expressifs et symbolisme phonétique, dont la motivation est plus indirecte	b) *gargouiller, cliqueter, hubbub, whisper, klappern* (cliqueter) *ächzen* (gémir)
2. **Motivation relative :**	
morphologique (voir « arbitraire relatif »)	*dix-neuf, poirier* (Saussure) ; *vacher* est motivé ≠ *berger* ne l'est pas (Saussure)
sémantique (transpositions sémantiques : métaphores, métonymies, etc.)	*Stras**bourg**, Alfort**ville**, Wilhelm**straβe*** Métaphores : *pied (de la montagne)* ; *bras (du fauteuil)* Métonymies : *oreille* (espion) ; *plume* (écrivain)

J'ai présenté dans le tableau 2 les cas qui sont le plus souvent cités (voir § 3.1). Mais la présentation n'est pas complète : il faut encore rendre compte, d'une part des relations entre signe et référent autres qu'onomatopéiques, d'autre part des relations uniquement phoniques entre signes, enfin de différentes relations à l'intérieur du système. Je me base pour les deux premières sur les réflexions de Launay (2003), et je l'analyserai en partant de ce que Benveniste nomme des « modes de signifiance » (1974 : 63–66) : le *sémantique* concerne le discours ; le *sémiotique* concerne ce qui constitue le signe comme unité.

À partir de cette distinction :

(i) correspondent à une motivation d'ordre *sémantique* les cas où le signe (signifiant ou signifié) est (dit) motivé en rapport au référent[14], qui apparaissent

---

[13] Les études toponymiques sont un champ privilégié de la recherche de motivation (voir Kristol 2002). On trouvera chez Privat (2006) une discussion de récits toponymiques « motivants » à propos du nom *Saint Privat-du Dragon*. Voir aussi chez Genette (1976), Barthes ([1967] 1971) et Wilmet (1988) des analyses des nombreuses remarques de Proust sur les noms propres.

[14] Précisons que j'entends par *référent* une représentation de la chose, et non la chose elle-même. Eu égard à la question de la motivation, il ne peut en effet s'agir que de représentation.

notamment avec des noms propres lors de l'expression de jugements linguistiques – voir (2) et (3) – ou de jeux avec les mots – (4), (5) et (6) :

(2) *Connaissez-vous le Brouillon ? Ce petit cours d'eau ne mérite pas son nom. Il a de l'ordre, de la méthode* […]. (J.-P. Kauffmann [1989] 2014, *Voyage à Bordeaux*)

(3) *Parme « compact, lisse, **mauve** et doux »* (Proust, *À la recherche du temps perdu*, commenté par Genette 1976, ch. « L'âge des noms », p. 361–377)

(4) *« Mon nom est Personne »* (Ulysse, dans *L'Odyssée*, Homère 2009) (voir *Outis* en grec : « aucun homme, personne »)

(5) *Ah ! qu'il est malin le Malin* (Valéry 1990, *Mon Faust*)

(6) *Ce mille-pattes n'avance pas.* (exemple de Rey-Debove 1997 : 281)

(ii) correspondent à une motivation d'ordre *sémiotique* les relations au sein d'une des « branches » de ce que Saussure (1985 : 174–175) nomme « rapports associatifs », où se présente une « simple communauté des rapports acoustiques » : « *clément, justement, etc.* ». Ce type de motivation peut passer inaperçu, mais on en trouve des exemples dans l'histoire des mots. Le suivant est décrit par Ullmann (1959b) et par Frei ([1929] 2003) : *fruste* (« simple ») a vu son sens réinterprété en « rude, grossier » par association phonique et proximité sémantique avec *rustre*, à tel point qu'il n'est pas rare de trouver la forme *frustre*. Sur un versant plus poétique, on peut citer des rapprochements établis par Leiris *(gigogne – cigogne* ; *Adèle – citadelle)*, ou des séries du même auteur[15], comme celle-ci, commentée par Genette (1976 : 420) : *pendule, scrupule, calcul, crépuscule, mule*. Ici s'opère la création *ex nihilo* de motivation par simple rapprochement des mots sur des bases phoniques – bel exemple de jeu de mots.

Toujours dans le cadre des motivations d'ordre *sémiotique*, la notion de « rapport associatif » (« communauté de sens ») chez Saussure lui-même permet de décrire une autre motivation, qu'on peut nommer « association d'idées », association de contiguïté ou de similarité. Nous voilà dans le domaine des tropes : métonymie et métaphore.

Enfin, la notion d'analogie, toujours chez Saussure, permet de décrire des rapports de motivation dits « diagrammatiques » (voir Apothéloz 2003) : ce terme renvoie, non pas à des rapports simples entre termes, mais à des rapports de rapports, qui s'illustrent notamment par les constructions de paradigmes, en morphologie constructionnelle : le paradigme de *changement, armement*, celui

---

15 « Alphabet », dans *Biffures*.

de *pommier, poirier, fraisier* ; ou encore celui de *sagesse, politesse, tristesse*, etc. On peut parler de « motivation systémique » – il s'agit en fait de ce que rapporte Saussure dans sa description de l'arbitraire relatif (voir *supra*).

Un autre type de motivation s'exerce au niveau de la phrase et de l'énoncé, où l'ordre des mots dans les langues a pu parfois être décrit dans les termes d'une adéquation à la pensée ou au « tableau » représenté (voir, chez Hagège 1985 : 204–249 et chez Genette 1976 : 207–257, une revue des positions, principalement aux XVIIe et XVIIIe). Genette parle de « mimologisme phrastique » lorsque les relations dans la phrase sont isomorphes de ce qu'elles sont supposées décrire : c'est le fameux *veni vidi vici* de César, déjà analysé par Jakobson (1963 et 1966), où les actions sont nommées dans l'ordre où elles sont exécutées.[16] Iconicité encore : la duplication de mots (*il est bête, mais bête !*), l'accent d'insistance, l'allongement (*j'en ai maaaaarre !*), tous moyens expressifs et ludiques qui motivent les énoncés. Enfin, au niveau du texte, la figure d'*hypotypose*, définie en termes de « tableau », de « peinture » de l'expression fait immanquablement penser à un mimologisme textuel.

3.3 Pertinence de la notion de motivation en sciences du langage

Chez les linguistes ou les sémioticiens qui les abordent, les notions de motivation et / ou d'iconicité donnent lieu à des prises de position parfois très contrastées, selon les types de motivation choisis et les exemples donnés : soit les exemples sont considérés comme marginaux ou hors système (on a cité Saussure et Bühler à propos des mots onomatopéiques), soit ils sont vus comme représentant un fait majeur, qui invite à reconsidérer tout l'édifice (voir Launay 2003 ; Rico 2005 ; Fonagy 1993 ; Lehmann 2006 ; Guiraud 1986 ; Calvet 2010) ; certains y voient aussi un phénomène qui se réalise davantage dans certaines langues (Bohas et Dat 2003 pour l'arabe et l'hébreu ; Paillard 2000 pour l'anglais). D'autres encore intègrent simplement la question dans leurs analyses ([Reichler-]Béguelin 1990, 1993, 1995, 2002 ; Apothéloz 2002 ; 2003 ; Ullmann 1959b) ; voir aussi Coseriu (1997), qui mentionne, à propos de la traduction, le cas de la fonction « icastique » (imitative) dans les emplois non canoniques des langues (Coseriu 1997 : 30–31). Enfin, on trouve chez Koch et Marzo (2007) une étude réglée de la, ou plutôt des motivations lexicales, sous les angles de la

---

[16] Voir aussi Eco (1988), pour cet exemple. Bien que le phénomène soit différent, on parle, ici aussi, d'iconicité diagrammatique.

forme (composition et dérivation) et du sens (« association de sens », *i. e.* tropes) dans différentes langues, mais centrée sur le français. Le résultat principal de cette étude synchronique montre la présence massive de motivation sémantique dans le cadre de la polysémie des lexèmes, c'est-à-dire dans les relations entre leurs sémèmes, comme par exemple pour *arriver* 'to happen' – 'to arrive' ; *femme* 'woman' – 'wife' (Koch et Marzo 2007 : 275).

Je présente ci-dessous quelques thèmes ou domaines des sciences du langage où la notion de motivation est considérée comme pertinente, et dans le § 3.4 *infra* des cas où le sentiment linguistique s'ancre dans la recherche de motivation – les deux séries n'étant pas disjointes, comme il apparaitra. Les exemples suivants relèvent aussi bien de la diachronie que de la synchronie :

- morphologie dérivationnelle : motivation (*sagesse, politesse*, etc.) – perte de motivation (*plombage* ; *pompier*, démotivés par rapport à *plomb* et *pompe*, voir Roché 2004) ;
- composition et figement : une des marques du figement est l'opacité, c'est-à-dire la perte de motivation compositionnelle (voir chez Lecolle 2007 un aperçu de ces questions) : c'est le cas de *embonpoint*$_N$ (de « être en bon point », Ullmann 1959b), de *panier percé* pour qualifier une personne dépensière. Ceux-ci, pourtant, conservent une part de motivation, et il serait plus juste de dire qu'un type de motivation s'estompe (contrairement à ce que la structure laisse entendre, *panier percé* ne désigne pas un panier !), tandis qu'un autre (métaphorique ici) s'installe ou demeure ;
- étude de séries lexicales, motivées diagrammaticalement : *blackhead, blacklist, blackmail* pour l'anglais (Paillard 2000) ; *sous-chef, sous-lieutenant, sous-commissaire, sous-bibliothécaire* par exemple pour le français. Dans *Penser / classer*, Perec joue de telles séries lexicales, en miroir :

(7) *Il y a les sous-vêtements, les vêtements et les survêtements, cela sans idée de hiérarchie. Mais s'il y a des chefs et des sous-chefs, des sous-fifres et des sous-ordres, il n'y a pratiquement jamais de sur-chefs ou superchefs.* (Perec 1985 : 162)

- les « locutions géminées » (terme de Paillard 2000 : 99) peuvent être vues comme le résultat d'une attraction phonique réciproque, relevant des « associations sonores » mentionnées *supra* : *huff and puff, make and beak, pay and display, meals on wheels, teeny-weeny, wear and tear* ; en français, *méli-mélo, tic tac, boire et déboires* (titre de film) en sont des exemples ;[17]

---

[17] On est déjà ici dans le jeu de mots. En réalité, les locutions géminées me semblent figurer une transition entre, d'un côté, jeu et fait de discours et, de l'autre, fait de langue, lorsqu'elles sont lexicalisées.

- études de la polysémie en sémantique lexicale (approche synchronique) : comme dans certains exemples de Koch et Marzo (2007), *aile* (de bâtiment), *aile* (de moulin) sont motivés par métaphore sur *aile* (d'oiseau, d'avion) ;
- études étymologiques systémiques (voir les analyses de Guiraud 1986) ;
- études des changements de sens sur des bases tropiques en diachronie (*bureau*, *style* – métonymies). Métonymies et métaphores peuvent être remotivées (voir Bonhomme 1998 ; pour *style*, voir Ullmann 1959a : 285) ;
- études d'onomastique. On considère généralement que le nom propre est opaque, ou plutôt que sa motivation éventuelle ne joue plus aucun rôle dans l'identification d'un particulier : M. Leboucher exerce peut-être, mais pas nécessairement, la profession de boucher. À l'opposé, un nom propre peut être remotivé : (en simplifiant) si M. Leboucher se trouve, par hasard, être boucher, on ne manquera pas de faire le rapprochement. Enfin, c'est bien à la motivation des noms de personnages et de lieux que s'intéresse l'onomastique littéraire ;
- rhétorique et stylistique des figures (voir ci-dessous § 4).

À partir de ces exemples et au-delà, on peut dire que les phénomènes et les formes ne sont, en définitive, ni totalement arbitraires ni totalement motivés : motivation et arbitraire sont en relation dialectique. Je terminerai donc cette section par deux remarques :

(i) d'un point de vue diachronique, il est souvent mentionné un mouvement de la motivation vers l'arbitraire (voir ci-dessus pour le figement, le nom propre...), ainsi que dans le sens inverse (remotivation). Mais ce va-et-vient n'est pas un aller et retour, car il ne ramène pas au point de départ. Hagège :

> Ainsi, du conventionnel au conventionnel en passant par le motivé, les langues humaines parcourent indéfiniment une série de cycles. (Hagège 1985 : 166)

(ii) d'un point de vue synchronique. Partons d'un exemple de morphologie constructionnelle[18] : en français, *allumette* est construit et motivé sur *allumer* ; dans d'autres langues, le nom correspondant est également construit et motivé, mais sur d'autres bases : par exemple *Streichholz* en allemand sur *streichen* ('frotter') et *Holz* ('bois') ; en italien, *fiammifero* ('flamme-porter'). Il y a donc au

---

[18] L'exemple est tiré de Fradin (2003 : 223). Je n'aborde ici que le rapport interne au système, mais le nom présente également une part de motivation par rapport au référent.

sein même de la motivation une part d'arbitraire.[19] On pourrait faire une démonstration comparable avec les tropes : en espagnol, *allumette* se dit *fosforo* ('phosphore') par métonymie. Pourquoi cette métonymie-là ? Prenons un exemple de français : pourquoi une métonymie de l'instrument (*plume*) pour dénommer l'écriture et l'écrivain, plutôt qu'un autre procédé, ou aucun « procédé » ? Et, comme métonymie de l'instrument, pourquoi *plume* et non, par exemple, *papier* ou *parchemin* ? Par ailleurs, si cet exemple de trope est (peut-être) encore vivant, du moins reconstituable, d'autres nécessitent une connaissance et une interprétation rétrospectives pour être ressentis motivés. On trouvera aussi chez Danon-Boileau (1993) et chez Hagège (1985) des réserves plus cruciales encore à propos de l'interprétation « motivante » de l'ordre des mots dans la phrase, qui rejoignent les débats rapportés par Genette (1976) : qu'est supposé refléter tel ou tel ordre ? Quel est l'ordre le plus motivé, et par rapport à quoi ?

Ainsi, si certains types de motivations sont simplement constatables (iconicité des constructions morphologiques et des paradigmes), d'autres, comme l'iconicité supposée de l'ordre des mots ou la motivation due aux tropes, relèvent nécessairement d'une interprétation, synchronique ou rétrospective. De l'interprétation à la subjectivité, en dehors des constatations étayées des spécialistes, le glissement est aisé, que ce soit dans le cadre, « sérieux », du sentiment linguistique profane ou dans celui, ludique, des jeux de mots.

3.4 Motivation et sentiment linguistique

Pour le sentiment linguistique « profane », la motivation est omniprésente. Genette parle à son propos d'instinct (1976 : 486), de « pulsion de sens » : en effet, elle répond à une recherche de lisibilité et d'interprétation. En outre, la distinction, fondatrice pour la linguistique issue de Saussure, des points de vue synchronique et diachronique n'apparait pas avec la même pertinence pour le sujet parlant, si bien qu'une description de la langue en termes de motivation peut mêler les points de vue. Le mélange et la superposition entre sens actuel (démotivé) et sens passé, avec sa motivation, peut d'ailleurs être une base de jeux de mots, comme dans le cas des défigements (voir § 4) ou de la remotivation des noms propres.

---

19 La comparaison des langues est l'argument classique de l'arbitraire, mais l'exemple part ici de noms motivés (et arbitraires) au sein même de leur langue.

Je présente ci-dessous quelques cas où la (recherche de) motivation, dans tous les sens du terme, joue un rôle dans le sentiment linguistique tel qu'on peut le reconstituer. Les linguistes qui étudient les phénomènes découlant de cette « pulsion de sens » signalent son influence sur l'évolution de la langue (notamment avec l'étymologie populaire, voir *infra*).

- Production de néologismes de forme sur la base de modèles de dérivations existants[20] : *bouffothèque, pizzathèque* (cf. *bibliothèque, médiathèque*). Hagège (1985 : 256–257) signale que les entreprises de modernisation du lexique dans différentes langues (tamoul, vietnamien, somali, géorgien) privilégient, au détriment de l'emprunt, les formations néologiques autochtones, car motivées ;
- analogie grammaticale : *il a mouru* formé sur le modèle de *il a couru* chez des enfants d'âge préscolaire ;
- accord « sylleptique » au pluriel sur un nom collectif : le sens prévalant sur la grammaire, l'accord grammatical est remotivé – *la famille se réunissent* ;
- questions portant sur la motivation du genre : **la** *ministre* ou **le** *ministre* ? ;
- réanalyse[21] et « fausses coupes » : *bikini* (inanalysable en français), décomposé en *bi* + *kini* est à l'origine du néologisme *monokini* (Apothéloz 2002) ;
- « étymologie populaire ».

L'étymologie populaire est souvent mentionnée dans le cadre de l'analyse du sentiment linguistique[22] (voir Chambon 1986 ; Frei 2003 ; Genette 1976 ; Jakobson 1963 ; Ullmann 1959a, 1959b ; Fonagy 1993 ; Wilmet 1988 ; Launay 2003 ; Lehmann 2006 ; [Reichler-]Béguelin 1990, 1993, 1995, 2002). [Reichler-]Béguelin en propose la définition suivante :

> Le qualificatif d'« étymologie populaire » est traditionnellement donné au fait de rapprocher, consciemment ou non, deux unités lexicales entre lesquelles il n'existe pas de lien morpho-sémantique avéré. ([Reichler-]Béguelin 1993 : 239)

Pas de lien avéré donc, mais un lien de sens envisagé, supposé par les locuteurs, sur des bases phoniques ou morphologiques. Voici quelques exemples : *forcené* = *fors sené* ('hors du sens'), rapproché de *force* et interprété

---

20 Voir Sablayrolles dans ce volume.
21 Étudiée dans le cadre (diachronique) de la grammaticalisation, la réanalyse est un phénomène syntaxique qui, selon certains, repose en première instance sur une interprétation sémantique (voir Marchello-Nizia 2006). Voir aussi des exemples chez Frei (2003).
22 Elle est aussi mentionnée en tant que cause de changement linguistique, sous le terme d'« attraction paronymique » (Ullmann 1959a). Voir Nyckees (1998 : 124–130) pour une discussion, dans le cadre général des causes du changement linguistique.

en conséquence ; *péage* ('lieu où l'on paye') supposé en lien morphologique avec *payer* sur le modèle de *lavage / laver* ; *ouvrable* (sur *œuvrer*, 'travailler'), interprété à partir d'*ouvrir*, entraine l'interprétation de *jours ouvrables* comme « jours où les magasins ouvrent » ; *secte*, de *sequi* ('suivre') rapproché de *sectionner*, etc. Les motivations sont d'ailleurs de types différents : par le biais du signifié actuel, c'est l'étymologie supposée de *secte* qui est reconstituée rétrospectivement, alors que ce sont des liens morphologiques vivants qui font interpréter *péage* ou *ouvrable*, et que ce sont des liens paronymiques qui jouent pour *forcené*. Certains parlent à propos de l'étymologie populaire de « pulsion étymologique », d'« instinct analogique » (Frei 2003), ou encore d'« attraction paronymique » : de fait, comme le signale aussi Jakobson, elle se rapproche de la paronomase.

Ceci nous amène aux jeux de mots, dont certains peuvent être vus comme le versant ludique de cette pulsion interprétative.

4 Jeux de mots – motivation et remotivation

On se rappellera ici des propositions de Culioli et d'Auroux, signalant que les jeux de langage peuvent être vus comme une manifestation de la conscience épilinguistique (voir *supra* § 2). C'est en tant que tels que je les aborde maintenant, à partir d'exemples.

Les jeux de mots peuvent être fort divers ; il parait difficile, peut-être réducteur et même sans intérêt d'en donner une délimitation. Pour le propos de cet article, j'en adopterai donc une acception large, pour laquelle je retiendrai le pluriel de *mots* : les jeux de mots examinés mettent en jeu une relation entre « mots », dans laquelle se dessine potentiellement une motivation. On y retrouvera des parentés avec certains faits présentés précédemment, mais, par différence avec ceux-ci, on peut dire que le jeu de mots : (i) relève de la parole (*vs* langue), (ii) est délibéré et relève, à ce titre, d'une intuition ou d'une conscience épilinguistique[23], (iii) est ponctuel, en ce sens qu'il n'est pas destiné à s'installer et qu'il ne s'agit pas non plus d'un dépôt de l'histoire.

Les exemples retenus ne constituent pas un corpus à proprement parler ; il s'agit de collectes conjoncturelles, dans certains types de discours : pour l'essentiel des extraits d'humoristes, des publicités, des titres, soit de presse, soit

---

[23] Sont donc éliminés les « jeux de mots » qui ne seraient pas intentionnels, les « perles ». On peut sans doute parler aussi d'intuition épilinguistique et de motivation dans ce cas, mais celles-ci seraient à envisager selon d'autres perspectives.

d'ouvrages. Ces énoncés sont donc produits par des « professionnels » ou des praticiens de la langue, dont je suppose par définition qu'ils prennent appui sur un sentiment linguistique aiguisé : dans ce contexte, il s'agit de lieux discursifs spécifiques où le locuteur pèse particulièrement ses mots, puisque l'énoncé – c'est vrai particulièrement pour les titres d'ouvrages – est destiné à demeurer, et engage quelque chose du locuteur lui-même. Le jeu de mots relevant pour moi de la fonction poétique, je me permettrai également de citer des exemples considérés comme littéraires ou poétiques.

4.1 Motivation « créée » *vs* « retrouvée »

Certains énoncés ludiques ou poétiques se basent, pour l'exploiter, sur une motivation supposée ou réelle, mais d'autres la créent en quelque sorte de toutes pièces, pour l'exhiber : sur ce mode, on pourrait, pour le simple plaisir de détourner un exemple sérieux – celui de Saussure cité précédemment (tableau 2) –, motiver *berger* en l'associant à *berge* (le berger serait celui qui garde des berges, comme le vacher garde des vaches). Cet exemple inventé retrouve les motivations littéraires relevées chez Proust ou Leiris (association, chez ce dernier, de *capucin* et *capucine*). Voici, dans cette idée, un exemple d'Éluard où, comme chez Leiris (voir § 3.2), se présentent paronymie et (re)motivation personnelle :

(8) *Lingères légères* (Éluard [1945] 2009, recueil)

Dans l'exemple suivant, qui joue sur le rapport nom propre / nom commun, c'est bien la parole elle-même attribuée au Christ qui produit une motivation sémantique :

(9) *Tu es Pierre et sur cette pierre je bâtirai mon Église* (Évangiles)

Ullmann (1959b) souligne la subjectivité de la motivation : ainsi, dans l'exemple (8), on peut, comme lecteur, voir ou ne pas voir une motivation due au rapprochement paronymique, de même que dans d'autres paronomases. À partir de cette observation, on peut peut-être suggérer que la motivation joue un rôle dans le jugement des jeux de mots à réception : seraient jugés comme non « gratuits » (en termes esthétiques ou rhétoriques) ceux qui renvoient à une (re)motivation qui ne serait pas simplement celle de l'auteur, mais qui ferait écho au sentiment linguistique du récepteur.

Mes exemples englobent donc différents cas de figure : (i) présence d'une motivation d'un ordre ou d'un autre, et utilisation de cette motivation ; (ii) remotivation ; (iii) création d'une motivation de toutes pièces.

4.2 Exemples de jeux de mots et discussion

Le jeu de mots étant souvent multi-factoriel, il est difficile et parfois vain de délimiter un et un seul type de motivation. Outre la-les motivation-s, plusieurs paramètres entrent dans les analyses, notamment le lexique, la morphologie et la syntaxe. Le classement ci-dessous n'est pas un classement de catégories *a priori* ; il repose plutôt sur la parenté empirique des exemples, que je tente de décrire au fur et à mesure.

Paronomases
Sont rapportés ici des exemples issus de différents ouvrages.

(10) a) *traduttore traditore* ; b) *Mentor, menteur* ; c) *I like Ike* (Jakobson 1963) ; d) *claustration, castration* (Hugo, cité par Fromilhague 1995) ; e) *l'affreux Alfred* (Jakobson 1963)

Au-delà de sa définition[24], la « marque de fabrique » de la paronomase consiste à tirer argument d'un rapprochement des formes pour un rapprochement des sens : la juxtaposition en parataxe de 10 a), b), d), ainsi que la relation nom-épithète de e) s'interprètent comme un jugement prédicatif. Conformément à l'appréciation proposée ci-dessus, la paronomase réussie serait alors celle où la proximité syntagmatique et phonique des signes a une réelle lisibilité, appuyée par la syntaxe. Jugé à cette aune, le rapprochement opéré en c) *I like Ike*, qui mobilise les seuls signifiants (la syntaxe n'étant pas prédicative) me parait gratuit : il serait peut-être plus approprié de rapporter cet exemple à un autre type de motivation, simplement phonique.

Mimétisme phonique
Je rappelle ici des instances connues d'allitérations ; celles-ci sont doublement motivées, d'une part par rapprochement phonique de mots entre eux, d'autre part par évocation de l'extra-linguistique :

---

24 « Association de termes ayant des profils phonétiques proches » (Fromilhague 1995).

(11) *Pour qui sont ces serpents qui sifflent sur vos têtes* (Racine 1994, *Andromaque*)

(12) *Und hohler und hohler hört man's heulen* (Schiller, *Der Taucher*, cité par Bühler 1969)

Jeux morphologiques
Certains énoncés opèrent un rapprochement phonique, qui n'est pas simplement fondé sur des sons, mais sur des segments entiers ; ceux-ci apparaissent alors (à tort ou à raison pour la linguistique) comme des morphèmes, *i. e.* des unités de première articulation (*-ence* en (13), *-songe* en (15), par exemple). La répétition n'est pas alors simplement une répétition de sons, mais aussi de (supposées) unités de sens : à travers cette répétition, se produit un jeu de reconnaissance du même et de l'autre, tout à la fois sur les plans du signifiant et du signifié, créateur de motivation – voir (13), (14), (15) et (16).

À cela s'ajoute le rôle de la syntaxe et du sens des termes. Les trois premiers exemples présentent une syntaxe énumérative qui, à la différence du *veni vidi vici* discuté plus haut, ne reçoit pas une lecture (diagrammatique) de pure succession : en effet, le sens des syntagmes oriente l'interprétation des énoncés plutôt en termes de causalité – (13) et (14) – et d'équivalence – (15) :

(13) *Défense nationale, dépense nationale, démence nationale* (slogan politique)

(14) *Inactif aujourd'hui, radioactif demain* (slogan politique français des années 70)

(15) *Songe, mensonge* (exemple de [Reichler-]Béguelin 1993)

En (16) enfin, outre le jeu morphologique motivé interne à l'énoncé (ainsi que l'évocation d'une formule célèbre : *Science sans conscience...*), le titre de manifestation est motivé en rapport à son référent (l'étude scientifique de la conscience) – c'est d'ailleurs souvent le cas pour les titres d'ouvrages ou de colloques, par exemple, mais aussi pour les noms propres de groupes sociaux (associations, groupes culturels, partis politiques).[25]

(16) *Quand la conscience fait science* (flyer de présentation du 12e forum des Sciences cognitives, Paris, mars 2013)

---

[25] Ceux-ci peuvent être motivés de manière ludique (noms de groupes musicaux ou d'associations : un exemple *Sauvons les Riches*, nom propre motivé par antiphrase) ou (platement) descriptive (noms de partis ou d'associations aussi). La dénomination de ces collectifs est porteuse d'enjeux divers – les observations qu'on peut en tirer ne sont pas sans rapport avec l'étude de Bosredon (1997) sur les noms de tableaux. Pour une approche théorique et descriptive des noms propres de groupes sociaux français, voir Lecolle (2014b).

Jeu sur le rapport mot / chose et mimologisme primaire

L'exemple (17) est issu d'une chronique radiophonique de l'humoriste François Morel. Plus sérieux que joueur, celui-ci fait référence à la politique de la France vis-à-vis des « Roms » et, plus généralement, au sort de ce peuple.

(17) *Les « Romanichels » sont devenus des « Romanos », qui sont devenus des « roms ». Un jour, on dira des « Ro », et puis des « Rr », et puis on n'aura plus besoin de les prononcer parce qu'ils se seront éteints.* (Politis, 5 juillet 2012)

À la différence de simples onomatopées, le mimologisme primaire de cet énoncé ne s'établit pas directement entre mot et référent, mais par la comparaison entre les formes dénominatives (diminution de la taille du mot) dans l'avancement de l'énoncé. On parlera, là aussi, de motivation diagrammatique.

Parallélismes de forme et de sens et jeux de miroir

Je rassemble ici des jeux sur la forme de l'énoncé : chiasmes – (18) à (23) – et parallélismes avec opposition sémantique – (24) à (26). La forme de l'énoncé épouse ou exhibe une mise en relation des sens, et on peut parler de réalisations diagrammatiques. Comme en (16) ci-dessus, certains titres de colloques ou de textes sont motivés par rapport à leur référent.

(18) *Vivre tous simplement pour que tous puissent simplement vivre* (attribué à Gandhi)

(19) *Le roi des vins, le vin des rois* (publicité)

(20) *Langage poétique, poétique du langage* (titre, dans Genette 1969)

(21) *Analyse de contenu et contenus d'analyses* (titre d'un ouvrage de Ghiglione et Blanchet 1991)

(22) *Sémiotique de l'espace, espace de la sémiotique* (annonce de colloque 2013)

(23) *Naturellement délicieux, délicieusement naturel* (publicité magasin d'alimentation)

En (24), (25) et (26), le parallélisme ne passe plus simplement par la forme des mots, mais aussi par leur signification lexicale, exploitée dans des jeux d'opposition et de miroir. Il s'agit ici d'une construction complexe engageant formes et relations entre ces formes, significations et relations entre ces significations, rythme phrastique, qui fonde une motivation touchant les énoncés entiers – et non leurs segments.

(24) *Il faut bien qu'il y ait des naufrageurs puisqu'il y a des naufragés. Ce passif implique cet actif, et ceux-là fabriquent ceux-ci.* (Alfred Jarry, cité par J. Rey-Debove 1997 : 257)

(25) *Plus de réfugiés, moins de refuges* (titre Politis, 14 février 2013)

(26) *Le court en dit long* (nom d'un festival annuel de courts métrages, Paris)

Jeu sur les doubles sens et la polysémie

J'aborde à présent un autre type de jeu sur la motivation, fondé sur ce que Launay (2003) nomme une « connotation sémantique ». Se dessinent ici des rapports associatifs de sens, basés sur la polysémie[26] : *quotidien* ('journal quotidien', 'relatif à la journée') en (27), *vert* ('écologique', 'non mûr' pour un fruit) en (28), *expect* ('attendre', 'attendre un enfant') en (29).

(27) *Des jours sans quotidien* (titre Télérama 13 février 2013, à propos de grèves de diffuseurs de journaux)

(28) *Les Verts ne sont toujours pas mûrs.* (France Inter, revue de presse 2006)

(29) *What to expect when no one is expecting?* (titre d'un ouvrage de Jonathan Last portant sur le déclin démographique dans différents pays : Allemagne, États-Unis ; Last 2013)

Défigement

Nombreux sont les cas de jeux de mots basés sur une remotivation d'énoncés figés – voir aussi (26) *supra*. En voici trois. Ils se rapprochent de la polysémie, en ce qu'ils mettent en présence deux sens, dont l'un est non compositionnel et (relativement) opaque, et l'autre compositionnel et motivé, en général en rapport avec la situation ou le référent.

(30) *Depuis 20 ans, il joue sa vie sur scène* (titre Télérama 2002)

L'article qui suit le titre rapporté en (30) est un portrait de l'acteur Philippe Caubère, connu pour créer et jouer des spectacles autobiographiques : c'est donc, littéralement, (l'histoire de) sa vie qu'il joue. Son jeu théâtral est par ailleurs marqué par un engagement émotionnel intense, d'où l'autre sens de *joue sa vie* : c'est comme s'il devait mourir, dit le titre.

(31) *Mississippi, le roman-fleuve de l'Amérique* (titre roman, B. Brigouleix 2012)

---

26 Voir les analyses de Koch et Marzo (2007).

L'énoncé-titre (31) met en co-présence syntagmatique l'expression figée (*roman-fleuve* : 'roman très long') et sa résolution défigée : l'énoncé désigne un roman qui porte sur un fleuve, le Mississipi, dont le nom et la localisation (l'Amérique) sont cités. La motivation est double, puisque le roman, référent de la désignation, traite précisément de ce fleuve.

(32) *Le train où vont les choses* (titre d'un album de Fred ; Fred 2013)

(32), enfin, reprend, de manière très réussie, le sens compositionnel, motivé et concret d'une expression dont le sens figé est général et abstrait : l'exemple est le titre d'un album de bande dessinée qui relate, par le dessin et la parole, l'histoire d'un train (d'une locomotive)[27]. Le titre et certaines vignettes de l'album présentent ces « choses » comme de vraies choses, dont l'énoncé du titre laisse supposer qu'elles vont (se déplacent) bel et bien dans ce train... En fait, dans l'album, le SN *les choses* oscille entre une référence générique et abstraite et cette référence concrète, jamais réellement atteinte. Si l'on tient compte de cette interprétation intertextuelle (le titre s'évaluant en lien avec l'album), on peut dire que, dans une même occurrence de formule, se déploient deux sens totalement exclusifs l'un de l'autre, ayant chacun leur autonomie mais se répondant néanmoins. Le jeu nait de ces complétudes et de leur mise en écho surprenante. Davantage qu'au défigement, le procédé s'apparente d'ailleurs à l'exploitation, suggestive et poétique, d'une homonymie phrastique.

On le voit avec cet exemple, les jeux de mots les plus réussis manifestent une connaissance ou une intuition intime de la langue en ce qu'ils utilisent, mais aussi découvrent et créent des motivations, fondées sur des procédés divers (mise en relation syntagmatique de mots, évocations, imitation d'un référent...). Poésie et jeux de mots s'affranchissent, dans cette exploration, des nécessités de vérifiabilité qui sont les règles professionnelles des linguistes. Dès lors, on peut se demander quelles sont les limites : *quotidien* – exemple (27) – a bien deux significations, qui sont exhibées ici ; mais *songe* et *mensonge* – exemple (15) – sont-ils apparentés ? Peu importe : l'énoncé les apparie, et le récepteur acquiesce.

---

[27] Merci à François Lecolle, (entre autres) amateur éclairé de bandes dessinées pour ses commentaires de l'album et de l'exemple lui-même.

5 Conclusion

À la lumière des études et des auteurs convoqués, Genette (1976 : 486–487) note, à la fin de *Mimologiques*, que le cratylisme séduit et fait rêver, ce qui n'est pas le cas de la « théorie raisonnable » d'Hermogène – la théorie conventionnaliste. Avec les jeux de mots et les écrits poétiques, c'est bien ce « cratylisme ludique » (Genette 1976 : 490) qui est à l'œuvre.

Mais les jeux de mots sont la partie émergée de l'iceberg que constitue plus généralement le sentiment linguistique du sujet parlant, lequel s'illustre dans différents faits de langage. Ces faits, basés sur la recherche intuitive ou explicite de motivation révèlent la compétence linguistique des locuteurs. On a vu ici en quoi ils se laissent décrire dans les termes d'une continuité avec d'autres faits linguistiques plus souterrains, marginaux ou plus importants : imitation du référent ou de ses manifestations (onomatopée, jeux onomatopéiques) ; figement-démotivation / défigement-remotivation ; construction morphologique sérieuse ou ludique ; mise en relation de sons et de sens entre des mots (paronomase et étymologie populaire), etc. Mais on a vu aussi en quoi ils constituent une rupture avec ces faits, par leur caractère délibérément ludique ou poétique, témoignage d'un goût de la langue et de sa connaissance intime.

Ainsi, alliant rapport des locuteurs à la langue et créativité linguistique, les jeux de mots sont aussi par là-même des révélateurs indirects de la langue, ou des langues. À ce titre, ils ont toute leur place dans la description linguistique.

6 Références bibliographiques

Apothéloz, Denis. 2002. *La construction du lexique français. Principes de morphologie dérivationnelle*. Paris : Ophrys.
Apothéloz, Denis. 2003. Le rôle de l'iconicité constructionnelle dans le fonctionnement du préfixe *in-*. *Cahiers de Linguistique Analogique* 1. 35–63.
Auroux, Sylvain. 1989. Introduction. In Sylvain Auroux (éd.) *Histoire des idées linguistiques*, tome 1, 13–37. Liège & Bruxelles : Mardaga.
Auroux, Sylvain. 1994. *La révolution technologique de la grammatisation*. Liège : Mardaga.
Authier-Revuz, Jacqueline. 1995. *Ces mots qui ne vont pas de soi. Boucles réflexives et non-coïncidences du dire*, tome 1 et tome 2. Paris : Larousse.
Barthes, Roland. [1967] 1972. Proust et les noms. In *Le degré zéro de l'écriture*. Paris : Éditions du Seuil.
[Reichler-]Béguelin, Marie-José. 1990. Conscience du locuteur et savoir du linguiste. In Ricarda Liver, Iwar Werlen & Peter Wunderli (éds.), *Sprachtheorie und Theorie der Sprachwissenschaft. Geschichte und Perspektiven. Festschrift für Rudolf Engler zum 60. Geburtstag*, 208–220. Tübingen : Narr.

http://www2.unine.ch/webdav/site/linguistique.francaise/shared/documents/MelEngler.pdf (dernière consultation le 10 février 2009)
[Reichler-]Béguelin, Marie-José. 1993. Le fonctionnement de l'étymologie populaire. *Annales de l'université de Neuchâtel 1992–1993*. 238–249.
Béguelin, Marie-José. 1995. Saussure et l'étymologie populaire. In Claudine Normand & Michel Arrivé (éds.), *Saussure aujourd'hui*. Numéro spécial *LINX*. 121–138.
Béguelin, Marie-José. 2002. Étymologie populaire, jeux de langage et construction du savoir lexical. *Semen* 15. 155–172.
Benveniste, Émile. 1966. Nature du signe linguistique. In *Problèmes de linguistique générale, I*, 49–55. Paris : Gallimard.
Benveniste, Émile. 1974. *Problèmes de linguistique générale, II*. Paris : Gallimard.
Bohas, Georges & Dat, Mihaï. 2003. Un aspect de l'iconicité linguistique en arabe et en hébreu : la relation du signe linguistique avec son référent. *Cahiers de linguistique analogique* 1. 15–33.
Bonhomme, Marc. 1998. *Les figures clé du discours*. Paris : Seuil.
Bosredon, Bernard. 1997. *Les titres de tableaux : une pragmatique de l'identification*. Paris : Presses Universitaires de France.
Bühler, Karl. [1933] 1969. L'onomatopée et la fonction représentative du langage. In Jean-Claude Pariente (éd.), *Essais sur le langage*, 113–132. Paris : Les Éditions de Minuit.
Calvet, Louis-Jean. 2010. *Le jeu du signe*. Paris : Éditions du Seuil.
Chambon, Jean-Pierre. 1986. Remarques sur la notion d'étymologie populaire. *Travaux Neuchâtelois de linguistique* 11. 37–50.
Coseriu, Eugenio. 1997. Portée et limites de la traduction. *Cahiers de l'École de Traduction et d'Interprétation* 19. 19–34.
Coseriu, Eugenio. [1968] 2001a. L'homme et son langage [Der Mensch und seine Sprache]. In Hiltraud Dupuy-Engelhard, Jean-Pierre Durafour & François Rastier (éds.), *L'homme et son langage* (Bibliothèque de l'information grammaticale 46), 13–30. Louvain, Paris & Sterling : Éditions Peeters.
Coseriu, Eugenio. [1982] 2001b. Au-delà du structuralisme. In Hiltraud Dupuy-Engelhard, Jean-Pierre Durafour & François Rastier (éds.), *L'homme et son langage* (Bibliothèque de l'information grammaticale 46), 109–115. Louvain, Paris & Sterling : Éditions Peeters.
Culioli, Antoine. 1990. *Pour une linguistique de l'énonciation. Opérations et représentations*, tome 1. Paris & Gap : Ophrys.
Culioli, Antoine. 2002. *Variations sur la linguistique – Entretiens avec Frédéric Fau*. Paris : Klincksieck.
Danon-Boileau, Laurent. 1993. De quelques préjugés relatifs à l'usage des notions de motivation et d'iconicité. *Faits de Langue* 1. 79–87.
Eco, Umberto. [1973] 1988. *Le signe* [Segno]. Bruxelles : Éditions Labor.
Eco, Umberto. 1994. *La recherche de la langue parfaite dans la culture européenne* [La ricerca della lingua perfetta nella cultura europa]. Paris : Éditions du Seuil.
Fonagy, Ivan. 1993. *Physei / Thesei*, l'aspect évolutif d'un débat millénaire. *Faits de Langue* 1. 29–45.
Fradin, Bernard. 2003. *Nouvelles approches en morphologie*. Paris : PUF.
Frei, Henri. [1929] 2003. *La grammaire des fautes*. Rennes : Ennoïa.
Fromilhague, Catherine. 1995. *Les figures de style*. Paris : Nathan Université.
Genette, Gérard. 1976. *Mimologiques. Voyage en Cratylie*. Paris : Éditions du Seuil.
Guiraud, Pierre. [1967] 1986. *Structures étymologiques du lexique français*. Paris : Payot.

Hagège, Claude. 1985. *L'homme de paroles. Contribution linguistique aux sciences humaines*. Paris : Fayard.

Holeš, Jan. 2000. Est-ce que le signe linguistique est motivé ? *Acta Universitatis Palackianae Olomucensis* (Philologica 76). 133–137. http://publib.upol.cz/~obd/fulltext/Romanica-9/Romanica-9_14.pdf (dernière consultation le 10 décembre 2014).

Houdebine, Anne-Marie. n.d. *L'Imaginaire linguistique (IL)*. http://im-ling.voila.net/accueil.htm (dernière consultation le 10 décembre 2014).

Jakobson, Roman. 1963. *Essais de linguistique générale*. Paris : Les Éditions de Minuit.

Jakobson, Roman. 1966. À la recherche de l'essence du langage. In *Problèmes du langage*, 22–38. Paris : Éditions Gallimard, coll. « Diogène ».

Koch, Peter & Daniela Marzo. 2007. A two-dimensional approach to the study of motivation in lexical typology and its application to French high-frequency vocabulary. *Studies in Language* 31(2). 259–291.

Kristol, Andres Max. 2002. Motivation et remotivation des noms de lieux : réflexions sur la nature linguistique du nom propre. In Jean-Noël Pelen (éd.) *Récit et toponymie* (Rives 11). http://rives.revues.org/document121.html (dernière consultation le 10 décembre 2014).

Launay, Michel. 2003. Note sur le dogme de l'arbitraire du signe et ses possibles motivations idéologiques. *Mélanges de la Casa de Velasquez* 33(2). 275–284.
http://mcv.revues.org/227#tocto1n4 (dernière consultation le 10 décembre 2014).

Lecolle, Michelle. 2007. Changement dans le lexique – changement du lexique : Lexicalisation, figement, catachrèse. *Cahiers de Praxématique* 46. 23–46.

Lecolle, Michelle. 2009. Présentation. In Guy Achard-Bayle & Michelle Lecolle (éds.), *Sentiment linguistique. Discours spontané sur le lexique* (Recherches linguistiques 30), 3–20. Metz : Université de Metz.

Lecolle, Michelle. 2014a. Introduction. In Michelle Lecolle (éd.), *Métalangage et expression du sentiment linguistique 'profane'* (Le Discours et la langue 6.1), 7–18. Bruxelles-Fenerlmont : EME & Intercommunications sprl.

Lecolle, Michelle. 2014b. Dénomination de groupes sociaux : approche sémantique et discursive d'une catégorie de noms propres. In Franck Neveu, Peter Blumenthal, Linda Hriba, Annette Gerstenberg, Judith Meinschaefer & Sophie Prévost (éds.), *CMLF 2014. Quatrième Congrès mondial de linguistique française*. Berlin, 19–23 juillet 2014, Institut de linguistique française, EDP Sciences. 2265–2281. SHS Web of Conferences 8 2265–2281 (2014). DOI: http://dx.doi.org/10.1051/shsconf/20140801063 (dernière consultation le 11 décembre 2014).

Lehmann, Christian. 2006. Arbitraire du signe, iconicité et cercle onomatopéique. In Louis de Saussure (éd.), *Nouveaux regards sur Saussure. Mélanges offerts à René Amacker*, 107–123. Genève : Droz. http://www.christianlehmann.eu/publ/Arbitraire_du_signe.pdf (dernière consultation le 11 décembre 2014).

Madini, Mongi. 2003. Devos montreur de mots : autonymie et récit comique. In Jacqueline Authier-Revuz, Marianne Doury & Sandrine Reboul-Touré (éds.), *Parler des mots : le fait autonymique en discours*. Paris : Presses de la Sorbonne Nouvelle. http://www.cavi.univ-paris3.fr/ilpga/autonymie/theme6/madiniml.pdf (dernière consultation le 11 décembre 2014).

Marchello-Nizia, Christiane. 2006. *Grammaticalisation et changement linguistique*. Paris & Bruxelles : De Boeck.

Monneret, Philippe. 2003. Présentation. *Cahiers de linguistique analogique* 1. https://sites.google.com/site/cahierslinguistiqueanalogique/home (dernière consultation le 28 février 2013).
Nyckees, Vincent. 1998. *La sémantique*. Paris : Belin.
Paillard, Michel. 2000. Lexicologie contrastive anglais-français. Formation des mots et construction du sens. Gap & Paris : Ophrys.
Platon. 1967. *Cratyle*. In *Protagoras, Euthydème, Georgias, Ménexème, Ménon, Cratyle*, 391–473. Paris : GF Flammarion.
Privat, Jean-Marie. 2006. Habiter au pays du dragon. In Jean-Marie Privat (éd.), *Dragons entre sciences et fictions*, 188–200. Paris : CNRS Éditions.
Rey-Debove, Josette. [1978] 1997. *Le métalangage. Étude linguistique du discours sur le langage*. Paris : Armand Colin.
Rico, Christophe. 2005. Le signe, 'domaine fermé'. Saussure et le *Cours de linguistique générale*, cent ans après. *Poétique* 4, n°144. 387–411.
Roché, Michel. 2004. Mot construit ? mot non construit ? quelques réflexions à partir des dérivés en *-ier(e)*. *Verbum* 26(4). 459–480.
Saussure, Ferdinand de. [1916] 1985. *Cours de linguistique générale*. Paris : Éditions Payot.
Siouffi, Gilles. 2012. Introduction. In Gilles Siouffi (éd.), *Sentiment de la langue et diachronie (Diachroniques* 2). 7–26.
Ullmann, Stephen. [1952] 1959a. *Précis de sémantique française*. Berne : Francke.
Ullmann, Stephen. 1959b. Sémantique et étymologie. *Cahiers de l'Association internationale des études françaises* 11. 323–335.
Wilmet, Marc. 1988. Arbitraire du signe et nom propre. In *Hommage à Bernard Pottier* (Annexes des Cahiers de linguistique hispanique médiévale, volume 7). 833–842.
Yaguello, Marina. 1981. *Alice au pays du langage*. Paris : Seuil.

Ouvrages sources des exemples

Brigouleix, Bernard. 2012. *Mississippi, le roman-fleuve de l'Amérique*. Monaco : Éditions du Rocher.
Éluard, Paul. [1945] 2009. *Lingères légères*. Paris : Gallimard.
Fred. 2013. *Philémon. Le train où vont les choses…* Paris : Dargaud.
Genette, Gérard. 1969. *Figures II*. Paris : Éditions du Seuil.
Ghiglione, Rodolphe & Alain Blanchet. 1991. *Analyse de contenu et contenus d'analyses*. Paris : Dunot.
Homère. 2009. *Odyssée*. Paris : Librairie générale française.
Kauffmann, Jean-Paul. [1989] 2014. *Voyage à Bordeaux*. Paris : Gallimard.
Last, Jonathan. 2013. *What to Expect When No One's Expecting: America's Coming Demographic Disaster*. New York & London: Encounter Books.
Leiris, Michel. 2003. Biffures. In *La règle du jeu*, 1–285. Paris : Gallimard.
Perec, Georges. 1985. *Penser / Classer*. Paris : Hachette « Textes du XXe siècle ».
Racine, Jean. 1994. *Andromaque*. Paris : Bordas.
Valéry, Paul. 1990. *Mon Faust*. Paris : Gallimard.

Sylvia Jaki
Détournement phraséologique et jeu de mots : le cas des substitutions lexicales dans la presse écrite

Résumé : Nombreuses sont les publications dans la phraséologie traitant du détournement des séquences figées, y compris les différents types de détournement, leurs fonctions et leurs occurrences. Dans la recherche sur l'humour verbal, le détournement phraséologique est – presque automatiquement – traité comme une forme de jeu de mots. Dans quelle mesure la modification intentionnelle des séquences figées est compatible avec les diverses définitions du jeu de mots n'est paradoxalement guère discutée – une lacune que cet article tente de combler. Afin d'éclairer la relation entre le détournement phraséologique et le jeu de mots, nous présenterons un type particulier de détournement, la substitution lexicale, où un élément du lexique (au minimum) a été remplacé par un autre. Ce type comprend des cas comme *L'éclat – c'est moi* (la forme canonique étant *L'Etat – c'est moi*) et apparaît fréquemment dans les titres de journaux. En nous appuyant sur la *Semantic Script Theory of Humour* (Raskin 1985), nous analyserons et comparerons les notions du jeu de mots et du jeu de langage. Nous les mettrons ensuite en relation avec les mécanismes et caractéristiques de la substitution lexicale, en montrant à quel point celle-ci peut être considérée comme un vrai jeu de mots et dans quelle mesure elle le dépasse.

Mots clés : calembour, homonymie, incongruité, jeu sur les idées, jeu sur les sons, opposition de scripts, paronymie, polysémie, substitution lexicale, titres de journaux

1 Introduction

Les unités phraséologiques s'utilisent fréquemment sous une forme non canonique (cf. la contribution d'Arnaud, Maniez et Renner in *The Dynamics of Wordplay* 1), suite à une transformation délibérée. Cette forme ludique d'emploi de séquences figées est surtout populaire dans les médias, notamment dans la presse écrite. D'où des titres de journaux comme (1) et (2), par exemple :

(1) *Guerre et pets* [*Guerre et paix*, Le Canard enchaîné, VI[1], 23 septembre 2009]

(2) *Copé comme cochon* [*copain comme cochon*, Le Canard enchaîné, VI, 23 septembre 2009]

Dans ces titres, un élément d'une séquence figée a été remplacé par un autre plus concret – et donc plus pertinent – dans un contexte donné ; il s'agit donc d'un détournement par substitution lexicale. Tandis que les non-spécialistes considèrent ce phénomène souvent comme un jeu de mots ou comme un emploi comique, les phraséologues ne thématisent habituellement pas la substitution lexicale dans le contexte du jeu de mots ou, plus généralement, de l'humour – hormis la remarque globale que les détournements peuvent créer un effet comique. Aussi cette contribution vise-t-elle à éclairer la relation entre les transformations comme (1) et (2) et le jeu de mots, surtout en intégrant un des concepts les plus centraux de la théorie de l'humour, l'incongruité. Celle-ci constitue une juxtaposition de deux concepts plus ou moins opposés et, selon Raskin (1985), serait responsable d'un effet comique.

Cet article fournira d'abord un bref aperçu du détournement phraséologique (section 2), notamment de la substitution lexicale, y compris sa définition, ses fonctions et sous-types – la substitution paronymique (avec une similarité formelle entre le remplacé et le remplaçant), la substitution sémantique (présentant une relation lexicale régulière entre le remplacé et le remplaçant) et la substitution purement contextuelle (qui ne dispose ni de relation lexicale ni de similarité formelle entre les deux éléments concernés). La notion de jeu de mots sera ensuite discutée avec ses termes apparentés en tenant compte de l'importance des théories de l'incongruité pour l'humour, afin de pouvoir déterminer si ou dans quelle mesure la substitution phraséologique peut être analysée comme un jeu de mots (section 3). Pour cerner ce problème, les trois catégories de substitution lexicale joueront un rôle important. En dernier lieu, cette contribution montrera, à l'aide de quelques exemples, le fonctionnement de la substitution lexicale et sa complexité, qui ne peut pas être réduite à un simple moyen pour créer une incongruité (section 4).

---

[1] L'abréviation VI se réfère à la version imprimée (la date constitue donc la date de publication), tandis que VW se réfère à la version web (avec la date d'accès).

2 Le détournement phraséologique

2.1 Définition, usage, objectifs

2.1.1 Définition

La phraséologie comprend un grand nombre de phénomènes différents. Pourtant, ces phénomènes ont deux caractéristiques communes : la polylexicalité et le figement. Les unités phraséologiques pourraient donc être nommées séquences figées. L'idiomaticité, tout en n'étant pas strictement définitoire, est une troisième caractéristique de certaines de ces séquences. De ce fait, de nombreuses unités phraséologiques possèdent deux interprétations possibles, à savoir l'interprétation littérale des éléments de la séquence et l'interprétation globale, qui est d'habitude pertinente. Une expression idiomatique comme *ne pas être sorti de l'auberge*, par exemple, est comprise comme 'avoir des ennuis à affronter' dans un contexte ordinaire, mais pourrait théoriquement être interprétée au pied de la lettre, une possibilité qui est souvent exploitée pour les emplois ludiques. Ce genre de séquence figée est traditionnellement au centre de la phraséologie (cf. Gläser 1986 : 48).

Si on part d'un concept large de la phraséologie, à savoir que les deux caractéristiques nécessaires sont la polylexicalité et le figement, les séquences figées comprennent, entre autres, les phénomènes suivants (pour une vue globale sur les différents types d'unités phraséologiques, cf. Burger 2010 : 36–57) :

- expressions idiomatiques : *faire chou blanc* 'rater'
- comparaisons : *soûl comme un Polonais* 'très soûl'
- couples phraséologiques : *bel et bien* 'vraiment'
- proverbes : *Il ne faut pas vendre la peau de l'ours avant de l'avoir tué* 'il ne faut pas compter sur une fin positive avant d'y être arrivé'[2]
- citations : *Il ne faut pas avoir les yeux plus gros que le ventre* (Jean de la Fontaine, *La grenouille qui veut se faire plus grosse que le bœuf*)
- titres de films / livres / slogans : *Le changement, c'est maintenant*
- pragmatèmes : *A plus tard* !

---

[2] On pourrait aussi classer les faux proverbes dans cette catégorie, tels que *Ne fais pas aujourd'hui ce que tu peux remettre à demain* (de *Ne remets pas à demain ce que tu peux faire aujourd'hui*). Tout en étant créés par le processus de modification intentionnelle, les faux proverbes sont eux-mêmes devenus des séquences figées, grâce à leur statut lexicalisé. Dans la littérature anglophone, on appelle cette catégorie *anti-proverb* (cf., par exemple, Litovkina et al. 2008).

Tandis que les unités phraséologiques, comme les pragmatèmes, qui passent relativement inaperçues sont surtout utilisées dans leur forme dite canonique, d'autres catégories apparaissent souvent sous une forme modifiée. Parfois, la modification est liée à des raisons non intentionnelles, c'est-à-dire l'utilisation fautive ou la variation plus ou moins systématique. L'utilisation fautive comprend tous les cas où les unités phraséologiques sont modifiées à cause d'un lapsus ou parce que le locuteur n'est pas suffisamment familiarisé avec l'unité phraséologique, par exemple si le locuteur utilise *prendre la crémaillère* au lieu de *pendre la crémaillère*, ne sachant pas que l'expression commence par *pendre*. La variation plus au moins systématique diffère du détournement par le fait qu'elle peut être interprétée sans contexte spécifique. Ceci est valable, entre autres, pour les variantes morphosyntaxiques et les variations qui ont une fonction d'intensification, comme *faire d'une pierre cent coups* au lieu de *faire d'une pierre deux coups* pour exprimer que quelqu'un est parvenu à réaliser beaucoup de choses avec une seule action (cf. Jaki 2014 : 31–34 pour une délimitation entre détournement, variation et utilisation fautive). Cet article, par contre, ne se concentre que sur la modification intentionnelle, qui est fréquemment dénommée *détournement* (p.ex. Barta 2006 ; Grésillon & Maingueneau 1984) ou *défigement* (p.ex. Fiala & Habert 1989 ; Zhu 2011). Etant donné que le défigement désigne parfois seulement l'effet de détournement (p.ex. Barta 2006 : 62), nous parlerons ici de *détournement* phraséologique, pouvant être défini comme la manipulation intentionnelle d'une séquence figée dans un texte concret.

De la même manière que la phraséologie constitue un domaine très hétérogène, le détournement, lui aussi, est un phénomène extrêmement varié. Pour des raisons pratiques, nous limiterons nos observations à un mécanisme fréquent, à savoir la substitution lexicale. Cette dernière désigne des détournements où au moins une composante lexicale de la séquence a été remplacée par une autre, comme dans

(3) *Râlons enfants de la patrie* ! [*Allons enfants de la patrie* ! *Le Canard enchaîné*, VI, 29 décembre 2010],

où *allons* a été remplacé par *râlons*. Contrairement à la substitution grammaticale, les éléments remplacés portent normalement une signification lexicale et concernent majoritairement les composantes autosémantiques (cf. Prędota 2002 : 348). Dans (1), un seul élément est remplacé, il s'agit donc du cas le plus fréquent, une substitution simple, tandis que des substitutions multiples (4) apparaissent aussi, mais moins souvent.

(4) *Maître Fillon sur un barreau perché* [*Maître Corbeau sur un arbre perché*, *Le Canard enchaîné*, VI, 11 avril 2012]

Même si le nombre d'éléments remplacés correspond d'habitude au nombre d'éléments résultants, cela n'est pas une obligation.[3]

2.1.2 Utilisation

La substitution lexicale est très en vogue pour former les titres de journaux. Pourtant, la fréquence varie considérablement selon les différents journaux et pays (cf. Jaki 2014 : 57–58) : en France, les journaux sérieux semblent y recourir moins souvent que les journaux satiriques comme *Le Canard enchaîné*.[4] En ce qui concerne l'Angleterre, *The Economist* est connu pour ses détournements fréquents (cf. Alexander 1997 : 93). Il est pourtant frappant qu'il y ait des éditions avec de nombreux détournements et d'autres où ils sont pratiquement absents, ce qui indique qu'un seul rédacteur par numéro pourrait être responsable de la production des titres. Cela ne veut pas dire que le phénomène soit réservé en Angleterre au journalisme de qualité, au contraire. Plutôt que *The Guardian*, ce sont les journaux comme *Daily Mail* et notamment *The Sun* qui utilisent le plus souvent la substitution lexicale.[5] Contrairement à la France et à l'Angleterre, la presse allemande de qualité s'en sert énormément, spécialement *Frankfurter Allgemeine Zeitung* et *Süddeutsche Zeitung*. De nombreux emplois ludiques du langage figurent aussi dans *BILD*, le journal populaire le plus important d'Allemagne, mais il s'agit souvent de jeux de mots sur les lexèmes simples, pas nécessairement sur les séquences, ce qui est certainement lié à la brièveté des titres. La substitution lexicale est certes très répandue dans la presse écrite, mais le phénomène est quasiment omniprésent, parce qu'il appa-

---

[3] Le cas contraire peut être illustré par la substitution allemande *Und täglich grüßt der fremde Schweißfuß* [*Und täglich grüßt das Murmeltier*]. Dans cette modification du titre d'un film américain (traduction littérale 'Et la marmotte salue tous les jours' ; la version française est intitulée *Un jour sans fin*), un élément lexical, *Murmeltier* 'marmotte', et l'article qui précède ont été remplacés par un groupe nominal comprenant un adjectif, *der fremde Schweißfuß* ('le pied qui sent mauvais d'une autre personne').
[4] Cf. Fiala & Habert (1989) pour une vue globale sur l'emploi des détournements dans la presse française ; cf. aussi Zhu (2011) pour les détournements dans le *Canard enchaîné* et Winter-Froemel (2009 : 1439) pour une remarque générale sur l'importance du jeu de mots dans cet hebdomadaire.
[5] Cf., par contre, l'étude de Partington (2009) sur les détournements dans le journal *The Independent*.

raît dans de nombreux domaines de la vie quotidienne, comme par exemple dans les noms de magasins, dans les chansons, dans les shows télévisés, sur les T-shirts et même dans les conversations personnelles. Par conséquent, il est peu surprenant que le détournement phraséologique en général et la substitution lexicale en particulier soient traités abondamment en phraséologie (pour la substitution, cf., par exemple, Jaki 2014 ; Langlotz 2006 ; Lenz 1998 ; Mena Martínez 2006 ; Ptashnyk 2001 ; Sabban 1998).

2.1.3 Fonctions

Mais à quoi sert le détournement ? La question se pose de savoir pourquoi les titres de journaux contiennent si souvent des substitutions. En fait, la popularité de cette technique s'explique par sa multifonctionnalité. La liste suivante – non exhaustive – regroupe les fonctions les plus importantes (cf. Jaki 2014 : 18–19) :
– adapter une unité phraséologique à un contexte spécifique
– créer de l'humour
– faire preuve d'intelligence de la part du producteur
– attirer l'attention
– condenser un message complexe
– produire des associations multiples

La fonction la plus importante, qui a souvent été mentionnée dans la littérature phraséologique, est l'adaptation à un contexte spécifique (p.ex. Burger 1999 : 79, 2000 : 45 ; Stammel 2009 : 302). Etant donné que la signification d'une séquence figée est souvent de nature plutôt abstraite, le remplacement d'un élément lexical permet de les rendre plus concrètes. Cette observation vaut pour beaucoup de substitutions, par exemple (5) :

(5) *A pain in the ash* (traduction littérale 'une douleur dans les cendres') [*a pain in the arse / ass* (traduction littérale 'une douleur dans le cul'), *The Sun*, VW, 19 juin 2010]

Ce titre spécifie l'ennui (la signification de *pain in the arse / ass* est 'ennui') que les passagers ont dû supporter en 2010, lors de l'éruption du volcan Eyjafjallajökull en Islande, parce qu'un nombre dramatique de vols a été annulé à cause du nuage de cendres gigantesque. Une des fonctions les plus importantes est certainement le potentiel comique des substitutions. Comme l'acte d'amuser autrui n'est pas un acte purement désintéressé, elles peuvent aussi aider à construire une image positive de l'auteur du texte – et surtout de tout le journal – en le présentant comme intelligent. Un autre aspect de cette fonction est l'effet de connivence que les détournements peuvent créer : le récepteur ne perçoit pas seulement le producteur comme intelligent, mais aussi lui-même, car il est capable de comprendre l'allusion. Etant donné que cette allusion peut rester inaperçue par un bon nombre de lecteurs, un sentiment de complicité intellectuelle naît. Une autre fonction très importante, surtout dans la presse et dans la publicité, est la capacité de la substitution d'attirer l'attention du lecteur. En ce qui concerne les titres de journaux, par exemple, les récepteurs ne liront l'article qui suit que si le titre leur semble intéressant. Les deux dernières fonctions, condenser un message complexe et produire des associations multiples, sont intensément liées. D'un côté, la substitution permet de donner une quantité d'informations en quelques mots, en exploitant la sémantique de la séquence détournée en combinaison avec des informations sur le contexte concret. De l'autre côté, ce qui peut être décrit comme effet inverse de la fonction précédente, le grand avantage du détournement est qu'il est potentiellement capable d'activer un grand nombre d'associations, malgré sa brièveté. A son tour, ce réseau d'associations aidera éventuellement à éveiller l'intérêt du lecteur.

2.2 Relation entre l'élément remplacé et l'élément de substitution

Une question qui a souvent été discutée en littérature phraséologique est de savoir qui est remplacé par quoi. Les données analysées dans Jaki (2014) montrent que n'importe quelle composante portant une signification lexicale peut théoriquement être touchée par la substitution. De fait, la discussion du qui est moins intéressante que la question du par quoi (car il n'y pas de restrictions par rapport aux types d'unités phraséologiques qui peuvent être détournés, cf. Dobrovol'skij 1997 : 75), et il reste donc à savoir quelles sont les relations entre le remplacé et le remplaçant (cf. Jaki 2014 : 113–126). Généralement, il y a trois relations qui peuvent être illustrées par les substitutions suivantes :

(6) *L'éclat – c'est moi* [*L'Etat – c'est moi*, *Spiegel*, VW, 29 septembre 2010]

(7) *Like a Bat outta Heaven* [*like a bat out of hell*, *Treehugger*, VW, 20 décembre 2009]

(8) *Heureux comme un élu en France* [*heureux comme Dieu en France*, *Le Canard enchaîné*, VI, 23 juin 2010]

(9) *Le tour du monde en 80 chômeurs* [*Le tour du monde en 80 jours*, Le Canard enchaîné, VI, 23 septembre 2009]

2.2.1 Substitution paronymique

Dans (6), *éclat* et l'élément original *Etat* se ressemblent : au niveau graphique, les deux ont en commun la structure <E / é_at> et, au niveau phonétique, la structure /e_a/[6] ; ils sont donc paronymiques, c'est-à-dire liés par une similarité formelle plus ou moins prononcée.[7] Ce qui est plus rare est l'identité totale au niveau phonétique, en d'autres termes l'homophonie, comme dans (1), où *pets* et *paix* ne se distinguent que graphématiquement. Dans ce cas-là, une ambiguïté est créée, ce qui est caractéristique des jeux de mots (cf. section 3.2 pour une discussion sur la question de savoir si toutes les substitutions de nature paronymique constituent des jeux de mots). C'est la substitution paronymique qui est souvent accentuée par la recherche phraséologique, surtout parce qu'elle est si fréquente (cf., p.ex., Platen 1996 : 29 ; Prędota 2002 : *passim* ; Sabban 1998 : 222) ; dans les données analysées dans Jaki (2014), par exemple, 60 % des substitutions sont des paronymies (Jaki 2014 : 113). La littérature phraséologique suppose souvent que cette tendance à la paronymie viendrait du fait qu'elle facilite la reconnaissance de la séquence canonique (cf., p.ex., Rößler 1999 : 166 ; Lennon 2004 : 197 / 200). Pourtant, cette explication est peu convaincante. D'abord, les journalistes essaient surtout de trouver des titres créatifs, et ceci normalement en peu de temps. En premier lieu, leurs idées ne sont donc pas motivées par des aspects pédagogiques. De plus, une expérience avec cinquante unités phraséologiques détournées par la substitution lexicale a montré que l'influence de la paronymie sur la faculté de reconnaissance a peut-être été surestimée (cf. Jaki 2014 : 130–151). Dans ce test de reconnaissance avec 150 étudiants, exécuté par l'auteur de cet article à l'université de Munich en janvier / février 2012, cinquante unités ont été modifiées systématiquement afin d'obtenir a) des substitutions paronymiques, des substitutions sémantiques,

---

[6] Même si les données constituent toutes des sources écrites, le niveau phonétique joue aussi un rôle important, car « printed words activate phonological codes » [« les mots imprimés causent l'activation du code phonologique », notre traduction] (Van Orden 1991 : 77).

[7] Nous suivons donc la définition de substitution paronymique dans Sabban (1998 : 222) : « Austausch eines Lexems gegen ein anderes, das dem originalen auf der Ausdrucksseite mehr oder weniger ähnlich ist » [« le remplacement d'un lexème par un autre qui dispose d'un degré de similarité formelle plus ou moins prononcé par rapport à la forme canonique », notre traduction].

plus précisément b) antonymiques et c) (co-)hyponymiques, d) des substitutions ni paronymiques à proprement parler ni sémantiques, mais avec le même nombre de syllabes, et e) des substitutions purement contextuelles. Un des résultats était que la version canonique est plus facile à reconnaître avec les substitutions paronymiques. Pourtant, cet effet de la paronymie n'est pas aussi prononcé qu'on l'aurait pu croire. Par contre, c'est le degré d'*entrenchment*[8] de la séquence qui a certainement beaucoup plus d'impact sur la faculté de reconnaissance que les relations spécifiques entre le remplacé et le remplaçant.

2.2.2 Substitution sémantique

(7) peut être considéré comme une substitution sémantique, car *hell* 'enfer' est remplacé par son antonyme *heaven* 'ciel'. Les substitutions de nature sémantique sont assez fréquentes (23 % dans Jaki 2014 : 113) et comprennent l'antonymie, l'hyponymie et la co-hyponymie. Dans d'autres cas, l'élément remplacé et l'élément remplaçant, bien que n'étant pas liés par une relation sémantique à proprement parler, partagent des traits sémantiques importants, comme dans (8). Ici, il n'y a pas de relation lexicale régulière entre *élu* et *Dieu*, mais les deux termes ont en commun la caractéristique 'supérieur au peuple'. Cet exemple peut alors être considéré comme un cas limite entre les substitutions sémantiques et les substitutions contextuelles (9). Si d'autres publications, par exemple Ptashnyk (2009 : 87), insistent sur la synonymie comme un mode de remplacement fréquent lors du détournement phraséologique, cette technique n'apparaît pas dans les données de Jaki (2014). Cette hétérogénéité des différents corpus s'explique en partie par les définitions divergentes du détournement : certains auteurs emploient une notion plus large du détournement, c'est-à-dire toutes les variations intentionnelles, même si elles ne sont pas liées à un contexte spécifique et donc à un référent concret (Ptashnyk 2009 : 55). Dans cette conception, un exemple comme *faire d'une pierre cent coups* (cf. section 2.1) serait aussi considéré comme un détournement. Par contre, cette restriction à un référent concret est un critère définitoire décisif pour d'autres (cf. définition à la section 2.1). Vu la sémantique (quasi) identique des synonymes, il est peu probable que la substitution par un synonyme mène à une

---

8 Selon Schmid (2010 : 115), *entrenchment* peut être défini comme « degree to which the formation and activation of a cognitive unit is routinized and automated » [« degré de la routinisation et de l'automatisation en ce qui concerne la formation et activation d'une unité cognitive », notre traduction].

version plus pertinente dans un contexte concret. Il est donc évident que la synonymie n'apparaît pas dans les détournements au sens strict, parce que la substitution d'un élément s'effectue par un élément sémantiquement plus conforme à un contexte donné. En outre, le type de texte joue aussi un rôle important. Dans le cas des titres de journaux, un des objectifs principaux est d'attirer l'attention du lecteur. Comme la différence entre deux synonymes est loin d'être aussi frappante qu'entre les antonymes par exemple, la substitution par un synonyme ne semble pas convenir à la fonctionnalité de ce type de texte.

Au total, la substitution sémantique n'est pas aussi fréquente qu'on pourrait l'imaginer si on tient compte de la recherche phraséologique, qui souligne l'importance de ce type de remplacement (cf., p.ex., Fiedler 2003 : 133 ; Lennon 2004 : 172 ; Platen 1996 : 29). Comme pour les substitutions paronymiques, on présume que cette relation a une influence positive sur la faculté de reconnaissance (cf., p.ex., Lenz 1998) ; de nouveau, cet effet ne peut être attesté qu'en partie (cf. Jaki 2014 : 130–151).

2.2.3 Substitution purement contextuelle

Le troisième type est la substitution purement contextuelle, sans lien paronymique ni sémantique, ce qui s'applique à la relation entre *jours* et *chômeurs* (exemple 9). Ce type semble être plus rare que les autres, constituant la substitution la moins fréquente dans Jaki (2014 : 113), avec 17 % seulement.[9] Ce pourcentage serait sûrement encore beaucoup moins important si un simple remplacement d'un nom propre par un autre n'était pas inclus, comme dans *Aimez-vous Malher ?* au lieu d'*Aimez-vous Brahms ?* [*Le Figaro*, VW, 29 septembre 2010], ou d'un lexème par un nom propre, par exemple dans *Impossible n'est pas Tobin* au lieu d'*Impossible n'est pas français* [*Le Canard enchaîné*, VI, 23 septembre 2009]. Les substitutions purement contextuelles ont souvent été négligées par la phraséologie, par exemple dans Grésillon & Maingueneau (1984), qui se limitent à l'observation suivante : « [c]ertains détournements se contentent de parasiter un proverbe connu en exploitant surtout sa valeur phonique [...], tandis que d'autres produisent des proverbes [...] dont le lien sémantique [...] est net » (Grésillon & Maingueneau 1984 : 116).

---

9 On doit néanmoins noter que Hemmi (1994 : 133) constate le contraire, c'est-à-dire que la plupart des substitutions sont purement contextuelles.

La délimitation entre les différents types de substitutions n'est pas toujours évidente. Premièrement, beaucoup de remplacements comprennent un aspect et paronymique et sémantique, comme dans (10) :

(10) *La belle et la mouette* [*La belle et la bête*, Le Canard enchaîné, VI, 26 janvier 2011]

L'élément remplacé *bête* représente une relation de similarité formelle par rapport à la forme qui résulte, *mouette*, parce que le premier phonème est remplacé et un autre rajouté. En même temps, *bête* est hypéronymique de *mouette*, c'est-à-dire que *mouette* est subordonnée par rapport à *bête*.[10] Deuxièmement, la recherche phraséologique ne précise pas quel degré de similarité formelle doit être présent pour pouvoir parler d'une substitution paronymique.[11] A notre avis, une notion large de paronymie est justifiable, et comprend les cas classiques comme (6), mais aussi des substitutions où, par exemple, seul un préfixe est identique (cf. aussi Sabban 1998 : 22).

3 Jeu de mots et détournement phraséologique

Le détournement phraséologique par substitution lexicale constitue-t-il un jeu de mots ? Si on définit le jeu de mots comme l'emploi ludique du langage, la réponse est sans aucun doute positive. Par contre, si on tient compte de la complexité d'emplois ludiques du langage et du rôle particulier du jeu de mots dans ce domaine hétérogène, la relation entre le détournement et le jeu de mots est plus complexe. Cette section commencera par des réflexions sur la nature du jeu de mots avant de montrer comment substitution et jeu de mots sont liés.

---

10 A cette interprétation, on pourrait éventuellement objecter que *bête* dans le titre de film ne s'interprète pas comme 'tout être vivant, à l'exception de l'homme', mais comme 'créature dominée par ses instincts', le deuxième sens de *bête*.
11 Hausmann (1974 : 61), par exemple, définit paronymie comme « [a]lle darüber hinaus [Homonymie] vom Sprecher spontan empfundenen Ausdrucksgemeinsamkeiten » [« toutes les similarités de forme spontanément perçues par le locuteur », notre traduction].

3.1 Jeu de mots : définition

3.1.1 Définition globale

Définir le terme de jeu de mots n'est pas facile, comme le remarque déjà Guiraud : « [l]e premier problème est la définition même du concept de jeu de mots et de ses limites, interférences et imbrications avec des faits voisins et qui partagent avec lui tantôt leurs formes, tantôt leurs fonctions » (1976 : 5–6). Pour fournir une définition préliminaire, nous avons recours au *Petit Robert de la langue française* (2015), où le jeu de mots est décrit comme « allusion plaisante fondée sur l'équivoque de mots qui ont une ressemblance phonique, mais contrastent par le sens ». Selon cette définition, la base du jeu de mot serait donc forcément une ressemblance phonétique, une paronymie, comme dans l'exemple italien connu *Traduttore, traditore* ('traducteur, traître'). Celui-ci met en contact les deux concepts du traducteur et du traître et implique ainsi qu'ils ne partagent pas seulement une partie de leur forme, mais aussi de leur contenu. Un autre cas typique du jeu de mots est celui s'appuyant sur l'homonymie (ou la polysémie), donc sur une identité phonique. Cette forme est exploitée dans beaucoup de blagues, comme dans l'exemple (11) :

(11) *De Gaulle et Pompidou assistent ensemble à une pièce de théâtre. A l'entracte ils se rendent aux urinoirs. Alors qu'ils se soulagent, Pompidou dit : « Belle pièce, mon général ! » Et de Gaulle : « Regardez devant vous, Pompidou ! »*

Ici, l'humour repose sur un malentendu fictif entre Charles de Gaulle et Georges Pompidou. Tandis que la remarque de Pompidou sur la pièce se réfère à la pièce de théâtre, donc au 'spectacle', de Gaulle interprète pièce comme 'pénis'. *Pièce* est polysémique, les significations pertinentes dans cette situation étant 'spectacle' et 'élément d'un tout' ; cette dernière signification mène à l'interprétation sexuelle comme 'pénis'.

Ce cas prototypique du jeu de mots est souvent appelé *calembour*. En outre, la différence est parfois faite entre les jeux de mots exacts (aussi appelés *perfect puns* ou *exact puns*), basés ou sur l'homonymie ou sur la polysémie, et les jeux de mots approximatifs (aussi appelés *imperfect puns* ou *near puns*), reposant sur la paronymie (cf. Zwicky & Zwicky 1986 : 494 ; Partington 2009 : 1795). Théoriquement, les jeux de mots basés sur l'homonymie devraient être plus nombreux dans les langues avec un large inventaire d'homophones, notamment en français et en anglais (cf. Alexander 1997 : 25 ; Blake 2007 : 69 ; Redfern 1984 : 160 pour la remarque que ces langues se prêtent mieux au jeu de mots). Pourtant, ce type de jeu de mots est souvent mentionné comme une technique plutôt universelle (cf., par exemple, Attardo 2008 : 105 ; Blake 2007 : 69), ce qui est démontré par l'allemand, par exemple, où le jeu sur les homophones est particulièrement populaire (cf. Alexander 1997 : 162–169).

3.1.2 Jeu de mots et *Semantic Script Theory of Humour*

« Word play is, in fact, inseparably linked to humour which in turn is linked to laughter » [« En fait, le jeu de mots est inséparable de l'humour, qui, à son tour, est lié au rire », notre traduction] (Chiaro 1992 : 4). Mais comment le jeu de mots fonctionne-t-il du point de vue de la théorie de l'humour ? Les théories de l'humour se classent principalement en trois grandes catégories : les théories de supériorité, les théories psychologiques, notamment celle de Freud, et celles de l'incongruité (cf., par exemple, Chabanne 2002 ; Raskin 1985 : 31–38 pour une vue globale des théories du rire). Ces deux dernières sont particulièrement pertinentes pour l'analyse du jeu de mots, surtout les théories qui considèrent l'incongruité comme l'élément déclencheur de l'humour (cf. aussi Ritchie 2004 : 69). Selon elles, l'incongruité constitue « the most widely supported candidate for the role of 'essential ingredient' in humour » [« le facteur le plus généralement accepté en tant qu'ingrédient essentiel dans l'humour », notre traduction] (Ritchie 2004 : 46). Même si l'incongruité a parfois été critiquée pour une universalité apparente qu'elle n'a en fait pas (cf., par exemple, Latta 1999 ; Ritchie 2004 : 80 ; Veale 2004 : 424), nous l'utiliserons dans ce qui suit pour expliquer et discuter la notion de jeu de mots.

La théorie sur laquelle se basent les théories de l'incongruité s'appelle *Semantic Script Theory of Humour* (Raskin 1985) et propose une vue cognitive sur la nature de l'humour. Raskin (1985) introduit une notion importante, l'opposition de scripts : dans l'interprétation d'une blague, certaines expressions – comme *pièce de théâtre* dans (11) – provoquent l'activation cognitive d'un réseau d'informations sémantiques qui entourent ces expressions (cf. Raskin 1985 : 81). Dans la blague sur de Gaulle et Pompidou, la première mention de *pièce de théâtre* va activer les informations caractéristiques d'une pièce de théâtre (un entracte, par exemple, ou des spectateurs qui peuvent apprécier ou non le spectacle, etc.) Comme la remarque de Pompidou – *Belle pièce, mon général !* – semble tout à fait typique pour une conversation sur un spectacle, les récepteurs de la blague l'interpréteront naturellement dans ce sens-là, même si *pièce* est un mot polysémique et pourrait donc potentiellement signifier autre chose. Ce n'est que tout à la fin, lors du point culminant, qu'on comprend que de Gaulle a interprété la remarque différemment à cause de la polysémie de *pièce*, qu'il croit donc que Pompidou le compliment pour la taille de son pénis. Les deux sens de *pièce*, 'spectacle' et 'pénis', sont opposés l'un à l'autre, c'est ce qu'on appelle incongruité ; quand on découvre lors du point culminant qu'on (ou un des protagonistes, ici de Gaulle) a été trahi par la « fausse » signification, un effet de surprise surgit et, idéalement, les récepteurs commencent à sourire ou rire. Ou, selon Litovkina et al. (2008 : 250) : « [t]he unforeseen linking of different words, meanings or ideas creates the comic surprise characteristic of puns » [« l'association imprévue de mots, significations ou d'idées différents déclenche l'effet de surprise comique propre aux jeux de mots », notre traduction] (Litovkina et al. 2008 : 250).

Si l'on en croit Raskin (1985 : 99), les deux scripts sur lesquels est basé l'humour sont « opposite in a special sense » [« opposés d'une manière particulière », notre traduction], par exemple EGLISE vs. SEXE, SAGE vs. BETE ou RECOMPENSE vs. PUNITION. Pourtant, dans beaucoup de blagues, les scripts ne sont pas opposés au sens strict, mais seulement différents. C'est aussi le cas dans la blague sur de Gaulle et Pompidou, si on suppose les scripts PIECE DE THEATRE et REMARQUE SUR LA TAILLE DU SEXE. On peut noter qu'on obtient néanmoins une opposition plus nette en abstrayant les deux termes dans le contexte donné, c'est-à-dire CONVERSATION APPROPRIEE vs. CONVERSATION INAPPROPRIEE. Bien sûr, une partie de l'humour ne se nourrit pas seulement de cette opposition, mais aussi du tabou sexuel figurant dans la blague.

3.1.3   Jeu de mots et jeu de langage

Si on consulte les publications d'auteurs francophones, c'est l'hétérogénéité qui est soulignée le plus par rapport au jeu de mots. Vu le mécanisme de l'incongruité mentionné ci-dessus, et qui est une notion centrale pour le jeu de mots, la question se pose de savoir comment les différents types de jeux de mots sont compatibles avec la conception de l'incongruité. Guiraud (1976 : 6), par exemple, prétend qu'il y a plus d'une centaine de jeux de mots différents. Certains d'entre eux ne sont pas marqués par l'incongruité sémantique, par exemple les trompe-oreilles ou virelangues (12) ou les palindromes, qu'on peut lire et de gauche à droite et de droite à gauche (13).

(12) *J'ai vu six sots suçant six cent six saucisses, six en sauce et six cents sans sauce.*

(13) *La mère Gide digère mal.*

Les auteurs comme Guiraud (1976) adoptent donc une vue plus globale du jeu de mots qui comprend quasiment toutes les possibilités du jeu créatif avec le langage. Pourtant, cela n'implique pas qu'ils ne perçoivent pas de différences entre les divers types de jeux de mots. Dans la littérature allemande, par exemple, on parle de *Sinnspiel*, s'il s'agit d'un jeu sur les idées, et de *Klangspiel* dans le cas d'une occurrence qui ne joue que sur les sons (cf. Grassegger 1985 : 33). Comme Winter-Froemel (2009 : 1437) le décrit, c'est surtout le jeu sur les sons qui a fait face au mépris dans la critique littéraire, particulièrement en France. Il en résulte que le jeu sur les sons est souvent considéré comme jeu de mots impropre (Winter-Froemel 2009 : 1430)[12] – une vue qui se reflète aussi dans la distinction entre *jeu de mots* et *jeu de langage* défendue par une partie des auteurs (p.ex. Fiedler 2003 ; Hempelmann 2008). Selon cette distinction, le jeu sur les idées équivaut plus au moins au jeu de mots. L'exemple (11) avec son incongruité, qui repose sur une opposition de sens et ainsi d'idées, constitue donc un jeu de mots au sens propre. Le jeu de langage, par contre, représente un terme générique et comprend et les jeux de mots et les jeux sur les sons (cf. Fiedler 2003 : 81).[13] Dans ce sens-là, (12) et (13) entrent dans la catégorie du jeu de langage, mais ne sont pas des jeux de mots.

Si on maintient une distinction entre les jeux de mots et les jeux de langage, il reste à savoir si les deux catégories relèvent de l'humour, au moins selon la *Semantic Script Theory of Humour*. Comme décrit ci-dessus, le jeu de mots est caractérisé par une incongruité et est donc l'objet de la théorie de l'humour. Par contre, si on considère l'aspect de l'incongruité comme aspect décisif pour l'humour, tous les autres jeux de langage, à l'exception du jeu de mots, n'en relèvent pas. Mais pourquoi regroupe-t-on souvent les jeux sur les idées (jeux de mots) et ceux sur les sons (les autres jeux de langage)? Ce fait s'explique par trois facteurs : premièrement, ces deux catégories constituent un emploi créatif du langage et partagent donc un élément important. Il va de soi que cet emploi créatif est une opération délibérée, définitoire pour le jeu de mots tant que pour les détournements phraséologiques (cf. définition dans 2.1 et Partington 2009 : 1795). Deuxièmement, comme nous l'avons déjà décrit, l'incongruité n'est pas défendue par tous les chercheurs comme facteur essentiel de l'humour, tout en étant généralement reconnue. Troisièmement, dans une perspective plus orientée vers la réaction des récepteurs, on doit reconnaître que les jeux de mots au sens propre de même que les autres jeux de langage peuvent provoquer la même réaction – un sourire ou un rire. Bien sûr, la réaction ne constitue pas

---

[12] Cf. aussi Partington (2009 : 1803–1804) pour une discussion de bons et de mauvais jeux de mots.
[13] Plus précisément, Fiedler comprend jeu de langage en tant que « ludischen Sprachgebrauch verschiedenster Art » [« emploi ludique varié du langage », notre traduction] (Fiedler 2003 : 81).

indice sûr pour déterminer si quelque chose est comique ou non, étant donné que le sourire ou le rire sont aussi liés à d'autres situations, telles que la politesse ou la gêne. Pourtant, l'acte de sourire / rire est prototypiquement associé au comique et peut donc au moins donner une indication pour juger le potentiel humoristique d'une figure rhétorique. Le jeu sur les idées et le jeu sur les sons peuvent provoquer un sourire ou un rire, ce qui est la raison pour laquelle ils sont souvent perçus comme semblables et donc comme jeux de langage de même rang. Selon Hempelmann (2008 : 346), qui souligne que seulement les jeux avec un élément sémantique seraient des jeux véritablement humoristiques, le plaisir créé par les jeux sur les sons peut être de nature esthétique, et « this enjoyment can be confused with the enjoyment derived from humor » [« ce plaisir peut être confondu avec celui provoqué par l'humour propre », notre traduction] (Hempelmann 2008 : 346).

A notre avis, il y a des contextes où il est important d'insister sur la différence entre les occurrences qui jouent uniquement sur les sons (ou plus généralement sur la forme des mots) et celles qui sont basées sur les idées, notamment des scripts opposés. Ceci s'applique aux questions que se pose la traductologie par rapport au jeu de mots (traité dans la contribution de Di Blasio, par exemple). En ce qui concerne la traduction de l'humour dans la bande dessinée par exemple, nous avons argumenté que le traducteur a moins de liberté dans la traduction avec les jeux de mots propres qu'avec d'autres jeux de langage (Jaki 2015). Les premiers peuvent donc être qualifiés d'humour au sens propre et les derniers d'humour au sens large. Pourtant, une délimitation rigide entre les deux peut être considérée comme artificielle, car ils partagent des facteurs essentiels comme la créativité ou la réaction potentielle par un rire ou par un sourire. La question se pose de savoir s'il est vraiment justifié de maintenir cette distinction en parlant de la substitution lexicale. Dans la section suivante, nous analyserons les détournements phraséologiques par substitution pour découvrir quel genre de jeu de langage ils constituent.

3.2 La substitution lexicale – un jeu de mots ?

La substitution lexicale en tant que type de détournement phraséologique fait partie des jeux de langage, étant donné qu'elle constitue un emploi créatif et ludique des séquences figées. Mais à quel point fait-elle aussi partie de la catégorie des jeux de mots ?

Ce qui plaide en faveur de son statut comme jeu de mots, est le fait que de nombreuses publications mentionnent le détournement phraséologique, ou même la substitution lexicale, comme un type de jeu de mots, par exemple

Alexander (1997 : 162–169), Zhu (2011 : 130) ou Winter-Froemel (2009 : 1431) : « [b]ei einer weiteren Gruppe von W. werden Einheiten wie Redewendungen oder Zitate verfremdet, indem einzelne Elemente anstelle von klanglich ähnlichen treten, so daß ein neuer Sinn entsteht » [« Dans un autre groupe de jeu de mots, des unités comme des expressions figées ou des citations sont détournées en remplaçant des éléments par des éléments paronymiques afin d'obtenir un nouveau sens », notre traduction]. A l'aide du corpus de substitutions lexicales utilisé dans Jaki (2014), nous montrerons dans ce qui suit qu'une classification des substitutions lexicales comme jeux de mots est difficile, si on n'interprète pas le jeu de mots au sens large.

3.2.1 Jeux de mots prototypiques selon la *Semantic Script Theory of Humour*

Parmi les jeux de mots plutôt prototypiques, on trouve les exemples (14) et (15) :

(14) *Pénis sois-tu, Clint Eastwood* [*Béni sois-tu, Libération*, VW, 16 janvier 2010]

(15) *S'il te plaît, découpe-moi un mouton...* [*S'il te plaît, dessine-moi un mouton, Charlie Hebdomadaire*, VW, 4 octobre 2010]

Dans (14), une véritable opposition de scripts est créée à un niveau plus abstrait, soit SEXE (*pénis*) vs. EGLISE (*bénir*). En même temps, la substitution dans ce pragmatème religieux est paronymique, car *pénis* et *béni* ne se distinguent que par deux phonèmes / graphèmes. Il s'agit donc d'un jeu de mots au sens propre – un jeu de langage qui est basé sur une homonymie, polysémie ou paronymie et, en même temps, sur un élément sémantique. De plus, le fait qu'un tabou (la référence au pénis) est exploité, augmente encore le potentiel humoristique de cette substitution. Tout en constituant un jeu de mots *stricto sensu*, (15) est un peu moins caractéristique que (14). Dans (15), la paronymie est légèrement moins prononcée, avec une différence sur trois phonèmes (et quatre graphèmes) consécutifs entre *découpe* et *dessine*. De nouveau, l'opposition des scripts n'est pas évidente par la seule juxtaposition de *découper* et de *dessiner*, mais ici par leur combinaison avec *mouton* : *découper* implique « démonter » le corps d'un mouton, tandis qu'on construit visuellement un mouton en le dessinant. L'opposition est donc DETRUIRE vs. CONSTRUIRE.

3.2.2 Statut de la majorité des détournements

Mais rares sont les exemples qui entrent si bien dans la définition du jeu de mots. D'abord, les substitutions ne sont d'habitude ni homonymiques ni polysémiques. Ceci vient du fait que les détournements doivent être perceptibles pour que les récepteurs les reconnaissent comme manipulations intentionnelles ; il doit y avoir une différence nette entre le *substituens* et le *substituendum*. Par conséquent, l'aspect formel sur lequel les jeux de mots jouent se limite en général à la paronymie. Etant donné que le niveau graphique est la première chose avec laquelle les lecteurs entrent en contact, il y a néanmoins quelques cas purement homophoniques, comme *Faut le fer* [*Faut le faire*, Le Canard enchaîné, VI, 22 février 2012], *Toulouse : le show et le froid* [*le chaud et le froid*, Le Canard enchaîné, VI, 15 février 2012] ou exemple (1), *Guerre et pets* [*Guerre et paix*].

Hormis l'absence d'homonymies propres (homophoniques et homographiques à la fois) et de polysémies, se posent surtout deux questions plus importantes : a) de nombreuses substitutions ne sont même pas paronymiques. Comme nous l'avons mentionné dans 2.2.1, la paronymie (ou l'homophonie) figure dans 60 % des données dans Jaki (2014 : 113), avec pour résultat qu'au maximum deux tiers peuvent être qualifiés de jeux de mots au sens propre. A la différence de (14) et (15), les titres de journaux suivants ne constitueraient donc pas de jeux de mots, mais seulement des jeux de langage :

(16) *Un Airbus de perdu, dix de vendus* [*Un de perdu, dix de retrouvés*, Le Canard enchaîné, VI, 8 juillet 2009]

(17) *L'amour au temps des dictatures* [*L'amour au temps du choléra*, Le Canard enchaîné, VI, 16 février 2011]

Ce qui est plus difficile à déterminer est b) à quel point une substitution agit au niveau sémantique. Les détournements comprenant une opposition de scripts nette sont relativement rares. Dans les cas comme (14) et (15), l'effet de surprise pour le lecteur sera très marqué grâce à la juxtaposition des idées, tandis que la forme reste presque identique. Cette juxtaposition peut, pourtant, être aussi créée quand on remplace un élément par son antonyme, par exemple dans (18) :

(18) *Misstrauen ist gut, Kontrolle ist besser* [*Vertrauen ist gut, Kontrolle ist besser*, Frankfurter Allgemeine Zeitung, VW, 14 avril 2010]

Misstrauen ist gut, Kontrolle ist besser (traduction littérale 'Se méfier, c'est bien ; contrôler, c'est mieux'), présente une antonymie entre l'élément *Misstrauen* ('la méfiance') et celui de l'original, *Vertrauen* ('la confiance'). Même si cette opposition est différente des oppositions de scripts plus abstraites et plus typiques, comme décrit ci-dessus, il est probable que l'antonymie produit aussi un certain effet d'incongruité ; ainsi, (18) est potentiellement comique. Il en va de même pour (7), qui exploite une antonymie entre *heaven* ('ciel'), dans le titre *Like a Bat Outta Heaven* (traduction littérale 'comme une chauve-souris venant du ciel'), et *hell* ('enfer'), dans l'expression canonique *like a bat out of hell* (traduction littérale 'comme une chauve-souris venant de l'enfer', signification phraséologique 'à une vitesse démesurée').

Par contre, bien des substitutions lexicales sont caractérisées par leur rôle de spécification sémantique, comme on peut le voir à l'aide de (5), *A pain in the ash*, et de (19) :

(19) *Der Schleim trügt* [*Der Schein trügt*, *Süddeutsche Zeitung*, VI, 26 mars 2011]

Comme nous l'avons déjà décrit dans 2.1.3, *A pain in the ash* représente une spécification de *a pain in the arse / ass*. Cet exemple indique plus précisément la situation qui engendre l'ennui – le nuage de cendres après l'éruption du volcan Eyjafjallajökull. (19) est un exemple qui rend plus concret ce qui semble être une chose qu'il ne l'est pas (la traduction littérale de *Der Schein trügt* est 'l'apparence trompe'). Selon l'article, les médecins demandent souvent aux patients de seulement décrire la couleur des mucosités pour décider si ces derniers souffrent d'une infection bacillaire. En s'appuyant sur cette méthode, ils négligent que la couleur du mucus n'est pas vraiment fiable. Grâce à la substitution de *Schein* 'l'apparence' par *Schleim* 'mucus', ce détournement phraséologique réussit à condenser plusieurs informations dans un titre relativement court en rendant plus spécifique que c'est le mucus des patients qui indique faussement une infection bacillaire. Il est évident qu'il serait injustifié de constater que (5) ou (19) fonctionnent par une opposition de scripts et que leur fonction principale est de créer un effet de surprise.

En outre, il y a de nombreux cas très simples (ou apparemment simples, comme nous le verrons dans la section suivante) parmi les substitutions purement contextuelles. C'est-à-dire qu'un élément a simplement été remplacé par un autre, plus pertinent dans le contexte, par exemple dans (20) et (21) :

(20) *Noam Chomsky Superstar* [*Jesus Christ Superstar*, *Frankfurter Allgemeine Zeitung*, VI, 12 juin 2011]

(21) *Feiern, bis der Wähler kommt* [*feiern, bis der Arzt kommt*, *Spiegel*, VW, 3 avril 2010]

Comme nous l'avons constaté dans 2.2.3, il est relativement commun d'échanger un nom propre dans une unité phraséologique. Dans (20), *Jesus Christ* a été remplacé par le nom du linguiste *Noam Chomsky*, ce qui crée un titre plus pertinent pour parler de la dernière conférence de Chomsky en Allemagne. Une autre occurrence d'une substitution purement contextuelle se trouve dans (21). *Feiern, bis der Arzt kommt* (traduction littérale 'faire la fête jusqu'à l'arrivée du médecin') signifie 'faire la fête de façon démesurée'. Cette unité phraséologique est utilisée pour un jeu de langage dans un titre précédant un article sur un parti politique allemand. L'article reproche aux membres de ce parti de trop se concentrer sur l'anniversaire du parti au lieu de passer à l'action pour obtenir plus d'électeurs (*Wähler*). Ils font donc littéralement la fête jusqu'à ce que les électeurs viennent. De nouveau, une explication à l'aide d'une opposition de scripts serait peu convaincante dans ces deux cas.

3.2.3 Récapitulatif

Qu'impliquent nos réflexions sur les différentes substitutions lexicales employées dans les titres de journaux ? Si on insiste sur une définition stricte du jeu de mots, on doit faire la différence entre les substitutions lexicales qui constituent des jeux de mots proprement dits et celles qui constituent seulement des jeux de langage. En conséquence, les cas comme *Pénis sois-tu, Clint Eastwood* (14), *S'il te plaît, découpe-moi un mouton* (15) ou, à la limite, *Misstrauen ist gut, Kontrolle ist besser* (18) pourraient être classifiés comme jeux de mots. En comparaison, *L'amour au temps des dictatures* (17), *Der Schleim trügt* (19) ou *Noam Chomsky Superstar* (20) constitueraient seulement des jeux de langage. A notre avis, cette image mitigée est un des deux arguments pour ne pas faire cette différence lors de l'analyse des substitutions lexicales, même si cela semble être justifié dans d'autres domaines d'analyse, tels que la traductologie. Il y a donc deux possibilités : la première serait d'adopter une vue plus globale du jeu de mots et d'accepter en même temps que les substitutions lexicales soient souvent très différentes par rapport aux jeux de mots ordinaires comme (11). Bien qu'il n'y ait pas toujours de véritable opposition de scripts (ou du moins une antonymie) ni de paronymie entre l'élément remplacé et l'élément remplaçant, on peut néanmoins constater une incongruité à un niveau différent : c'est la différence entre la forme de la séquence figée que le lecteur attend (la forme canonique) et celle qui apparaît (le détournement). S'il est écrit *Rien dans les mains, tout dans les proches* au lieu de *Rien dans les mains, tout dans les poches* dans un journal [*Le Canard enchaîné*, VW, 11 octobre 2009], cela constitue une utilisation inhabituelle et donc surprenante d'une séquence figée, ce qui peut être aussi considéré comme une incongruité, bien que relativement faible. Cela implique donc qu'un certain degré d'incongruité est toujours donné avec les substitutions lexicales, même si elle n'est pas aussi prononcée qu'avec les jeux de mots plus typiques.

La deuxième possibilité serait de considérer toutes les substitutions lexicales comme jeux de langage, en soulignant leur créativité. Certes, la substitution lexicale partage quelques traits importants avec le jeu de mots propre, notamment a) l'effet de surprise que les deux peuvent créer et b) le fait que le *substituens* fait allusion au *substituendum* de même que les jeux de mots proprement dits peuvent faire allusion à des significations qui ne sont pas forcément visuellement présentes. Mais la substitution lexicale dans les titres de journaux a un potentiel extraordinaire qui va au-delà de l'incongruité – condenser des messages complexes et activer des associations multiples (cf. section 2.1.3). Dans le cadre du média donné, cette fonction semble au moins aussi importante que créer un effet de surprise. Dans la section suivante, nous illustrerons cette complexité des substitutions lexicales, en démontrant que même les substitutions contextuelles apparemment simples sont capables de déclencher un réseau d'associations dans le processus d'interprétation.

4 La complexité de la substitution lexicale

L'atout de la substitution lexicale est le fait qu'elle met en relation – souvent en relation d'opposition – des concepts qui, en dehors d'un contexte donné, n'ont rien ou très peu à voir l'un avec l'autre (cf. Jaki 2014 : 123). Nous démontrerons de manière exemplaire la complexité et les mécanismes du détournement à l'aide de la substitution ci-dessous :

(22) *Mit Kind und Hegel* [*mit Kind und Kegel*, *Die Zeit*, VW, 25 janvier 2010] (cf. Jaki 2014 : 167–174)

La séquence canonique *mit Kind und Kegel* (traduction littérale 'avec enfant et quille / enfant illégitime') s'emploie avec la signification 'tous ensemble' ou 'avec toute la famille'. Curieusement, une partie importante des germanophones ne sait pas que *Kegel* est homonymique, c'est-à-dire que ce mot ne réfère pas seulement aux quilles, mais qu'il s'agit aussi d'une désignation archaïque pour un enfant illégitime, ce qui est ici l'interprétation correcte. Le titre *Mit Kind und Hegel* (traduction littérale 'avec enfant et Hegel') remplace *Kegel* par *Hegel*, le nom d'un philosophe allemand paronyme à l'élément remplacé. Il introduit un article parlant du problème que faire à la fois des études et fonder une famille est difficile. Bien qu'un titre ne puisse donner qu'une fraction de l'information fournie par l'article entier, le lecteur apprend d'abord que l'article parlera probablement d'enfants et de philosophie. Idéalement, ils comprendront que *mit Kind und Kegel* a été modifié (ce qui pourrait les inviter à réfléchir sur le titre), de même que *mit Kind* pourrait signifier 'avoir des enfants' et que *Hegel* est une métonymie pour une 'activité intellectuelle abstraite'. Comme nous l'avons déjà décrit, on n'est pas confronté à une expression isolée dans le discours réel, mais à tout un réseau d'informations sémantiques autour de cette dernière. Par conséquent, les récepteurs vont aussi activer de nombreuses associations autour de *Kind* et *Hegel* lors de la lecture du titre, par exemple des associations telles que 'bébé', 'font du bruit', 'famille', 'temps' ou 'cher' par rapport à *Kind* ou 'philosophie', 'abstrait', 'sciences humaines' et 'peu rentable' par rapport à *Hegel*. On doit pourtant souligner que ces associations varient beaucoup selon les personnes : quelles sont les associations activées et quand. En lisant l'article, les récepteurs vont au fur et à mesure élargir leur réseau d'associations (à quel point variant selon les personnes). On apprend que le texte traite du système universitaire allemand et donc que *Hegel* est métonymique par rapport à 'faire des études'. Cette conclusion se fait grâce aux nombreuses analogies entre les étudiants et les philosophes : tous les deux exercent des activités intellectuelles, travaillent beaucoup à la maison, souffrent souvent d'un manque d'argent et doivent passer du temps et de l'énergie sur leur travail. Les facteurs 'temps' et 'énergie' sont également importants lors de l'éducation d'un enfant, car on a besoin d'en avoir beaucoup – là, la problématique de faire les deux choses à la fois, fonder une famille et faire des études, devient évidente. D'autres associations potentielles sont directement juxtaposées, par exemple que les enfants font du bruit, mais qu'on a besoin de calme pour pouvoir produire d'excellents travaux intellectuels, de même qu'on a besoin d'argent pour nourrir une famille, tandis que les étudiants ne gagnent pas grand-chose. Par conséquent, cet exemple montre que les substitutions dans les titres de journaux sont souvent très complexes et qu'elles peuvent fournir une multitude d'informations avant même la lecture de l'article, juste par leur force associative.

Même les substitutions apparemment simples, comme les exemples (20) et (21), sont potentiellement plus sophistiquées, le lecteur activant des associations pertinentes. Ainsi, *Noam Chomsky Superstar* (20) n'est pas que le simple constat que Noam Chomsky est une superstar, obtenu par la substitution de *Jesus Christ* par *Noam Chomsky*. Comme nous l'avons montré ci-dessus, les substitutions lexicales créent une relation entre des concepts qui n'ont pas de relation conventionnelle : même s'il n'y a pas vraiment de lien entre Noam Chomsky et Jésus Christ, le titre fait toujours allusion à l'élément canonique, *Jesus Christ*. Cela vient du fait que les récepteurs ne parviennent habituellement pas à masquer l'original et automatiquement associent les deux éléments l'un à l'autre. Grâce à ce mécanisme cognitif, qui est plutôt un atout qu'un déficit, des réseaux d'associations complexes sont potentiellement activés lors de la réception des substitutions lexicales. Pour cet exemple spécifique, il en résulte que certaines caractéristiques de Jésus Christ sont transférées sur Noam Chomsky. En même temps, cette comparaison construite entre Jésus Christ et Noam Chomsky constitue certainement une prise de distance ironique face au fait que Chomsky est extrêmement vénéré par un grand nombre de linguistes, presque comme un dieu. Un effet semblable peut être créé par *Feiern, bis der Wähler kommt* (21). La forme canonique *feiern, bis der Arzt kommt* est partiellement idiomatique parce que *bis der Arzt kommt* (traduction littérale 'jusqu'à l'arrivée du médecin') ne doit pas être compris au pied de la lettre, mais comme 'de manière démesurée', tandis que *feiern* garde son interprétation littérale de 'faire la fête'. Si on modifie une partie de la séquence figée, la séquence résultante perd souvent son interprétation idiomatique ; ici, *Feiern, bis der Wähler kommt* peut donc simplement être compris comme 'faire la fête jusqu'à l'arrivée de l'électeur' ou jusqu'à ce que l'électeur vote pour le parti. Pourtant, comme dans le cas précédent, le détournement fait allusion à la forme canonique, à savoir *bis der Arzt kommt* et ainsi à sa signification globale 'de manière démesurée'. Bien que le texte ne fasse pas référence à une fête excessive, mais seulement au fait qu'on célèbre l'anniversaire du parti, l'original peut évoquer des associations impliquant que les membres du parti font la fête excessivement et qu'ils se comportent de façon inappropriée – dans quelle mesure est laissé à l'imagination du lecteur. Etant donné qu'on attend d'un homme politique qu'il se comporte de manière neutre, ce titre peut être considéré comme une critique masquée de la classe politique, avec une note légèrement comique. Donc la substitution lexicale profite de la présence associative de divers éléments à différents niveaux de sens : l'élément canonique de même que l'élément remplaçant et, dans le cas d'une séquence idiomatique, la lecture phraséologique de l'expression canonique.

5 Conclusion

Cet article a montré que les définitions du jeu de mots sont loin d'être uniformes : tandis que certains chercheurs soulignent qu'un vrai jeu de mots doit constituer un jeu à la fois sur les idées et sur les sons et qu'il y a donc une différence avec un simple jeu de langage (cf., par exemple, Fiedler 2003 ; Hempelmann 2008), d'autres ne font pas cette différence. La *Semantic Script Theory of Humour* (Raskin 1985) explique l'humour par une juxtaposition de scripts cognitifs et elle est la théorie de l'humour la plus répandue en linguistique. Nous avons donc présenté à quel point elle se prête à une analyse du jeu de mots et du jeu de langage, notamment du détournement phraséologique. Nous avons montré que, selon Raskin (1985), le jeu de mots à proprement parler fonctionne par une juxtaposition cognitive entre les mots sur lesquels est basé le jeu de mots concret, contrairement au jeu de langage, qui constitue plutôt une figure de style esthétique. Certes, Raskin (1985) tient compte de l'ambiguïté créée par le jeu de mot « typique », mais n'explique pas les cas qui vont au-delà de la définition stricte du jeu de mots.

La question plus concrète était de savoir si la substitution lexicale est compatible avec la définition stricte du jeu de mots et aussi si elle peut être analysée dans le cadre de la *Semantic Script Theory of Humour*. Il s'avère que seulement une partie des détournements par substitution constitue des jeux de mots à proprement parler, avant tout ceux avec une relation de paronymie entre l'élément remplacé et l'élément remplaçant, ainsi qu'avec une juxtaposition d'idées, comme *Pénis sois-tu, Clint Eastwood*. Nous avons cependant argumenté qu'une délimitation rigide entre le jeu de mots et le jeu de langage n'est ni faisable ni justifiée avec les substitutions lexicales, car une partie importante, les substitutions sans nature paronymique, serait exclue a priori.

Théoriquement, toutes les substitutions peuvent être analysées par la *Semantic Script Theory of Humour*, car la différence entre la forme de la séquence figée que le lecteur attend (la forme canonique) et celle qui apparaît (le détournement) peut être considérée comme un cas d'incongruité, même si elle n'est pas forcément très prononcée. Néanmoins, il ne serait pas souhaitable de mettre une simple opposition de scripts au centre de l'analyse des substitutions lexicales : les fonctions de la substitution lexicale sont très variées et ce type de détournement est souvent basé sur un réseau d'associations complexe. Un des plus grands atouts de ces associations complexes est que la substitution lexicale aide à verbaliser de multiples informations en un titre court.

6 Références bibliographiques

Alexander, Richard J. 1997. *Aspects of verbal humour in English*. Tübingen : Gunter Narr.
Attardo, Salvatore. 2008. A primer for the linguistics of humor. In Victor Raskin & Willibald Ruch (éds.), *The Primer of Humor Research*. 101–155. Berlin : Mouton de Gruyter.
Barta, Péter. 2006. *Au pays des proverbes, les détournements sont rois*. Contribution à l'étude des proverbes détournés du français (II). *Paremia* 15. 57–71.
Blake, Berry. 2007. *Playing with words : Humour in the English language*. London : Equinox.

Burger, Harald. 1999. Phraseologie in Fernsehnachrichten. In Rupprecht S. Baur, Christoph Chlosta & Elisabeth Piirainen (éds.), *Wörter in Bildern – Bilder in Wörtern : Beiträge zur Phraseologie und Sprichwortforschung aus dem Westfälischen Arbeitskreis.* 71–106. Baltmannsweiler : Schneider Verlag Hohengehren.
Burger, Harald. 2000. Konzepte von « Variation » in der Phraseologie. In Annelies Häcki Buhofer (éd.), *Vom Umgang mit sprachlicher Variation : Soziolinguistik, Dialektologie, Methoden und Wissenschaftsgeschichte.* 35–51. Tübingen & Basel : A. Francke.
Burger, Harald. 2010. *Phraseologie. Eine Einführung am Beispiel des Deutschen.* Berlin : Erich Schmidt.
Chabanne, Jean-Charles. 2002. Bref survol des théories du comique. *Le comique.* Chap. 3. Paris : Gallimard. HAL Id : hal-00917979, https://hal.archives-ouvertes.fr/hal-00917979 (dernière consultation le 3 juillet 2015).
Chiaro, Delia. 1992. *The Language of Jokes. Analysing verbal play.* London & New York : Routledge.
Dobrovol'skij, Dimitrij. 1997. *Idiome im mentalen Lexikon : Ziele und Methoden der kognitivbasierten Phraseologieforschung.* Trier : WVT.
Fiala, Pierre & Benoît Habert. 1989. La langue de bois en éclat : les défigements dans les titres de presse quotidienne française. *Mots* 21. 83–99.
Fiedler, Sabine. 2003. *Sprachspiele im Comic. Das Profil der deutschen Comic-Zeitschrift MOSAIK.* Leipzig : Leipziger Universitätsverlag.
Gläser, Rosemarie. 1986. *Phraseologie der englischen Sprache.* Tübingen : Max Niemeyer.
Grassegger, Hans. 1985. *Sprachspiel und Übersetzung.* Tübingen : Stauffenburg.
Grésillon, Almuth & Dominique Maingueneau. 1984. Polyphonie, proverbe et détournement, ou un proverbe peut en cacher un autre. *Langages* 73. 112–125.
Guiraud, Pierre. 1976. *Les jeux de mots.* Paris : Presses Universitaires de France.
Hausmann, Franz Josef. 1974. *Studien zu einer Linguistik des Wortspiels. Das Wortspiel im "Canard enchaîné".* Tübingen : Max Niemeyer.
Hemmi, Andrea. 1994. *« Es muss wirksam werben, wer nicht will verderben ». Kontrastive Analyse von Phraseologismen in Anzeigen-, Radio- und Fernsehwerbung.* Bern : Peter Lang.
Hempelmann, Christian F. 2008. Computational humor : Beyond the pun ? In Victor Raskin (éd.), *The primer of humor research.* 333–360. Berlin : Mouton de Gruyter.
Jaki, Sylvia. 2014. *Phraseological Substitutions in Newspaper Headlines : « More than Meats the Eye ».* Amsterdam & Philadelphia : John Benjamins.
Jaki, Sylvia. 2015. Zur Übersetzung von Humor in Comicstrips. Humortheoretische Überlegungen und deren Implikationen für die Praxis. In Nathalie Mälzer (éd.), *Comics – Übersetzungen und Adaptionen.* 65–80. Berlin: Frank & Timme.
Langlotz, Andreas. 2006. A cognitive linguistic analysis of lexical substitutions in idioms. In Annelies Häcki Buhofer & Harald Burger (éds.), *Phraseology in motion I : Methoden und Kritik. Akten der Internationalen Tagung zur Phraseologie (Basel, 2004).* 381–395. Baltmannsweiler : Schneider Verlag Hohengehren.
Latta, Robert L. 1999. *The basic humor process : A cognitive shift-theory and the case against incongruity.* Berlin : Mouton de Gruyter.
Lennon, Paul. 2004. *Allusions in the press : An applied linguistics study.* Berlin : Mouton de Gruyter.
Lenz, Barbara. 1998. « Bilder, die brutzeln, brennen nicht ». Modifizierte sprachliche Formeln in Zeitungsüberschriften und die grammatischen Bedingungen ihrer Rekonstruktion. In

Dietrich Hartmann (éd.), *« Das geht auf keine Kuhhaut » – Arbeitsfelder der Phraseologie. Akten des Westfälischen Arbeitskreises Phraseologie / Parömiologie 1996*. 199–214. Bochum : Brockmeyer.
Litovkina, Anna T., Katalin Vargha, Péter Barta & Hrisztalina Hrisztova-Gotthardt. 2008. Punning in Anglo-American, German, French, Russian and Hungarian anti-proverbs. *Proverbium* 25. 249–288.
Mena Martínez, Florentina. 2006. Occasional phraseological synonymy. *International Journal of English Studies* 6(1). 131–158.
Partington, Alan S. 2009. A linguistic account of wordplay : The lexical grammar of punning. *Journal of Pragmatics* 41. 1794–1809.
Petit Robert de la langue française. 2015. *Dictionnaire alphabetique et analogique de la langue française*. Nouv. éd. du *Petit Robert* de Paul Robert. Texte remanié et amplifié sous la dir. de Josette Rey-Debove. Paris : Le Robert.
Platen, Christoph. 1996. « Aux armes, musiciens ! » Anspielungen als Gestaltungsmittel in französischen Zeitungsüberschriften. In Michael Herrmann & Karl Hölz (éds.), *Sprachspiele und Sprachkomik / Jeux de mots et comique verbal. Akten des Kolloquium im Rahmen des Erasmus-Netzes der Universitäten Paris X-Nanterre, Duisburg und Trier, 12. bis 13. Mai 1995. Trier*. 221–238. Frankfurt a.M. : Peter Lang.
Prędota, Stanisław. 2002. Phonische Mittel bei der Bildung von Antisprichwörtern. In Dietrich Hartmann & Jan Wirrer (éds.), *Wer A sägt, muss auch B sägen. Beiträge zur Phraseologie und Sprichwortforschung aus dem dem Westfälischen Arbeitskreis*. 341–349. Baltmannsweiler : Schneider Verlag Hohengehren.
Ptashnyk, Stefaniya. 2001. Phraseologische Substitution und ihre Funktionen im Text. *Wirkendes Wort* 3. 435–454.
Ptashnyk, Stefaniya. 2009. *Phraseologische Modifikationen und ihre Funktionen im Text. Eine Studie am Beispiel der deutschsprachigen Presse*. Baltmannsweiler : Schneider Verlag Hohengehren.
Raskin, Victor. 1985. *Semantic mechanisms of humor*. Dordrecht : D. Reidel.
Redfern, Walter. 1984. *Puns*. Oxford : Blackwell.
Ritchie, Graeme. 2004. *The linguistic analysis of jokes*. London : Routledge.
Rößler, Elke. 1999. *Intertextualität und Rezeption : Linguistische Untersuchungen zur Rolle von Text-Text-Kontakten im Textverstehen aktueller Zeitungstexten*. Frankfurt a. M. : Peter Lang.
Sabban, Annette. 1998. *Okkasionelle Variation sprachlicher Schematismen : Eine Analyse französischer und deutscher Presse- und Werbetexte*. Tübingen : Gunter Narr.
Schmid, Hans-Jörg. 2010. Does frequency in text instantiate entrenchment in the cognitive system? In Dylan Glynn & Kerstin Fischer (éds.), *Quantitative methods in cognitive semantics : Corpus-driven approaches*. 101–133. Berlin & New York : Walter de Gruyter.
Stammel, Karolina. 2009. Modifikation – ein phraseologisches Paradox? In Csaba Földes (éd.), *Phraseologie disziplinär und interdisziplinär*. 293–304. Tübingen : Gunter Narr.
Van Orden, Guy C. 1991. Phonologic mediation is fundamental to reading. In Derek Besner & Glyn W. Humphreys (éds.), *Basic processes in reading. Visual word recognition*. 77–103. Hillsdale, NJ : Lawrence Erlbaum Associates.
Veale, Tony. 2004. Incongruity in humor : Root cause or epiphenomenon? *Humor* 17(4). 419–428.
Winter-Froemel, Esme. 2009. Wortspiel. In Gert Ueding (éd.), *Historisches Wörterbuch der Rhetorik*. Vol. 9. 1429–1443. Tübingen : Niemeyer.

Zhu, Lichao. 2011. Création lexicale et créativité textuelle : cas du figement et du défigement. *Neophilologica* 23. 125–135.

Zwicky, Arnold M. & Elizabeth D. Zwicky. 1986. Imperfect puns, markedness, and phonological similarity : With fronds like these, who needs anemones? *Folia Linguistica* 20(3/4). 493–503.

Marc Blancher
« Ça est un bon mot ! » ou l'humour (icono-)textuel *à la Goscinny*

Résumé : Cet article est consacré au personnage sériel français de bande dessinée le plus célèbre de tous les temps, *Astérix le Gaulois*, créé en 1959 par René Goscinny et Albert Uderzo, et s'intéresse à la période durant laquelle le scénariste René Goscinny a travaillé avec le dessinateur Albert Uderzo, c'est-à-dire entre 1959 et 1977. Le succès de la série peut le plus souvent s'expliquer par la théorie de la possible double lecture de cette œuvre : les jeunes lecteurs vont apprécier l'humour en découvrant les gags amusant autour d'Obélix et des Romains, et plus particulièrement les scènes de combats exagérées et tournées en ridicule. Les lecteurs adultes vont apprécier un second niveau de lecture dans lequel les auteurs jouent avec les stéréotypes sur la culture française et les autres cultures européennes, telles que belge, anglaise, allemande, grecque, normande, romaine, espagnole etc. et tout d'abord au niveau verbal. Les jeux de mots sont en effet la marque de fabrique typique d'*Astérix*, qui rend notamment si difficile la traduction de cette œuvre dans d'autres langues. Ces jeux de mots peuvent se trouver au niveau extra-diégétique (c'est-à-dire tout d'abord au niveau du récit, comme par exemple dans les noms des personnages, qui sont des symboles des cultures européennes « nationales » de l'époque, comme le « -ix » pour les Gaulois, le « -us » pour les Romains etc., ou encore les allusions et références au niveau textuel ou dans la représentation graphique) ou au niveau (intra-)diégétique (c'est-à-dire dans l'histoire et / ou au sein des interactions entre les personnages, qui font souvent usage de jeux de mots dans leurs conversations). Dans une première partie, cet article traite des jeux de mots qui sont seulement au niveau textuel, et plus particulièrement dans les noms des personnages. Puis l'accent se porte sur les jeux de mots basés sur des références culturelles françaises empruntées aux domaines de la publicité, de l'histoire, de la littérature, de la politique etc. La dernière partie est consacrée à l'aspect tridimensionnel des jeux de mots, lorsque ces derniers ne sont plus seulement des jeux « de mots » (c'est-à-dire bidimensionnels) mais qu'ils deviennent tridimensionnels, incluant un aspect graphique sans lequel il ne serait pas possible de construire et de comprendre l'allusion.

Mots clés : allusion, *Astérix*, bande dessinée, bidimensionnel, René Goscinny, histoire, humour, image, littérature, politique, publicité, référence, tridimensionnel, Albert Uderzo

1 Introduction

« Ça est un bon mot... À rame ! » (*Astérix légionnaire*, p. 34, c. 1) : c'est en ces termes que le Belge Mouléfix commente, dans *Astérix légionnaire*, le jeu de mots qu'il vient de faire alors que les autres légionnaires (dont Astérix et Obélix) et lui sont à la manœuvre sur une galère romaine : « Tous les chemins mènent à rame... à rame... » (*Astérix légionnaire*, p. 34, c. 1). Une page après le Belge Mouléfix, le pirate Barbe-Rouge peut aussi se targuer d'un « bon mot ». Son « Je suis médusé ! » (*Astérix légionnaire*, p. 35, c. 3), prononcé tandis qu'il assiste, assis sur un radeau inspiré de la toile *Le Radeau de la Méduse* de Théodore Géricault (1819), au naufrage de son navire coulé par Astérix et Obélix, est en effet entré de longue date dans les annales du neuvième art. Si Astérix est devenu mythique, ce n'est pas seulement en raison de la riche galerie de personnages qui l'accompagne et de son image d'antihéros franchouillard, de résistant pugnace[1] et de représentant-fondateur d'une Gaule dans laquelle l'historiographie du XIXe siècle verra l'ancêtre de la France contemporaine[2], c'est aussi et surtout grâce à la maîtrise du verbe propre au scénariste de ses aventures, René Goscinny, associée au crayon du dessinateur Albert Uderzo. Si en 1961, le premier album de la série, *Astérix le Gaulois*, s'est vendu à 6.000 exemplaires, à l'automne 2013, le tirage original d'*Astérix chez les Pictes*, premier album réalisé sans René Goscinny ni Albert Uderzo, a atteint près de 2.400.000 exemplaires.

René Goscinny (1926–1977), à la fois écrivain, humoriste, journaliste, réalisateur, scénariste de cinéma aussi bien que de bande dessinée, est l'un des auteurs français les plus lus au monde. Polyglotte (outre le français, il parlait couramment l'anglais et l'espagnol), il disposait également d'une connaissance à la fois des langues et des codes de communication, pour avoir notamment longtemps travaillé dans la publicité. Ses débuts en tant que scénariste et dessinateur ne s'avèreront toutefois pas concluants. Définitivement de retour des États-Unis en 1951, il continue de travailler à Paris pour la *World Press Agency*, alors dirigée par Georges Troisfontaines. Il va dès lors multiplier les

---

1 Sur Astérix et son apport au mythe français du résistancialisme autour de la Seconde Guerre mondiale, voir notamment Rouvière (2007 : 131). Voir également O. Piffault, « Résistance » (BNF 2013 : 156–157).

2 Philippe Forest explique la dimension mythique d'Astérix par le fait que ses aventures s'offrent comme un « récit d'origine » (Forest 1999 : 93–94). Voir J.-L. Bruneaux, « Gaule » (BNF 2013 : 84–87) ; C. Amalvi, « Mythe gaulois » (BNF 2013 : 117–120) et enfin N. Rouvière, « Histoire » (BNF 2013 : 98–101).

collaborations, associant sa plume au crayon de maints dessinateurs : il crée notamment le personnage de *Jehan Pistolet* (1952, dessins d'Albert Uderzo), du *Petit Nicolas* (1959, illustrations de Jean-Jacques Sempé, d'*Oumpah-Pah* (1958, dessins d'Albert Uderzo) et d'*Iznogoud* (1962, dessins de Jean Tabary). À partir de 1955, il assure le scénario de *Lucky Luke*, créé par Morris en 1947. Et, en 1959, il crée dans les pages du journal *Pilote*, en collaboration avec Albert Uderzo, le personnage d'Astérix, et son comparse Obélix. C'est sur cette dernière création de René Goscinny que va porter cet article. « Ils sont fous, ces... ! » s'exclame le personnage d'Obélix dès lors qu'il est confronté au représentant d'une autre culture (cette citation apparaît pour la première fois en 1964 dans *Astérix gladiateur*, p. 28, c. 7). C'est à ce chauvinisme bon enfant sur fond d'ethnocentrisme revendiqué que l'on assimile le plus souvent l'œuvre commune de René Goscinny et d'Albert Uderzo. Or, au-delà de cette perspective interculturelle réductrice, l'humour de cette œuvre se constitue aux confins des arts graphiques, de la langue et de l'intermédialité, un humour que l'on peut qualifier d'« icono-textuel ».

2 Positionnement d'*Astérix* au sens du neuvième art et de la linguistique

Le neuvième art repose sur une association-exclusion de séquences textuelles et graphiques : c'est ainsi que Thierry Groensteen affirme que « tous les procédés du récit dessiné séquentiel étaient connus des artistes enlumineurs dès le XIIIe siècle au moins » (Groensteen 2009 : 15). Reprenant les propos de l'historienne Danielle Alexandre-Bidon, il précise qu'« il est peu de procédés, soi-disant ‹modernes›, que l'artiste médiéval n'ait pas découvert » (Groensteen 2009 : *ibidem*). Il résulte des dernières recherches en histoire de l'art que l'image séquentielle n'est pas une création récente. Depuis le milieu du XIXe siècle, la bande dessinée a repris cet usage de l'image séquentielle, se reposant sur l'imprimerie (qui permet une diffusion qui n'était pas envisageable au Moyen Âge) et sur l'essor de la presse. Dans ce cadre, elle va tout d'abord poursuivre la tradition d'exclusion entre texte et images, ces dernières ne faisant qu'accompagner le récit, avant d'opter pour l'association grâce à l'usage des phylactères. On notera toutefois que certains romans graphiques reviennent souvent au principe d'exclusion primaire entre texte et image, cette dernière se contentant d'illustrer le récit.

Le succès de la série *Astérix* s'explique le plus souvent par la théorie de la possible double lecture de cette œuvre : les jeunes lecteurs vont en effet apprécier l'humour en découvrant les gags autour d'Obélix et des Romains, et plus particulièrement le ridicule et le caractère redondant des scènes de combats. Les lecteurs adultes vont quant à eux apprécier un second niveau de lecture dans lequel les auteurs jouent avec les stéréotypes sur la culture française et les autres cultures européennes, telles que belge, anglaise, allemande, grecque, normande, romaine, espagnole etc. et tout d'abord au niveau verbal. Les jeux de mots sont en effet la marque de fabrique typique d'Astérix, qui rend notamment si difficile la traduction de cette œuvre dans d'autres langues.[3] Le présent article se propose d'analyser le cas spécifique de ces jeux de mots, une des premières trouvailles de René Goscinny, aux origines des aventures du petit Gaulois à moustache, ainsi que le signale Albert Uderzo : « Tout de suite, René a pensé à Vercingétorix pour trouver des noms en ‹ix› » (du Chatenet 2003 : 118). Familier du monde de la publicité et des médias, qu'il a fréquenté aussi bien aux États-Unis qu'en Argentine et en France, polyglotte, René Goscinny était doté d'un sens marqué de la formule. Le parcours d'*Astérix*, et notamment la rupture de contrat ayant fait suite aux premières publications de l'œuvre en langue allemande par Rolf Kauka[4], soulignent l'importance qu'attachait l'auteur à l'esprit de son œuvre, essentiellement vouée à l'humour (via ces mêmes jeux de mots), selon ses propres mots :

> J'attribue le « phénomène Astérix » au fait que ça fait rigoler les gens. Pas à autre chose : toutes les exégèses qui ont été faites ne correspondent pas à la réalité, il n'y a rien à faire ! Vous comprenez, on m'a trouvé toutes sortes d'intentions, on m'a accusé aussi de toutes sortes de turpitudes, et notamment on m'a lié à la politique, alors que je n'en faisais et que je n'en fais pas... À quoi attribuer un succès ? Vous avez la chance d'arriver au moment voulu, avec une chose qui touche tous les gens d'une manière ou d'une autre, c'est tout... (du Chatenet 2003 : 307)

Pour André Stoll, « cette bande dessinée plonge ses racines dans une culture de l'humour éminemment française : la parodie burlesque de toute mythologie orthodoxe. »[5] Incarnation de l'esprit incisif de René Goscinny, les jeux de mots

---

[3] Voir notamment B. Richet, « Traduction » (BNF 2013 : 177–189) et A. Bell, « Traduire Astérix en anglais » (BNF 2013 : 190–191).
[4] En 1965 et 1966, l'éditeur Rolf Kauka publie les quatre premières aventures d'*Astérix* ; Astérix et Obélix y sont respectivement devenus Siggi et Babarras et sont aux prises avec un empire romain représentant la RDA dans une œuvre droitière et politisée. La découverte par René Goscinny et Albert Uderzo du résultat de cette adaptation entraînera la rupture du contrat liant les éditions Dargaud à Rolf Kauka et la cession des droits aux éditions Ehapa, aujourd'hui encore en charge de l'adaptation, de la traduction et de l'édition d'*Astérix*. Voir Blancher (2012 : 290–292).
[5] A. Stoll, cité par P. Forest (1999 : 97).

contribuent de façon essentielle, tout au long des vingt-quatre albums issus de sa collaboration avec Albert Uderzo[6], à l'élaboration de cet humour. Ce faisant, ils varient toutefois dans leur forme et dans leur fonction et ne peuvent être réduits à une simple caractérisation unidimensionnelle. En effet, dans l'œuvre de René Goscinny, les jeux de mots ne sont pas seulement un trait créatif parmi tant d'autres, ils incarnent au contraire l'essence même de l'œuvre et se signalent par leur polymorphisme (jeux indifférenciés sur l'homonymie et la polysémie[7], allusions à des enjeux culturels, jeux de mots plurilingues, clichés sur les représentants d'autres culturelles européennes), aux confins de l'image et du texte, ainsi que par l'hétérogénéité de leur public cible, comportant à la fois des calembours[8] et des allusions que l'on pourrait dire « savantes ». Parmi ces allusions « savantes » figurent notamment les citations latines originales ou traduites, qui soit confortent le personnage dans sa dimension historicisée (c'est par exemple le cas de César) ou renforcent son côté décalé, comme pour Triple Patte, le pirate (du Chatenet 2003 : 180–183). Toutefois, dans la plupart des cas, ces dernières ne constituent pas des jeux de mots au sens strict du terme mais plutôt des allusions. Toutefois, leur valeur pénètre quelquefois la sphère intra-diégétique, comme dans *Astérix chez les Belges*, où, au Sénat de Rome, après une remarque vulgaire de César, le président de séance dit au greffier : « Supprime la dernière intervention de César. Comme citation pour les générations à venir, ça ferait le plus mauvais effet. » (*Astérix chez les Belges*, p. 29, c. 8). Mais à la page suivante, César prononce en français (et adapté au futur simple) son célèbre « J'irai, je verrai, et je vaincrai ! », qu'une case plus loin le président de séance demande en ces termes au greffier de noter : « Ça, tu peux laisser. » (*Astérix chez les Belges*, p. 30, c. 9).

---

6 René Goscinny meurt accidentellement le 5 novembre 1977. À cette époque, Albert Uderzo et lui travaillent sur l'album *Astérix chez les Belges*. Albert Uderzo finira seul le vingt-quatrième album des aventures d'Astérix. Dans la toute dernière vignette apparaît près de la table du banquet le célèbre « lapaing » [lapin] triste. Il s'agit d'un hommage du dessinateur à Gilberte Goscinny, que son époux appelait « le lapaing » (accent du midi ; *Astérix chez les Belges*, p. 48, c. 6). Albert Uderzo va poursuivre l'aventure seul pour 8 nouveaux albums (hors rééditions issues de sa collaboration avec René Goscinny et albums de films etc.). Le premier album sans Albert Uderzo (trente-cinquième de la série) est sorti à l'automne 2013 : *Astérix chez les Pictes*, de Jean-Yves Ferri (scénario) et Didier Conrad (dessins). Le trente-sixième album, de nouveau réalisé par le duo Ferri / Conrad, sera intitulé *Le Papyrus de César* et sortira à l'automne 2015.
7 H. Grassegger parle à ce sujet d'une « plurivalence lexicale » qui doit être envisagée comme telle, au détriment de la distinction usuelle (au sens diachronique du terme) entre homonymie et polysémie. Plus tard, il distingue toutefois entre proximité phonique et proximité sémantique dans les « jeux avec la langue » (Grassegger 1985 : 77, 92–99).
8 D. Clauteaux, « Calembours » (BNF 2013 : 31–34).

Les jeux de mots peuvent se trouver au niveau diégétique (c'est-à-dire au niveau du récit, comme par exemple dans les noms des personnages, qui sont des symboles des cultures européennes « nationales » contemporaines transposées à l'époque gallo-romaine, comme le « -ix » pour les Gaulois, le « -us » pour les Romains etc., ou encore les allusions et références au niveau textuel ou dans la représentation graphique) ou au niveau intra-diégétique (c'est-à-dire au sein des interactions entre les personnages, qui font souvent usage de jeux de mots dans leurs échanges). Dans ce qui suit, il va être procédé à une analyse de jeux de mots choisis, tirés de l'œuvre commune de René Goscinny et d'Albert Uderzo, *Astérix*. Il va tout d'abord s'agir d'étudier la dimension systématique des jeux de mots, essentiellement dans les créations de patronymes. Pour finir, outre les déclinaisons patronymiques associées à des sphères culturelles et politiques, nombre de jeux de mots ne peuvent exister que grâce à des substrats choisis (chanson, histoire, littérature, musique) ou à l'étroitesse de la relation texte-image, qui, les uns comme les autres, font passer la construction du jeu de mots d'une bi-dimensionnalité au sein de l'univers intra-textuel à une tridimensionnalité qui intègre en outre le substrat culturel et / ou l'image. S'ensuivra donc une analyse du substrat référentiel employé par René Goscinny pour l'élaboration de certains des jeux de mots ainsi que celle de la médiation iconographique qui y est associée de temps à autre et qui contribue à atteindre la tridimensionnalité précédemment évoquée.

3 *Patronimi drôlati sistematici* ou les jeux de mots patronymiques systématiques[9]

L'originalité de René Goscinny dans son emploi des jeux de mots a consisté dans un premier temps en la création d'une systématique dans l'élaboration des jeux de mots autour des patronymes. Pour ce faire, le scénariste s'est inspiré du nom du chef arverne Vercingétorix (vers 80 à 46 av. J.-C.), devenu, essentiellement grâce à l'historiographie de la IIIe République, un symbole national fort : « Le personnage est [...] en effet devenu, depuis le milieu du XIXe siècle, un mythe national, une légende fortement ancrée dans la pseudo-mémoire collective des Français » (Martin 2009 : 10 ; voir également Van Royen et Van Der Vegt 2008 : 9–20). Philippe Forest parle quant à lui d'un « univers de fiction largement réinventé par la IIIe République » (Forest 1999 : 94). Il en est ainsi du

---

9 Voir également la contribution de Kabatek (in *The Dynamics of Wordplay* 1).

nom du plus célèbre chef gaulois cité par Jules César dans ses *Commentaires sur la Guerre des Gaules* (*Commentarii de Bello Gallico*), ouvrage que René Goscinny lui-même cite comme étant l'une des références de l'épopée astérixienne, dont s'inspire la série de jeux de mots la plus emblématique de l'univers du petit guerrier gaulois à moustache, comme le concède le scénariste lui-même. On assiste à l'apparition d'une tonalité humoristique marquée ; en effet, lorsqu'il évoque la genèse de son œuvre commune avec Albert Uderzo, René Goscinny souligne d'ores et déjà son intérêt pour la valeur des mots ; en effet, il choisit dès la seconde vignette d'*Astérix le Gaulois* (1959, p. 5, c. 2) de se positionner dans une dimension parodique, reprise dix ans plus tard dans *Le Bouclier arverne* (1969, p. 5, c. 1), résumant en une vignette et une onomatopée (« Ouap ! ») la scène où Vercingétorix, défait suite au siège d'Alésia, vient déposer ses armes aux pieds de Jules César[10] : dans la version astérixienne, le chef arverne a malencontreusement non pas déposé mais jeté ses armes et pas aux mais sur les pieds du chef romain.

> C'est, en effet, à Vercingétorix que nous avons pensé, Uderzo et moi-même, quand nous avons inventé notre Astérix. D'ailleurs, nous avons tenu à faire figurer le vaincu d'Alésia sur la deuxième image de notre premier album, déposant rageusement ses armes sur les pieds d'un César surpris et endolori ; oui, je dis bien « sur » les pieds et non pas : « aux » pieds de César. Pour nous, voyez-vous, César ne dit pas « Te voilà enfin devant moi, à ma merci, roi des Arvernes. Toi que j'avais comblé de mes bienfaits et qui m'as trahi. Toi qui as profité de mes enseignements pour menacer ma gloire. Toi que j'avais distingué parmi mes officiers, et qui n'étais qu'un révolté... » Non ; chez nous, César se borne à crier, plus simplement : « Ouap ! » (J. J. Rochard, cité par du Chatenet 2003 : 156–157)

René Goscinny développe un modèle de jeu de mots inspiré du mythe gaulois Vercingétorix ; par exemple, la création du nom du héros de bande dessinée est à lier à l'excellente connaissance de la typographie de René Goscinny, dont la famille maternelle travaillait dans l'imprimerie. Le patronyme « Astérix » évoque le signe typographique, « l'astérisque », petite étoile qui signale un renvoi (du Chatenet 2003 : 115). René Goscinny procède ainsi au niveau métalinguistique à une substitution du suffixe [-iks] à la séquence phonique [-isk] selon le modèle suivant :[11]

---

[10] Il s'agit d'une parodie essentiellement graphique de la toile intitulée « Vercingétorix jette ses armes aux pieds de César » de Lionel Royer (1899), qui s'inscrit parfaitement dans l'historiographie nationaliste du XIXe siècle.
[11] On peut également signaler que le terme « astérisque » est dérivé du grec *astêr*, qui signifie 'étoile', que René Goscinny transforme en lui adjoignant le suffixe celte *-rix*, qui signifie 'roi'. A. du Chatenet parle à ce sujet de prémonition (Du Chatenet 2003 : 115).

Tableau 1: Source d'inspiration (pour les noms de Gaulois)

Vercingétorix → extraction / systématisation du suffixe [-iks] & *astérisque* 'signe typographique' → *Astérix*[12]

En étendant ce principe de suffixation à d'autres groupes ethnoculturels, qui deviennent identifiables grâce à la spécificité du suffixe qui caractérisent leurs patronymes, comme la séquence [-ys], prononciation francisée du latin [-us] pour les Romains, René Goscinny fait du jeu de mots l'élément de reconnaissance d'une composante identitaire, selon le modèle : « [-iks] = Gaulois ». Ce dernier [le jeu de mots] tend dès lors vers la mise en abyme[13], en ce sens qu'au sein de l'univers propre à René Goscinny apparaît une autoréférenciation, c'est-à-dire qu'une appartenance ethnoculturelle peut y être attribuée à un personnage en fonction du suffixe de son patronyme. On peut s'interroger sur les raisons qui motivent ces choix suffixaux : en effet, s'ils contribuent à l'exacerbation de la dimension chauvine du récit, c'est entre autres parce que les choix effectués par le scénariste correspondent à une lecture subjectivée de la fréquence de certains phonèmes dans des langues spécifiques, ainsi de la séquence [-ys], prononciation francisée du latin [-us] ou encore [-is] en grec. Cette approche relève également d'une forme d'ethnocentrisme ou de vision stéréotypée, dans la mesure où elle consiste à associer (à réduire ?) l'image d'une culture à une forme sonore et / ou graphique.

> Le jeu avec les noms propres occupe ici une position spécifique, dans la mesure où il apparaît, en tant qu'accentuation sémantique de « noms parlants » et outre la dénomination sémantique non accentuée, comme un jeu d'assimilation sonore ou graphique avec des désignations spécifiques à des peuples ou à des tribus. (Grassegger 1985 : 33)[14]

On peut citer quelques exemples choisis pour illustrer cette déclinaison patronymique : ainsi, les Normands ont des patronymes en [-af], à l'image du person-

---

12 Le choix d'un héros au patronyme commençant par « A » peut aussi renvoyer au choix stratégique de voir figurer les albums en première position dans les rayonnages des librairies, en raison de l'ordre alphabétique fréquemment employé pour la classification des ouvrages (« Astérix » à la lettre A).
13 La mise en abyme, ordinairement de définition plus étroite, s'entend ici au sens de tous les éléments internes à l'œuvre renvoyant à l'œuvre elle-même, et pas seulement à la présence de cette même œuvre au niveau (intra-)diégétique.
14 « Das Spiel mit den Eigennamen nimmt hier insofern eine Sonderstellung ein, als die semantische Akzentuiertheit so genannter sprechender Namen neben der semantisch nicht akzentuierten Namengebung als Spiel mit lautlicher oder graphemischer Ähnlichkeit bestimmter Volks- bzw. Stammesbezeichnungen auftritt ».

nage de Batdaf (« Batdaf » est un jeu de mots avec l'expression « Bat' d'Af' », littéralement « Bataillons (disciplinaires) d'Afrique », une référence de René Goscinny à la « corvée » du service militaire obligatoire et à ses régiments réservés aux récalcitrants et aux fortes têtes)[15], tandis que les Bretons ont soit des noms en [-iks] comme O'torinolaringologix (« O'torinolaringologix » est un jeu de mots avec l'expression « otorhinolaryngologiste »)[16], des noms en [-aks] comme Faupayélatax (« Faupayélatax » est un jeu de mots avec l'expression « Faut payer la taxe ! »)[17] et les Vikings des noms en [-ɛn] comme Zøøvinsen (« Zøøvinsen » est un jeu de mots avec l'expression « Zoo de Vincennes »)[18], qui relève aussi d'un jeu avec les graphèmes, et notamment la reprise du graphème « ø », associé dans l'imaginaire français aux langues nordiques. Les Égyptiens portent des patronymes en [-is], comme Amonbofis (« Amonbofis » est un jeu de mots avec l'expression « Ah ! Mon beau-fils ! » ou « À mon beau-fils »)[19], les Grecs des patronymes en [-ɔs] comme Fécarabos (« Fécarabos » est un jeu de mots avec l'expression « Fée Carabosse »)[20] et les Espagnols des patronymes en [ɔn] comme Dansonsurlepon y Davignon (« Dansonsurlepon y Davignon » est un jeu de mots avec l'expression « Dansons sur le pont d'Avignon »).[21] Dans *Astérix chez les Belges*, l'enfant qui va souvent aux toilettes s'appelle *Manneken*, ce qui constitue une référence directe à la célèbre statuette belge symbole de Bruxelles.[22]

À l'inverse, certains jeux de mots font l'objet d'un renversement et d'une mise en abyme lorsque certains personnages dissimulent leur identité, comme Astérix et Obélix qui, dans *Astérix et les Goths*, deviennent respectivement

---

15 Le personnage apparaît dans l'album *Astérix et les Normands* (p. 16, c. 1). Voir également du Chatenet (2003 : 222).
16 Le personnage apparaît dans l'album *Astérix chez les Bretons* (p. 7, c. 2). Voir également du Chatenet (2003 : 216).
17 Le personnage apparaît dans l'album *Astérix légionnaire* (p. 15, c. 1). Voir également du Chatenet (2003 : 235). On notera également la proximité phonique avec des patronymes topographiques typiques tels que « Halifax ».
18 Le personnage apparaît dans l'album *La Grande Traversée* (p. 33, c. 7). Voir également du Chatenet (2003 : 312).
19 Le personnage apparaît dans l'album *Astérix et Cléopâtre* (p. 13, c. 2). Voir également du Chatenet (2003 : 195). On notera également la proximité phonique avec le nom égyptien « Aménophis ».
20 Le personnage apparaît dans l'album *Astérix aux Jeux Olympiques* (p. 26, c. 7). Voir également du Chatenet (2003 : 252).
21 Le personnage apparaît dans l'album *Astérix en Hispanie* (p. 38, c. 5). Voir également du Chatenet (2003 : 259).
22 *Astérix chez les Belges* (p. 34, c. 10). Voir également du Chatenet (2003 : 322).

Astérus et Obélus afin de se faire passer pour des Romains : ce faisant, on assiste à une transposition au niveau intradiégétique (des personnages) de la systématisation de la suffixation en [-ys] / [-us] pour les patronymes romains.[23] D'autres jeux de mots patronymiques peuvent se positionner dans une perspective interculturelle : dans *Astérix et les Goths*, l'un des généraux des guerres astérixiennes est ainsi appelé Électric, la combinaison de son nom et de son grade renvoyant à la grande compagnie américaine d'électricité *General Electric*.[24] L'interculturel fait également son apparition dans la perspective de la traduction des jeux de mots. Si la traduction d'Astérix n'est pas l'objet de cette étude, le soin apporté à cette dernière, notamment dans les grandes langues européennes, souligne non seulement le souci manifeste des auteurs de garder un œil sur les traductions de leur œuvre mais aussi, ce faisant, sur la spécificité des jeux de mots, dont le maintien dans la langue étrangère traduit l'étroite adéquation dans laquelle ils se trouvent avec l'œuvre elle-même.[25] Depuis l'affaire Kauka, René Goscinny et Albert Uderzo prendront soin de faire vérifier, ou le cas échéant de vérifier par eux-mêmes et dans le détail, la traduction de leurs œuvres. La pratique de la traduction, notamment vers l'allemand, signale d'ores et déjà la volonté de maintenir – dans la limite du possible – l'esprit des jeux de mots originaux. Abraracourcix (de l'expression « à bras raccourcis ») devient dans la version allemande *Majestix*, la traduction ayant substitué au caractère irascible du chef gaulois (N. Rouvière, « Chef : Abraracourcix », BNF 2013 : 45–47) une dimension plus dominante, en l'occurrence celle de « majesté », et Assurancetourix (pour « Assurance tous risques ») (N. Rouvière, « Barde : Assurancetourix », BNF 2013 : 29–30) devient *Troubadix*, allusion directe au troubadour, perdant par là-même de son côté « calembour » pour gagner en charge sémantique allusive. Le druide Panoramix devient *Mirakulix*, la traduction procédant dans ce cas précis d'une substitution à la simple extraction / systématisation [-isk / -iks] (N. Rouvière, « Druide : Panoramix », BNF 2013 : 57) d'un jeu de mots à possible double référence (linguistique : « Mirakulix » pour *Mirakel*, 'miracle' en allemand, diégétique : la potion magique permet aux Gaulois d'accomplir des miracles et enfin – sous toute réserve – culturelle : référence à Mirácoli, marque de produits sous vide dont le nom est lui-même dérivé de l'italien *miracolo* (« miracle ») introduite en Allemagne au début des années 1960).

---

23 *Astérix et les Goths* (p. 18, c. 11). Voir également du Chatenet (2003 : 162, 168).
24 *Astérix et les Goths* (p. 43, c. 1). Voir également du Chatenet (2003 : 167).
25 Voir également la contribution de Kabatek (in *The Dynamics of Wordplay* 1).

4 Le substrat culturel des jeux de mots et jeux d'images

Dans ses jeux de mots, René Goscinny fait usage de l'intertextualité au sens où la définit Julia Kristeva : « Tout texte [ou toute image, MB] se construit comme mosaïque de citations, tout texte [ou toute image] est absorption et transformation d'un autre texte [ou d'une autre image]. À la place de la notion d'intersubjectivité s'installe celle d'intertextualité, et le langage poétique se lit, au moins, comme double » (Kristeva 1969 : 85). Dans *Astérix*, cette double lecture du langage poétique s'incarne au niveau linguistique dans la dualité des jeux de mots. Le sens du jeu de mots ne se construit que grâce à la capacité du destinataire à saisir les références intertextuelles et intermédiales du destinataire ; la richesse des jeux de mots se démultiplie donc avec les appels à ces références intertextuelles et intermédiales qui s'inscrivent en surimpression du mode d'élaboration de l'humour. Ainsi, l'intertextualité évolue en intermédialité : en effet, les multiples allusions et références ne se limitent pas à des dé- et re-contextualisations d'éléments textuels déjà existants car ses sources sont riches et variées, allant de la chanson et la musique à la littérature, en passant par le sport.

La chanson et la musique constituent une des références intermédiales dans *Astérix* : d'une part, elles s'incarnent autour du personnage d'Assurancetourix le barde, dont les chansons sont autant d'« adaptations à la sauce galloromaine » de titres de la chanson francophone : dans *Astérix gladiateur*, il interprète « Ils ont des casqués ailés, vive les Celtes ! », à rapprocher de « Ils ont des chapeaux ronds, vive les Bretons ! ». Toujours dans *Astérix gladiateur*, c'est « Menhir montant, mais oui madame... » qu'entonne ce même Assurancetourix dans son cachot à Rome, un titre qui n'est pas sans rappeler la chanson Ménilmontant, d'Yves Montand (*Astérix gladiateur*, p. 6, c. 7 et c. 8 ; p. 37, c. 6). Dans *Astérix et les Normands*, il entonne « Un milia passuum à pied, ça use, ça use, un milia passuum à pied, ça use, ça use les caligas », latinisation de « Un kilomètre à pied, ça use, ça use... », avec jusqu'à la substitution de « caligas » à « souliers », et « Ma mère m'a dit, Assurancetourix, fais-toi tresser les cheveux, oh oui ! », gallicisation de la chanson d'Antoine, dont l'incipit est le suivant : « Ma mère m'a dit, Antoine, va te faire couper les cheveux... » (*Astérix et les Normands*, p. 36, c. 7, c. 9 et c. 11). Mais René Goscinny insère également des références à la chanson anglophone lorsque, dans *Le Cadeau de César*, Assurancetourix chante « Ô marcassins, ô marcassins, ô marcassins vous m'donnez faim » sur l'air de *Oh when the saints* (*Le Cadeau de César*, p. 21, c. 9). Dans *Le Tour de Gaule d'Astérix*, lorsqu'une Romaine s'adresse en ces termes à son mari : « Faimoiducuscus chéri », homophonie parfaite – sous réserve de prononciation du suffixe -*us* à la romaine, c'est-à-dire en [-us], de la chanson de Bob Azzam (1960) intitulée « Fais-moi du couscous chérie » (*Le Tour de Gaule d'Astérix*, p. 12, c. 2). Outre la chanson et la musique, cette intermédialité se manifeste également dans certains titres, à l'image du *Tour de Gaule*, dont le titre et l'action parodient l'épreuve sportive du Tour de France ; la transformation du titre est quant à elle une gallicisation du terme contemporain, la France devenant la Gaule. Le peloton cycliste est remplacé par le duo Astérix et Obélix. René Goscinny fait également des anachronismes, dont certains glissent au niveau intra-diégétique (discours des personnages) comme lorsque, dans *Le Tour de Gaule*, un pêcheur se plaint de la place grandissante des hors-bords sur la Seine ou lorsque, dans le même album, le narrateur explique les origines de la célèbre place des Quinconces bordelaise par une manœuvre effectuée par l'armée romaine lorsqu'elle affronte Astérix et Obélix (*Le Tour de Gaule d'Astérix*, p. 12, c. 9 ; p. 42, c. 2). En outre, René Goscinny fait usage de l'intertextualité avec de grands classiques de la littérature française. Dans *Astérix chez les Belges*, le patronyme du personnage de Madamboevarix fait référence au personnage d'Emma Bovary, « Madame Bovary », dans l'œuvre éponyme (1857) de Gustave Flaubert.[26] Dans ce même album apparaît une parodie du poème de Victor Hugo « L'expiation », extrait du recueil « Les châtiments » (1853), dont le célèbre vers « Waterloo ! Waterloo ! Waterloo ! Morne plaine ! » devient « Waterzooï ! Waterzooï ! Waterzooï ! Morne plat ! »[27] dans la bouche du belge Gueuselambix ou encore, empruntés au domaine de la culture scientifique et de la conquête de l'espace, les propos (légèrement déformés) de l'astronaute américain Neil Armstrong posant le pied sur la Lune le 21 juillet 1969 transposés dans la bouche du Viking Kerosen (référence à l'appellation standard du carburant dans l'aviation : *kerosen*) et foulant la terre du Nouveau Monde : « Un petit pas pour moi, un grand bond pour l'humanité » (*La Grande Traversée*, p. 36, c. 4). En outre, la graphie du o barré renvoie à l'imaginaire français autour de l'orthographe dite « nordique », notamment des langues danoise et norvégienne.

---

26 *Astérix chez les Belges* (p. 19, c. 8–9). Voir également du Chatenet (2003 : 322).
27 Le « waterzooï », plat d'origine flamande, est un plat unique à base de poulet ou de poisson. Le terme flamand signifie littéralement « eau qui bout », cette dernière constituant un des running gags de l'album, jusqu'à ce qu'un guerrier belge décide de la remplacer par... de l'huile... pour... les pommes-frites ! La Gueuse Lambic est le nom d'une bière belge. *Astérix chez les Belges* (p. 39, c. 8). Ce sont les pages 39 à 45 de l'album qui constituent une libre adaptation du deuxième chapitre du poème de Victor Hugo (Du Chatenet 2003 : 323).

Le jeu de mots peut également « glisser » dans le domaine pictural et devenir un jeu d'images au sens strict : ainsi, dans l'album *Le Devin*, la scène de divination de Prolix, le pseudo-devin arrivé dans le village et qui prétend lire dans les entrailles (ici d'un poisson !) est une parodie de la toile de Rembrandt, *La Leçon d'anatomie du docteur Tulp* (1632), qui respecte jusque dans les moindres détails le positionnement des personnages (*Le Devin*, p. 10, c. 10).

5 La médiation iconographique

Au-delà des dimensions distinctes (intertextuelle, culturelle et graphique), certains des jeux de mots employés par René Goscinny et Albert Uderzo ont la particularité de se constituer autour d'un rapport texte-image particulièrement étroit – et spécifique au neuvième art – savamment orchestré dès la conceptualisation. Grâce aux indications qu'il donne à Albert Uderzo, René Goscinny confère à ses trouvailles linguistiques une tridimensionnalité que l'on peut résumer par le schéma suivant :

Tableau 2 : Principe de la « médiation iconographique »

lancement de la dimension ludique via l'accentuation d'un détail (ici « brut » pour le champagne)
↓
glissement du paradigme indiciaire du seul domaine textuel (« brut ») au domaine graphique (« brutalité » de l'action)
↓
jonction entre l'indice textuel donné par le narrateur et la déduction graphique effectuée par le narrataire grâce à l'image via l'ellipse

Voici la mise en application pratique de ce procédé tirée de l'album *Le Tour de Gaule d'Astérix* (p. 18, c. 8, c. 9 et c. 10) : La première vignette esquisse la pré-perception du jeu de mots à venir grâce à l'échange entre Astérix et Obélix autour de l'amphore de champagne brut (c. 8). Elle lance la dimension ludique via l'accentuation d'un détail. La deuxième vignette représente la préparation d'un déficit cognitif pour la compréhension du jeu de mots : autrement dit, comment va-t-on passer de « brut » à « brutes » ? (c. 9). Le paradigme indiciaire glisse du seul domaine textuel au domaine graphique. La troisième et dernière vignette incarne la médiation de l'iconographie : la scène du légionnaire à terre se palpant le menton comble le déficit précédemment préparé (c. 10). La jonction entre l'indice textuel et la déduction graphique est ainsi réalisée. L'adéquation texte-image est alors parfaite au niveau communicatif.[28]

René Goscinny assurait l'intégralité de la conception des jeux de mots, médiation iconographique comprise, comme on peut le voir dans l'exemple ci-dessous, extrait des préparatifs de l'album *Astérix légionnaire*: « CASE 4–5 Sur l'immensité de la mer, un radeau, avec les pirates dessus. Le radeau, par sa forme et par l'attitude des occupants, doit rappeler le radeau de la Méduse. » / « TEXTE : « Peu après... » BARBE-ROUGE : « Je suis médusé ! »»[29] L'association icono-textuelle peut être culturelle, comme la référence ci-dessus au *Radeau de la Méduse* du peintre Théodore Géricault (1819), mais elle peut aussi jouer sur la notion d'agglutination. Ainsi, dans l'album *Le Domaine des Dieux*, on observe dans l'expression « à un Numide » [aœnymid] une agglutination d'une partie de l'article indéfini[30], ce qui a pour conséquence de produire un jeu de mots, via la médiation iconographique (il faut en effet identifier le personnage comme un Numide, soit un habitant d'Afrique noire) autour des expressions /Numide/ et /humide/ dans la phrase : « Il ne faut jamais parler sèchement à un Numide. » (*Le Domaine des Dieux*, p. 20, c. 7 et c. 9) Parler sèchement (ou être « sec ») bénéficie ici de sa polysémie, c'est-à-dire soit rugueux dans la forme – emploi effectué ici – soit contraire de « humide ».

L'association consciente du texte et de l'image fait apparaître une médiation de l'iconographie dans le processus de constitution du jeu de mots, un processus spécifique au neuvième art : cette médiation de l'iconographie, qui intervient à différents degrés, est définie en d'autres termes par Hans Grassegger, qui parle de jeux de mots internes (*textinterne Wortspiele*) lorsqu'il y a absence de médiation iconographique et que les jeux de mots se restreignent au seul champ textuel, et de jeux de mots externes au texte (*textexterne Wortspiele*), lorsque cette dernière [la médiation iconographique] est présente (Grassegger 1985 : 33).

Dans le cas d'Astérix, ce phénomène de médiation est mis au service soit de l'intertextualité ou de l'intermédialité, comme précédemment avec le détournement du *Radeau de la Méduse*, soit de l'humour, comme dans le passage ci-dessous extrait d'*Astérix et les Goths*, où la polysémie du terme « déchaîné » n'est dans un premier temps perceptible que grâce à la médiation iconogra-

---

[28] Nous avons ici un exemple de la disjonction sémantique signalée par H. Grassegger, qui reprend F.-J. Hausmann (1974) : en d'autres termes, selon la situation d'énonciation, le même terme revêt des sens complètement différents. Toutefois, ici, il ne s'agit pas exactement du même terme mais seulement d'homophones (Grassegger 1985 : 20).
[29] Notes originales de René Goscinny, reproduites dans du Chatenet (2003 : 123).
[30] Sur la notion d'agglutination, voir Winter-Froemel (2009 : 1440).

phique, le sens de l'expression étant aujourd'hui essentiellement métaphorique, donc à la portée du narrataire dans cette acception (*Astérix et les Goths*, p. 41, c. 5). Le jeu de mots bénéficie toutefois par la suite d'une mise en abyme au niveau intra-diégétique (discours des personnages) : Obélix finit en effet par comprendre la plaisanterie de son ami. Cette mise en abyme est elle aussi partie intégrante de l'effet de comique puisque le temps nécessaire à Obélix pour saisir le trait d'humour prête lui-même à sourire (*Astérix et les Goths*, p. 41, c. 10). La médiation iconographique – amputée du glissement du paradigme indiciaire – peut être restreinte à deux étapes, comme dans l'album *Astérix chez les Bretons*, où l'enchaînement proleptique des cases permet de faire apparaître le brouillard en un instant, une situation qui surprend Astérix et que le Breton Jolitorax commente en ces termes : « C'est le brouillard, Astérix. Il tombe vite dans cette région. Bientôt, on ne verra plus rien. » (*Astérix chez les Bretons*, p. 13, c. 6). Avant que le brouillard ne les fasse effectivement disparaître (*Astérix chez les Bretons*, p. 13, c. 7). Cette « tombée » du brouillard renvoie en outre à un – possible – jeu de mots autour de l'idée de « tombée » du brouillard etc. qu'un *running gag* souvent utilisé assimile *stricto sensu* à une « chute », rapide et brutale, dont la perception en tant que telle est rendue possible par l'usage de l'ellipse : le brouillard pourrait être effectivement « tombé », au sens le plus proche de « chuter », entre les deux vignettes.

Un autre exemple de réduction de la médiation iconographique – cette fois-ci à une seule étape, soit l'étape terminale – apparaît dans l'album *Astérix en Hispanie* : la médiation iconographique nécessaire à la compréhension du jeu de mots apparaît sur la même vignette que le jeu de mots lui-même. Lors d'un triomphe à Rome, motivé par les acclamations de la foule, César décide de se montrer magnanime et d'affranchir le chef barbare qu'il a fait réduire en esclavage après sa victoire. Ce chef barbare ayant les cheveux roux, un citoyen romain assistant au triomphe répond à la question de son voisin, « Que fait César ? » par la formulation suivante : « Il affranchit le Rubicond. » (*Astérix en Hispanie*, p. 22, c. 9) « Avoir les cheveux rubiconds » signifie en effet « avoir les cheveux roux ». Mais la formulation « Il affranchit le rubicond » est l'homophone parfait de « Il a franchi le Rubicon ». La polyvalence du jeu de mots est d'autant plus marquée qu'il fait référence à une action effectuée par ce même César – le vrai, c'est-à-dire le personnage historique, en l'occurrence celle de franchir le fleuve pour se lancer à la poursuite de son rival, le second consul Pompée, et rapportée par l'historien romain Suétone. Ce même Suétone lui attribue à cet instant la célèbre formulation latine *alea jacta est*, « le sort en est jeté ». En français contemporain, l'expression « franchir le Rubicon » a acquis le sens d'une prise de risque exagérée, de franchissement d'une limite quasi sans retour.

6 Conclusion

La pratique des jeux de mots développée par René Goscinny dans *Astérix* s'articule très clairement autour d'un spectre d'association-médiation, qui se compose d'éléments textuels et graphiques. Sans développer de hiérarchie au sein des jeux de mots – il en existe toutefois *de facto* une entre le simple « calembour » et le « jeu de mots » savant dans *Astérix* –, il apparaît toutefois que la « qualité » des jeux de mots, aussi longtemps qu'on puisse en juger de façon objective – augmente avec le degré de développement de la médiation iconographique. En d'autres termes, les « meilleurs » jeux de mots, notamment ceux qui se caractérisent par une polyréférence, sont essentiellement ceux qui s'appuient sur des éléments graphiques, quelle que soit leur position. Ainsi, les simples jeux de mots textuels s'avèrent relativement rares, ce qui correspond à la nature intrinsèque du médium « bande dessinée », qui associe de la façon la plus étroite qui soit le texte et l'image. Dans *Astérix*, on peut observer dans la plupart des cas une médiation de l'image, que cette dernière s'effectue en une, deux voire trois étapes pour les constructions narratives les plus élaborées. Dans le premier cas, on peut parler « d'exposition icono-textuelle simple », c'est-à-dire que toutes les informations, graphiques et / ou textuelles, sont représentées dans la même case ; dans le deuxième cas, l'usage de l'ellipse, de la métalepse et de la prolepse peut entrer en compte pour accélérer et / ou compléter la médiation iconographique. Le troisième et dernier cas consiste en une exposition complète – soit sur trois vignettes voire plus – du cheminement cognitif du jeu de mots, aussi bien chez le narrateur que chez le narrataire, ce dernier ayant pour tâche de simplement « connecter » les différents éléments conduisant à la construction du sens.

Ainsi, dans *Astérix*, les processus de mise en œuvre de l'intertextualité et de l'intermédialité se construisent à différents degrés via la médiation iconographique : les procédés narratifs spécifiques au neuvième art, comme l'ellipse, la métalepse ou encore la prolepse, ou tout simplement la juxtaposition et l'interaction texte-image, élargissent le potentiel de compréhension et par là-même le champ de réception des jeux de mots et contribuent à positionner ces derniers dans un espace qui dépasse le seul domaine de la langue pour se constituer en champ de lecture icono-textuel autonome incarnant au mieux l'esprit de René Goscinny. Le célèbre scénariste, connu pour sa discrétion et sa modestie, se targuait quant à lui d'être un imbécile exerçant une profession accessible à tous : « Quand j'ai entendu un de mes grands anciens me dire : « Le métier de scénariste ? C'est à la portée du premier imbécile venu », j'ai compris que j'avais trouvé ma voie » (du Chatenet 2003 : 120). Au vu à la fois de la qualité des jeux de mots savants et, bien évidemment, du succès rencontré par l'œuvre de René Goscinny, rien ne semble moins sûr...

7 Références bibliographiques

Littérature primaire

Ferri, Jean-Yves & Didier Conrad. 2013. *Astérix chez les Pictes*. Paris : Éditions Albert René.
Goscinny, René & Albert Uderzo. [1964] 2004. *Astérix gladiateur*. Paris : Hachette.
Goscinny, René & Albert Uderzo. [1966] 2004. *Astérix chez les Bretons*. Paris : Hachette.
Goscinny, René & Albert Uderzo. [1969] 2004. *Le Bouclier arverne*. Paris : Hachette.
Goscinny, René & Albert Uderzo. [1965] 2005. *Le Tour de Gaule d'Astérix*. Paris : Hachette.
Goscinny, René & Albert Uderzo. [1967] 2005. *Astérix et les Normands*. Paris : Hachette.
Goscinny, René & Albert Uderzo. [1967] 2007. *Astérix le gaulois*. Paris : Hachette.
Goscinny, René & Albert Uderzo. [1969] 2007. *Astérix en Hispanie*. Paris : Hachette.
Goscinny, René & Albert Uderzo. [1963] 2008. *Astérix et les Goths*. Paris : Hachette.
Goscinny, René & Albert Uderzo. [1965] 2008. *Astérix aux Jeux Olympiques*. Paris : Hachette.
Goscinny, René & Albert Uderzo. [1965] 2008. *Astérix et Cléopâtre*. Paris : Hachette.
Goscinny, René & Albert Uderzo. [1967] 2008. *Astérix légionnaire*. Paris : Hachette.
Goscinny, René & Albert Uderzo. [1974] 2008. *Le Cadeau de César*. Paris : Hachette.
Goscinny, René & Albert Uderzo. [1975] 2008. *La Grande Traversée*. Paris : Hachette.
Goscinny, René & Albert Uderzo. [1971] 2008. *Le Domaine des Dieux*. Paris : Hachette.
Goscinny, René & Albert Uderzo. [1979] 2012. *Astérix chez les Belges*. Paris : Hachette.

Littérature secondaire

BNF 2013 = Bibliothèque Nationale de France (BNF) (éd.). 2013. *Astérix, de A à Z*. Paris : Bibliothèque Nationale de France & Hazan.
Blancher, Marc. 2012. *L'étude d'Astérix en contexte germanophone : la part de l'obstacle interculturel*. In Nicolas Rouvière (éd.), *Bande dessinée et enseignement des humanités* (coll. « Didaskein »). 287–307. Grenoble : ELLUG / Université Stendhal.
Chatenet, Aymar du. 2003. *Le Dictionnaire Goscinny*. Paris : Le Grand Livre du Mois.
Forest, Philippe. 1999. Astérix. In Pierre Brunel (éd.), *Dictionnaire des mythes d'aujourd'hui*. 91–99. Paris : Éditions du Rocher / Jean-Paul Bertrand.
Grassegger, Hans. 1985. *Sprachspiel und Übersetzung: eine Studie anhand der Comic-Serie Asterix*. Tübingen : Stauffenburg Verlag.
Groensteen, Thierry. 2009. *La bande dessinée. Son histoire et ses maîtres*. Paris & Angoulême : Skira-Flammarion / Cité internationale de la bande dessinée et de l'image.
Kristeva, Julia. 1969. *Sémiotikè, recherches pour une sémanalyse*. Paris : Le Seuil.
Martin, Paul M. [2000] 2009. *Vercingétorix. Le politique, le stratège*. Paris : Perrin.
Rouvière, Nicolas. 2007. *Astérix ou les lumières de la civilisation*. Paris : Presses Universitaires de France.

Van Royen, René & Sunnya Van Der Vegt. 2008. *Asterix. Die ganze Wahrheit*. Munich : C. H. Beck.
Winter-Froemel, Esme. 2009. Wortspiel. In Gert Ueding (éd.), *Historisches Wörterbuch der Rhetorik*, tome 9, 1429–1443. Tübingen : Niemeyer.

Appendice

Liste des contributions et résumés

The Dynamics of Wordplay 1 & 2

La liste suivante contient toutes les contributions des volumes 1 et 2 de *The Dynamics of Wordplay*, ainsi que tous les résumés des contributions en langue anglaise du premier volume.

Pierre J. L. Arnaud, François Maniez et Vincent Renner : Occurrences non canoniques de proverbes et jeux de mots : investigation de corpus et étude de la perception de l'humour et de l'ingéniosité par les lecteurs (Non-Canonical Proverbial Occurrences and Wordplay : A Corpus Investigation and an Enquiry into Readers' Perception of Humour and Cleverness)

Cet article traite de la notion de jeu de mot, qui est définie comme toute manipulation formelle astucieuse et humoristique de séquences de mots, en étudiant le cas particulier des proverbes dans le discours écrit. Un ensemble de 303 occurrences de six proverbes anglais a été extrait du *Corpus of Contemporary American English* et les occurrences non canoniques ont été analysées et classées. Il apparaît que la plupart des manipulations identifiées sont de simples adaptations contextuelles incluant des substitutions de syntagmes nominaux et que très peu d'occurrences répondent à notre définition du jeu de mots. Afin de valider cette analyse et de mesurer le degré relatif d'astuce et d'humour de ces manipulations, un questionnaire contenant 32 occurrences non canoniques a été soumis à un groupe de 12 anglophones. La comparaison des jugements sur les cinq exemples les mieux et les plus mal notés confirme l'analyse initiale selon laquelle la simple adaptation contextuelle d'un proverbe ne constitue pas un jeu de mots, lequel implique à la fois complexité sémantique et effet humoristique.

Matthias Bauer : Les jeux de mots secrets et ce qu'ils pourraient nous dire (Secret Wordplay and What It May Tell Us)

L'article analyse un type de jeu de mots qui ne vise pas un effet immédiat et général, mais qui reste inaperçu pendant un certain temps et / ou par une partie de l'auditoire. Jusqu'à présent, on ne considérait pas ces jeux de mots non évidents et parfois même secrets comme un type particulier de jeu de mots malgré leurs structures et fonctions qui les distinguent des jeux de mots qu'on comprend tout de suite. Il faut également les distinguer de phénomènes avoisinants tels les jeux de mots dont le sens est « affranchi » (« unharnessed » ; Womack 2002). Lorsqu'on s'aperçoit d'un jeu de mots secret, on se rend compte du sens enrichi du texte. Alors que le jeu de mots ouvert enfreint plusieurs maximes dépendant du principe de coopération en communication, il semble que ces règles-là ne soient pas enfreintes par le jeu de mots secret. En même temps, le jeu de mots secret nous fait voir plus clairement les différentes formes et les différents effets du jeu de mots en général. Par exemple, il nous permet de constater que le jeu de mots est un phénomène scalaire. Moins le jeu de mots est évident, plus il doit être fort pour ne pas être mis en question. Pour analyser un jeu de mots, il faut prendre en considération au moins quatre paramètres : ses structures linguistiques (comme par exemple des homonymes de synonymes, souvent dans différentes langues), son intégration dans le contexte (comme par exemple sa contribution à l'harmonisation du sujet), ses fonctions communicatives (par exemple celle de révéler l'esprit du locuteur et de l'auditoire) et ses fonctions sociales (par exemple l'exclusion de certains auditeurs). Pour conclure, l'article montre que l'analyse de jeux de mots secrets contribue à la discussion de sujets plus larges comme par exemple la relation entre la connaissance de mots et la connaissance du monde dans l'appréciation de textes littéraires.

Pauline Beaucé : Les jeux de mots dans le répertoire des théâtres de la Foire à Paris au XVIIIe siècle : de la publicité à la satire

Voir ce volume.

Marc Blancher : De l'auteur de jeux de mots aux jeux de mots d'auteur

Voir ce volume.

Marc Blancher : « Ça est un bon mot ! » ou l'humour (icono-)textuel à la Goscinny

Voir ce volume.

Martina Bross : « Equivocation will undo us »? Jeux de mots et ambiguïté dans les deux premières lignes de Hamlet (« Equivocation will undo us »? Wordplay and Ambiguity in Hamlet's First and Second Line)

Le jeu de mots est une caractéristique importante du *Hamlet* de William Shakespeare. Le protagoniste est particulièrement connu pour son habilité à jouer avec les mots. Ces jeux de mots attirent l'attention sur la nature ambiguë de la langue et construisent Hamlet comme un personnage conscient de l'ambiguïté et de ses effets sur la communication. Dans cet article seront analysés deux exemples de jeux de mots figurant dans les deux premières lignes de Hamlet, dans le but d'explorer la nature et la fonction de l'ambiguïté utilisée par Shakespeare. Alors que la première ligne de Hamlet, « A little more then kin, and lesse then kind », comprend des ambiguïtés structurelles et lexicales, sa deuxième ligne, « Not so much my Lord, I am too much in the sonne », est souvent supposée contenir un jeu de mots (« pun ») évident qui, soumis à un examen plus attentif, s'avère plus problématique qu'il ne l'est souvent reconnu. L'analyse des deux lignes montre que, comme base de jeu de mots, l'ambiguïté remplit plusieurs fonctions dans la pièce. Elle contribue à la caractérisation et aide à établir les relations entre les personnages. L'article soutient que l'interdépendance du contexte verbal et de la situation de communication représentés dans la pièce est très importante pour résoudre l'ambiguïté. Le public du théâtre est confronté à une gamme d'interprétations possibles, et dans ces cas, l'ambiguïté remplit sa fonction précisément parce que la combinaison du contexte verbal et de la situation de communication ne permettent pas au public de désambiguïser de façon décisive les jeux de mots. L'ambiguïté est ainsi utilisée pour mettre l'accent sur des thèmes, des sujets et des motifs qui deviennent importants tout au long du drame, et pour les relier entre eux.

Federica Di Blasio : *La Disparition* **de Georges Perec et les jeux de mots : l'ambiguïté du métatexte et la négociation de la traduction**

Voir ce volume.

Ian Duhig : Entretien : Réflexions à partir d'expériences pratiques et professionnelles – Les jeux de mots dans la poésie (Interview : A Perspective from Practical and Professional Experience – Wordplay in Poetry)

Interrogé sur son rôle de « praticien » de jeux de mots littéraires, le poète Ian Duhig discute la question de savoir si la poésie peut exprimer plus en moins de paroles, tout en mettant en relief sa propre formation à partir de la langue. Il considère le jeu de mots, comique ou sérieux, comme l'un des procédés les plus importants pour intensifier le langage littéraire. Dans l'entretien, il insiste en particulier sur la dimension temporelle des jeux de mots au cours de la lecture (ou de la performance), sur les effets obtenus par la paronomase en tant que « condensation du langage » et sur les façons dont l'ambiguïté introduite par les jeux de mots intègre le contexte.

Julia Genz : « Il wullte bien, mais il ne puffte pas » – de la polyglossie à la polyphonie dans le roman *Der sechste Himmel* (*Feier a Flam*) de Roger Manderscheid

Voir ce volume.

Maik Goth : Le *Double entendre* dans la comédie de la restauration et du début du XVIIIe siècle (*Double Entendre* in Restoration and Early Eighteenth-Century Comedy)

Dans cet article, on réexamine la notion de *double entendre* en la situant à l'intersection du texte théâtral, de la performance scénique et de la critique contemporaine des XVIIe et XVIIIe siècles. Dans une première partie, on discute la théorie du *double entendre*, et on en propose une définition ; cette définition s'appuie sur une description des propriétés structurelles du *double entendre*, reposant sur l'interaction entre énonciateur et récepteur au théâtre. Partant de la caractérisation du *double entendre* comme un jeu basé sur deux sens reliés entre eux, on propose dans cette section une taxinomie composée de quatre types de base : le premier met en relation deux sens lexicalisés d'une expression ; le deuxième ajoute un sens métaphorique à un sens littéral ; le troisième emploie une métaphore littéralement ; le quatrième ajoute à une expression un sens métonymique supplémentaire. Dans une partie théorique, on examine ensuite le *double entendre* théâtral sous l'angle de l'interaction énonciateur / récepteur, selon qu'il s'agit d'un jeu de mots induit par l'énonciateur ou par le récepteur, en le situant à l'intersection entre communication interne entre les personnages sur scène et communication externe entre les dramaturges et leur public.

La deuxième partie aborde le jeu entre les catégories structurelles et interactionnelles, en proposant une analyse fonctionnelle du *double entendre* dans *The Country Wife* (1675) de Wycherley et *The Funeral* (1701/1702) de Steele. Les deux pièces mettent en lumière un trait significatif du *double entendre* : utiliser des termes inoffensifs pour traiter de tabous sociaux. Dans *The Country Wife,* le tabou est celui du sexe illicite ; dans *The Funeral*, le tabou porte sur l'attitude cynique vis-à-vis de la mort et de l'argent. Ces exemples montrent que le *double entendre* est constamment en usage après l'*Interregnum* et associe différents types de comique.

Sylvia Jaki : Détournement phraséologique et jeu de mots : le cas des substitutions lexicales dans la presse écrite

Voir ce volume.

Johannes Kabatek : Jeux de mots et traditions discursives (Wordplay and Discourse Traditions)

L'objectif du présent travail est de démontrer que les jeux de mots ne sont pas seulement déterminés par la capacité universelle des êtres humains de jouer avec les paroles et par les contraintes des langues particulières, mais aussi par certaines traditions culturelles. L'importance d'une distinction nette entre différents niveaux impliqués dans les jeux de mots (niveau universel, niveau des langues particulières, niveau de l'énoncé concret, niveau de la « tradition discursive ») et leur rapport aux fonctions communicatives est illustrée moyennant quelques exemples de la série de bande dessinée *Astérix* et leur traduction dans différentes langues.

Sebastian Knospe : Un modèle cognitif pour les calembours bilingues (A Cognitive Model for Bilingual Puns)

Les calembours constituent un type de jeu de mots très créatif qui se manifeste dans le discours oral et écrit, aussi bien dans des œuvres littéraires ou la presse que dans le langage courant. Bien qu'ils soient traditionnellement moins reconnus en Allemagne qu'en France, en Grande-Bretagne et aux États-Unis, Görlach (2003 : 30) observe une tendance croissante de la part des locuteurs allemands à les utiliser si leur forme est bilingue, c'est-à-dire si les calembours fusionnent du matériau linguistique provenant de l'allemand et de l'anglais. Les études consacrées à ce phénomène ont jusqu'à présent été très peu nombreuses. En analysant des exemples de calembours anglo-allemands collectés dans la presse allemande, cet article cherche à de démontrer que leur attractivité communicative peut s'expliquer par leur mode de construction spécifique, ainsi que par le traitement cognitif particulier dont ils sont l'objet dans leur contexte d'utilisation. Il y est ici défendu que les calembours bilingues sont singuliers dans la mesure où ils résultent de l'assemblage de matériau de deux codes linguistiques (en l'occurrence l'allemand et l'anglais) et représentent en même temps des amalgames cognitifs et conceptuels au même titre que d'autres phénomènes linguistiques tels que les métaphores et les métonymies. Prenant en compte la place actuelle de l'anglais en Allemagne, nous décrirons les investissements cognitifs nécessaires pour que les lecteurs arrivent à déchiffrer ces jeux de mots et les effets discursifs qui sont produits quand les calembours bilingues sont employés dans des textes journalistiques.

Thomas Kullmann : Le jeu de mots comme passe-temps courtois et pratique sociale : Shakespeare et Lewis Carroll (Wordplay as Courtly Pastime and Social Practice : Shakespeare and Lewis Carroll)

Les énoncés communicatifs contenant des jeux de mots violent évidemment les maximes de Paul Grice et privilégient la fonction métalinguistique de la parole, aux dépens des fonctions conative, émotive et référentielle. Or la présence massive de jeux de mots dans certaines œuvres littéraires (comme *Much Ado About Nothing* de Shakespeare ou *Alice's Adventures in Wonderland* de Lewis Carroll) nous amène à penser que le jeu de mot possède une fonction communicative et sociale en sus des fonctions linguistiques énumérées par Jakobson.

Dans *Much Ado About Nothing*, ce sont Benedict et Beatrice qui se servent de jeux de mots provocateurs dans la conversation, démontrant par là leur supériorité en termes de courtoisie. *Much Ado About Nothing* illustre, en effet, l'usage des jeux de mots dans un contexte courtois, tel qu'il a été décrit dans *Le Courtisan* de Castiglione, où les *facezie* font partie des compétences conversationnelles que doit posséder l'homme de Cour idéal. Dans les deux textes, les fonctions du jeu de mots sont la démonstration de l'esprit de celui qui parle et de sa maîtrise linguistique ainsi que la création d'une atmosphère légère. En revanche, *Cynthia's Revels* de Jonson contient des jeux de mots qui ne sont pas courtois, mais servent plutôt à ridiculiser des personnages manquant de courtoisie.

Dans *Alice's Adventures in Wonderland*, les jeux de mots que contiennent les énoncés des créatures du Pays des Merveilles constituent un défi majeur pour l'héroïne, et pour le lecteur avec elle. En venant à bout de ce défi, Alice développe sa compétence sociale. L'exemple des jeux de mots témoigne ainsi d'une similarité étonnante entre le milieu de cour aristocratique de la Renaissance et celui du salon victorien, qui admet des enfants en les traitant comme des courtisans. Dans les deux cas, c'est la compétence du langage et des mots qui permet aux initiés de maintenir leur position dans un milieu dont les conventions sont extrêmement complexes.

Michelle Lecolle : Jeux de mots et motivation : une approche du sentiment linguistique

Voir ce volume.

Patricia Oster : « Ne nous tutoyons plus, je t'en prie ». Jeux de mots et enjeu du langage dans le théâtre de Marivaux

Voir ce volume.

Alain Rabatel : Points de vue en confrontation substitutifs ou cumulatifs dans les contrepèteries (*in absentia*)

Voir ce volume.

Vincent Renner : L'amalgamation lexicale comme jeu de mots (Lexical Blending as Wordplay)

L'article traite de la notion de jeu de mots dans le domaine de la formation des mots et s'intéresse plus particulièrement au procédé d'amalgamation lexicale. Il est avancé que, de par leur mode de construction, les amalgames lexicaux relèvent par nature du jeu de mots. L'analyse s'appuie ensuite sur des exemples pris dans des langues variées et propose une typologie des divers fondements linguistiques du caractère ludique de l'amalgamation. Cinq grandes catégories sont distinguées : la complexité formelle, la transgression structurelle, le jeu de mots graphique, le jeu de mots sémantique et la ludicité fonctionnelle.

Sheelagh Russell-Brown : Le travail sérieux du jeu : Les jeux de mots dans les « sonnets sombres » de Gerard Manley Hopkins (The Serious Work of Play : Wordplay in the « Dark Sonnets » of Gerard Manley Hopkins)

Étudiant à l'Université d'Oxford, le jeune Gerard Manley Hopkins a utilisé ses notes sur la philosophie grecque pour explorer ce qui allait devenir une partie de sa philosophie des mots. En février 1868, il écrit que « le mot est l'expression, la vocalisation de l'idée à l'esprit », et cette notion sous-tend sa lutte pour « vocaliser » l'énergie de la parole et de la Parole, ou bien l'énergie de la pensée et de l'être, tout au long de sa vie poétique.

Beaucoup a été écrit sur les jeux de mots élaborés de Hopkins, dans lesquels, entre autres techniques, les calembours, les néologismes et la syntaxe alambiquée et contractée souvent sur la base de son intérêt pour le purisme anglo-saxon, distillent le « scape » de la parole et de la Parole. Joseph Feeney, par exemple, a fourni un examen détaillé de la poésie de Hopkins en termes de ce qu'il appelle le jeu linguistique (« linguistic playfulness ») de Hopkins. Il est plus difficile, cependant, de retracer de tels jeux « as-fun » dans ce qu'on a appelé les « sonnets terribles », ces six poèmes probablement composés en 1885 et 1886, dans lesquels Hopkins exprime son sentiment d'isolement par rapport à son don poétique et à l'Église.

Cet article propose l'idée que dans les sonnets « To Seem the Stranger », « I Wake and Feel », « No Worst, There is None », « Carrion Comfort », « Patience, Hard Thing », and « My Own Heart », Hopkins emploie ses jeux de mots uniques afin de « vocaliser » le « scape » de l'esprit et la distance de ses mots par rapport à ceux de la parole « normale » fait écho à celle qu'il éprouvait lui-même à l'égard du monde.

Jean-François Sablayrolles : Néologismes ludiques : études morphologique et énonciativo-pragmatique

Voir ce volume.

Svea Schauffler : Les jeux de mots dans les films sous-titrés – Une étude des réactions du public (Wordplay in Subtitled Films – An Audience Study)

Le projet présenté dans cet article concerne un type de recherche rarement mis en œuvre mais néanmoins essentiel dans le domaine des Études de traduction (audiovisuelles). Cette étude expérimentale orientée vers le récepteur observe la réception de deux différentes stratégies de sous-titrage de jeux de mots traduits de l'anglais vers l'allemand. Nous avons sous-titré le court-métrage d'animation *Wallace and Gromit in A Matter of Loaf and Death* en allemand, en créant deux versions différentes, les différences des deux versions résidant uniquement au niveau de la traduction des nombreuses occurrences de jeux de mots. Pour l'une des traductions, nous avons privilégié le transfert de l'humour tandis que pour l'autre (correspondant à la traduction officielle) nous nous sommes focalisées sur sa proximité au dialogue original (cette dernière étant la traduction officielle). Les deux versions ont été visionnées par des publics germanophones séparément, tandis qu'une version originale a été testée sur un groupe de contrôle anglophone. Nous avons ensuite documenté la réaction des publics par le biais de questionnaires. Notre étude examine également l'influence de la compréhension de la langue source sur la réception des deux versions : en effet, on assume qu'un texte de sous-titrage qui diffère de l'original du point de vue de la forme peut être interprété comme « incorrect » par les membres du public possédant des connaissances d'anglais. Enfin, nous avons étudié l'acceptation du sous-titrage au sein d'une communauté telle que la communauté allemande, traditionnellement considérée comme « le pays du doublage ».

Monika Schmitz-Emans : Jeux de surfaces et de profondeurs : Transitions entre la bidimensionnalité et la tridimensionnalité à la lumière des jeux de mots et calembours (Plays around Surfaces and Depths : Transitions between Two- and Three-Dimensionality Reflected by Wordplays and Puns)

Dans mes réflexions sur Lewis Carroll, l'accent ne sera pas mis sur des stratégies concrètes de jouer avec les mots. Il y a plusieurs commentaires importants et nuancés qui traitent de cette thématique. Mon intérêt principal, par contre, est dédié aux préconditions du jeu de mots dans les textes de Carroll, en particulier dans les romans d'*Alice*. Selon ma thèse principale, Dodgson, le mathématicien, derrière Carroll, le conteur, n'a pas été sans diriger les jeux de mots. Certains concepts mathématiques et certaines manières de penser peuvent être considérés comme un arrière-fond important pour les inventions linguistiques de Carroll. Dit de manière métaphorique : les mathématiques fournissent la scène sur laquelle les mots jouent leurs jeux et rôles. Je termine ma contribution en comparant Carroll et Lawrence Sterne; toutefois, cette comparaison a uniquement le but d'expliquer une hypothèse que les concepts mathématiques en tant que structures – comme la ligne, le plan et l'espace – peuvent avoir une influence formatrice sur l'imagination littéraire.

À plus d'une occasion et de plus d'une manière, Carroll a connecté sa passion pour les jeux de mots avec des sujets mathématiques. Dans *Euclid and His Modern Rivals* (Euclide et ses rivaux modernes, 1879), par exemple, il invente un dialogue entre Euclide et Minos, qui est probablement choisi comme personnage pour plus d'une raison : le nom de Minos sonne comme l'angl. *minus*, et il est associé au labyrinthe comme une énigme aussi bien qu'au Hadès, un monde en-dessous de la surface de la terre.

Laélia Véron : Jeu de mots et double communication dans l'œuvre littéraire : l'exemple de la *Comédie humaine* de Balzac

Voir ce volume.

Esme Winter-Froemel et Angelika Zirker : Jeux de mots, enjeux et interfaces dans l'interaction locuteur-auditeur : réflexions introductives

Voir ce volume.

Informations sur les contributeurs

The Dynamics of Wordplay 1 & 2

Pierre J. L. Arnaud (Université Lumière Lyon 2)

Pierre J. L. Arnaud est professeur émérite de linguistique anglaise à l'université Lumière Lyon 2. La plus grande partie de ses recherches porte sur divers aspects du lexique. Il s'intéresse notamment à la sémantique lexicale, à la morphologie, à la phraséologie et à la métonymie.

Matthias Bauer (Eberhard Karls Universität Tübingen)

Matthias Bauer est Professeur des Universités de Littérature anglaise à l'Eberhard Karls Universität Tübingen. Dans l'enseignement et la recherche, il s'intéresse aux domaines de la littérature anglaise moderne de l'époque élisabéthaine (Shakespeare et les poètes métaphysiques), la littérature du XIXe siècle (Dickens), la théorie de la littérature, le langage littéraire, la théorie et la pratique de l'annotation explicative, ainsi qu'aux relations entre religion et littérature. Il codirige (avec Sigrid Beck) un projet sur « Les limites dans l'interprétation » au sein du Centre de Recherche « La construction du sens » (SFB 833), et il dirige l'école doctorale « Ambiguïté – production et perception » (GRK 1808) à Tübingen.

Pauline Beaucé (Université Bordeaux Montaigne)

Pauline Beaucé, docteur en langue et littérature françaises, est maître de conférences en études théâtrales à l'Université Bordeaux Montaigne. Ses travaux portent sur l'histoire des arts de la scène notamment celle des formes et des genres hybrides au XVIIIe siècle. Elle a publié *Parodies d'opéra au siècle des Lumières* (Presses Universitaires de Rennes 2013) ainsi que plusieurs articles sur le théâtre forain et le théâtre en musique (opéra, opéra-comique). Elle a aussi édité une dizaine de pièces dont récemment le *Pygmalion* de Rousseau et sa parodie (Espaces 34, 2012).

Marc Blancher (Eberhard Karls Universität Tübingen)

Marc Blancher, docteur ès lettres, est né en France en 1981. Il vit et enseigne en Allemagne depuis 2006. Depuis 2009, il enseigne la langue et la culture françaises à l'université Eberhard Karl de Tübingen. Il a fait des études de langue et civilisation allemandes, de littérature comparée, de français langue étrangère (FLE), d'histoire médiévale et d'espagnol et a consacré trois mémoires à la littérature policière. Sa thèse de doctorat porte sur la littérature policière européenne. Outre ses recherches sur la bande dessinée francophone, la littérature policière, l'interculturel et l'humour, il travaille également comme auteur (nouvelles, romans policiers, scénarios). Ses nouvelles ont été maintes fois primées.

Martina Bross (Eberhard Karls Universität Tübingen)

Martina Bross termine actuellement sa thèse de doctorat sur « l'économie poétique » (« poetic economy ») dans différentes versions de *Hamlet* de Shakespeare. Elle est membre du DFG Graduiertenkolleg 1808 : « Ambiguïté – production et perception » (Eberhard Karls Universität Tübingen). Martina Bross a enseigné des cours sur Shakespeare et le théâtre anglais de la Renaissance à Tübingen. Elle est assistante de rédaction pour *Connotations : A Journal for Critical Debate* depuis 2008. Elle a publié un article intitulé « Character Writing and the Stage in the Early Seventeenth Century » (avec Matthias Bauer ; *Anglistentag 2013 Konstanz : Proceedings*, Silvia Mergenthal et Reingard M. Nischik (éds.), 2014).

Federica Di Blasio (University of California, Los Angeles)

Federica Di Blasio a fait ses études de Philologie Moderne à Bologne, en Italie, et en France (Tours, Lyon), tout en approfondissant sa connaissance de la littérature italienne et française. Elle s'est intéressée aux jeux de mots en travaillant sur la traduction de *La Disparition* de Georges Perec en italien et en anglais. Elle a continué ses recherches en littératures comparées aux Etats-Unis, dans le cadre d'un programme de master à l'Université de l'Illinois à Urbana-Champaign. En 2015, elle s'apprête à commencer un programme de doctorat en Italien à l'Université de la Californie à Los Angeles. Son nouveau projet de recherche vise à comprendre les déclinaisons sociales et culturelles de l'hospitalité dans la Méditerranée.

Ian Duhig (University of Leeds)

Après avoir travaillé avec des personnes sans abri pendant quinze ans en Angleterre et en Irlande du Nord, Ian Duhig s'est retrouvé au chômage et est alors devenu auteur à plein temps. Depuis, il a été rattaché à plusieurs universités, entre autres en qualité d'*International Writer Fellow* au Trinity College de Dublin. Il a écrit six recueils de poèmes, dont le plus récent s'intitule *Pandorama* (Picador 2010). Il a reçu le prix Forward, il a par deux fois été le lauréat de la *National Poetry Competition* (Compétition Nationale de Poésie), et a été trois fois finaliste du prix T. S. Eliot. Lauréat du prix Cholmondeley (*Cholmondeley Award*) et membre associé de la Société Royale de Littérature (*Royal Society of Literature*), Duhig écrit également dans d'autres genres littéraires, et sa nouvelle la plus récente a été publiée dans l'anthologie *The New Uncanny* de Comma, qui a reçu le *Shirley Jackson Award* en 2008.

Julia Genz (Eberhard Karls Universität Tübingen et Universität Witten / Herdecke)

Professeur de littérature comparée et de littérature moderne de l'allemand à l'université de Tübingen. De 2010 à 2015 diverses suppléances de chaire en littérature moderne de l'allemand aux universités de Cologne, Witten / Herdecke et Essen. 2009 *Habilitation* de littérature générale et comparée et de littérature moderne de l'allemand. Ouvrages (sélection) : *Diskurse der Wertung. Banalität, Trivialität und Kitsch*. München 2011 ; *Metamorphoses of (New) Media. On Matters of Semiotics, Discourse and Aesthetics*, dir. par Julia Genz et Ulrike Küchler. Newcastle upon Tyne 2015 ; Du sculpteur à l'auteur. Les métamorphoses de Pygmalion (Joseph von Eichendorff « La statue de marbre » et Honoré de Balzac « Le chef-d'œuvre inconnu »), in : Claude Paul et Eva Werth (éds.), *Comparatisme et intermédialité : Réflexions (littéraires et) interculturelles*. Würzburg 2015.

Maik Goth (Ruhr-Universität Bochum)

Maik Goth est chercheur en littérature anglaise à l'Université de la Ruhr à Bochum (Allemagne). Il est spécialisé en littérature de la Renaissance et dans le théâtre de la Restauration et du XVIIIe siècle. Outre plusieurs articles et comptes rendus, il a publié deux monographies en anglais : *From Chaucer's Pardoner to Shakespeare's Iago: Aspects of Intermediality in the History of the Vice* (Frankfurt am Main : Peter Lang, 2009), et *Monsters and the Poetic Imagination in « The*

Faerie Queene » (Manchester : Manchester University Press, 2015). Il travaille actuellement sur la réception de Térence dans la comédie anglaise et la critique, de l'époque de la Restauration à la fin du XVIIIe siècle. Maik Goth est aussi responsable des comptes rendus d'ouvrages pour *Medievalia et Humanistica* et correspondant éditorial pour *Spenser Review*.

Sylvia Jaki (Universität Hildesheim)

Sylvia Jaki a fait ses études (2002–2008) ainsi que son doctorat (2009–2013) à l'Université de Munich en Allemagne. Lors de son doctorat au sein du programme international *LIPP* (aujourd'hui : *Graduate School Language & Literature Munich, Class of Language*) elle a écrit une thèse sur la modification phraséologique (Jaki, Sylvia. 2014. *Phraseological Substitutions in Newspaper Headlines* : « *More than meats the eye* ». Amsterdam / Philadelphia : John Benjamins). Depuis 2013, Sylvia Jaki est enseignante-chercheuse à l'Université de Hildesheim. Ses intérêts portent, entre autres, sur le langage des médias, la traduction audiovisuelle, la phraséologie, l'humour verbal et le langage parlé.

Johannes Kabatek (Universität Zürich)

Après des études de Philologie Romane, Sciences Politiques et de Musicologie, Johannes Kabatek a obtenu son titre de Docteur en 1995 à Tübingen avec sa thèse sur le contact linguistique au nord-ouest de l'Espagne. Il a été professeur assistant à Paderborn et Tübingen, puis professeur à Fribourg-en-Brisgau et Tübingen. Depuis 2013, il est professeur de linguistique ibéro-romane à Zurich. Ses domaines de recherche comprennent la linguistique française et ibéro-romane, le contact des langues et les langues minoritaires, l'espagnol médiéval, le galicien, le catalan, le portugais du Brésil, la linguistique historique, syntaxe historique, langue parlée et langue écrite.

Sebastian Knospe (Ernst Moritz Arndt Universität Greifswald)

Sebastian Knospe est enseignant-chercheur postdoctoral en linguistique anglaise à l'Université de Greifswald en Allemagne. Ses domaines de recherche principaux portent sur la linguistique de contact, la sociolinguistique qualitative et la lexicologie. Dans sa thèse de doctorat, publiée chez Peter Lang en 2014, il se penche sur l'ensemble des formes structurelles et les fonctions discursives liées aux pratiques de mélanges des langues entre l'anglais et l'allemand dans le journalisme contemporain allemand. Dans ce contexte, il considère l'interaction complexe entre l'alternation codique, l'emprunt et la formation de mots. Dans son projet postdoctoral, il étudie l'humour et les jeux de mots en anglais et en allemand, tout en reconnaissant les différences culturelles ainsi que les convergences qui résultent d'une tendance croissante vers l'anglicisation visible dans différentes langues européennes.

Thomas Kullmann (Universität Osnabrück)

Thomas Kullmann est professeur de littérature anglaise à l'université d'Osnabrück. Ses principaux domaines de recherche sont Shakespeare et la civilisation de la Renaissance, la littérature anglaise pour la jeunesse et l'image de l'Inde dans la Grande Bretagne du XIXe siècle.

Il a publié deux monographies sur Shakespeare. Dans un troisième livre, il étudie le paysage et les phénomènes météorologiques dans le roman anglais du XIXe siècle ; son quatrième ouvrage est consacré à la littérature anglaise pour la jeunesse. Il a également publié de nombreux articles sur la littérature anglaise de la Renaissance, sur la littérature et la culture de l'époque victorienne et du XXe siècle. En outre, il a édité deux volumes collectifs portant sur différents aspects de la littérature anglaise pour la jeunesse.

Michelle Lecolle (Université de Lorraine-Metz)

Michelle Lecolle est maitre de conférences en Sciences du langage à l'Université de Lorraine-Metz. Ses recherches portent sur la sémantique nominale du français contemporain, une sémantique qu'on peut qualifier de « discursive ». Elle s'intéresse en particulier aux faits de référence indirecte (par exemple par le biais de métonymies) ou complexe (pluralité de sens). Elle a publié des articles sur les noms collectifs, sur les tropes et la néologie sémantique (« Sentiment de la langue, sentiment du discours : changement du lexique, phraséologie émergente et 'air du temps' », *Diachroniques* n° 2, 2012, p. 59–80 ; « Dénomination de groupes sociaux : approche sémantique et discursive d'une catégorie de noms propres ». In Franck Neveu, Peter Blumenthal, Linda Hriba, Annette Gerstenberg, Judith Meinschaefer et Sophie Prévost (éds.), *Quatrième Congrès mondial de linguistique française*. Berlin : SHS Web of Conferences, 2014, p. 2265–2281), ainsi qu'un ouvrage collectif sur le sentiment linguistique profane (« Métalangage et expression du sentiment linguistique 'profane' », *Le Discours et la langue* 6.1, 2014).

François Maniez (Université Lumière Lyon 2)

François Maniez est professeur de linguistique anglaise à l'université Lumière Lyon 2. Il s'intéresse notamment à la lexicologie, à la néologie, à la syntaxe du groupe nominal, à la traduction et à la linguistique de corpus. Il a notamment publié ses travaux dans les revues *ASp*, *Meta*, et *Revue Française de Linguistique Appliquée*.

Patricia Oster (Universität des Saarlandes)

Patricia Oster est titulaire d'une chaire de littérature française à l'Université de la Sarre depuis 2003 et elle est présidente de l'Université franco-allemande depuis 2015. Ella a fait ses études en langues et littératures romanes et en littérature comparée à Bonn, Toulouse et Harvard. Elle a rédigé une thèse de doctorat en littérature française et une thèse d'habilitation en langues et littératures romanes et en littérature comparée à l'Université de Tübingen. Parmi ses publications figurent un livre sur Marivaux (*Marivaux und das Ende der Tragödie*), un livre sur le voile comme métaphore textuelle chez Dante, Pétrarque, le Tasse, Rousseau, Goethe, Nerval, Proust et Claude Simon (*Der Schleier im Text*) et de nombreux articles sur la littérature française et italienne du Moyen Âge à la modernité et sur l'intermédialité entre littérature, image et film (voir la liste des publications disponible sur le site http://www.uni-saarland.de/lehrstuhl/oster-stierle/lehrstuhl/prof-dr-oster-stierle.html).

Alain Rabatel (Université de Lyon 1)

Alain Rabatel est Professeur de Sciences du Langage à l'Université de Lyon 1, spécialiste d'énonciation, de linguistique textuelle et d'analyse des discours (littéraires, médiatiques, religieux) ou encore d'interactions didactiques. Il est l'auteur de nombreuses publications (http://icar.univ-lyon2.fr/membres/arabatel). Alain Rabatel s'est d'abord fait connaître pour ses travaux sur les points de vue, l'empathie, la polyphonie et le dialogisme dans les récits. Il s'est ensuite intéressé aux liens entre argumentation indirecte, effacement énonciatif et points de vue. Il travaille aussi sur les figures et les jeux de mots à partir des notions de points de vue en confrontation, de responsabilité et de prise en charge énonciatives, dégageant diverses postures de co-, sur- et sous-énonciation, à la charnière des problématiques cognitives, énonciatives et interactionnelles.

Vincent Renner (Université Lumière Lyon 2)

Vincent Renner est professeur de linguistique anglaise à l'université Lumière Lyon 2. Il s'intéresse notamment à la morphologie lexicale, à la linguistique de contact et à la linguistique contrastive. Il a codirigé avec François Maniez et Pierre J. L. Arnaud l'ouvrage collectif *Cross-Disciplinary Perspectives on Lexical Blending* (De Gruyter Mouton, 2012). Il a notamment publié ses travaux dans les revues *English Studies*, *Morphology*, *Word Structure* et *Neologica*.

Sheelagh Russell-Brown (St. Mary's University)

Sheelagh Russell-Brown est chargé de cours au Département d'anglais, Université Saint Mary, à Halifax, Nouvelle-Écosse, au Canada. Avant, elle a enseigné pendant sept ans à la Townshend École Internationale de la République Tchèque. Ses travaux actuels continuent la recherche qui a commencé avec sa thèse de doctorat sur l'influence du purisme anglo-saxon sur la langue de Gerard Manley Hopkins. Ses intérêts de recherche comprennent la littérature et la culture britannique et européenne du XIXe et du XXe siècle, et la littéra-ture néo-victorienne. Elle a publié sur les souvenirs de l'holocauste des Roms, sur Havel et Beckett, sur Dickens et Palliser, et sur *Hard Times* de Dickens et sur l'imagerie mathématique.

Jean-François Sablayrolles (Paris 13 Sorbonne Paris-Cité)

Agrégé de grammaire, puis docteur en Sciences du langage (1996) et habilité à diriger des recherches (2004), Jean-François Sablayrolles est Professeur à Paris 13 Sorbonne Paris-Cité depuis 2006, après avoir été maître de conférences à Limoges et à Paris 7). Membre du Conseil de laboratoire LDI UMR 7187, il est responsable du master 2 recherche COLEDI (ex-SCIL). Ses recherches portent sur la néologie du français contemporain : organisateur des colloques « l'innovation lexicale » (Limoges 2001) et « la fabrique des mots » (Cerisy 2015). Il a publié *La Néologie en français contemporain* (Champion, 2000), *Les néologismes* (avec Jean Pruvost, PUF 2003) et a fondé, avec J. Humbley la revue *Neologica* en 2006 (éd. Classiques Garnier).

Svea Schauffler (Hochschule Augsburg)

Svea Schauffer est professeur d'anglais à l'Université des Sciences Appliquées d'Augsbourg, en Allemagne, depuis 2014, après avoir passé plusieurs années à vivre et travailler au Royaume-Uni où elle obtenu son doctorat à l'Université de Sheffield. Spécialisée à l'origine en linguistique appliquée, ses centres de recherche principaux comprennent la traduction audiovisuelle, la description audio et le transfert linguistique de l'humour.

Monika Schmitz-Emans (Ruhr-Universität Bochum)

Monika Schmitz-Emans est titulaire de la Chaire de Littérature Comparée (*Allgemeine und Vergleichende Literaturwissenschaft*) à la Ruhr-Universität Bochum (Allemagne). Après des études de littérature allemande, langue et littérature italienne, philosophie et pédagogie, elle a écrit sa thèse de doctorat sur Jean Paul en 1984 (*Schnupftuchsknoten und Sternbild. Jean Pauls Ansätze zu einer Theorie der Sprache*), suivie par son habilitation de recherche publiée en 1995 (*Schrift und Abwesenheit. Historische Paradigmen zu einer Poetik der Entzifferung und des Schreibens*). Avant et après avoir passé son habilitation (en 1992), elle a enseigné dans les universités de Bonn, Essen et Jena ; en 1992 elle a été nommée Professeur des Universités de Littérature Moderne Européenne (*Europäische Literatur der Neuzeit*) à la FernUniversität Hagen (université d'enseignement à distance). Depuis 1995, elle enseigne à l'université de Bochum. Domaines de recherche : littératures européennes du XVIIIe au XXIe siècle, poétique, littérature et autres arts, littérature, images et visualité.

Laélia Véron (Université Lumière Lyon 2)

Laélia Véron est agrégée de Lettres Modernes, diplômée en langue française de l'ÉNS de Lyon. Elle prépare actuellement une thèse en stylistique (analyse de discours et pragmatique) sur « Le trait d'esprit dans la *Comédie humaine* de Balzac ». Elle a publié plusieurs articles sur l'œuvre balzacienne et sur la notion d'« esprit » ou de « jeu de mots ». Elle participe à la conception d'un dictionnaire Balzac aux éditions Garnier et à un projet de réédition de la *Comédie humaine*. Actuellement enseignante à Paris 3 elle a enseigné en France (ÉNS de Lyon, Université d'Orléans) et à l'étranger (Royal Holloway University). Elle co-anime le Séminaire de Lettres des Armes de la Critique (ÉNS d'Ulm) qui étudie les liens entre politique, engagement et littérature.

Esme Winter-Froemel (Universität Trier)

Esme Winter-Froemel est Professeur des universités de linguistique romane à Trèves. Après des études de philologie romane (français, espagnol, italien), de littérature comparée et de philosophie dans les universités de Tübingen, Nantes et Pise, elle a passé sa thèse de doctorat sur les emprunts et leur intégration dans les langues romanes. Dans son habilitation de recherche, elle a étudié le rôle que joue l'ambiguïté dans certains processus de changement sémantique dans le domaine verbal (sens indéfini → 1PL). Depuis 2009, le jeu de mots représente un thème central de sa recherche et de son enseignement. Elle a collaboré avec Angelika Zirker sur le jeu de mots dans l'interaction locuteur-auditeur, et depuis 2013, elle dirige le réseau scientifique « La dynamique du jeu de mots : contact linguistique, innovation linguistique, interaction locuteur-auditeur » financé par la Fondation allemande pour la recherché (DFG). En outre, elle est membre de l'école doctorale « Ambiguïté – production et perception » (Graduiertenkolleg 1808) et co-directrice du projet C4 « Phénomènes d'ambiguïté en diachronie des langues romanes » du Centre de Recherche (SFB 833) « La constitution du sens » (tous les deux à l'Université de Tübingen).

Angelika Zirker (Eberhard Karls Universität Tübingen)

Angelika Zirker est professeur non titulaire d'une chaire à l'Eberhard Karls Universität Tübingen. En 2010 elle a passé sa thèse de doctorat avec une étude sur les livres Alice de Lewis Carroll (*Der Pilger als Kind: Spiel, Sprache und Erlösung in Lewis Carrolls* Alice-*Büchern*). En 2015 elle a passé son habilitation de recherches avec un travail sur *Stages of the Soul in Early Modern Poetry: William Shakespeare and John Donne*. Pendant plusieurs années, elle a participé à nombre de projets combinant des études littéraires et linguistiques, entre autres le projet « Interpretability in Context » au sein du Centre de Recherche sur « La constitution du sens » (*The Constitution of Meaning*, SFB 833, Tübingen), l'école doctorale « Ambiguïté – production et perception » (GRK 1808) et, avec Esme Winter-Froemel, un projet commun sur « Les jeux de mots dans l'interaction locuteur-auditeur ». Elle est également une des éditeurs de *Connotations : A Journal for Critical Debate*.

Index

allusion 8, 20, 22, 33, 36, 51, 65s., 83, 100, 102, 104, 107, 120s., 124, 142s., 145s., 156s., 166, 175, 178, 180ss., 202, 251, 256, 265ss., 277s., 282s.
ambiguïté 7, 10, 12s., 21, 24, 93, 101, 104, 115, 119s., 131, 135ss., 141s., 144ss., 157, 160, 198, 206
approche interdisciplinaire 2s., 5s., 8, 10s., 23
arbitraire 171, 191, 193, 217s., 223, 225s., 228, 230s.
Astérix 20, 22, 164, 175, 178, 182, 274ss.
auditeur 1ss., 5s., 8ss., 17ss., 24, 42, 57, 62, 192, 207ss.
auteur 2, 5ss., 9, 12s., 15ss., 20, 32, 35, 37, 42, 45, 48, 53, 55, 68ss., 75, 78, 81s., 85, 94, 96s., 99, 104s., 107, 109s., 116, 118, 120, 136ss., 142, 147, 149, 156, 160, 163s., 167ss., 173, 175, 179ss., 183, 194, 200, 206, 209ss., 218s., 221ss., 227, 234, 240, 250, 252s., 258s., 274, 276, 282
auto-référentialité 2, 143

Bakhtine, Mikhaïl 119, 122, 127, 131
Balzac, Honoré de 19, 93–111
bande dessinée 22, 183, 194, 239, 260, 274ss., 279, 288
Bergson, Henri 7, 49, 164, 167, 174, 177, 180, 183
bidimensionnel 16s.

calembour 7, 13, 15s., 20, 33, 42, 45, 47, 51, 74, 98, 101s., 106, 137s., 143s., 146, 158, 160, 164, 167s., 174s., 178, 181, 183, 206, 256, 277, 282, 288
Canard enchaîné, Le 37, 41, 51, 246, 248s., 251s., 254s., 262, 264
carnavalisation 37, 42, 49, 62
censure 79
cinéma 90, 174, 180ss., 274
Comédie humaine, La 19, 93–111
communication quotidienne 1s., 11s., 19
composition 21, 167, 191, 225, 229

connivence 18, 37, 42, 58, 62s., 68, 190, 196, 198s., 207s., 251
contrainte 20, 60, 68, 136s., 143, 147, 149ss.
contrepèterie 18, 20, 31–64, 153
– contrepèterie cumulative 31–64
– contrepèterie substitutive 31–64
création d'humoriste 141, 146, 211, 250

défigement 55, 196, 231, 238ss., 248
Delabastita, Dirk 6s., 32, 138, 153, 155ss.
déplacement 33, 43s., 47ss., 58s., 61, 82
diégétique *Voir* intra-diégétique
diglossie 20, 119, 121, 131
Disparition, La 20s., 135–162
double lecture 178, 183, 208, 275, 283
double sens 66, 70, 81, 83s., 137, 142, 144, 167, 238
Ducrot, Oswald 20, 37s., 40, 119, 122, 127ss., 131

écho 82ss., 140, 146, 151, 234, 239
Eco, Umberto 137s., 148s., 151, 223s., 228
éducation 124, 266
énigme 10, 100s., 141s., 155, 169ss., 173, 176
enjeux 1–27, 34, 36, 81–92, 137, 139, 148s., 158, 160, 236, 277
énoncé poétique *Voir* poétique
énonciateur 34ss., 54ss., 110, 128ss., 206, 221
épilinguistique 48, 218ss., 233
équivoque 65, 81, 167, 256
étymologie populaire 21, 194, 225, 232s., 240
extra-diégétique 12, 19, 96s., 100, 105, 109

fausse-coupe 194s., 204, 232
Ferguson, Charles 20, 119, 131
figure 32s., 38, 42s., 47s., 51s., 57, 59s., 63, 96s., 105, 123, 181, 221, 228, 230, 235, 260, 268
flexion 198
fonction
– fonction métalinguistique 11s., 48, 219s., 222

– fonction poétique 8, 11s., 49, 172, 190, 219s., 222, 234
– fonction pragmatique *Voir* pragmatique
– fonction référentielle 11, 49
Freud, Sigmund 7, 49, 52, 82, 84s., 94, 96, 123, 126, 191, 257

Genette, Gérard 60, 100, 168, 218, 223, 225ss., 231s., 237, 240
Goscinny, René 20, 22, 164, 175, 178, 182, 273–290

hapax conversationnel 210s.
homonymie 10, 32s., 120s., 145, 155s., 239, 255s., 261s., 277
Huizinga, Johan 7s., 161
humoriste 194s., 199, 206, 211, 233, 237, 274
humour 6, 15s., 20, 22, 108, 141, 145s., 164, 166ss., 246, 250, 256ss., 267s., 273, 275ss., 283, 286s.
– théorie de l'humour 246, 257, 259, 261, 267s.
hybride 115, 119, 124, 193, 204s.

iconicité 223ss., 228, 231
image 10, 22, 67, 121, 136, 147, 150s., 170, 173s., 177, 180s., 183, 208, 250, 264, 273–290
implicite 18, 35ss., 42, 55, 57s., 63, 84, 105, 129s., 158
in absentia 18, 31ss., 37, 47ss., 59ss., 144, 156
in praesentia 32s., 37, 59, 63
incongruité 57, 246, 257ss., 263ss., 268
inconscience, inconscient 13, 19, 82, 84, 218, 221
interaction locuteur-auditeur 1–27
interdisciplinaire *Voir* approche interdisciplinaire
intermédialité 22, 174, 275, 283s., 286, 288
intertextualité 22, 75s., 79, 147s., 225, 239, 283ss., 288
intra-diégétique 12, 19, 96s., 100, 104s., 109, 170, 173, 176s., 179, 181, 183, 277s., 280, 282, 284, 287

Jakobson, Roman 11, 49, 61, 172, 207, 219ss., 228, 232s., 235
jeu sur les idées 259s.
jeu sur les sons 259s.

langage quotidien 3, 8
lapsus 52, 82, 84, 89, 195, 248
lecteur 2s., 5, 9s., 12s., 15, 19s., 23, 32s., 38, 44, 62, 94, 96s., 103ss., 109, 118, 120s., 126, 129s., 137, 140ss., 146s., 152, 158, 168ss., 179s., 183, 194s., 203, 207, 210s., 251, 254, 262, 264ss., 275s.
Lernkrimi 164, 169, 175
lessingisieren 82
lipogramme 21, 136ss., 146ss., 149ss., 153, 158, 160
locuteur 1ss., 5s., 8s., 11s., 17, 21, 24, 32ss., 38ss., 42, 53, 57s., 96, 100, 103s., 109, 127ss., 174, 181, 195s., 207ss., 221, 232, 234, 240, 248, 255

Manderscheid, Roger 20, 115–133
marivaudage, marivauder 78, 81–92
matrice lexicogénique 15, 212
métalangage 48s., 102s., 219, 221s.
métalinguistique
– dimension métalinguistique 7, 10ss., 22, 48s., 82
– fonction métalinguistique *Voir* fonction
– réflexion métalinguistique 2, 10, 12s., 22, 82s., 86, 92, 217s., 221
métatexte 21, 135, 137, 142ss., 152, 154, 159s.
mise en abyme 118, 144, 176, 280s., 287
motivation 2, 7, 15, 21, 33, 140, 207, 217–243
mot-valisation 47, 191, 193, 195, 210
multilinguisme 6, 20, 23, 115ss., 119, 126

narrataire 97, 104s., 109, 168, 285, 287s.
narrateur 20, 96s., 102ss., 118s., 122s., 127ss., 168, 170, 172, 183, 196, 284s., 288
négociation 21, 135, 137, 149, 151, 159s.
néologie 15, 189–216
néologisme 13, 21, 81, 141, 189–216, 232
– néologisme littéraire 210s.

opposition de scripts 257, 261ss., 268

Oulipo 136, 140, 144, 148s.

parodie 19, 68, 74, 77ss., 122, 141, 155, 194, 205, 276, 279, 284s.
paronomase 44, 47, 50, 59, 66, 71, 78, 125s., 233ss., 240
paronymie, paronymique 9s., 33, 43s., 51, 144, 155, 175, 181, 194s., 209, 232ss., 246, 252ss., 261s., 264, 268
Perec, Georges 20s., 135–162, 229
permutation 4, 18, 32s., 35, 41ss., 54s., 58ss., 153
phraséologie 15, 21s., 196, 198, 245–271
poétique
– énoncé poétique 218, 234
– fonction poétique *Voir* fonction
– pratique poétique 217
point de vue 18, 21, 31–64, 90, 107, 123, 127ss., 164, 166, 201, 211, 221, 224, 230s., 257
politique 68, 190, 192s., 195, 199, 202s., 207s., 211, 222, 236s., 264, 267, 276, 278
polyglossie 20, 115s., 118s., 122s., 131, 274, 276
polyphonie 20, 105, 115ss., 121s., 124ss.
polysémie 5, 32s., 73, 75, 138, 145s., 155, 175s., 181, 225, 229s., 238, 256s., 261s., 277, 286
pragmatique 2, 20s., 32s., 38, 61, 95s., 102, 104, 107, 109, 137, 148, 189, 206
– fonction pragmatique 15, 19
presse 6, 21, 73, 105, 109, 196, 217, 233, 238, 245–271, 275
prise en charge énonciative 34s., 39ss., 53, 56ss., 62, 122, 127, 131
publicité 6, 8, 19, 65, 72s., 77, 195, 206, 217, 233, 237, 251, 274, 276

référence 2, 12, 38, 72, 74, 78, 82, 98, 104, 141, 143s., 147, 153, 157ss., 170, 174s., 178, 180ss., 199, 219, 237, 239, 261, 267, 278s., 281s., 286ss.
répétition 72, 74, 83s., 88, 90, 146, 154, 156, 211, 236

satire 19, 65, 70, 76ss., 109, 249
secret 17s., 33, 61, 97, 100, 106, 142
sentiment linguistique 21, 217–243
situation d'énonciation 190, 206s., 212, 286
sous-entendu 83, 107
substitution lexicale 21s., 245s., 248ss., 252, 255, 260s., 263ss.
syllepse 66, 70, 79

tabou 1, 4, 18, 44, 46, 58s., 61, 142s., 258, 261
tchatche, la 88, 90ss.
théâtre comique 67, 75
théâtres de la Foire 14, 18s., 65–80
théorie de l'humour *Voir* humour
titre
– titre d'ouvrage 234, 236ss.
– titre de journal 245, 249ss., 254, 262, 264ss.
– titre de presse 196, 217, 233
tradition discursive 1, 16, 60
traduction 6, 9s., 16, 20s., 33, 41, 117s., 120s., 123, 126, 130, 135–162, 173s., 177, 182, 192, 202, 211, 220, 228, 249s., 252s., 255, 257ss., 267, 276, 282
travestissement 82, 92
tridimensionnel 16s., 278, 285

Uderzo, Albert 175, 178, 182, 274ss., 282, 285

vaudeville 67ss., 72ss., 79
verlan 88, 90s.

www.ingramcontent.com/pod-product-compliance
Lightning Source LLC
Chambersburg PA
CBHW070607170426
43200CB00012B/2609